KB070388

제1부

초등 통합교육
과정의 이해

제1장
초등 교육과정

1. 초등 교육과정의 의미

　교육부(2015b)는 "초등학교 교육은 학생의 일상생활과 학습에 필요한 기본 습관 및 기초 능력을 기르고, 바른 인성을 함양하는 데 중점을 둔다"라고 정의하고 있다. 그 기저에 대한 추가 설명을 제시하고 있지는 않지만, 이 정의에는 두 가지 교육 이론이 작용하고 있다. 그것은 '결과로서의 교육(education as instrument)'과 '과정으로서의 교육(education as process)'이다(Blenkin & Kelly, 1981: 15).

　결과로서의 교육에서는 교육을 '모종의 목표를 달성하기 위한 도구'로 보는데, 여기서는 교육 당사자인 학생 개인의 요구보다 사회의 요구나 교과의 요구가 우선권을 가지며, 교육의 산물(product), 즉 최종 결과를 얻는 데 초점을 둔다(Blenkin & Kelly, 1981: 15). 이렇게 볼 때, '학습과 일상생활에 필요한 기초 능력을 배양한다는 것'은 결과로서의 교육관을 반영한다고 할 수 있다.

　반면, 과정으로서의 교육은 한 인간으로서 학생의 성장 과정 자체를 중시하는 교육으로, 교육에 있어 중요한 것은 삶과 학습에 필요한 지식이나 기능을 습득하는 것보다는 그런 것들을 습득하는 과정과 그 과정에서 얻는 전인적 경험을 더 교육적으로 가치 있게 인식하는 것이다(Blenkin & Kelly, 19781: 15). 이렇게 볼 때 '바른 인성을 함양하는 것'은 과정으로서의 교육관을 반영한다.

이와 같이 결과로서 교육은 일차적으로는 교육의 목적 달성에 가치를 두고, 가령 학생이 후일 성인으로서 사는 데 필요한 사회·경제적 능력과 지위를 얻도록 준비가 되고 수단이 되는 제 측면들을 갖추도록 하는 것에 관심을 두고, 이에 부속하여 학생의 성장이 일어난다고 본다. 이런 교육에 대한 이해는 이론적으로 본질주의 철학과 심리측정학을 원천으로 한다. 반면, 과정으로서 교육은 일차적으로 학생 개인이 전인으로 성장하는 과정 자체에 두고, 이 과정에서 부속하여 학생들은 학습과 생활에 필요한 지식과 이해, 능력과 습관을 형성한다고 본다. 이런 교육에 대한 인식론은 이론적으로 진보주의 철학과 발달심리학을 원천으로 한다.

두 교육관이 일차적으로 관심을 두고 지향하는 교육의 목적에는 서로 차이가 있다. 이런 교육 목적의 차이는 목적 자체의 차이로만 그치지 않고, 후속하여 구체적인 교육내용과 방법과 연동되며, 종국에는 각각 나름대로의 차별화된 교육 체제를 형성한다.

결과로서 교육은 교사를 비롯한 성인들이 학생의 후일의 삶에서 필요할 것이라고 생각하는 지식과 기능을 중시하고, 학교에서는 의도적인 교수학습 상황을 기획하여 학생이 교사가 가르치는 이것들을 습득하는 체제를 구축한다. 특히 초등교육에서는 전통적으로 독, 서, 산 중심의 3R's를 강조해 왔다. 이는 중세부터 형성되기 시작한 전통으로 당시 초등학교 교육은 처음이자 마지막인 종국교육기관으로서 초등학교에 입학한 학생은 읽고, 쓰고, 셈하기를 배워서 졸업한 후 바로 상공업 분야의 직업을 구하고 경제 활동에 종사해야 했던 시대상을 배경으로 한다는 사실을 주지할 필요가 있다. 다시 말해서, 초등학교에서는 3R's를 가르치고 배워야 한다는 초등교육에 대한 초기 인식은 처음부터 아동의 의존적인 삶을 배경으로 이끌어진 것이 아니라 아동이 한 사람의 독립된 인간으로서 자신의 삶을 책임질 수 있는 생활인으로서 필요했기 때문이었다. 현대로 오면서 3R's는 누구나에게 기초 능력으로서 삶과 학습을 위한 중요한 도구로 간주되었고, 흔히들 초등학교에서의 이 3R's를 다루는 교과를 도구교과라고 부르는 것은 이런 전통에서 유래한 것이다.

이와는 달리, 과정으로서 교육은 결과보다는 결과에 이르기까지의 과정을 강조한다. 뿐만 아니라 과정으로서 교육관에서는 학교에서 가르치고 배우는 지식이나 기능 또한 교육의 결과이기는 하지만 시대 변화에 따라 계속 변화하는 진화적 성격을 띤다고 본다. 따라서 과정으로서 교육에 있어 중요한 것은 어떤 시점에서의 특정한 지식이나 기능 그 자체를 습득하는 것보다는 그것들을 습득하는 과정과 그런 과정을 거치면서 부속물로 얻는 일반적인 지적 능력 그리고 그 과정을 통해 하게 되는 경험에 더 가치를 둔다. 이런 관점에 따라서 아동기 학교 교육을 그들의 미래 삶을 위한 준비보다는 현재 학생으로서의 삶, 앎

유아의 삶은 상상력과 관련이 깊고, 그들의 사고는 지극히 신화적이다. 이런 어린아이들에게 가장 부합하는 지식의 조직 방식은 이야기 형식이며, 그 이야기 형식의 특징은 한마디로 신화적이어야 한다. …… 신화적인 이야기를 통해서 유아는 세계와 인간에게 의미 있는 추상적인 것들, 예를 들어 사랑, 증오, 즐거움, 두려움, 좋음, 나쁨 등을 적절하게 이해한다. 세상에 대한 지식과 경험이 부족한 유아들은 그들이 할 수 있는 자유로운 상상을 적용할 수 있는 신화적 이야기를 통해서 우리 세계의 추상성을 총체적으로, 전반적으로, 심플하게 이해한다.

낭만의 단계 동안 아동은 타자(otherness)와 실제 생활 세계에 관심을 갖는다. …… 그들은 생생하고 사실적인 이야기, 실감나는 역동적인 모험, 기상천외한 것들을 구체적으로 경험하려 한다. …… 그래서 이 시기 교육을 실제적이면서도 감상적인 교육이라 부를 수 있다. …… 낭만의 단계 아동은 실세계(alien reality)의 살아 있는 지식과 규칙들을 습득하려고 하고, 그들이 이런 지식을 습득하는 방식은 탐구하고 발견하는 것, 경험하는 것이다. 이 시기 아이들에게 적절한 이야기의 형식은 여전히 개인적인 생활 이야기, 좋아하는 모험 이야기, 기상천외하지만 실제로 경험해 봄 직한 아주 구체적인 이야기이다. 이런 이야기를 통해서 아동은 세계에 대한 것, 그 지식의 심미적인 가치(intellectual and aesthetic value)를 획득한다.

철학적 단계는 보편성을 갈망하고, 자연과 사회의 질서 개념의 획득 그리고 절대 선(truth)을 추구한다. 이 단계 학생들은 세상을 움직이는 기능, 그 속에서 인간의 역할에 관심을 갖기 때문에 소피스트적이며, 철학적인 사회-역사 이야기, 삶의 방식에 대한 이야기에 관심을 집중한다.

풍자의 단계는 이야기도 더 이상 이야기가 아니고, 놀이도 더 이상 놀이가 아니며, 더 이상의 지식 획득에 연연해하지도 않는다. 개인은 지금까지 자신이 형성한 세계관, 정서를 준거로 모든 것을 판단한다. …… 지식을 개인적 형식으로 또 일반적 형식으로 모두 체험해 왔기 때문에 가능하다(Egan, 1979: 10-16, 30-38, 83-88).

Egan에 따르면, 학교는 학생들의 사고방식에 부합하는 신화, 낭만, 철학, 풍자 등의 형식의 이야기를 통해서 학생이 알아야 할 세계를 만나면서 계속 성장·발달해 갈 수 있도록 도와야 한다. 이는 유치원-초등학교-중학교-고등학교 교육으로 연계해 볼 수 있는데, 각 학교 급별 학생들의 사고 특성은 그들이 학습하는 스타일에 영향을 미치는 중요한 요소이다. 이에 유아는 신화의 형식을 빌어서 표현해 줄 때 학습하기 좋다. 같은 맥락에서 아동을 위해서는 내용을 낭만적으로 표현해 줄 때, 청소년을 위해서는 철학적으로, 성인을 위해서는 풍자적으로 내용을 제시하고 표현해 줄 때 등과 같이 그런 교육 서사를 만들어 낼 때 학습하기에 적절하다는 의미다.

3) Debesse의 초등학교 교육

Debesse(1994)는 『교육의 단계(Les étapes de l'éducation)』에서 보육기, 염소발 시기, 학교의 시기, 고양의 시기로 이어지는 교육의 단계를 제시하였다. Debesse는 이 단계를 유아-초등-중등으로 이어지는 교육의 단계에서 집중해야 할 것들로 설명한다.

> 염소발 시기[2]는 꼬마 혹은 유아로 불리는 시기이다. 이 시기의 유아교육은 감각과 상상력을 골자로 하며, 제1의 교육방법은 모방과 놀이이며, 교육의 장소는 아이들의 이야기가 펼쳐질 만한 곳이면 어디든 가능하다.
> 학교의 시기는 학동기, 아동기로 불리며, 이 시기 아동은 분별 혹은 철이 든다. 이 시기 교육은 감각을 눈뜨게 하는 일, 사회적으로 행하게 하는 일을 과제로 삼으며, 지식에 대한 모관념을 형성하는 시기이며, 성 및 사회적 역할을 배우며, 모든 것은 정서적인 이미지나 감각을 사용한 경험을 통한다. …… 이 시기 교육방법은 활동적 교육법이 바람직하다. …… 손, 도구 사용을 즐기는 시기로, Hall의 지적에 의하면, 이 시기는 손이 가장 두뇌에 가까운 시기라고도 한다. 이런 의미에서 행함으로써 배운다(learning by doing)는 Dewey의 지적은 적절하다. 이 시기는 대개 전 과목에 걸쳐서 다 잘할 수 있는 시기이기도 하다. …… 아동은 아직은 아이이지 고행자가 아니기 때문에 기억을 남용하게 하거나 성급한 주입이나 경직화는 위험할 수 있다. 시간, 공간, 수, 인과, 운동, 일 등 교과의 주개념에 필요한 관념을 경험적으로 구축하고, 이후 단계에서 활성화할 교과의 모개념들을 습득할 준비를 한다 (Debesse, 1994: 135-138).

Debesse는 특히 유아와 초·중·고등 교육을 가정화(familiarisation)와 학교화(scolarisation)라는 용어로 구분하고, 유치원은 가정과 유사한 곳으로 유아교사를 부모와 같은 역할을 하는 사람이어야 한다고 설명한다. 반면, 초등학교에 들어가면서 교육은 학교화되는데, 가정환경과는 달리 대등한 관계에 놓인 친구들과 함께 보다 공식적인 것을

---

2) 3~7세 어린이로 때로는 날카로운 관찰을 하며, 현실과 공상의 세계를 혼동하고, 사물과 일체화하며, 계시적이고 열광적인 정신 상태를 가진 시기로 이 시기는 반인반수의 시기이므로 이를 염소발 시기로 표현한다(Debesse, 1994: 43).

사의 가르침이나 교재는 배경이 되어 유아교육의 전경이 살아날 수 있도록 공존해야 한다. 유아교사는 유아가 배우는 것에 따라서 교재를 가지고 교육적인 개입을 할 수 있어야 할 것이다. 초등학교 교육에서는 교사가 중심이 되는데, 교사는 학생이 교재와 교육적으로 관계를 맺도록 중재한다. 교사의 수업설계 활동이 전경이 되고, 나머지는 배경이 되어 초등학교의 수업 모습을 드러낸다. 중등학교 교육은 교과를 중심으로 교사와 학생의 협응이 필요한 양상을 띤다.

이런 경향성을 읽음으로써 급별 학교 교육을 지금까지와는 달리 순방향,[4] 즉 유치원 교육에서 해 온 것, 하고 있는 것을 전제로 초등교육을 설정하고, 또 초등교육을 바탕으로 중등을, 중등을 바탕으로 고등교육을 인식하고 이해하도록 방향 전환을 하고 있다. 다시 말하면, 유·초·중등 학교의 교육은 서로 연계되면서 동시에 각 학교 교육 자체의 독자적인 관점을 존중하여 접근해야 한다는 의미다. 유·초·중등·고등 학교 교육을 관통하는 하나의 관점이나 준거를 적용하여 학교 교육 전체의 공통점을 인식하고 이들을 일관성 있게 하는 것도 중요하다. 더불어 각각의 차이를 존중하고 드러내서 정체성을 확보하는 것도 중요하다. 서로 배제하거나 서로 바꾸어 적용할 때, 각 학교 교육을 오해하거나 왜곡하는 것뿐만 아니라 날로 다양해지고 있는 여러 가지 교육 및 교육과정 정책들이 실패를 초래할 수도 있다.

또 각 학교 급별 교육이 각각의 단계에 충실함으로써 자연스럽게 다음 단계로 이행할 수 있어야 한다. 충실함은 곧 다음 단계의 배경 및 원동력이 되기 때문이다. 교육은 곧 현 단계에서 다음 단계로 나아가도록 이끌어 주는 활동이라고 볼 때, 이 이끌어 주는 활동을 강화하는 방식을 Kierkegaard(1940)는 '절망'에 이르러야 한다고 설명한다. 이 절망이란 충분히 향유하고 더 이상 쾌락이 되지 못하는 상태, 충분히 경험함으로써 그 필요(욕망)를 더 이상 느끼지 못하는 상태를 만드는 것이다. 각 단계에 충실해야 한다는 것은 결국, 이전 단계를 참조로 현재 단계의 출발점을 인식하되, 그 진행과정에서는 점차 이전 단계의 특성을 부차적인 문제로 다루거나(예: 교육과정의 문제라기보다는 교수방법의 문제나 교수기술의 문제로 접근하는 등), 생산적으로 버릴 것이 요청된다. 이렇게 함으로써 다음 단계로의 변화 혹은 전환을 이끌 수 있다. 따라서 유·초·중·고등 단계로의 전환은 이전 단계에서 다음 단계를 보다 빨리 선행하는 것이라기보다는 충분히 할 때 저절로 전이해 간다.

---

4) 엄태동(2003: 88)은 지금까지 학교 교육과정이 교과 내용·지식의 위계를 고차원의(어려운 내용) 지식 → 저차원의(쉬운 내용) 지식의 방향에서 고등 교육과정 → 중등 교육과정 → 초등 교육과정이 설정되어 온 방향을 역방향의 참조체제로 언급하였다.

종합해 볼 때, 유 · 초 · 중 · 고등 교육과정의 관점을 제대로 적용하지 못할 때 혹은 어느 한 관점으로 다른 관점을 포괄하려 할 때 지나친 인식의 환원을 행하게 되며, 각각의 관점으로 보지 않고, 서로를 거꾸로 인식할 때도 각각의 교육과정은 왜곡된다. 예를 들어, 중등교육의 시각으로 초등교육을 이해할 때 수많은 교육적 오류와 본질 훼손을 감행할 수밖에 없으며, 초등교육의 시각으로 중등교육을 이해할 때도 마찬가지이다.

3. 공식 문서로 본 초등 교육과정

1) 법적 문서로 읽어 보는 초등 교육과정의 의미

초등 교육과정의 의미를 찾아볼 수 있는 법적 문서는 대표적으로 법규, 「헌법」 31조(1987. 10. 29. 전문 개정), 「교육기본법」(2017. 3. 21. 법률 제14601호), 「초 · 중등교육법」(2012. 3. 21. 법률 제11384호), 「초 · 중등교육법 시행령」(2018. 2. 27. 대통령령 제28686호)이다.

첫째, 「헌법」 조항을 읽어 볼 수 있다.

「헌법」 제31조 1항 모든 국민은 능력에 따라 균등하게 교육을 받을 권리를 가진다.

「헌법」 제31조 1항의 의미를 "복지 차원에서 누구에게나 필요한 인간다운 삶의 기본 조건을 갖추도록 하려는 노력"(교육부, 1997a: 19)으로 해석한다. 다시 초등교육의 입장에서 진술하면, '아동은 초등교육을 받을 권리가 있으며, 이 권리를 법적으로 보장해 주어야 한다'는 뜻이다. 즉, 「헌법」은 초등교육이 "아동의 교육받을 권리에 해당한다는 것" 그리고 이 권리를 보장하기 위해 초등 교육과정은 "인간다운 삶을 위한 기본적인 것이어야 함"을 제시하고 있다.

둘째, 「교육기본법」에서 진술하고 있는 의미를 살펴볼 수 있다.

「교육기본법」 제2조(교육이념) 교육은 홍익인간의 이념 아래 모든 국민으로 하여금 인격을 도야하고 자주적 생활 능력과 민주 시민으로서 필요한 자질을 갖추게 하여 인간다운 삶을 영위하게 하고 민주 국가의 발전과 인류 공영의 이상을 실현하는 데 이바지하

실제 초등학교 교육과정의 실행 현장을 들여다볼 때, 기초와 기본 교육이라는 명분으로 초등학교를 통해 제공하는 모든 교육과정을 지나치게 의무의 문제로 다루는 경향을 쉽게 찾을 수 있다. 이럴 때, 아동의 교육받을 권리를 보장해 주고자 노력하는 모습보다는 '해야만 한다'는 강제성을 앞세우게 된다. 초등 교육과정을 아동의 교육받을 권리의 문제로 인식할 때, 아동에게 꼭 필요한 것이 무엇인가, 아동에게 유용한 것이 무엇인가를 고려하기 전에 더 궁극적으로는 아동들이 요구하는 것, 그들의 교육받을 권리에 부응할 수 있는 교육과정 구성을 지향할 필요가 있다. 현실적으로 아동은 스스로의 권리를 온전히 주장할 수 없기 때문에 이들의 교육받을 권리를 법으로 정하고, 일차적으로는 학부모와 교사에게 아동의 권리 보장을 돕는 역할을 부여하고 있는 것이다. 초등 교육과정과 관련해서 교사는 아동의 교육받을 권리를 찾아 주고, 지켜 주는 사람이며, 아동들이 자신의 권리를 누릴 수 있도록 돕는 사람이며, 이런 점에서 교사는 현실적으로 영향력 있는 사람이다. 아동은 행복하고, 자신의 현재 삶과 미래 삶에 의욕적이어야 한다. 만약 지금의 초등학교 교육에서 아동과 교육과정의 관계가 이렇게 그려지지 않는다면, 그것은 초등 교육과정을 지나치게 의무의 문제로 이해하거나 다루어 온 전통에 대해 숙고할 가능성을 함의하고 있는 것이다.

둘째, 「교육기본법」의 진술에 의하면, 아동의 인간다운 삶 혹은 이로운 모습을 여러 측면, 즉 인격자 · 자주적인 생활인 · 민주시민 · 바람직한 한국인과 세계인으로 진술하고, 초등 교육과정은 아동이 이렇게 성장하도록 돕는 것이어야 함을 내포하고 있다. 그러나 측면[5]이라는 말에 주의를 기울인다면, 여기서 진술하고 있는 여러 측면들이 결국 현상을 논리적으로 설명하기 위한 논리적 구분이라는 점을 파악하게 된다. 예를 들어, 한 사람이 인격을 갖춘 인간이라면, 그는 동시에 올바른 시민이며, 정체성을 지닌 한국인이기도 하다. 그가 올바른 시민도 아니고, 한국인으로서 정체성을 형성하지도 못한 사람이라면, 당연히 인격자도 아니기 때문이다. 즉, 인격은 올바른 시민과 정체성을 지닌 한국인의 성향을 포함하는 완전한(as a whole) 용어이다.

불행하게도 이런 논리적 구분이 교육과정을 개발 · 구안할 때는 실제적 구분으로 그대로 적용된다. 그래서 아동의 인격 형성에 기여하는 내용, 자주적인 생활인으로 성장하는

---

5) 여기서 사용한 측면이라는 용어는 경우에 따라서는 차원, 입장 등과 유사한 말이다. 즉, 동일한 현상을 보는 다른 여러 가지 측면, 차원, 입장을 의미한다. 이는 모두 하나의 현상을 논리적으로 구분해서 인식하는 하나의 방식이다. 다시 말하면, 한 현상을 보다 구체적으로 이해하기 위해서 구체적인 관점이나 시각을 정하고, 그에 따른 범위나 경계를 구분하고 그에 적절한 입장으로 사고하는 방식이다. 따라서 모든 측면이나 차원은 궁극적으로 현상을 구분해서 인식하기 위한 사고방식일 뿐, 현상의 생활세계에서는 서로 분리되기 힘들다.

데 필요한 내용, 올바른 시민 형성에 기여하는 내용, 정체성을 가진 한국인으로 살 수 있도록 하는 내용, 바람직한 세계인이 갖추어야 하는 내용 등이 교육과정 내용으로 조직되어 왔고, 이런 구분에 의해 교육과정 영역은 구획화되어 왔다. 초등 교육과정을 이렇게 여러 차원에서 나온 세부적인 목적이나 목표를 준거로 분절화하면, 초등학교가 도입해야 하는 교육과정 내용이나 영역은 감당하기 힘들 정도로 많아진다. 가령, 우리글에 한자가 많으므로 한자 과목, 컴퓨터가 중요해지므로 컴퓨터 과목, 인간성이 메말라 가고 있으므로 인성교육, 환경문제가 인류의 미래를 좌우할 정도로 중요하므로 환경교육 등과 같다. 미래 준비의 관점에서 필요한 것, 인간적·직업적·사회적·국가적으로 요청되는 것들이 모두 초등 교육과정 영역의 한 교과로서 정당성을 갖는다. 교육과정으로 다루는 내용이 무엇이든 그 내용은 다양한 관점과 시각과 가치를 동시다발적으로 내포하고 있다. 다양한 내용이 동일한 목표를 지향하고 있다. 따라서 초등 교육과정 구성과 실행에 대해 어떤 관점에서 어떤 가치로 다룰 것인가에 대해, 초등 교육과정은 그 내용을 기존의 내용에 계속해서 첨가·부과하는 교육과정적 처방에 대해 연구적 문제를 삼을 필요가 있다. 교육의 질을 교육과정, 즉 구체적인 내용과 양으로 보장할 수 있는 것은 아니다. 현실적으로는 교사와 아동이 함께하는 가르침과 배움을 통해서 주어진 내용을 얼마나 충실하고 깊이 있게 다양한 관점으로 다루는가에 의존한다. 가르쳐야 할 것이 아무리 정당하고 교육적인 것이라고 하더라도 그 양이 지나치게 많을 경우, 올바르게, 가치 있게, 의미 있게 다뤄질 수 없다. 지금까지 그 양은 많았고, 여전히 많아지고 있는 초등학교 교육과정의 현실을 고려할 때, 질의 문제에 접근하기 위해 교육과정에 대한 교사들의 교육과정 결정 권한(자율권)을 주는 문제를 적극적으로 검토하는 것은 상당히 교육적이고 긍정적이다.

셋째, 「초·중등교육법」에 의하면 초등 교육과정은 "국민생활에 필요한 기초적인 것"이다. 여기서 진술하고 있는 '국민생활 영역'의 본질적인 의미를 숙고해 볼 필요가 있다. 다시 측면이나 차원이라는 용어를 빌려 보자면, '국민생활'이라는 이 용어는 국가적 차원의 진술이다. 이를 사회적 차원으로 진술하면, 사회생활 영역이며, 개인적 차원에서는 개인 생활 영역이 될 수도 있다. 따라서 국민생활 영역은 법이 만들어진 당시의 상황에서 선택된 용어라고 볼 수 있다. 즉, 상황이 변하면 그것은 사회·개인 생활에 필요한 기초적인 것으로 진술될 수 있음을 의미한다.

그러면 국민·사회·개인 생활 영역은 궁극적으로 무엇을 의미하는가? 이병진(1999: 81-82)은 초등 교육과정을 "인간생활에 필요한 보편적인 생활 영역"으로 규정하고, 구체적인 하위 영역을 학습 영역, 집단생활 영역, 자연 환경 영역, 표현생활 영역, 건강생활 영역,

직업생활 영역으로 구분한다. Otto, Floyd와 Rouse(1969: 425)는 특히 초등 교육과정에서 제공하는 교육내용이나 학습 경험은 폭이 넓어야 하기 때문에 "인간생활의 보편적인 영역에서의 제반 생활 경험"이라고 주장한다. Hopkins(1941)는 초등 교육과정을 통해 제공되는 내용 영역은 "교과 영역을 통합하는 것"(Otto et al., 1969: 346에서 재인용)으로 해석하고, Burton(1952)은 초등 교육과정이 "아동 개인이 요구하는 것"(Otto et al., 1969: 344에서 재인용)임을 제시하였다. 따라서 이들이 초등 교육과정의 영역으로 제시하는 인간생활에 필요한 보편적인 생활 영역, 인간생활의 보편적인 영역에서의 제반 생활 경험, 교과를 통합 영역, 아동 개인이 요구하는 영역은 아동의 일상생활 및 삶의 영역이라고 할 수 있다. 이런 맥락에서 초등 교육과정을 의미하는 국민생활의 의미는 '일상생활'로 다시 읽을 수 있다.

넷째, 초등 교육과정이 본질적으로 아동의 일상이나 삶을 원천으로 한다는 점은 「초·중등교육법 시행령」 제43조를 통해 초등 교육과정을 교육부 장관이 인정하는 교과로 진술한다. 이 법을 통해서 초등학교 교육과정의 핵심적인 구현체가 교과이지만 초등 교육과정에서 교과의 원천은 아동의 일상 혹은 삶이라는 것을 알 수 있다.

2) 공식 문서로 읽어 보는 초등 교육과정의 의미

법을 기초로 초등 교육과정을 공식적으로 대변하고 있는 문서는 국가 수준에서 제정·고시하는 초등학교 교육과정(교육부 고시 제2015-80호)이다. 이 문서가 진술하고 있는 초등 교육과정의 의미는 보다 공식적이고 현실적이라는 점에서 보편적이다. 따라서 이 공식 문서에서 초등학교 교육과정의 목표로 진술하고 있는 다음 다섯 문장을 유기적으로 분석함으로써 초등 교육과정의 의미를 살펴볼 수 있다.

초등학교의 교육은 학생의 일상생활과 학습에 필요한 기본 습관 및 기초 능력을 기르고 바른 인성을 함양하는 데에 중점을 둔다(교육부, 2015b: 4).
첫째, 자신의 소중함을 알고 건강한 생활 습관을 기르며, 풍부한 학습 경험을 통해 자신의 꿈을 키운다.
둘째, 학습과 생활에서 문제를 발견하고 해결하는 기초 능력을 기르고, 이를 새롭게 경험할 수 있는 상상력을 키운다.
셋째, 다양한 문화 활동을 즐기고 자연과 생활 속에서 아름다움과 행복을 느낄 수 있는 심성을 기른다.

넷째, 규칙과 질서를 지키고 협동정신을 바탕으로 서로 돕고 배려하는 태도를 기른다.

초등교육의 내용은 학습과 일상생활에 필요한 기본 습관 및 기초 능력을 기르고 바른 인성을 함양하는 것이다. 구체적인 내용을 보면 다음과 같다.

- 생활 습관, 학습 경험
- 생활 속 문제해결 경험, 기초 능력, 상상력
- 문화 활동, 심미적 감성
- 협동정신, 배려

즉, 초등학교에서의 배움의 대상은 생활 습관과 학습 경험, 생활 속 문제, 다양한 문화이며, 배움의 방식은 경험하기, 느끼기, 태도 갖기이다. 이런 점에서 초등학교 교육과정은 다양한 '경험'으로 대표된다. 그러나 경험이라는 개념 자체가 포괄적이기 때문에 구체적으로 무슨 경험인가를 규정할 필요가 있다. 즉, ①을 기초로 생활 습관과 학습 경험, ②를 기초로 일상의 문제와 기초 능력, ③을 기초로 문화 감수성, ④를 기초로 협동과 배려로 규정하고 있다.

그러나 이 경험이라는 용어는 다분히 교육과정 제공자 입장에서 진술되는 용어이다. 학습자의 입장에서 볼 때, 즉 아동은 이런 교육과정을 어떻게 경험하는가의 문제가 되는데 이런 면에서 '활동'이라는 말로 대체 가능하다. 즉, 초등학생은 교육과정에서 규정하고 있는 다양한 활동을 통해서 다양한 경험을 한다. 따라서 교사 입장에서 초등 교육과정은 생활 습관과 학습 경험, 기초 능력, 문화 감수성, 협동과 배려와 관련된 경험을 제공하는 것을 의미하며, 학생 입장에서는 이과 관련된 활동을 하는 것을 의미한다.

결론적으로, 공식 문서를 통해서 초등 교육과정은 [그림 1-4]로 구체화할 수 있다.

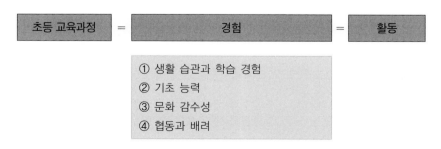

[그림 1-4] 공식 문서를 통한 초등 교육과정 의미

　여기서 특히 '다양한'이라는 용어 읽기에 주의를 기울일 필요가 있다. 초등 교육과정이 무엇인가를 보다 명확하게 인식하기 위해서는 이를 '구체적으로' 그리고 '의미 있게' 읽을 수 있어야 한다. 구체적이란 초등 교육과정이 구체적으로 무엇인가 하는 것이다. 가령, '다양한'을 보다 의미 있게 인식하다는 점은 단적으로 초등 교육과정 그 자체가 다양해야 한다는 뜻이다. 적어도 초등 교육과정은 아동들이 다양한 경험을 할 수 있을 정도로 프로그램 자체가 융통성 있고 포괄적일 수 있어야 한다. 이런 의미 읽기는 영국 초등학교 교실을 관찰하고 교사를 인터뷰하여 초등학교 교사의 교육과정 개발 양식을 포괄적 기획 (comprehensive planning)이라는 개념으로 제시한 Calderhead(1984)의 연구 결과와 상통한다. 사실, Pinar(1995)가 전통주의나 경험개념주의로 분류하는 부류나 이홍우(1992: 42-69)가 목표모형으로 분류하는 Bobbitt(1918, 1924), Tyler(1949), Bloom(1956), Mager(1962)의 연구에서 권고되어 온 관점은 실행되어야 할 교육과정 및 내용의 목표가 명시적이고 구체적이고 명확할수록 그 성공을 보장할 수 있다는 점이었고, 또 이런 관점이 오랫동안 적용되어 왔다. 그러나 프로그램의 의도가 명시적이고 구체적이고 분명할수록 교사가 가르쳐야 할 것은 분명해지는 반면, 학생이 원하는 다양한 경험을 한정할 수밖에 없다. 예를 들어, 1~2학년 과정의 통합교과 내용들은 대부분 둘러보기, 살펴보기 식으로 제시하는 활동 자체가 일반적이고 보편적이다. 그러나 이런 특성 때문에 아동들은 그들의 다양한 개인적인 흥미나 관심들을 개입시킬 가능성이 커진다. 이런 가능성은 아동들의 교육과정 경험의 다양성을 확보해 준다.

　둘째, 경험과 활동으로서 초등 교육과정의 의미에 비추어 볼 때, 이들 표현 교과들의 운영에 대한 새로운 이해와 접근이 필요하다. 단적으로 주요한 표현 방식인 말(글 포함), 몸(춤, 표정 포함), 그림(공작 포함), 노래(연주 포함), 숫자(모양 포함) 등은 국어, 체육, 음악, 미술교과와 관련이 깊다. 또 이들은 초등 교육과정을 실행하는 혹은 전체 교과교육에 있어서 중요한 활동 및 경험을 표현하는 도구 역할을 한다. 이런 관점에서 이 교과들은 초등 교육과정에서 포괄적인 도구가 되는 교과로 이들 교과 자체로서뿐만 아니라 다른 교과 내용을 대상으로 표현하는 방식으로 연계 운영이 필요하다는 것을 의미한다. 그런데 현실적으로 이들 교과는 대부분 교과 자체의 특수한 기능 연마를 필요로 한다는 점을 중심으로 각 교과를 전담하여 독립적으로만 운영하는 방식을 취하고 있다.

　따라서 두 가지 비판적 고찰이 필요하다. 첫째, 이들 교과들을 교과 기능 중심보다는 보편적인 능력(가령, 체육이라면 운동 기능보다 움직임으로) 중심으로 초등 교과교육으로서 재개념화 논의가 필요하다. 둘째, 한 교과를 전담하는 현행 초등 교과 전담제 또한 초등 교육과정의 이런 성격에 비추어 비판적 고찰이 필요하다.

Blenkin과 Kelly(1981: 175)는 초등교육에서 교과 전담제 시행의 기반이 되어 온 영향력을 두 가지로 지적하는데, 하나는 교육과정을 교과의 논리로 바라보는 교과 전문가들의 주장(즉, 한 교사가 10개의 초등 교과를 다 잘 가르친다는 것은 현실적으로 불가능하며 이것이 교과를 부실하게 운영하는 결과를 초래하고 있다는 지적과 이 교과들의 낮은 학업 성취 결과를 기반으로 주장되었다)이고, 다른 하나는 현장의 초등교사들의 현실적인 지지라고 했다. 초등학교에서 시행하고 있는 전담교사제도 초등 교육과정의 성격을 기초로 판단했다기보다는 교과를 교과답게 가르친다는 중등 교과교육의 관점에서 접근되었다. 또 현실적으로 초등학교 교사의 과중한 교과 지도의 부담을 덜어 주기 위한 것이었다. 그렇다고 하더라도 교과 전문가의 논리와 현장 교사들의 현실적인 이유가 초등 교육과정의 본질적 성격을 손상시켜도 좋은 것은 아니다. 특정 교과를 전담하는 식이 아니라 구체적인 활동, 특정 기능이나 영역(special domain)을 특별한 교사(special teacher)에게 전담시키는 방식(가령, 3학년의 경우 리코더 연주를 위한 시간을 배정하고, 이를 리코더 교사가 지도하도록 하는), 교사에게 부담시키고 있는 행·재정적 업무나 사무를 덜어 주는 방식(중요한 것부터 사소한 데 이르는 공문서 처리, 행정절차를 전담해 줄 요원들을 배치하는), 보조교사를 배정하는 방식 등 초등 교육과정의 성격을 해치지 않고 대처할 수 있는 대안에 대한 적극적인 연구가 필요할 것이다.

제2장
초등
통합교육과정

1. 통합의 의미

통합교육과정 분야의 관련 문헌 속의 통합의 의미는 학자의 수만큼, 논문의 수만큼 그 종류가 많다(김재복, 2000; 이영덕, 1983; Beane, 1997; Etim, 2005; Haigh, 1975; Ingram, 1979; Ward, 1960; Young & Gehrke, 1992). 왜냐하면 각자가 여러 수준에서 '통합'이라는 용어를 사용하기 때문이다. 즉, 교육 수준에서 '통합교육(movement of integrated education)', 교육과정 수준에서 '통합교육과정(integrated curriculum) 혹은 교육과정 통합(curriculum integrating)', 교재 수준에서 다양한 통합 방식 중 하나를 적용해서 만들어 내고 있는 수많은 '통합교재(unit designing or unit planning)', 수업 수준에서 '통합수업(implementation of curriculum integration)' 등 여기서 언급하는 '통합'은 각각 사용하는 방식과 의미가 다소 다르다. 이런 차이가 통합의 의미 차이로 이어지고, 결국 통합이라는 개념의 혼란을 초래하고 있다.

서양 학교 교육에서 볼 때, 1930년대까지 통합은 교육 철학 분야에서 특히 교육의 목적과 관련하여 조화(harmony), 전인(whole person)을 지지하는 의미로 사용되었고(Ward, 1960), 이런 영향으로 우리나라에서도 Plato, Herbart, Spencer 등의 사상으로부터 통합의 연원을 찾는 연구들이 있어 왔다(김대현, 1993; 김재복, 1989; 장병연, 1991; 한옥주, 1990).

교육과정 및 수업 수준에서 통합이 논의되기 시작한 것은 적어도 1930년대 이후였다(Knudsen, 1937; Linderman, 1937). 통합은 교과를 통합적으로 가르치는 방법으로 (pedagogically) 이해되었고, 이를 위해서 통합단원을 설계하여 실행하기 시작했다. 그리고 후속하여 교육과정을 통합하는 혹은 통합교육과정 개발을 안내하는 다양한 방식이 연구되었다(강충열, 1998; 홍영기, 2004; Drake, 1993; Fogarty, 1991; Ingram, 1979; Jacobs, 1989).

통합의 여러 차원에서 보다 다양하게 연구되면서 이에 상응하여 통합의 의미 또한 더 다양해졌다. 결국 통합이 무엇인가를 단정적으로 규정하기는 더 이상 힘들게, 아니 불가능하게 되었다. 이런 개념의 다양성은 곧 통합을 하는 방식 및 접근에 혼란을 주었고, 결국 '통합'과 관련된 현상을 전반적으로 모호하게 만들고 만다.

통합 개념의 다양성 혹은 모호성을 다소 해결하기 위해서는 '통합'이라는 용어가 사용되는 현상이나 차원을 구분하여 사용해야 한다. 이런 측면에서 교사 수준에서 통합을 어떻게 이해해야 하는지를 살펴보는 것이 중요하다.

교사가 통합의 의미를 이해하는 데 가장 강력하게 영향을 미친 것은 교사 교육과정에서 접하는 통합 관련 강좌를 통해서이다(나장함, 2004; 심미옥, 1989; 유한구 외, 2003). 특히 이는 교사의 초기 통합의 의미를 형성하는 데 영향을 미친다. 이렇게 접한 통합은 통념화된 통합으로 아주 다양하게 설명되는데, 이들을 두 가지로 구분해 볼 수 있다(정광순, 2007).

첫째, 통합은 곧 통합교과를 의미한다.

• 저학년 통합교과
• 바른 생활, 슬기로운 생활, 즐거운 생활
• 교과목의 이름
• 현행 초등학교의 3개 통합교과

현행 초등학교의 3개 통합교과, 즉 바른 생활, 슬기로운 생활, 즐거운 생활을 바로 통합으로 인식한다. 현실적으로 교사들이 실감하는 통합의 실체는 대부분 통합교과에 한정되어 있다. 이런 의미에서는 통합을 대부분 '합치다'로 이해하고 있었다. 즉, 통합이란 무엇인가를 합치는 것이며, 여기서 무엇에 해당하는 통합의 대상은 곧 교과이다.

• 하나로 묶어 놓은 것
• 교과들을 합한 것
• 여러 가지를 합쳐 놓은 것

〈표 2-3〉 캐나다의 6학년 교실 시간표의 예

구분	월	화	수	목	금
8:40	8:40 입실, Starting Time(5분)				
8:45~9:15	Dear Time				
9:15~9:45	L.A.(Language Art)	L.A.(Library)	L.A.	L.A.(Library)	Math
9:45~10:15		Music	Computer & Science	Music	
10:15~10:30	Recess				
10:30~11:00	Science	L.A.	Social	Science	Social
11:00~11:30					
11:30~12:30	Lunch				
12:30~1:00	P.E.(Physical Education)	P.E.	P.E.	P.E.	P.E.
1:00~1:30	L.A.	Math	Math	Math	Science
1:30~2:00	Computer & Social		Art		
2:00~2:15	Library				
2:15~2:30	Recess				
2:30~3:00	Math	Computer	Art	Math	L.A. & Social & Science
3:00~3:30		Music & Gym	Art & Library		

〈표 2-4〉 영국의 6학년 교실 시간표의 예

구분	월	화	수	목	금
8:40	8:40 입실, Starting Time(5분)				
8:45~9:15	Dear Time				
9:15~9:45	L.A.	Reading	Reading	Reading	L.A.
9:45~10:15		Math	Math	Math	
10:15~10:30	Recess				
10:30~11:00	Classroom Activity	Classroom Activity	Classroom Activity	Classroom Activity	Social
11:00~11:30					
11:30~12:30	Lunch				
12:30~1:00	P.E.	P.E.	P.E.	P.E.	P.E.
1:00~1:30	Classroom Activity	Classroom Activity	Math	Classroom Activity	Science
1:30~2:30			Science		
2:30~3:00	Library				
3:00~3:30	Recess				

제3장
초등 통합교과 주제별 교과서

2009 개정 시기부터 초등 통합교과 교육과정은 바른 생활, 슬기로운 생활, 즐거운 생활이라는 세 통합교과를 8개의 대주제를 중심으로 통합하여 구성하였다. 이 8개 대주제는 학교와 나, 봄, 가족, 여름, 이웃, 가을, 우리나라, 겨울로서 초등 1학년과 2학년 아동은 이 주제를 중심으로 학교 학습을 하게 된다. 이처럼 초등 1학년과 2학년은 모두 8개의 대주제를 통해 배우지만 학년별로 학습하는 소주제들은 다르다. 예를 들어, 봄이라는 대주제가 초등 1학년과 2학년의 동일한 학습 주제이지만, 초등 1학년에는 봄맞이와 새싹을 공부하고, 초등 2학년에서는 봄 날씨와 생활, 봄나들이를 공부한다.

이런 변화는 기존의 세 통합교과의 교육과정을 독립적으로 개발하던 것에서 세 교과를 공히 동일한 주제로 통합교과 간 상호 연계하여 개발하면서 가능하게 되었다. 그에 따라 교육과정을 구현하는 수단인 교과서도 기존의 세 통합교과별로 개발하던 것에서 주제를 중심으로 세 통합교과가 통합되어 한 교과서 또는 주제 책을 개발하는 방향으로 바뀌게 되었다. 따라서 기존의 바른 생활, 슬기로운 생활, 즐거운 생활이라는 교과서명은 주제명으로 바뀌는 것이다. 이런 주제별 교과서 개발은 아동 친화적인 성격을 띠어, 발달적으로 적절한 교육 실천(developmentally appropriate practices)의 한 예가 되기도 하지만, '교과명은 교과서명'이라는 등식을 존중해 온 전통적인 교육과정 관행을 처음으로 허무는 것으로서 초등학교 교과서 개발의 역사상 매우 이례적인 일이기도 하다.

그러나 이런 주제별 교과서 개발은 단순히 아동들이 좋아하는 교과서명을 사용하고, 한 달 정도 사용됨에 따라 책가방 무게를 줄이고, 새 책을 한 달마다 받아 보는 기쁨을 주는 외형적 변화에만 의미가 있는 것은 아니다. 초등학교 통합교육과정의 역사적 발전의 측면에서 적어도 초등 통합교육과정의 유형의 변화, 교실 수업 풍경의 변화 등 가르치고 배우는 활동에서 선택과 집중 현상을 확인할 수 있게 될 것이다. 특히 2013년부터 단위학교에서 월별 주제책을 사용함으로써 초등학교 교실에서는 교과교육의 분과와 통합의 조화가 더욱 전폭적으로 가시화될 것이다.

1. 주제별 교과서의 의의

주제별 교과서의 등장은 초등 통합교과 지도 분야에 탈학문적 접근이 도입되었다는 것, 이 유형이 이 시기 아동들의 발달적 특징에 적합하다는 것, 초등학교 1~2학년의 교과교육과정과 통합교육과정 간의 관계가 바르게 정립될 수 있다는 것 등 세 가지의 중요한 의미를 담고 있다.

1) 탈학문적 초등 통합교육과정의 도입

통합교육과정의 유형에 대한 학자들의 분류는 다양하지만 크게 통합의 원천을 이루는 두 가지 축인 교과의 경험 세계와 학습자의 경험 세계를 양극단으로 하여 교과의 정체성과 경계가 무너지는 정도에 따라 [그림 3-1]과 같이 다양한 유형의 통합교육과정이 연속선 차원에서 열거되고 있다(강충열, 2009). 이런 여러 분류학 중 가장 잘 알려진 것은 Drake(1993), Glatthorn과 Foshay(1991)가 사용하는 다학문적(multidisciplinary), 간학문적(interdisciplinary), 탈학문적(transdisciplinary) 통합 유형의 분류이다. 이 세 가지 통합 유형의 공통점은 학문 간 또는 교과 간 영역의 확장적 연계를 도모하는 것이다. 이는 통합교육과정이 교과교육과정과는 달리 교육과정의 위계(sequene)보다는 영역(scope)의 연계에 일차적 관심을 둔다는 것을 의미한다. 2009 개정 교육과정 시기부터 초등 통합교과에서는

학생 중심의 통합   교과 중심의 통합

[그림 3-1] 통합의 유형들을 구분하는 두 가지 기준

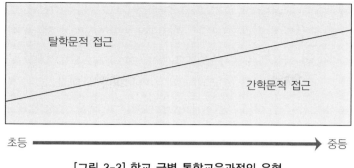

[그림 3-3] 학교 급별 통합교육과정의 유형

유는 한마디로 탈학문적 접근이 초등학교 1~2학년들의 발달적 특징과 상응하기 때문이다. 다시 말해, "아동의 요구, 흥미, 활동에 기초하여 교육과정을 구성하고, 학문적 추상성을 학습하도록 요구하기보다는 일상생활의 구체적 경험과 실제적 상황과 연계하고, 아동들의 참여를 독려하고, 협동학습 기회를 제공해 주고, 실질적 학습내용보다 학습하는 방법과 과정을 강조하는 것이 아동들의 경험 세계에 더 적절하다"는 것이다(Ingram, 1979: 49). Capehart(1958: 216)도 "아동들의 성장과 발달 그리고 학습의 심리학에 대해 알려진 것을 기초로 판단해 보면 학습 경험을 교과를 기초로 조직하는 것은 심리적 정당성(psychological soundness)에 비추어 볼 때 많이 부족하다. 특히 초등학교 아동들과 중등학교의 많은 학생에게 그러하다. 그러나 청소년들, 그중에서도 중등학교의 종반부에 가까운 성숙도를 지닌 학생들에게는 교과의 체계적 학습이 의미가 있다. 그런 체계적인 교과학습이 학생 스스로 개인적 삶에 유용하고 바람직한 기능을 제공해 주는 경우에 더욱 그러하다"라고 주장하며 초등학교 아동들, 특히 초등학교 1~2학년의 저학년 아동들에게는 탈학문적인 심리적 통합이 적절함을 시사하고 있다. Dewey(1971) 또한 아동들의 삶 속에는 교과의 형식화된 지식들이 구분되어 존재하는 것이 아니라 그것의 원 경험(raw experiences)들이 정서적인 연계의 끈(emotional bond)으로 묶여 통합되어 있기 때문에 아동들의 삶의 경험에서 시작하여 학습할 내용들을 통합하는 접근은 아동들의 경험 세계에 매우 적절하며, 그들이 얻는 경험을 적절하고 의미 있게 만들어 주는 유일한 방법이라고 주장한다. 그리고 Dewey(1971)는 아동들은 10세경이나 되어야 형식적인 교과의 지식과 기능 체계가 가진 도구적 가치를 인식하기 시작하고 그전까지는 삶이 전부라고 주장하면서 분과적 접근은 초등학교 4~5학년 즈음부터 도입하는 것이 적절하다고 본다.

그렇다면 초등학교 저학년인 1~2학년 아동들의 발달적 특징이 구체적으로 어떻기에 탈학문적 접근이 적절하다는 것인가? 발달심리학자들은 만 7~8세에 해당하는 초등학교

1~2학년들은 대부분이 전조작기 후반에 속하는 학생들이고 일부분은 구체적 조작기로 입문하는 학생들로 구성되어 있다고 본다. 우리나라 초등학교 1~2학년 아동들을 대상으로 한 연구들도 이것을 지지하고 있다(김경신, 2007; 윤순종, 2008; 이재분, 2002). 초등학교 1~2학년 아동들은 정서와 인지가 통합되어 아직 미분화된 상태로, 그 추론이 정서적이고 지각적이며 활동적인 성격을 띠고 있다. Dewey(1971: 1055)도 초등학교 1~2학년을 "사회적이고 개인적인 흥미가 직접적이고, 삶 속에서 갖는 느낌, 아이디어, 행위 간의 관계가 즉흥적이며, 움직임을 통한 표현 요구가 긴급하고 즉시적이다"라고 기술하며, 이들을 아동발달의 1단계(약 4~8세)에 포함시켜, 초등 1~2학년 저학년 아동들의 발달적 특징은 초등 3~4학년의 중학년 아동들보다는 오히려 유치원 아동들에게 가깝다고 관찰하고 있다. Piaget와 Inhelder(1969: 93)에 의하면 초등학교 1~2학년 아동들은 감각에 기초하여 현실에 대해 직접적으로 행위를 가하는 단계(감각동작기)를 넘어, "기호적(semiotic) 기능을 수단으로 하여 행동을 내면화(internalize)하기 때문에 이전의 직접적인 행동을 넘는 진보된 수준"에 있다. Krogh(1998: 29-30)도 초등학교 1학년에 입학하는 아동들은 유아원이나 유치원 교육 이수 여부와 관계없이 상당한 수준의 학습에 대한 준비도를 갖추고 있다고 본다. 예를 들어, 한 가지 언어를 완전한 문장으로 표현할 능력이 있고, 직관적이나마 문법의 전체 구조에 대한 인식을 갖고 있고, 앉고, 서고, 걷고, 달리고, 한 발로 건너뛰고, 던지고, 받고, 자신보다 큰 구조물을 오를 수 있으며, 또 안전하게 뛰어내릴 수도 있고, 자신들의 정서적·사회적 위치를 가족과 친구들 사이에서 협상할 수 있고, 가감승제와 기하학을 직관적 수준에서 이해하고 있고, 심지어는 어떤 아동들은 제2 또는 제3의 언어를 학습하며, 읽고 쓰기를 시작하며, 형식적인 문제해결에 수학적 이해를 적용할 줄도 안다. Wolfinger와 Stockard(2003: 22-25) 또한 인지적·사회적·도덕적 차원에서 이 전조작기 아동들이 습득하는 능력을 제시하는데, 첫째, 인지적 발달 측면에서 단어, 제스처, 신호, 이미지 같은 상징으로(기호적 기능) 물리적으로 존재하지 않는 물체를 대표하는 데 사용할 수 있는 능력을 개발하기 시작한다. 이에 따라 일대일 대응(one-to-one correspondence)이 가능하여 두 세트의 요소들을 상호 짝 지을 수 있다. 예를 들어, 셈하기는 물체에 숫자 이름을 대응시키는 것임을 알 수 있다. 계열화(seriation)와 순서화(ordering)가 가능하여 물체들을 어떤 특징에 따라 순서적으로 배열할 수 있고, 분류가 가능하여 물체들을 하나 또는 둘 이상의 특징에 기초해서 그룹으로 묶을 수 있는 능력을 습득한다. 둘째, 사회적 발달 측면에서는 18개월 때 발달한 탈중심화를 인지적 측면에서 사회적 측면까지 확대·발달시켜 다른 아동들도 상황을 보는 나름대로의 관점을 가지고 있고 그것들은 자신의 관

1) 의도의 한계와 가능성

모든 교육과정이나 교과서는 학교 교육과 관련된 이상적인 개발 방향과 목표를 설정하고 이들이 교육활동의 실제로 구현되기를 바라는 의도를 담고 있다. 그러나 이들을 실행하는 과정에는 이러한 개발자의 의도를 변형 또는 왜곡시키는 다양한 변인이 존재하고, 따라서 공식적으로 진술된 교육과정이나 교과서가 실제로 구현되는 양상은 원래의 의도와 달라질 수밖에 없다. 교육과정이나 교과서가 원래 담고 있는 의도대로 실행 및 구현되지 않는 이러한 속성을 Elmore와 Sykes(1992)는 '교육과정의 정치적 속성(curriculum policy)'으로, Ben-Peretz(1975)는 '의도의 한계(limitations of the notion of intentions)'라는 용어로 설명한 바 있다.

먼저, Elmore와 Sykes(1992)는 교육과정 의도와 실행과 관련한 교육과정의 정치적 속성을 ① 의도성, ② 불확실성, ③ 다층적 권위성 등[2]으로 논의하였다(조상연, 2015b). 이를 설명하면, 첫째, 교육과정 개발자들은 의도만을 진술한다. 즉, 개발자들은 모든 상황적 요소를 제거한 진공 상태에서의 일반적인 의도만을 진술할 뿐 모든 구체적인 실행 사태에 대해 진술하지는 않는다는 것이다. 가령, 초등 통합교과서 개발자들은 주제 중심 통합수업을 구현하고자 한다는 일반적인 의도만을 진술할 뿐 주제 중심 통합수업을 실제로 실행해야 하는 학교 현장에서 발생할 수 있는 다양한 문제 상황에 대한 모든 해결책을 제시해 주지도 않을뿐더러 실제로 그렇게 하는 것도 불가능하다. 둘째, 개발자들은 자신의 의도와 그 실행 결과를 분명하게 예상하여 진술하지만 실제 실행 상황은 미리 통제할 수 없는 상황적 변수와 맞물려 있다는 것이다. 초등 통합교과서 개발자들이 제시하는 교과서의 표준적인 예시를 통해 초등학교 현장에서는 주제 중심 통합수업이 일상적으로 일어날 것이라고 진술하지만 실제 교사들은 초등학교 1학년 학생들에게 주제 중심 통합수업이 적합할지 확신하지 못할 수 있다. 이러한 경우 교과서에서 제시한 표준적인 예시를 형식적으로 따른다 해도 주제 중심 통합수업의 실질적 실행 여부는 매우 불확실해진다. 실행의 불확실성은 자료 자체가 원인이 될 수도 있지만 실행하는 교사의 해석이나 상황적 변수 등에 기인하는 경우가 훨씬 더 많고 여러 변수의 영향을 동시에 받는 것이 대부분이다. 셋째,

---

2) 원래 Elmore와 Sykes(1992)는 개발자들이 인식해야 하는 국가교육과정의 정치적 속성에 대해 ① 의도성(intent vs act), ② 불확실성(uncertainty), ③ 다층적 권위성(multiple forms of authority), ④ 상징적 행위성(policies as symbolic action), ⑤ 이데올로기성(policies as ideologies) 총 다섯 가지 개념으로 설명하였다. 이 장에서는 교육과정 및 교육과정 자료의 개발과 실행과정에서 발생하는 개발자의 의도와 그 한계에 대한 논의에 집중하기 위해 상징적 행위성과 이데올로기성을 제외한 앞의 세 가지 속성에 대한 언급만 하기로 하였다.

개발자들의 의도는 그 실행과정에서 다층적인 권위의 영향을 받는다. 다층적 권위란 실행하는 교사 자신, 동료 교사 또는 교장이나 교감 및 교육과정 전문가, 학부모 및 지역사회 인사 등 다양한 관련자로부터 받는 다양한 영향을 의미한다.

교육과정 개발자의 의도 및 실행과 관련하여 보다 더 밀착된 설명을 한 학자는 바로 Ben-Peretz(1975)이다(김세영, 2013). 그는 '의도의 한계'가 일어나는 상황을 ① 교육과정 개발, ② 연역의 문제, ③ 교육과정 실행, ④ 교육과정 평가 등으로 나누어 설명하였다.[3] 첫째, 교육과정 개발 단계의 한계는 앞서 언급한 Elmore와 Sykes(1992)의 의도성과 맥락적으로 연결되는 개념이다. 예를 들어, 통합교과서에 제시된 차시 활동은 주제 중심 통합수업의 표준적인 사례를 보여 줄 뿐 이 사례를 실제로 실행할 경우에 만나게 되는 다양한 문제까지 포함하지 못하는 한계를 갖는다. 둘째, 연역의 문제는 교육과정 개발 단계와 실행 단계의 현상적 괴리에서 유래되는 문제이다. 즉, 교육과정 개발 단계는 추상적이고 일반적인 목표를 다루는 반면, 이를 실행하는 단계는 구체적이고 특수한 활동을 다룬다는 측면에서 발생한다. 따라서 개발자의 일반적인 의도는 구체적인 교실 수업으로 적용되는 상황마다 다른 양상으로 나타날 수 있다. 예를 들어, 초등 통합교과서에 제시된 놀이는 교육과정에 제시된 교과 목표나 성취기준과 관련되는 포괄적인 의도를 담은 것이다. 따라서 각 교실에서 같은 놀이를 적용한다 해도 어떤 교실에서는 놀이를 할 때 지켜야 할 기본적인 규칙에 집중할 수 있고 또 어떤 교실에서는 놀이 자체의 다양한 표현성에 주목할 수도 있다. 이처럼 개발자의 의도는 적용되는 구체적인 상황 속에서 다르게 해석되어 다르게 구현될 수 있다. 셋째, 교육과정 실행 단계의 한계는 교사들이 교과서 개발자의 의도를 충분히 이해하고 이를 그대로 실행하려 했더라도 상황적 특수성과 만나서 결국 개발자가 제시한 전형대로 실행하는 것은 불가능하다는 것을 의미한다. 이는 교사의 실행이 학생의 특성 요인, 학교 및 교실의 상황 요인, 관리자 및 동료 교사 요인 등 기타 다양한 요인, 즉 다층적인 권위(Elmore & Sykes, 1992)에 의해 영향을 받기 때문이다.

Elmore와 Sykes(1992)의 교육과정 정치성이나 Ben-Pretz(1975)의 의도의 한계는 개발자의 의도에 미처 도달하지 못하는 교육과정의 실행 속성에 대한 통찰이다. 즉, 이들의 논의는 교육과정 자료가 개발자의 본래 의도보다 더 다양하게 해석될 여지가 있다는 것과 실제 실행에 있어 다양한 상황 요인으로 인해 개발자의 의도대로 실행되지 않는 교육과정

---

3) 김세영(2013)은 '교육과정 가능성(curriculum potential)'의 개념을 탐구하는 과정에서 교육과정을 통제로 보던 통념을 가능성으로 볼 수 있도록 사유의 전환을 위한 인식의 틀로서 Ben-Peretz(1975)의 의도의 한계에 대해 자세히 논의한 바 있다.

제2부
교육과정 통합의 방법론

제4장
교육과정 통합과 자아 통합

1. 자아 통합과 적성 계발을 위한 통합수업 운영의 필요성

학교 교실은 다양한 배경을 가진 학생들이 모여 교육이 추구하는 이념을 중심으로 교육받고 각자의 성장을 추구하는 공식적인 교육의 장이다. 학교에서 학생들은 지식의 습득을 통해 자신의 능력을 함양시키고, 급우들과의 상호작용을 통해 자신의 유능성을 인지하며, 다양한 학급활동을 통해 자신이 미래에 하고 싶은 일을 발견하고 성장을 추구한다. 전자는 자아개념의 신장에 해당되는 영역이며, 후자는 적성 계발에 관한 내용이라 할 수 있다. 이러한 일련의 학교활동은 학생들의 미래의 삶을 위해 반드시 거쳐야 하는 학교 교육의 과정이다.

Biggs(1991: 43)에 의하면 학생들에게 있어 높은 수준의 자아개념은 학교생활을 적극적으로 수행하는 원동력이 된다. 학습 활동을 통한 지적 능력의 향상은 학문적 자아개념의 신장을 가리키며, 급우들 간의 관계를 통한 대인관계와 정서 교류의 능력을 성장시키는 과정은 사회적 그리고 정서적 자아개념의 발달과 밀접한 관계가 있다. 이러한 학생들의 자아개념은 각기 분리되어 발달되는 것보다 전체적인 학교활동을 통해 고루 신장되는 것이 이상적이며, 학교활동의 대부분을 차지하고 있는 수업활동이 학생들의 총체적인 자아개념을 발달시킬 수 있는 방향으로 운영되어야 한다.

적성의 발견과 계발 또한 다양한 교육 경험을 통해 자신이 하고 싶은 일과 할 수 있는 일을 발견함으로써 학교에서 제공하는 교육의 내용을 중심으로 계발시켜 주는 것 또한 매우 중요한 과제이다. 자아개념과 적성이 한 개인의 내재된 능력과 경향성이라는 측면에서 학교 교육에 있어서 적성의 계발은 자아개념의 신장과 별도의 교육대상은 아니다. 자아개념의 신장이 교육의 대상인 것과 마찬가지로 적성 계발 또한 학습을 통해 미래의 주어진 과제를 효율적으로 해결할 수 있는 능력을 키워 주는 것(Woolfolk et al., 1995: 532)이라는 측면에서 수업활동 중 달성해야 하는 교육의 대상이다.

제7차 교육과정 개편의 초점이 "자율과 창의에 초점을 둔 학생 중심 교육과정"(김재복 외, 1999)이기는 하지만 학벌이 좋은 사람만을 선호하는 사회구조적인 측면과 대학입시라는 현실적인 벽 앞에 여전히 기성세대가 학생들에게 요구하는 교육의 내용이 지식 암기 위주의 교육으로 흘러가고 있음을 부인할 수 없다. 이로 인해 수업 운영이 경직되고 학력차를 중심으로 서열화되고 있다. 그러나 학생들의 고른 자아개념의 발달과 적성을 계발시킬 수 있는 수업환경의 조성은 학교 교육이 가지는 의무이다.

학교 교육에서 교과의 내용을 중심으로 한 지식을 학생들에게 가르치는 일이 상대적으로 덜 중요하다는 의미는 아니다. 학교에서는 학생들이 부담스러워 할지라도 반드시 배워야 할 내용을 가르치는 일은 교육의 당위성에 해당하는 것이며 타협의 대상이 아니다. 오히려 내면화되는 학습의 내용은 지식의 본질을 탐구하는 일로부터 시작될 수 있다.

이 장의 초점은 지금까지 학교 교육의 경직성으로 인해 오히려 교육의 본질이 왜곡되고 있는 현실에서 학생들의 자아개념과 적성을 보다 폭넓게 발견하고 계발할 수 있는 수업 운영과 더불어 지식이 제공될 때 우리가 추구하는 교육의 목표가 보다 수월하게 달성될 수 있으며, 학생들의 자아개념의 발달과 적성 계발을 위한 학교 안의 교육활동은 수업현장에 융합되는 것이 바람직하다는 평범한 논리이다. 따라서 별도의 구체적인 프로그램의 운영을 통해 자아개념과 적성의 계발을 도모해야 한다는 입장보다는 교사와 학생이 함께 만들어 가는 수업 문화와 환경 측면에서 접근을 시도하였다. 이렇게 형성되는 수업의 분위기 또는 문화는 교육과정의 통합적 운영에 기초가 된다. 왜냐하면 교육과정의 재구성으로서 교육과정의 통합적 운영 방안은 교사와 학생이 인지하는 수업 모습의 변화, 즉 삶을 바라보는 통합적 안목, 자신의 지식을 창출하는 지식관, 통합적 문제해결능력 등을 중요시하는 것으로부터 시작되기 때문이다.

교육과정의 통합적 운영을 위해 학교 교육에서 중요시해야 하는 자아, 적성 계발을 위한 교육의 요소와 이를 토대로 한 자아의 통합적인 발달과 적성 계발을 위한 수업 운영방안을 살펴보고자 한다.

2. 자아의 통합적 발달과 적성의 계발

1) 총체적인 자아개념 발달의 필요성

학교 교육을 통해 자아실현의 바탕을 마련해 준다는 측면에서 학생들의 긍정적이고 총체적인 자아발달을 위한 교육내용의 조직과 구성은 매우 중요하다. 학년이 올라갈수록 지적 능력의 확산에만 치중하고 있는 학교 교육현장은 이러한 측면에서 총체적인 자아발달을 위해 적합한 교육의 활동으로 구성되어 실천되고 있다고 보기는 어렵다. 지식의 습득을 통해 주로 발달되는 학문적 자아개념의 신장만으로는 우리 교육이 추구하는 교육목표를 달성할 수 없다는 비판적 시각을 중심으로 총체적 자아발달에 관한 논의를 하면 다음과 같다.

Phares(1988: 163)는 자아개념을 "나를 바라보는 타인의 반응을 지각하는 능력"이라고 광범위하게 정의하고 있다. 타인의 반응을 지각하는 능력으로서의 자아개념은 타인과의 상호 관계 속에서 원만한 인간관계를 유지하는 원동력이 된다. 임승권(1995: 224)은 자아개념을 "의식의 주체"라고 정의하고 있다. 의식의 주체라는 의미는 자기 자신을 어떻게 바라보고 있는가에 대한 주체성을 의미한다. 즉, 자아개념은 자신의 판단을 중심으로 옳고 그름을 판단하는 일로부터 해야 하는 일과 해서는 안 되는 행위를 구별할 수 있는 능력을 포함한다. 나아가 이경화와 고진영(2001)은 자아개념이 자기의 현재의 모습에 대한 지각뿐만 아니라 자신이 되어야 하며 또 되고자 하는 미래의 나를 생각하는 능력까지 포함한다고 주장한다. 여기서 되고자 하는 나를 계획하는 능력은 자아실현의 원동력이 된다. 앞의 정의를 중심으로, 인간관계를 유지하는 능력, 의식의 주체, 되고자 하는 나를 계획하는 능력을 포함하는 자아개념은 한 개인이 미래의 삶을 위해 반드시 갖추어야 할 조건이며, 학교 교육을 통해 학생들이 습득해야 할 중요한 교육내용 중 하나이다.

또한 황정규(1984)가 주장하는 자신감과 자기존중감이 같은 비중으로 구성된 자아개념에 대한 논의는 '자신이 하고 싶은 일'과 '할 수 있는 일'을 구별할 수 있는 능력을 의미하며, 이러한 판단능력은 자신의 적성을 계발하는 내적 출발점이 된다. 자신감이란 주어진 과제를 성취했거나 성취를 가능하게 하는 자신의 능력을 인지했을 때 느끼는 감정이다. 자기존중감은 전 생애에 걸쳐 자신이 수행하는 일에 대한 유능성과 자신감에 지속적인 영향을 끼친다(김정희 외, 1998). 즉, 자신감과 자기존중감은 자아개념 발달의 두 축이며, 성장하며 교육을 통해 지속적으로 계발되어야 하는 부분이다. 다시 말하면, 학생들의 미래의 행복을 위해 학교 교육이 존재하는 것이라면 자아 개발은 학교 교육에 있어 가장 중요한 목표인 것이다.

학교 교육에 있어 실천적인 자아 개발을 위해 자아개념의 유형을 Shavelson, Hubner와 Stanton(1976)의 초기 유형분류를 중심으로 살펴보면, 크게 학문적 자아개념, 사회적 자아개념, 정서적 자아개념 그리고 신체적 자아개념으로 구분하고 있다(송인섭, 1998: 72-73).

첫째, 학문적 자아개념은 학교에서 교과목의 내용 습득을 통한 학습 성취의 정도와 관련 있는 개념이다. 학교에서 주로 이루어지는 활동이 교과를 중심으로 한 지식의 습득이라면 학생들은 지식의 습득을 통해 학문적 자아개념을 발달시켜 나간다. 학문적 자아개념을 발달시키기 위한 일련의 교육의 과정은 교과와 단원의 분류를 통해 보다 체계적으로 구성되어 있으며, 교과목의 목표를 통해 명시적이고 구체적으로 표현되어 있다.

학업성적이 우수한 학생들은 학문적 자아개념이 잘 형성되었다고 판단할 수 있다. 일반적으로 학문적 자아개념이 잘 형성될수록 자신의 인지적 능력을 판단할 수 있으며, 판단된 능력을 중심으로 개인은 자신이 하고 싶은 일을 탐색하게 된다. 이는 진로발달과 진로지도에 있어 매우 중요한 준거가 될 수 있다. 학문적 자아개념의 신장은 학교 교육에서 가장 우선하는 일이기는 하지만 단순지식의 습득을 통해 나타나는 성적의 발달 정도를 나타내는 절대적인 지표는 아니다. 그보다는 지식의 내면화 정도를 파악하는 일이 타당한 기준이 될 수 있다. 교과통합 수업의 관점에서 살펴보면, 지식체의 구조를 중심으로 하는 간학문적 통합에 있어 학생들의 지식 습득 능력, 즉 학문적 자아개념의 발달은 교과통합 수업에서 중요한 요소이다.

둘째, 사회적 자아개념은 일반적으로 또래 친구들과의 관계를 통해 형성되는 개념이다(한국진로교육학회, 2000). 학생들은 주위의 친구들과 상호작용을 하면서 주변의 사람들이 자신을 어떻게 지각하는가에 따라 취하는 행동이 달라지며, 이는 사회적 관계 형성에 있어서 중요한 영향을 끼치게 된다. 사회적 자아개념은 더불어 살아가는 방법, 즉 의사소통 능력과 매우 밀접하게 연관되어 있는 요소이다. 타인이 나를 어떻게 인식하고 있는가에 대한 자각능력이 높거나 친구들 사이에 인기가 높으면 사회적 자아개념이 높다고 추측할 수 있다. 아동기의 사회적 자아개념은 부모의 격려와 또래들의 지지로부터 형성되며, 자기존중감 또는 자기가치감의 발달과 밀접하게 연관되어 있다(한상철 외, 1997). 성장하면서 학생들은 교실생활을 통해 친구관계를 맺으며 형성된 사회적 기술이 미래의 사회생활에 있어 대인관계 형성에 지대한 영향을 주게 된다. 따라서 긍정적인 교우관계 형성을 위한 학급 운영과 수업활동은 사회적 자아발달을 위해 매우 중요한 요소이다. 교과통합 수업의 관점에서 살펴보면, 자유로운 의사표현과 의사소통체계의 구축이 전제되는 교과통합 수업에서 사회적 자아개념의 신장을 도모하는 것은 중요한 수업 운영 요소이다.

셋째, 정서적 자아개념은 상황에 따라 자신의 정서를 표현하고 이를 조절하는 능력을 의미한다. 즉, 자신의 내면을 바라보는 능력이 정서적 자아개념에 해당된다. 일반적으로 외적 또는 내적 자극에 대하여 일관된 정서적 반응을 나타내며 이를 조절할 수 있으면 정서적 자아개념이 높다고 할 수 있다. 정서적 자아개념은 태도와 가치관과 더불어 단계적으로 발달한다. 학교 교육에서 정서적 자아개념의 발달을 위한 교육의 과정은 상대적으로 덜 체계화되어 있다. 그러나 정서적 자아개념은 사회적 자아개념과 더불어 자아존중감 발달에 많은 영향을 끼친다. 학생들은 정서적 자아개념의 발달을 주로 드러나 있지 않는 잠재적 교육의 과정, 즉 명시화되어 의도하지는 않았지만 잠재적으로 학생들 간의 상호작용 등을 통해 이루어지는 일련의 학교활동을 통해 함양한다(이성호, 1997). 학교에서 교과의 내용을 통한 정서의 순화와 수업 중 교사와 학생들 간의 긍정적인 정서의 교류는 정서적 자아개념의 발달을 위한 선행조건이다. 교과통합 수업 운영에 있어 학생들의 높은 수준의 정서적 자아개념 형성 여부는 긍정적인 수업 문화의 창출과 의사소통체계 확보에 중요한 역할을 한다. 또한 통합적 안목의 기초가 되는 내면화된 학습에 있어 정서적 자아개념은 간과할 수 없는 요소이다.

넷째, 신체적 자아개념은 자신의 신체적 능력과 용모에 관한 자각능력을 의미하며, 자신감과도 밀접하게 연관되어 있다. 자신의 신체적인 능력에 따라 적절한 생활을 하고 자신의 외모를 있는 그대로 받아들인다면 일반적으로 신체적 자아개념이 높다고 판단할 수 있다.

개념상 자아개념을 분류하였지만 한 개인의 내면에 내재되어 있다는 측면에서 각 요소는 상호작용을 통해 총체적인 자아개념으로 형성되며, 총체적인 자아개념은 한 개인이 자신에 대해 가지는 신념체계, 행동기준 그리고 개인적인 철학도 포함된다. 학교에서 주로 일어나는 학습 활동은 표면적으로 총합적인 자아발달을 위해 교과의 목표가 설정되고 교재가 구성되어 수업이 진행되는 듯 보이지만, 실제의 수업현장에서는 고학년으로 진학할수록 지식 내용을 중심으로 학문적 자아개념의 발달 정도만을 중심으로 학생들의 능력을 서열화하고 있다. '학문적 자아개념'만을 강조하는 것은 학생들의 총체적인 자아를 찾아주는 데 매우 부족한 활동이며, 단순 암기력과 기억력에 의존하는 공부는 총체적인 자아의 발견과 발달과는 거리가 있다. 학교에서는 이를 만회하기 위해 사회성 또는 정서의 발달 부분은 교과 외 시간에 일방적인 교사의 훈육을 통해 지도를 시도하지만 학생들이 공감하고 받아들이는 정도는 부정적이다. 이러한 관점에서 학교의 교육활동은 지식의 내용을 중심으로 하되 학생들의 총체적인 자아의 발달을 고려하여 구성되고, 실천 자체가 수업현장에서 이루어지는 것이 타당하다. 왜냐하면 학교생활의 대부분은 수업활동으로 구성되어 있기 때문이다.

이를 달성하기 위한 수업방법 중 하나가 교과통합을 통한 수업 운영이다. 교육과정의 통합적 운영은 통합적 안목의 신장을 목표로 학생들의 아이디어와 실생활이 수업의 중요 요소이기 때문에 학생들의 주체적인 자아발달을 위한 적합한 교육과정의 틀이 된다.

2) 적성의 발견 및 계발의 필요성

제7차 교육과정은 대량 획일 교육인 '산업 모델 교육'에서 벗어나 '인간 모델 교육'으로의 전환을 지향하여 학생의 능력, 적성, 진로를 고려하여 교육내용과 방법을 다양화하는 것을 개정의 기본 방향 중 하나로 삼고 있다(김재복 외, 1999: 48-49). 즉, 자아의 발달과 더불어 적성을 발견하고 계발시켜 주는 일을 학교 교육에서 중요한 과제 중 하나로 보고 있다. 관점에 따라 특수한 영역의 능력, 예를 들어 학교 교과나 직업분야 등으로 적성을 한정적으로 논의하기는 하지만 학생의 적성 계발이라는 측면에서 자아개념 발달과 연관 지어 광범위한 입장에서 접근하는 것이 타당하다. 많은 학교에서 실시하고 있는 학생들의 흥미를 중심으로 한 적성 계발의 타당성 여부에 논의의 초점을 두고 살펴보고자 한다.

현재의 교육에서 적성 계발은 학생들이 흥미로워하는 부분과 잘하는 부분을 더욱 잘할 수 있도록 독려하는 일에 초점을 두고 있지만 적성이 반드시 '흥미'와 '자신이 잘하는 것'과 일치하는 것은 아니다. '흥미'는 누적된 성공적인 경험뿐만 아니라 일시적인 경험을 통해서도 가질 수 있으며, '잘하는 것'은 과거의 경험과 숙련을 통해 이루어질 수 있다. 그러나 적성은 흥미보다는 넓은 개념으로 오랜 기간을 통해 내재되는 능력으로 과거에 해 봤던 경험을 기초로 발생하는 흥미와는 구별되는 개념이다(한국진로교육학회, 2000). 예를 들어, 어려서 로봇 조립의 경험을 많이 가지고 있는 아동은 그렇지 않은 아동에 비해 조립에 많은 흥미를 나타내지만, 조립에 대한 흥미가 그 아동의 적성이라고 단언하기는 어렵다. 그러나 아동기의 흥미와 적성이 반드시 일치하지 않는다는 점이 흥미와 적성이 무관하다는 의미는 아니다. 다양한 경험을 통해 흥미를 유발하고 이로 인해 자신의 적성을 발견하는 측면도 간과할 수 없다. 오히려 성인기에 접어들면 흥미와 적성은 서로 보완적인 관계에서 형성되고 계발되는 측면이 강하다.

　적성 계발의 준거점을 도출하기 위해 논의를 확대하여 보면 다음과 같다. 강봉규(2000: 127)는 적성에 대해 "개인의 상대적 적합성을 나타내는 조건으로서, 그것의 본질적인 면은 숙달될 수 있는 개인의 잠재적 능력이고, 다른 한 면은 그러한 능력을 발휘하는 데 있어 흥미와 관심을 나타낼 수 있는 정의적 준비성을 의미하는 개념"이라 정의하였다. 다시 말하면, 적성은 지능, 학습능력 그리고 창의력과 같이 한 개인의 인지적 영역에 속하는 능력을 의미함과 동시에 내재되어 있는 관심과 흥미 정도 그리고 장차 직업에서 요구되는 적응능력을 포함하는 다소 광범위한 개념이다.

　적성의 개념을 한 개인의 능력에 비추어 논의하는 내용을 살펴보면, 적성은 소질 또는 재능이라고 알려진 개념으로 잠재되어 있는 특수한 능력으로 그 구성요소가 지능과 매우 유사하다(한국진로교육학회, 2000)고 주장한다. 이러한 주장에 비추어 보면 적성검사의 경우도 지능의 경우와 같은 요소들로 구성하여 발견해 낼 수 있다는 것이며, 지능의 경우 개인차가 있듯이 적성도 개인차가 존재한다는 것이다. 즉, 적성은 인지적 영역에 해당하는 개념으로 지능과 창의성과 더불어 개인의 인지적 능력의 크기로 이해할 수 있다. 이러한 주장을 교육적 당위성에 비추어 보면, 적성은 적극적으로 계발되지 않으면 사장될 수 있는 인간의 능력이다. 따라서 학교 현장에서 적성은 흥미와는 다른 차원에서 발견되어야 하며, 이를 전제로 한 계발은 내재 또는 잠재되어 있는 개인의 능력과 소망을 이끌어 주는 일련의 교육의 과정으로 구성되어야 한다.

　그러나 적성은 한 개인의 능력을 의미하기는 하지만 언급한 바와 같이 정의적 준비성이라는 측면에서 한 개인의 정의적 특성을 포함한다. 어려서부터 영향을 받은 가정환경과 속한 사회와의 상호작용을 통해 형성된 정의적인 특성이 적성의 한 부분이 된다는 것이다. 이러한 이유로 학교 현장에서 교사는 학생들의 정의적인 준비성과 잠재된 능력, 숙련된 능력 등을 포함하는 적성을 발견하고 계발시키는 일이 매우 어려울뿐더러 학생들의 적성 수준을 나누는 일이 학업 성취 정도를 기준으로 하는 방법 이외에 다른 방법을 찾아내기가 어려운 것 또한 현실이다.

　제도권 교육과 사교육기관에서 실시하고 있는 교육의 방법과 내용이 적성 계발을 표방하고 있기는 하지만 계발과정과 방법 측면에서 학생 개개인에게 내재되어 있는 계발 가능성을 충분히 이끌어 내고 있다고 단정 짓기는 어렵다. 학생들의 흥미를 일으켜 이를 중심으로 교육의 과정으로 전개하거나 교과를 진행하는 방법으로 적성을 계발하는 현실은 단편적인 처방이다. 적성의 계발은 언급한 대로 그 과정이 오랜 기간에 걸쳐 학생에 대한 많은 정보를 기초로 하여 합당한 방법으로 개별 학생에 맞춰 진행되어야 하기 때문이다. 즉, 적성은 진단을 통해 발견이 가능하지만 계발과정은 비교적 장기간에 걸쳐 누적된 교육의 질(質)을 통해 이루어진다.

요약하면, 교육활동을 통해 학생들이 가지고 있는 능력이라는 그릇에 어떤 내용의 능력을 어떤 정서와 함께 채워 넣어 주느냐가 적성 계발 교육의 초점이 되어야 한다는 것이다. 즉, 적성의 계발은 지능과 창의력의 계발과 마찬가지로 일련의 체계화된 교육의 과정을 통해 제공되어야 하며, 이러한 교육활동은 학생들의 정서가 공유되고 있는 수업 내에 통합되는 것이 합리적이다. 또한 적성의 발견과 계발은 실천적인 입장에서 학생 개개인의 자아개념을 함양시켜 주는 일과 매우 밀접하게 연관되어 있다. 왜냐하면 자신의 적성 계발과정을 감지하고 추진하는 힘은 외적 요인인 제공되는 '교육내용'과 내적 요인인 '자아개념'에 있기 때문이다. 예를 들어, 각종 심리검사를 통해 한 학생의 적성을 발견할 수 있지만 그 학생이 자신에 대한 자아개념, 즉 자신감이나 자기존중감이 매우 낮을 때 적성의 계발은 소원해질 수밖에 없다. 따라서 개개인의 자아개념에 대한 인식 함양을 통한 적성의 계발과정이 실천적인 입장에서 타당한 과정이다.

지금까지 논의한 적성 계발과 자아개념 신장은 학교 교육에서 중요한 목표이며, 이의 실천과정은 교육과정의 통합적 운영을 통해 달성되는 것이 합리적이다. 왜냐하면 교과별로 분과화된 지식 위주의 단위 수업에서는 학생들의 적성 계발과 자아개념 신장의 기초가 되는 정서와 흥미를 포용하는 데 어려움이 많기 때문이다. 또한 교과 간 통합, 실생활과의 통합, 학습자 내/학습자 간 통합 등의 다양한 통합방법은 지식체를 중심으로 통합을 하지만 통합의 과정에 있어 학습자가 중심이 되기 때문에 학생들의 자아 개발과 적성 계발을 하는 데 유리하다.

3. 자아 개발과 적성 계발을 위한 통합적 수업 운영

수업 운영을 위한 교육방법에 대한 개념은 실천적인 측면에서 가르치는 사람에 따라 그리고 교육상황에 따라 다양하게 논의되고 이해된다. 교육방법이라 하면 교사의 가르치는 행위를 중심으로 교사가 활용하는 각종 교육매체와 수업진행기술로 이해하는 것이 일반적이다(김민환, 1999). 하지만 자아 개발과 적성 계발을 위한 통합적 수업 운영은 학교의 문화와 수업의 풍토뿐만 아니라 교육의 과정 측면, 즉 학교에서 이루어지는 교과 내 활동과 교과 외 활동을 포함하여 보다 넓게 이해하는 것이 바람직하다. 왜냐하면 수업진행 기술로서 교육방법이 학생들의 학습량과 직결되지 않으며, 자아발달의 계기가 되는 내면화된 학습은 반드시 교과 내 시간에 다루어진 지식의 내용을 중심으로만 이루어지지 않기 때문이다. 학습자의 학습 측면에서 교육은 학습의 과정이며, 자아발달과 적성 계발을 위한 학습의 과정은 교육의 과정 중에 점진적으로 형성된다. 따라서 학생들이 배워야 할 내용의 선정과 조직은 교사와 학생들 간의 균형 있는 관계로부터 진행되어야 한다. 학습자 측면에서 통합수업을 준비하고 운영해야 한다면, 첫째, 학생들의 학습 경향과 제공하는 학습 경험이 무엇이 되어야 하는가, 둘째, 학급문화의 창출이 어떤 영향을 주는가, 셋째, 수업환경과의 상호관련성 등에 대한 폭넓은 이해가 전제되어야 한다. 이를 살펴보면 다음과 같다.

1) 학습 경향의 변화에 따른 통합적 수업 운영

일반적으로 수업은 교사가 주체가 되어 학생들이 배울 내용을 가르치며 학생은 이를 가능한 한 많이 습득하는 관계가 바람직한 교실현장으로 인식되고 있다. 교사가 가르치고 학생은 학습하는 형태가 긍정적인 측면이 있기는 하지만 지식에 대한 개념과 속성이 다변화되고, 학생들의 학습 경향이 변하고 있는 상황, 특히 통합적 사고력이 요구되는 현대에서는 이상적인 정의라고 할 수는 없다. 컴퓨터와 영상매체가 지금보다 발전하지 않았던 80년대 이전의 학습은 주로 책을 통한 학습이 학교 교육의 대부분을 차지하고 있었다. 이때까지의 학습 경향은 책의 내용을 주로 암기를 통해 습득하고 책에 있는 내용은 옳은 것 또는 진리로 인식되어 옳고 그름을 판단하는 이분법적인 학습 경향이 주를 이루었다. 그러나 영상매체와 컴퓨터의 발달로 인해 학생들의 학습 경향은 자기가 좋아하는 정보는 '옳은 것'이며 '가치 있는 것'이라는 다양한 학습 경향을 보이고 있다. 이렇게 변화하는 학습 경향은 교사가 일방적으로 가르치는 내용을 그대로 받아들이지 않고 자신이 원하는 내용을 취사선택하는 현상으로 이어지고 있다. 즉, 학생들이 바라보는 지식의 습득에 관한 태도가 정보화 사회의 진입과 더불어 변화하고 있다. 현재의 정보화 사회는 인본주의의 바탕 아래 지식과 정보를 중심으로 사회가 발전되고, 창의력과 다양성이 존중되는 사회이다. 정보사회의 지식이란 "고정적이고 확인할 수 있는 대상이 아닌 자기가 속한 사회, 문화, 역사 등의 상황 아래에서 개인의 사회적 경험을 바탕으로 개인의 인지적 작용에 의해 지속적으로 재구성되는 특징을 갖게 된다"(강인애, 1997: 17). 이렇게 구성된 지식은 타인이 보기에 불확실하고, 복잡하고, 독특하게 보일 수도 있지만 미래의 지식은 개인에게 의미 있고, 타당하고, 적합한 것이면 모두 진리이며 지식이 될 수 있다는 것이다.

이를 학교 교육의 학습 측면에서 조명해 보면 교사가 일방적으로 주는 지식의 내용이 그대로 학습으로 연결되지 않을 수 있다는 것이다. 자아성취의 욕구가 과거에 비해 다양해졌다고 해석할 수 있다. 이러한 관점에서 학생 스스로 제공된 학습 환경에서 학습에 책임감을 가질 수 있는 수업으로의 전환이 필요하다. 즉, 교사가 수업을 설계할 때 학생 스스로 각자에게 의미 있는 내용을 학습하고 배운 내용을 책임감 있게 활용할 수 있는 수업의 틀을 만들어야 한다는 뜻이다. 예를 들어, 수학수업의 경우, 과거의 전통적인 방법은 개념 설명과 더불어 공식에 대한 이해와 암기를 통해 주어진 문제를 해결하는 능력이 평가의 기준이자 학생들이 도달해야 하는 학습목표였다. 그러나 수학이라는 교과는 자연현상을 수학적 언어로 표현하는 교과이다. 함수에 관한 내용을 다룰 때 일방적인 수학공식 위주의 수업은 학생들의 수업참여를 저해할 수 있다. 그보다는 용수철(1차 함수), 번지점프(2차 함수), 인구 증가(지수함수) 등 실생활과 관련된 내용을 중심으로 함수의 개념을 전달할 때 학생들의 관심과 흥미의 유도뿐만 아니라 습득한 지식에 대한 책임을 가지게 하는 데 효과적이다. 즉, 실생활과 연계된 접근방법은 통합교육과정 또는 교육과정의 통합적 운영에 가장 기본이 된다.

학습목표는 교사가 일방적으로 도달할 목표를 세워 주는 것으로 이해할 수 있으나 이보다는 책임감 있는 학습이란 교사가 학생들에게 배우고 싶다는 의욕을 불러일으켜 이를 내면화된 학습으로 이어지도록 하는 것을 뜻한다. 예를 들어, 각 교과 영역에서 이론과 개념의 도입이 분과된 모습으로 제시되는 것보다는 학생의 입장에서는 제시된 이론을 조망할 수 있도록 큰 견지에서 교사가 접근하여 주는 것이 주어진 내용을 이해하는 데 수월하고 책임감 있는 학습에 도움을 준다는 점이다. 이를 위해서는 실생활과의 연계를 통한 통합적인 지식 내용의 선정과 조직을 통한 학습 경험의 유도가 전제되어야 한다. 이러한 점이 바로 학생들의 다양한 자아발달을 위한 기초를 제공할 수 있다.

2) 긍정적인 학급문화의 창출을 위한 통합적 수업 운영

Syngg와 Combs(1949)는 인간의 모든 행동은 자신이 속한 사회의 현상적 장(phenomenal field)에 의해 결정되며, 현상적 장은 한 개인이 인식하는 경험의 총합이라 주장한다(송인섭, 1998: 41). 자신이 속한 사회의 구성원들이 기대하는 행동기준과 사회의 문화에 따라 자신의 적절한 행동이 결정된다는 것은 다른 구성원들과의 관계와 자신의 지위에 따라 표현되는 자신의 모습이 달라진다는 의미를 내포하고 있다. 대인관계에서의 적절한 행동과 부적절한 행동은 자아의 성숙과도 밀접한 관계가 있으며, 자신이 속한 사회에서 요구하는 행동기준, 즉 규범 그리고 나아가 문화와도 깊은 관계가 있다. 가정환경과 부모의 양육태도 등이 아동의 자아개념 형성에 영향을 주지만 수업에서 고려할 수 있는 자아개념 증진과 적성 계발 측면을 살펴보면 다음과 같다.

Syngg와 Combs가 주장한 바와 같이 현상적 장에 의해 행동이 결정되고 행동 결정의 주체가 자아개념에 기초한다면, 학교 교실의 풍토 또는 문화는 학생들의 자아개념 발달에 중요한 요인이다. 왜냐하면 학교의 문화는 학생들의 기대행동을 유도하고, 이를 인지하는 학생들의 능력이 학교라는 현상적 장에서 각자가 인지하는 자아개념이기 때문이다. 예를 들어, 한 학생이 교사로부터 항상 지적을 받고 교사가 지적할 때마다 다른 급우들이 동조하는 분위기에서 그 학생이 학교라는 현상적 장에서 인지하는 자아개념은 부정적일 수밖에 없다. 반면에 허용적인 교실현장에서의 자신의 자아개념 인지 정도는 긍정적일 수밖에 없다.

또한 전술한 바와 같이 자신이 속한 사회에서 자신을 평가하는 나 자신을 인지하는 능력이 자아개념의 한 측면이라면, 학급 친구들의 태도, 성격, 분위기 등의 문화적 요소는 자신의 자아개념 지각에 지대한 영향을 준다. 확대 논의하면 성격 또한 자신이 속한 사회의 구성원과의 상호작용 과정 중 인지하는 자극에 대한 반응양식(Strongman, 1978: 206)이며, 자극의 유형이 사회구성원의 태도, 성격 등을 포함한 문화에 영향을 준다는 것은 자아개념 형성과 성격 형성은 타인과의 상호작용을 통해 같은 양식으로 형성된다고 할 수 있다. 학급의 풍토가 경쟁적으로 조성되어 우월감과 열등감을 조성하는 분위기에서 학생들이 인지하고 형성하는 자아개념과 성격발달은 협동적인 학급풍토와는 달리 전개될 수 있다. 예를 들어, 가정에서 귀여움을 독차지하는 아동은 자신의 외모와 능력에 대해 긍정적인 자아개념을 가지게 되지만, 자신보다 신체적 또는 지적 능력이 우월한 집단에 속하게 되면서 경쟁적인 학급분위기로 인해 경험하게 되는 열등감은 자아개념의 변화와 더불어 소극적인 성격 형성에도 영향을 끼칠 수 있는 것이다.

학교생활을 통한 학생들의 자아개념 발달에 대한 논의의 초점은 학생들의 자아개념이 학교에서 학생들의 행동에 어떤 영향을 끼치는가와 학교생활이 학생들의 자아개념 형성과 발달에 어떤 영향을 끼치는가의 두 축에서 이루어질 수 있다. 개인적인 성격요인과 급우들과의 관계가 영향을 주기는 하지만 일반적으로 자아개념과 자아존중감이 높은 학생들은 학교생활에 잘 적응하는 경향을 보인다(Woolfolk et al., 1995). 좋은 학교분위기와 또래와의 긍정적인 교우관계가 학생의 자아개념 또는 자아존중감 증진에 영향을 주는 것인지 아니면 높은 자아개념과 자기존중감이 학교분위기를 긍정적으로 인지하고 원만한 대인관계를 유지하는 것인지에 대하여는 후속연구가 뒤따라야 하지만 Marsh(1987) 그리고 Shavelson과 Bolus(1982)의 연구에 의하면 자기존중감이 높은 학생들이 학교와 교실 수업에 보다 친화적이거나 긍정적인 태도를 보이며 교우들과의 관계 또한 긍정적이라는 결과(Woolfolk et al., 1995: 76)는 자아개념이 학교생활 적응 정도에 주요 변인이라는 것이다.

학교의 입장에서는 학생들의 자아개념 증진을 위한 여러 가지 환경조성과 조력활동을 소홀히 할 수 없다. 학교는 학생들이 여러 가지 경쟁능력을 성공과 실패를 통해 배우는 곳이다. 명시된 과목 외에도 학급분위기에서 오는 경쟁심, 교우들 간의 관계에서 발생하는 우정, 대인관계 능력, 사회문제 해결능력, 리더십 등을 학교 현장에서 습득한다. 따라서 학급의 문화는 다양한 문화적 배경을 가진 학생들을 수용할 수 있는 문화적 틀을 조성하는 것이 중요하다. 즉, 학교에서 지향하는 공식적인 문화 안에 학생들이 조성하고 추구하는 비공식적인 문화의 수용 정도가 관건이 된다.

교실문화 형성은 교사가 주도하는 것이 타당하다. Bartolome(1994)는 학생 중심 교사들의 특징은 학생들의 자라 온 배경, 개인적 문화차 그리고 개개 학생들의 다양성을 인정하는 특징을 보인다고 하였다(Lefrançois, 2000: 239). 학생들의 다양성을 인정하는 일과 긍정적인 교실문화의 조성은 학생들의 심리적인 공간을 마련해 주는 일로부터 시작된다. 허용적인 의사소통과 수업에서 일어나는 갈등을 해결해 내는 교사의 가변적인 리더십이 좋은 교실문화 조성과 역동적인 수업의 관건이 된다(홍영기, 2001: 52-56).

교실문화는 수업을 통해 주로 형성된다. 수업의 형태를 결정짓는 요인 중 하나는 교육과정 틀이다. 통합교육과정 또는 교육과정의 통합적 운영은 앞에서 논의한 자아개념 및 적성 계발을 위한 긍정적인 교실문화 창출에 기여한다.

3) 수업환경 조성을 통한 통합적 수업 운영

학교의 환경, 교사와 학생들 간의 상호작용 유형, 학교의 전반적인 풍토와 분위기, 학교정책 등은 학생들의 학습 행동뿐만 아니라 학생들과 교사의 수업 안과 밖에서의 활동 그리고 사회적 활동에까지 영향을 준다. Berliner(1985)의 연구에 의하면 효율적인 학교(effective school)의 특징은 학교환경이며, 학교환경이 학생들의 학습의 양과 질을 결정하는 요인이라 주장한다(Henson & Eller, 1999: 15-16). 학교의 환경을 결정하는 여러 가지 요인 중 물리적인 환경을 제외한 수업활동, 평가 방법, 학교풍토 등의 관점에서 효율적인 학교의 특징을 조망하고 이를 중심으로 개선방안을 도출하면 다음과 같다.

첫째, 지식 전달을 중심으로 한 내면화된 학습을 유도하는 수업활동의 강조이다. 효과적인 학교의 예를 살펴보면 다양한 교과목의 나열을 통한 학생들의 교과 선택권의 보장에 있지 않다. 그보다는 기초학력, 예를 들면 읽기, 쓰기, 수학 등의 기초도구 과목의 강조를 통해 학생들이 도달해야 할 일정 수준의 학업능력을 강조하고, 학생 수준에 적합하게 명시화된 학습목표의 달성을 위해 학교의 모든 활동이 집중되어 있다(Henson & Eller, 1999). 우리나라의 경우 제7차 교육과정의 전면적인 실시와 더불어 학생들의 학습권 보장이라는 취지 아래 다양한 학습 활동과 수준별 교육과정을 운영하고 있다. 학생들이 오고 싶은 학교의 분위기를 조성하기 위해 학생들의 흥미와 욕구를 수용하는 수업을 전개하고 있지만 이러한 활동이 학생들의 지적 능력의 함양을 도외시하는 활동으로 흘러가는 것은 지양해야 한다. 왜냐하면 학생들의 학습 욕구 증진은 학습력의 증진과 더불어 조성되는 것이지 흥미를 중심으로 성취될 수 있는 것은 아니기 때문이다. 또한 흥미를 중심으로 한 적성 계발은 한계가 있다. 학생들의 동기 유발은 학생들의 흥미를 중심으로 유도할 수 있지만 내면화된 학습으로의 전이는 학생들의 기초학습능력, 즉 학문적 자아개념의 증진에 기초하기 때문이다. 예를 들면, 읽기 능력이 저조한 학생들의 수업참여 유도는 재미있는 수업활동으로 유인될 수 있는 것이 아니라, 읽기 능력의 함양을 통한 교과 내용의 이해로부터 출발하는 것이 수업활동의 목표가 되어야 한다는 것이다.

따라서 자아개념의 발달과 적성의 계발이 흥미에 기초하는 것이 아니라 능력의 개발 측면이 강하다는 논의에 비추어 보면, 흥미 위주의 수업보다는 흥미를 유발시켜 내면화된 학습으로 전개되는 수업의 구성이 필요하다. 내면화된 학습으로의 유도는 교사의 노력 여부가 상당한 영향을 끼치게 된다. 내용의 선정은 교과서에 명시된 내용에 준하기는 하지만 선정된 내용을 학생들에게 전달하는 과정, 즉 생명력을 불어넣어 학생들의 인지적 자각을 가능하게 하는 역할은 교사의 몫이다. 학생들의 인지적 자각이 단순전달로 이루어지는 것이 아니라 학생들의 정서적 동화와 더불어 일어난다는 점에서 긍정적인 수업문화와 의사소통체계의 구축 등이 더불어 일어날 수 있는 방안이 마련되어야 한다.

효율적인 학교 운영 측면에서 교육과정의 통합적 운영은 학생들의 흥미를 교육과정 안으로 끌어들여 학습동기를 유발하고, 간학문적 통합의 경우 지식의 계열성을 중심으로 교과 간 통합이 이루어지기 때문에 지식 전달을 통한 내면화된 학습을 유도하는 데 적합하다.

　둘째, 체계적인 평가체계이다. 지속적인 학생들의 학습 성취 가능성의 진단과 성취한 학습 정도의 평가 그리고 피드백을 통한 내면화된 학습을 유도하는 체제의 구축을 그 예로 들 수 있다. 평가란 교육평가의 대상에 따라 교육과정에 대한 평가, 수업 프로그램에 관한 평가, 학생에 관한 평가로 구분할 수 있다(오성삼, 구병두, 1999). 평가의 가장 기본적인 준거는 교육목표가 얼마나 달성되었는가를 알아보는 데 있다. 이를 교육의 과정 측면에서 살펴보면, 수업현장에서의 교육내용은 교육목표를 중심으로 선정되고 이를 학생들에게 학습시키는 일련의 과정으로 구성되는 것이 당연한 일이다. 평가 또한 교육목표를 중심으로 수업과정에서 다루어진 내용을 중심으로 학생들의 학습 정도와 수업과정의 타당성 등을 평가하는 것이다. Hoge, Smit와 Hanson(1990)의 연구에 의하면 학생들의 학교에 대한 만족도는 교사가 얼마나 학생들을 배려(care)하는가와 학생들의 학업 성취에 대한 피드백과 평가를 좌우하며, 이러한 교사의 역할이 학생들의 자아존중감에 지대한 영향을 끼친다고 하였다(Woolfolk et al., 1995: 76-77). 또한 김은주(2001)의 연구에서도 칭찬과 격려를 많이 하며, 경쟁과 비교는 적고, 자율성이 높다고 교실환경을 지각하는 집단과 그렇지 않은 집단의 내재적 학습동기가 차이가 있다고 하였다.

　그러나 우리 교육현실에서 교육의 목표를 달성하기 위한 수업의 과정이 긍정적으로 이루어지고 있는지의 여부와 수업의 과정 중에 다루어진 내용을 중심으로 평가가 이루어지고 있는지의 반성이 필요하다. 학생들의 지적 능력만을 중심으로 이루어지고 있는 평가체계는 수업의 과정을 평가하는 데 장애가 될 수 있다. 왜냐하면 학생들의 지적 능력에 대한 평가에 치중될 때 수업의 질적인 향상을 도모하는 일을 소홀히 하게 되며, 결과적으로 학생들의 학습력 저하의 원인을 알아내기 어렵기 때문이다.

　따라서 수업 중에 일어나는 평가가 정답과 오답을 구분해 내는 형태로 실시되는 평가는 지양되어야 한다. 이분법적인 평가는 정답을 맞힌 학생들에게는 긍정적인 강화요건이 되지만 오답을 거듭하는 학생들에게는 열등감이라는 부정적인 자아개념 형성을 유도할 수 있기 때문이다. 교사가 전달한 내용에 대한 느낌이나 의견을 중심으로 한 수업평가의 배려도 필요하다.

　교육과정의 통합적 운영에 있어서 평가는 개개인의 학습 성취 과정을 중심으로 이루어지는 수행평가와 모둠별 평가뿐만 아니라 학생들의 정의적 영역의 평가도 병행되기 때문에 학생들을 서열화하지 않고 다면적으로 평가할 수 있는 장점이 있다.

　셋째, 안정된 학교분위기가 효율적인 학교의 특징 중 하나이다. 안정적인 학교분위기란 학생들과 교사가 공감하는 일치된 수업 및 학습의 목표가 존재하며, 학생들의 입장에서는 학습 활동 자체가 즐거움으로 표현되는 것을 뜻한다(Henson & Eller, 1999). 안정된 학교분위기의 조성을 위해서는 학교의 행정적인 의사결정이 학생들의 학습분위기 조성을 위한 문제해결에 중점을 두어야 한다. 더불어 교사들 간의 화합이나 지역사회와의 긴밀한 협조체제를 학생들이 긍정적으로 인지할 수 있는 기회를 제공하고, 학생들의 복지에 관한 학교의 결정을 학생들이 공감할 수 있도록 해야 한다.

학생들이 인지하는 수업활동 중의 안정감이란 물리적인 환경으로부터 기인되는 측면도 무시할 수 없지만 그보다는 심리적인 안정감, 즉 불안감을 느끼지 않는 수업분위기를 의미한다. 이러한 측면에서 암기력과 기억력에 의존한 학습력을 중심으로 하는 서열화와 정답을 요구하는 수업방법, 경쟁을 독려하는 수업 등은 긍정적인 학습분위기와 학생들의 자아 발견과 적성 계발을 방해할 수 있다.

교육과정의 통합적 운영에 있어 통합단원이나 통합교육과정의 시행에서는 학생들의 아이디어와 참여를 중심으로 수업이 진행되기 때문에 교실 내에서 학생들의 심리적 공간이 확보되고 이로 인해 안정된 수업분위기가 조성되는 장점이 있다.

지금까지 학생들의 자아개념 발달과 적성의 발견 및 계발을 위한 교육적 당위성을 교육과정의 통합적 운영 측면에서 몇 가지 살펴보았다. 상대적으로 교사의 교육관보다 학생들의 학교에 대한 요구와 사회의 요구는 빨리 변화한다. 이러한 요구를 수용하는 현장이 교실 안의 수업이며, 학생들의 다양한 욕구 충족의 출발은 자아개념의 신장과 적성을 발견하고 계발할 수 있는 수업을 만들어 주어야 한다는 취지에서 수업 운영에 관한 틀을 논의하였다. 어떤 수업의 모습이 좋은 수업이고 우리가 지향해야 하는 수업인지 결론짓기는 매우 어렵다. 왜냐하면 학습자의 욕구가 변화하기 때문이다. 과거의 학교 모습이 개인과 사회의 요구를 수용할 수 있었던 모습이었다면, 현재의 요구를 수용할 수 있는 수업의 모습은 학생들의 자아개념의 신장과 적성을 계발할 수 있는 수업 운영에 있다고 생각한다. 따라서 학생들 간의 자아개념과 적성의 차이를 인정하고 이를 증진시켜 줄 수 있는 포용적인 수업 운영이 필요하다.

결론적으로 학교 교육에서 자아개념의 신장과 적성 계발은 무엇보다도 중요한 교육목표가 되어야 하며, 이를 수월하게 달성하는 데 기여하는 방법이 통합단원 또는 통합교육과정의 구성을 통한 교육과정의 통합적 운영이라는 점이다.

제5장
교육과정 통합과 발생기술

1. 교육과정의 통합적 운영 필요성

학교 교육이 통합적으로 이루어져야 한다는 주장은 오래전부터 논의의 대상이 되고 있다. 교과나 학문 중심의 교육을 주장하는 이론들도 궁극적으로는 습득한 지식을 실생활에 적용하는 것을 추구한다는 점에서 통합의 필요성을 역설하고 있다. 교과별로 분과된 형식으로 교육의 과정이 진행되는 현재의 교육내용을 살펴보면, 다른 학문 영역과의 적극적인 통합이 이루어지지는 않았지만 한 학문 영역 내에서의 통합은 실제로 이루어지고 있다. 예를 들면, 수학교과의 경우 산수와 기하, 대수 등의 영역이 통합된 학문 영역이며, 과학교과는 생물, 물리, 화학, 지구과학 등이 통합된 학문 영역이다. 그러나 교육과정의 통합적 운영이 구체적으로 일어나야 한다는 많은 사람의 주장은 현재의 교육과정 운영이 지식의 전달에 국한되어 경직되게 운영됨으로 인해 우리가 지향하는 교육의 목표가 수월하게 달성되지 못하고 있는 현실에 대한 반성으로부터 시작되었다.

학교 교육에서 지식의 습득은 무엇보다도 중요한 교육의 목표이다. 아무리 수요자 중심의 교육원리가 강조된다 하더라도 교사의 입장에서 학생들이 반드시 습득해야 하는 지식의 내용을 가르치는 것은 교사의 의무이자 권한이다. 미래의 삶을 위해 기본적인 지적 능력의 함양은 학교 교육을 통해 반드시 성취되어야 하는 학습의 대상이다. 정선된 지식의 선정과 구성을 통한 수업활동의 전개가 외형적으로는 학생들의 전인적 발달을 도모하기 위해 시도되고 있지만 서열화에 익숙해져 있는 교사와 학부모 그리고 대학입시 등 현실적인 문제에 직면하면서 의도와는 상관없이 학생들을 때로는 좌절과 실망에 빠트리고 있는 것은 아닌지 반성이 필요하다.

흔히 통합을 논의할 때, 분과된 지식 전달 위주의 수업에 대한 개선방안과 지식의 효과적인 전달방안으로 통합의 필요성을 강조한다. 그러나 지식을 전달하는 수업현장에 문제점이 있다는 관점에서 통합을 논의하는 것은 잘못된 출발점이 될 수 있다. 왜냐하면 지식이라는 속성 자체에 문제가 있어 학교 교육의 문제가 발생되는 것이 아니라 지식을 전달하는 교육과정 운영의 경직성으로 인해 문제가 발생되고 있기 때문이다. 또한 통합교육과정 또는 교육과정의 통합적 운영 역시 지식체를 중심으로 구성되기 때문에 통합은 교육과정 재구성과 수업 운영 측면에서 접근해야 한다. 즉, 통합의 논의는 현재 교육과정에 대한 비판으로 시작하는 것보다 현재의 경직된 교육과정과 수업현장 운영을 어떻게 보완할 것인가의 관점에서 출발해야 한다.

학교 교육과정의 통합적 운영이 단순히 학생들의 흥미와 욕구를 채워 주는 수준에서 학습 활동의 통합이나 지식의 요소를 인위적으로 추출하여 통합되는 것은 단편적인 통합이다. 통합의 방법은 교과 내, 교과 간, 학습자 간, 학습자 내의 통합을 고려할 수 있지만 통합의 방법 자체가 긍정적인 교육 결과를 보장하지는 않는다. 다시 말하면, 통합의 출발은 방법의 논의에 있는 것이 아니라 통합한 후 결과가 어떤 모양으로 귀결되어야 하는지에 초점을 맞추어야 한다. 통합의 결과는 내면화된 학습을 바탕으로 살며 부딪치게 되는 사건과 현상을 통합적 안목에서 원활히 해결할 수 있는 능력의 함양에 있는 것이 타당하다.

2. 통합의 실태

현재 초·중등 학교에서 분과된 교과를 중심으로 제공되고 있는 교육의 과정은 과거의 학생들의 경험과 이후의 삶을 통합하는 데 한계성을 지니고 있다. 이러한 문제를 극복하고자 여러 차례에 걸친 교육과정 개편을 통해 다양한 노력이 시도되고 있기는 하지만 교과 영역 간 통합, 통합교육과정의 실시, 교육과정의 통합적 운영 등에 관한 활발한 논의가 미흡하다.

우리나라의 경우, 교육과정의 통합적 운영은 통합교과의 운영을 포함한다. 통합교과의 운영의 예가 초등학교의 경우 국가 수준에서 개발한 '바른 생활' '슬기로운 생활' '즐거운

2. 통합의 실태   119

생활' '사회' '과학' 등을 통합된 형태의 교과로 구성한 것이다. 중등학교의 경우, 중등학교 교육과정의 통합적 운영은 사례가 연구학교 사례 외에 거의 보고되지 않을 만큼 연구와 실제가 빈약하다. 현재 중학교의 사회과와 과학과, 고등학교의 공통 사회와 공통 과학 등 과 같은 통합교과와 교과서가 개발되어 사용되고 있지만, 이러한 통합교과의 운영조차 통합의 취지를 충분히 살려서 운영되고 있다고 보기 어렵다.

또한 교육과정의 통합적 운영은 교사의 교육과정 재구성의 자율권과도 밀접하게 관련되어 있다. 하지만 우리나라의 교육과정이 국가 수준의 교육과정 운영으로 인해 교사에게 교육과정 재구성의 기회가 적다는 점도 교육과정의 통합적 운영을 어렵게 만드는 요인이다.

미국의 경우, 통합교육과정의 운영은 전체적으로 실시하고 있지는 않지만 교육구 (school district)와 학교에서 자체적으로 구안하여 운영을 하고 있다. 다양한 연구 결과와 오랜 시간 동안의 실행을 통하여 미국에서는 많은 초·중등 학교에서 각 학교에 적합한 통합된 형태의 교육과정을 운영하고 있으며, 이를 통해 교과 중심의 교육과정 운영으로 인한 문제점을 상당 부분 보완하고 있다. 1980년대 말부터 1990년대까지 학생들의 동기 부여 측면에서 통합교육과정에 대한 관심이 최고조에 달했다가 표준교육과정에 대한 논의와 함께 그 관심도가 다소 덜해지기는 했다. 그러나 미시간 교육청의 경우, 1990년 말부터 5년간 계획하며 통합교육과정 개발을 지원한 경우가 70개의 교육구에 700개의 학교에 달하고 있을 정도로 새로운 교육과정과 연계하여 그 관심도가 다시금 집중되고 있다 (Drake & Burns, 2004: 3). 특히 통합교육과정의 실천과정에서 지역사회의 자원을 적극적으로 활용하여 학생들에게 학교 안에서의 학습내용과 학교 밖의 실생활과의 연결을 통한 문제해결능력의 향상이라는 성과를 얻고 있다. 이러한 성과는 미국의 교육과정의 통합적 운영이 교과 내의 통합을 기초로 교과 간의 통합, 영역 간의 통합 그리고 실생활과의 통합 등의 단계를 거쳐 운영되어 왔기 때문에 얻을 수 있었다. 현재 미국의 동향은 교과 내용을 중심으로 한 통합에서 한 단계 도약하여 개인의 철학, 가정, 주어진 환경, 지역사회 등의 공동 발전을 위한 통합교육과정의 운영(Beane, 1998; Schug & Cross, 1998; Vars & Beane, 2000)이 활발히 논의되고 실천되고 있다.

일본에서도 체험활동 중심의 학습 활동을 강조하기 위하여 초등학교 저학년의 사회과와 이과를 폐지하고 생활과를 신설하는 등 학습지도 요령의 개정(1989년)을 통한 통합교육과정 운영에 관한 논의와 실천을 계속하여 왔다. 현재 일본에서의 교육과정 통합에 관한 논의와 실천은 1998년(초등학교·중학교)과 1999년(고등학교)에 개정된 학습지도 요령

에 신설된 '종합적 학습시간(總合的な學習の時間)'을 중심으로 이루어지고 있다. 이 종합적 학습시간은 종래의 엄격한 교과 틀을 초월하여 관련 교과를 넘나들면서 학생들이 통합적으로 학습할 수 있게 한다는 아이디어로 2002년부터 초등학교와 중학교부터 시행되고 있다.

이와 같이 미국과 일본에서는 교육과정의 통합적 운영이 활발할 뿐 아니라 이에 관한 연구도 점점 활성화되고 있다. 교육과정의 통합적 운영은 여러 측면에서 학생교육의 긍정적인 성과를 가져다줄 수 있다.

3. 발생기술의 의미와 필요성

학교 교육에서 학생들이 성취해야 하는 여러 가지 목표 중 비판적 사고능력과 문제해결능력, 급우들과의 협력을 통한 학습 성취, 과학적 논리성과 방법의 이해, 독립적인 사고 등은 현대사회에서 중요한 교육목표로 부각되고 있다(McMillan, 1997: 24). 우리나라에서도 이러한 목표의 달성을 위해, 사용하는 용어의 차이는 있었지만 많은 교육방법의 도입과 7번에 걸친 교육과정의 개편이 있었다. 제4차 교육과정의 개편과 더불어 전인교육이 강조되면서 도입된 통합교육과정의 개념도 우리가 추구하는 교육목표의 원활한 달성을 위한 방법 중 하나로 이해할 수 있다.

통합교육과정의 일반적인 목표는 지식을 바라보는 통합적인 안목의 조장과 습득한 내용을 실생활에 적용하는 능력의 함양(Jacobs, 1986: 15)에 있으며, 이러한 능력은 학생들의 다양한 학습 유형과 사고능력, 수업 운영의 다양화, 협동학습능력, 문제해결능력의 함양 등을 통해 이루어진다. 즉, 통합교육과정에서 목표로 하는 학생들의 능력발달이 여타 교육방법에서 주장하는 내용과 마찬가지로 우리가 일반적으로 추구하는 교육목표와 상당 부분 일치한다.

그러나 통합교육과정에서 언급하고 있는 학생들의 능력 함양은 개념의 도입으로 성취되는 것이 아니며, 구체적인 수업 모습의 변화를 토대로 학생들이 학교 수업을 바라보는 인식론적 변화가 전제될 때 비로소 가능하다. 이를 교사의 입장에서 바라보면, 통합적 안목을 조장하는 교육과정의 설계와 수업 운영의 제공이다. 학생들은 비판적 사고능력과 문제해결능력, 창의성 등을 바탕으로 하는 통합적 안목을 갖도록 변해야 한다. Drake(1993)에 의하면 통합적 안목이란 학생들이 수업 중에 다루어지는 지식의 내용을 여러 가지 사회현상과 실생활과의 접목을 통해 새롭게 바라본다는 의미로, 이러한 학생들의 능력은 통합교육과정 중에 성취해야 하는 발생기술(generic skills)[1]이라고 주장하였다. 즉, 발생기술이란 통합교육과정을 통해 수업시간 중에 다루는 지식의 내용 습득이 단순암기에 의한 것이 아니라, 주어진 내용, 즉 주제를 다양하게 바라볼 수 있는 능력을 의미한다. 예를 들면, 발생기술이란 비판적 사고능력, 문제해결능력, 협동학습능력, 과학적 논리성 등의 포괄적인 능력이 발생되는 사태를 의미하며, 학생들이 학습하는 방법을 학습하는 과정과 메타인지(metacognition) 기능의 활성화를 통해 가능한 것이다(Drake, 1993: 38-39).

앞에서 언급한 바와 같이 통합의 방법이 추구하는 교육적 결과를 보장하지 않는다. 통합의 결과는 내면화된 학습을 통해 학생들이 지식을 바라보는 통합적 안목과 실생활에의 적용능력의 함양에 있다. 내면화된 학습이란 인식론상의 깊은 탐구능력이며, 이는 교육과정의 통합적 운영이라는 측면에서 발생기술, 즉 통합적 안목과 실생활에의 적용능력이 발생하는 통합수업사태 또는 통합수업의 결과로 이해하는 것이 합당하다.

통합교육과정에 있어 발생기술의 극대화를 위한 논의는 통합의 대상으로부터 출발할 수 있다. 이를 살펴보면 다음과 같다.

4. 발생기술 극대화를 위한 통합의 대상과 목표

1) 통합의 대상

학교 교육에서 통합의 대상은 무엇인가? 김대현과 이영만(1995)은 학생들이 학교에서 경험하게 되는 학습내용이나 경험이 통합적이어야 한다는 당위성을, 첫째, 인간은 태어나면서부터 자아의 통합적 성장을 추구하는 속성을 지니고 있다는 것, 둘째, 현실에서 직면하는 문제가 분과화된 지식이 아니라 여러 교과의 기능과 지식들이 동시에 동원되기를 요구하고 있기 때문이라고 정의하고 있다. 이를 중심으로 살펴보면 다음과 같다.

첫째, 앞 장에서 살펴본 바와 같이 자아의 통합적 성장을 추구하는 속성이란 자아의 성

---

1) 이 책에서는 수업의 당위성 측면에서 Drake가 주장한 '발생기술'이라는 개념을 '발생학습기술(generic learning skills)'로 재구성하여 해석하였다. 발생학습기술 통합교육과정 운영을 통해 증진되는 학생들의 통합적 안목과 실생활에의 적용능력을 의미한다. 홍영기(2001)는 발생학습기술은 통합교육과정의 운영을 통해 학생 스스로 발생시키는 학습기술이 아닌 교사가 주도적으로 의도하여 형성시켜 주는 학습기술로 정의하였다.

장이 분리된 형태로 이루어지지 않는다는 뜻이다. 일반적으로 자아개념은 학자마다 달리 조망되기는 하지만, Shavelson, Hubner와 Stanton(1976)은 초기에 인간의 자아개념을 학문적 자아개념, 사회적 자아개념, 정의적 자아개념, 신체적 자아개념 등으로 구분하였다. 총체적인 자아의 발달이란 언급한 여러 가지 자아의 영역이 고루 발달하는 것을 의미한다. 학교에서 주로 강조하고 있는 학문적 자아개념의 발달이 다른 자아개념의 발달과 더불어 이루어지지 않으며, 습득한 지식의 내용이 내면화되고 활용될 때 고른 자아의 발달을 도모할 수 있다. 따라서 통합의 목표는 지식 습득을 중심으로 총체적인 자아의 발달을 도모할 수 있는 교육과정 설계와 수업 운영으로부터 출발하는 것이 합당하다. 즉, 학교 교육에서 첫 번째 통합의 대상은 학생들의 고른 자아개념의 발달이다.

둘째, 현실에 직면하는 문제해결능력에 대한 관점은 학교 밖에서 직면하는 문제가 학교의 시간표처럼 교과마다 주어진 단위시간별로 발생되지 않는다는 것으로, 현실에 부딪치는 문제의 해결은 학교에서 배운 다양한 학습내용이 동시에 동원되어야 한다는 것이다(Jacobs, 1989). 즉, 학교 안의 학습 활동과 학교 밖의 문제해결 방법이 동일한 맥락에서 통합되어야 한다는 것을 의미하며, 이 또한 통합의 대상이다.

제기한 두 관점의 통합의 대상에 대한 출발점은 통합의 방법을 고려하기 이전에 학생과 수업을 바라보는 교사의 의식 전환을 내포하고 있다. 예를 들어, 학문적 자아개념, 즉 학업 성취 능력만을 강조하는 수업현장에서 교사가 선호하고 목표로 하는 학습의 결과가 성적에 집중되어 있다면, 총체적인 자아 통합과 발달을 위한 수업은 실천되기 어렵다. 따라서 학생들의 자아성장을 바라보는 교사의 의식 전환이 전제되어야 한다. 또한 수업에서 다루는 내용이 학문을 위한 내용의 습득에 집중되고, 학습의 방법이 기억력에 의존한 단순암기를 고집한다면 실생활과의 연계가 어려워지게 된다. 따라서 통합의 대상에 대한 폭넓은 의식 전환은 교육과정의 통합적 운영을 위한 필수불가결한 전제조건이 된다. 이러한 전제조건의 해결을 간과하고 통합방법에 관한 논의만 지나치게 강조될 때, 통합의 본래 목표는 희석되고 통합이라는 것이 마치 또 다른 분과된 교과의 탄생으로 전락할 수 있다.

2) 통합의 목표

앞서 논의한 바와 같이 단위학교에서 통합의 방식이 교과 내, 교과 간 또는 교육과정 전체의 통합적 운영에 관계없이 통합의 목적은 학습자들로 하여금 다루는 내용에 대한 통합적 안목, 즉 발생기술의 극대화에 초점을 두는 것이 합리적이다. 이러한 목표의 달성은 내용의 선정과 구성 그리고 통합대상 영역의 선정도 중요하지만 학습자들에게 발생기술을 극대화하기 위해서는 교사가 바라보는 학습에 대한 패러다임과 수업을 바라보는 교사와 학생들의 인식 그리고 수업 운영 방법 자체의 변화로부터 출발해야 한다. 왜냐하면 단순한 지식이나 학문 영역의 외형적인 통합 방식 자체가 학생들에 새로운 안목을 가져다주는 것이 아니라, 수업과정을 통해 지식을 바라보는 통합적 안목이 점진적으로 형성되기 때문이다. 따라서 통합교육과정의 발생기술 함양은 수업과정 중에 달성해야 하는 수업 모습의 변화에 기초한다.

　통합교육과정 또는 통합단원을 설계할 때, 김재복(2000: 26)은 유치원 및 초등학교 저학년에서는 교육내용에 있어 표현활동이 많기 때문에 기능적 또는 탈학문적 통합이 적합하며, 초등학교 고학년에서는 학생들의 사고의 성장에 비추어 다학문적 통합 그리고 중학교 이상에서는 간학문이나 다학문적 통합이 적합하다고 주장하였다. 이러한 주장은 주제 중심의 통합을 방법으로 제시하고 있는 다학문적 접근이나 학문 영역 대 학문 영역의 통합을 주장하는 간학문적 접근이 개념상으로는 학습자들의 지적인 인지능력의 성장에 따라 달리 접근하는 것이 타당하다는 의미이다. 결국 이러한 대상별 접근방법의 목표는 통합적 안목과 실생활에의 적용능력의 극대화에 있다.

　참고로 Drake(1993)는 학문 영역의 통합을 통한 간학문적 접근이 발생기술을 조장한다고 주장하였다. Drake(1993: 38)가 주장하는 발생기술[2]이란 간학문적 접근을 통해 학생들이 함양하는 능력이며, 이러한 능력은 비판적 사고능력, 대인관계 능력 등을 의미한다. 또한 Jacobs(1989)는 주제를 중심으로 하는 간학문적 접근 또한 학생들에게 인식론상의 통합적 안목과 실생활에의 적용능력이라는 측면에서 Drake(1993)가 주장하는 발생기술이 있음을 개념적으로 역설하고 있다.

　앞의 정의를 종합해 보면 통합의 목표는 학생들의 학습결과가 통합적 안목과 실생활에의 적용능력, 즉 발생기술의 극대화에 있다고 할 수 있다. 발생기술의 극대화를 위한 통합의 방법, 예를 들어 다학문적 접근이나 간학문적 접근 자체가 발생기술을 보장하고 있는지와 발생기술의 극대화를 위해 전제되는 통합교육과정의 운영 측면을 살펴보면 다음과 같다.

---

2) Drake와 Burns(2004: 12)는 간학문적 통합에 있어 발생기술의 개념을 간학문적 기술(interdisciplinary skills)로 다시금 정의하였다.

5. 발생기술 측면에서의 통합의 접근방법

1) 다학문적 접근

교육과정의 통합에 있어 Piaget(1972)와 Meeth(1978)는 다학문적 접근(multidisciplinary approach)이란 "직접적인 통합의 시도 없이 주어진 문제를 여러 가지 학문 영역의 병렬적 입장에서 조망하는 것"이라고 정의하고 있다(Jacobs, 1989: 8). 즉, 한 가지 주제나 이슈가 되는 문제를 탐구하기 위하여 관련된 학문 영역을 형식적인 단원으로 설계하는 것이다 (Jacobs, 1989: 16). 여기서 병렬적 입장에서 주제에 접근한다는 것은 각 학문 영역 고유의 계열성과 논리성을 유지하고 주제를 바라본다는 의미이다.

김재복(2000: 83-85)은 다학문적 접근방법을 다음의 두 가지 방식으로 제시하고 있다.

첫째, 같은 문제 또는 주제가 축의 구실을 하여 둘 이상의 학문 또는 교과의 개념, 방법, 절차에 적용되지만 교육내용의 선정과 조직 및 교수학습은 각 학문 영역 또는 교과별로 따로 이루어지는 방식이다. 예를 들면, '공해'가 한 단원에서 탐구해야 할 주제로 선정되었을 때, '공해'를 바라보는 또는 해결해야 하는 학문 영역을 사회, 과학, 경제 등의 학문 영역으로 나누고 각 영역에서 개념과 방법 그리고 절차에 비추어 주제를 탐색하는 방식이다.

둘째, 같은 문제나 주제에 몇 개 학문의 개념, 방법, 절차를 동시에 적용함으로써 통합을 시도하는 방식이다. 수업 전개 측면에서 살펴보면, 학문 영역의 적용절차가 자유롭다는 점에서 두 번째 접근방식이 교사에게 보다 자율성을 가져다준다고 볼 수 있다.

다학문적 접근은 주제나 이슈를 중심으로 단원을 설계한다는 측면에서 주제에 따라 단원의 설계가 제한적일 수밖에 없다는 단점이 있다. 예를 들면, '공해'라는 주제를 심도 있게 바라볼 수 있다는 장점이 있기는 하지만 '공해'와 이어지는 다음 단원의 주제를 선정하기가 수월하지 못하다는 점이다. 주제를 심도 있게 바라본다는 측면에서는 발생기술의 함양을 기대할 수 있다.

우리나라 초등학교 실정에 비추어 보면, 주제 선정 측면에서도 어려움이 있지만 기존의 시간표 등의 조정이 가능해야 병렬적 구조로 제시하는 것이 가능하기 때문에 주제의 연계에 초점을 맞추다 보면 기존 교육과정의 조절이 어렵게 된다. 또한 기존의 교육과정의 흐름을 유지하다 보면 주제의 선정이 제한된다는 단점이 있다. 이러한 문제는 간학문적 접근에서도 그대로 야기된다. 즉, 별도의 통합교육과정 또는 단원을 구성하여 운영하는 방안으로 제시될 수는 있지만 정규 교육과정과 동시에 시행하기에는 물리적인 시간 확보가 관건이 된다.

2) 간학문적 접근

Jacobs(1989: 8)는 간학문적 접근(interdisciplinary approach)을 정의하기를 "중심된 주제, 쟁점, 해결해야 하는 문제, 토픽 또는 경험 등을 조망하기 위해서 한 학문 영역 이상에서 통용되는 방법이나 개념 또는 언어를 의도적으로 적용하는 지식관이자 교육과정 설계의 접근방식"이라 하였다. 이러한 Jacobs(1989)의 주장은 학문 영역 대 학문 영역의 통합을 통해 새로운 학문 영역을 지향하는 다른 학자들의 견해와 차이가 있다. 개념적으로 간학문적 접근은 여러 학문 영역을 결합하여 각 학문 영역의 관점과 계열성을 유지한 상태로 주어진 주제를 바라봄으로써, 새로운 학문 영역을 탄생시키는 것을 목적으로 하고 있다. 정치학과 경제학의 통합을 통해 정치경제학의 학문분야나 화학과 생물학의 결합을 통한 생화학 등의 분야가 생겨나는 것을 예로 들 수 있다. 간학문형 통합은 2개의 학문 영역이 결합을 했을 때 한 학문 영역이 소멸되거나 위축되는 것이 아니라 공통의 개념과 방법 또는 절차에 의해서 공통 부분을 중심으로 학문 영역이 발생된다는 특징을 지니고 있다.

김재복(2000: 80-83)은 간학문형 통합 접근방식을 다음의 세 가지로 제시하고 있다. 첫째, 같은 개념, 방법 또는 절차를 둘 이상의 학문에 적용하는 접근방법, 둘째, 한 학문으로부터 온 개념 또는 방법이나 절차를 다른 학문 영역의 문제해결에 활용하는 접근방법, 셋째, 한 학문을 축으로 하고 주위에 다른 학문 영역을 배치하여 축에 있는 학문 영역과 다른 학문 영역들이 상호작용을 하게 함으로써 통합하는 접근방법이다. 이러한 세 가지의 접근방법의 목표는 학습자들로 하여금 주어진 문제나 주제 또는 해결해야 하는 문제를 조망함에 있어서 각 학문 영역의 다양한 관점을 통해 새롭게 인식하는 발생기술의 극대화에 있다. 즉, 간학문적 접근의 목표는 실천적인 측면에서 선정된 주제 등을 바라볼 때 2개 이상의 학문 영역이나 교과를 결합하여 새롭게 바라보는 안목을 키워 주는 데 있다.

그러나 새로운 학문 영역의 탄생 측면, 환언하면 발생기술의 극대화는 간학문적 접근에 있어 통합이 어느 수준에서 얼마동안 지속되었는가에 그 결과가 좌우된다. 왜냐하면 지속적으로 다른 학문 영역의 시각을 통한 주제의 접근이 선정된 주제의 구조를 밝혀내는 비판적 사고능력을 조장하고, 이러한 사고능력이 통합적 안목의 원동력이 되기 때문이다

(Drake, 1993: 38). 새로운 학문 영역을 탄생시킨다는 개념적 차원의 간학문적 접근은 학습자의 측면에서 성취하기 수월한 개념은 아니다. 왜냐하면 발생기술이 극대화되기 위해서는 학습자들이 접근하고자 하는 영역에 대한 학문적 깊이가 전제되어야만 주어진 논리적 통합이 가능하고 새로운 학문 영역으로 인식될 수 있기 때문이다.

　　지금까지 살펴본 다학문적 접근과 간학문적 접근의 차이는 주제를 어떤 학문 영역에서 바라보는지와 어떤 학문 영역 간을 결합하여 새로운 영역을 탄생시키는가에 있다. 통합교육과정의 설계에 있어 현장 교사의 입장에서는 행정적인 측면, 즉 시설 보완이나 시간표 조절, 다른 교사와의 협력 등과 같은 물리적 선행조건과 교사 자신이 여러 교과를 다룰 수 있는 능력과 학생들의 선행학습 정도의 차이로 인해 현실적으로 주제나 쟁점을 중심으로 통합단원을 설계할 수밖에 없다. 또한 다학문적 접근이나 간학문적 접근이 지향하는 점을 학생들로 하여금 통합적 안목과 실생활에의 적용능력 함양이라는 발생기술에 둔다면, 주제를 중심으로 통합을 시도하는 것이 현실적으로 타당하다. 실천적인 측면에서 학생들이 선정된 주제나 접근교과의 내용을 바라보는 능력이 어떤 통합적 접근을 했는가에 따라 변화되는 것은 아니다. 왜냐하면 통합단원 또는 통합교육과정의 설계와 실천은 학교의 여건과 교사의 노력과 준비 정도에 따라 다양한 학습결과로 나타나기 때문이다. 어떤 접근방식으로 통합단원을 설계했는지가 통합의 목적 달성을 담보로 하지 않는 점에서 교사의 통합단원 운영능력과 학생들이 관심과 흥미를 가지고 어느 정도 참여했는가와 진행과정에서 학생들이 지식을 바라보는 통합적 안목, 인식 정도 그리고 내면화 정도가 발생기술을 좌우하는 요소이다.

6. 발생기술 함양을 위한 통합교육과정의 설계 조건

　　통합교육과정의 구성과 운영은 기존의 분과된 형태의 교과 중심 교육과정의 비판으로 논의되어 온 것이 사실이지만 언급한 바와 같이 기존의 교육과정을 대체하는 입장에서 접근하는 것은 지양되어야 한다. 교육과정을 통합적으로 운영하는 것은 단위학교별로 오랜 경험과 노력을 통해 정착되어야 하는 과제이며, 학생들의 학습방법 및 태도의 변화도 유도되어야 한다. 통합의 방법만이 강조되어 기존 교과의 체계가 일관성을 유지하지 못할 때 수업에서 다루는 내용이 부실화될 위험이 있다는 점도 간과해서는 안 된다. 이를 전제로 통합교육과정을 개발할 때 고려해야 할 사항을 살펴보면 다음과 같다.

1) 통합교육과정 설계의 조건

　초등학교에서 교과의 통합적 운영은 중등학교에 비해 수월한 측면이 있다. 현재 실시되고 있는 통합교과서의 활용이 그 첫 번째이며, 다른 한 가지는 한 교사가 여러 과목을 일정한 학생들을 대상으로 1년간 지도하는 구조가 교과의 벽을 넘어드는 것을 가능하게 한다는 점이다. 또한 재량활동 등의 시간 활용도 통합 운영을 가능하게 하는 여건이다.

　중등학교에서의 교육과정의 통합적 운영은 교과의 벽을 초월해야 한다는 전제에서 팀 티칭(team teaching)의 적극적인 도입이 전제되어야 한다. 또한 45~50분의 교과별 단위시간의 조정, 즉 차시통합수업(blockscheduling)이 가능해야 하며, 통합단원을 운영할 때 다루는 내용에 대한 깊은 고찰이 가능하려면 통합대상교과의 기존 진도 및 시간표의 재조정이 이루어져야 한다.

　교과통합을 실시할 때 주어진 여건, 교사 개인의 관심 분야, 학교가 추구하는 이념 또는 교육 철학 등이 고려되어야 하지만 무엇보다도 학생들의 욕구가 무엇인지를 통합교육과정 구성 전에 파악해야 한다. 또한 학교 행정 당국의 지속적인 물리적·정신적 도움이 통합교육과정을 성공적으로 시행하는 데 필수 요건이다. Martinello와 Cook(1992)이 제시한 대로 교과통합을 위해서는 교사들의 교수법 변화뿐만 아니라 학생들의 학습방법 및 수업태도의 변화도 이루어져야 한다. 따라서 통합교육과정 구성을 위한 교사 재교육이 병행되어야 한다. 이러한 변화가 비록 힘들다 하더라도 학교 행정 당국의 의지 여부가 교사 및 수업분위기의 변화를 주도한다는 것도 유념할 필요가 있다. 더불어 학부모의 동의도 고려해야 한다. 통합단원의 수업 운영은 기존의 서열화를 조장하는 수업과는 차이가 있다. 성적에 익숙한 학부모들의 이해를 구하는 일도 조건 중에 하나이다.

2) 교사의 역할

　교사는 학생들이 통합주제를 중심으로 각 분야에서 주어진 과제를 모둠 단위로 수행할 때 다음의 사항을 기준으로 지도할 수 있다. 첫째, 학생들에게 어떻게 자료를 수집하는가에 대한 지도이다. 아무리 좋은 주제와 아이디어를 가지고 있다 하더라도 그것을 구체화시켜 주는 자료에 접근할 수 없다면 무용지물이 된다. 교사는 간단하게는 도서관 이용법으로부터 관련 인물이나 기관을 찾아 자료를 수집하는 방법을 제공해 주어야 한다. 둘째, 교사는 수집된 자료를 학생이 스스로 분석할 수 있도록 지도해 주어야 한다. 수집된 자료

를 분류하고 상관관계를 탐구하는 작업은 학생들로 하여금 이해력, 적용력, 분석력, 종합
능력, 평가 능력을 증진시키는 데 큰 도움이 된다. 이러한 능력은 바로 통합교육과정에서
의 발생기술의 기초가 된다.

학생 개개인의 학습과 모둠 단위의 학습 활동을 활성화시키기 위해 교사는 다양한 교
수법을 동원하여 수업을 계획하고 진행해야 한다. 수업을 계획할 때 강의식 수업 진행, 그
룹토의, 연구 과제 부여, 현장 실습, 강사 초빙 등 다양한 교수법을 사용할 수 있다. 교사
가 어떻게 수업 진행을 이끌어 가는가의 여부에 따라 학생들이 학습을 할 때 부딪치게 되
는 모호성을 배제할 수 있을 뿐만 아니라 학생들의 적극적인 수업 참여를 유도할 수 있다.
Jacobs(1989)는 통합단원에서 조직적인 수업을 이끌어 가기 위해 교사들이 고려해야 할
다음 사항을 제시하였다. 첫째, 교사는 학습 대상이 누구인가를 항시 명심해야 한다. 둘
째, 수업 중 교사는 학생들에게 어떤 행동을 해야 하는지 정확한 단어 구사로 항상 상기
시켜야 한다. 셋째, 학생들의 활동 결과가 관찰 가능한지를 계속 모니터해야 한다. 넷째,
교사는 학생들이 수업에서 하는 활동이 선택된 주제와 합치되는지 점검해야 한다.

3) 주제 구성

통합교육과정 구성의 접근방법이 다학문적 접근이든 간학문적 접근이든 간에 주제 중
심의 통합을 실시할 때, 통합단원에서 다룰 주제, 쟁점, 해결해야 하는 문제 등의 선정
은 학생들의 공통된 관심사, 학생들이 즐겨 읽는 문학 작품, 교과서에서 다루는 토픽, 현
재 일어난 사건, 지역사회 자원, 문화적 유산, 교사의 관심 분야 및 전문 분야, 추상적 개
념 등을 고려할 수 있다(Cook & Martinello, 1994). 그중에서 학생들의 의견을 주의 깊게
듣고 그들의 흥미 및 관심이 무엇인지 파악하는 일이 무엇보다도 중요하다. Jacobs와
Borland(1986)는 학생들의 수업참여도를 증진시키기 위하여 학생들의 생활과 밀접한 흥
미로운 주제 선택이 필수적이라고 제안하였다. 따라서 교사가 학기 초 학생들의 자유로운
의견 발표 및 수렴, 예를 들면 브레인스토밍(brainstorming)과 같은 활동을 통하여 학생들
의 아이디어와 욕구를 알아보고 이를 구체화하는 작업을 권장할 수 있다. 이러한 아이디
어 수렴과정은 학기 초뿐만 아니라 단원 중간마다 효율적으로 이용되어 학생들의 생각을
구체화시켜 주고 수업의 역동성을 증가시키는 데 중요한 수업 방법으로 이용될 수 있다.

토픽(topic)은 비록 관련성은 적지만 많은 정보를 다룰 수 있는 장점이 있기는 하다. 그
러나 토픽별로 단원구성을 할 때 단원에서 다루어질 내용이 특정 기간이나 장소 또는 현

상 등에 제한되어 단원 전개가 난관에 부딪칠 수 있다(홍영기, 1997: 107). 이보다 주제 (theme)를 중심으로 한 설계는 분절된 지식의 내용을 큰 아이디어를 중심으로 연합할 수 있기 때문에 학생들에게 보다 의미 있고 의도적인 학습을 조장하기에 유리하다. 또한 주제를 중심으로 한 접근은 통합단원을 실시할 때, 토픽보다는 학생들로 하여금 활동을 통하여 기본적인 개념을 가르치는 데 유용하다는 장점이 있다(Peters et al., 1995). 따라서 통합단원을 구성할 때 주제를 중심으로 단원구성을 하는 것이 효율적이다. Martinello와 Cook(1992)이 언급한 대로 주제별 단원구성은 시공간을 초월한 개념이기에 단원구성이 용이할 수 있다. 예를 들어, 화학반응을 가르치려 할 때 단원의 주제가 학생들이 좋아하는 영화의 제목인 〈해리포터와 마법사의 돌〉은 학생들의 흥미에 따라 구성될 수 있는 주제이기는 하지만 그보다는 '과학의 신비'라는 단원으로 구성을 하면, 타 과목의 통합 및 단원전개가 용이하게 이루어질 수 있다. 특히 유의하여야 할 점은 토픽 중심의 통합교육과정이 선정된 토픽에 관심이 없는 학생들의 수업참여가 저조하며 자료 수집이 제한적일 수 있다는 점이다.

Martinello와 Cook(1992)은 주제는 어떤 개념으로부터 출발할 수도 있고, 국어, 과학, 수학, 사회 등의 교재에 공통적으로 기술되어 있는, 즉 일반화가 가능한 개념 또는 문제점 등을 통하여 제기되고 구성될 수 있다고 하였다. 그러나 학생들에게 의미 있는 학습 경험을 제공할 수 있는 주제의 선정은 무엇보다도 학생 스스로 제기한 흥미나 관심을 기초로 구성해야 한다.

4) 각 단원 간의 연계성

학생들의 흥미와 관심을 중심으로 통합교육과정을 구성하고 실시하지만 학교 교육에 있어 지식교육의 중요성을 간과해서는 안 된다. 이러한 문제점의 보완책으로 각 통합단원을 '주제별 단원'으로 구성하되 각 단원의 주제가 1년간 서로 연결되도록 구성하는 것을 고려할 수 있다. 이러한 연계성을 찾는 주제의 고리는 거시적으로 학교의 교육이념 및 교육 철학, 지역사회의 요구, 학습자의 학습능력, 학교시설 등을 고려하여 구성해야 한다. 학교 목표 측면에서 제안을 하면, 학교의 목표가 분명하고 이러한 목표가 수업목표에 잘 나타나 있고, 이를 교사들이 수업현장에서 잘 반영하면 통합교육과정을 실시할 때 각 단원 간의 연계성을 보다 분명하게 찾아낼 수 있다. 이러한 작업이 수월하지 않을 경우, 정규 교육과정의 면밀한 분석을 통해 연관된 일련의 주제를 선정하여 교육과정의 통합적 운영을 실시하는 방안을 고려할 수 있다.

5) 학생평가

통합교육과정에서 기존의 전통적인 학생평가 방법은 부적절한 측면이 있다. 특히 통합교육과정에서 학생평가의 경우 학생들의 학습 면에서의 변화된 행동을 측정할 수 있는 평가기준 및 도구가 개발되고 적용되어야 한다. 개인별 또는 그룹별 프로젝트를 평가하거나 학생들의 발표 등을 평가하는 것도 방법 중에 하나가 된다. 그중에서도 포트폴리오 평가(portfolio assessment)는 교사에게 부담이 있는 것이 사실이지만 학생들의 학습평가에는 효과적일 수 있다.

포트폴리오란 이를 작성한 사람의 전체적인 특성을 나타내 준다. Stowell 등(1993)은 포트폴리오 평가의 목적이 학생의 학습 활동 내용과 일치되어 이루어져야 한다고 지적하였다. 포트폴리오 평가는 학생의 지적 수준 평가를 포함하여 포트폴리오 작성자의 사고력의 성장 과정 및 사고력의 깊이를 알아볼 수 있다. 또한 학생이 작성한 과제물이나 작품을 교사와 함께 평가할 수 있기 때문에 학생 스스로 일정 기간 학습한 내용에 대하여 주의를 기울이게 할 수 있을 뿐만 아니라, 학생 스스로 자신의 학습 성장 과정을 지켜볼 수 있다는 장점이 있다(홍영기, 1997: 108). 따라서 통합단원에서의 학생평가는 누가 학습목표를 얼마나 빨리 도달했는가를 기준으로 삼는 것이 아니라 누가 얼마만큼 도약했는가가 평가의 기준이 되는 것이 바람직하다.

통합단원 또는 통합교육과정의 실시를 통한 교육과정의 통합적 운영에 있어 학생들의 통합적 안목 등 발생학습기술을 평가하는 방안은 이어지는 제6장에 자세히 기술하였다.

제6장
근거이론에 의한
간학문적 설계

 이 장에서 다루고 있는 간학문적 통합단원 수업설계 모형에 기초한 통합단원을 운영하는 방법과 절차는 교육과정 재구성을 통한 교사의 교육과정 운영의 자율권을 확보하는 방편의 하나로 제시되었다.[1) 즉, 통합단원 수업설계 모형은 기존의 정규 교육과정을 재구성하는 방법에 관한 틀이며, 이를 바탕으로 하는 수업 운영의 과정이 교육과정의 통합적 운영 방법으로 제시되었다. 여기서 다루고 있는 간학문적 통합단원 수업설계 모형은 교실현장에서 교사와 학생들의 상호작용으로 인해 나타나는 끊임없는 현상과 교실문화를 근거이론 접근방법을 통하여 통합단원 수업설계 모형으로 구체화하였다. 이 장에서는 간학문적 통합단원 수업설계 모형에 대하여 간략하게 살펴본 후, 5학년 교육과정 중 '자연재해' 주제를 중심으로 국어, 사회, 수학, 과학 네 과목을 통합한 통합단원의 예를 살펴보고자 한다.

1. 간학문적 통합단원 수업설계 모형[2)

 홍영기(2004)의 간학문적 통합단원 수업설계 모형은 초등학교 고학년 정규 교육과정

---

1) 이 장의 내용은 홍영기 등(2006)의 내용 중 일부를 수정하여 기술하였다.
2) 이 장에서 다루고 있는 간학문적 통합단원 수업설계 모형은 통합교육과정 설계에서 간학문적 통합의 궁극적인 목표인 '새로운 학문 영역의 탄생'을 의미하는 것은 아니다. 이보다는 간학문적 효과에 초점을 두었다고 할 수 있다. 이 모형은 주제를 먼저 설정하고 관련된 교과 영역을 통합하는 연역적인 통합이기보다는 교육과정을 우선적으로 분석한 후 통합이 가능한 각 교과의 영역을 넓은 주제로 통합을 시도하였다는 점에서 다소 귀납적인 접근방법으로 생각해 볼 수 있다.

을 보완하는 수업설계 방법의 하나로, Jacobs(1989)의 간학문적 통합교육과정 설계 모형을 근거이론적 접근(grounded theoric approach)을 통하여 구안한 모형이다. 이 모형은 정규 교육과정의 운영을 그대로 유지하는 것을 기본 전제로 통합대상교과를 연결시켜 주는 주제를 설정하여 간학문적 통합을 하는 방법이다. 또한 교사의 교육과정 운영권을 보장하고 있다는 점에서 교과서를 따라 하는 교사의 역할보다는 교육과정 실천가로서의 교사의 역할을 요구하는 모형이다. 이 모형에서 제시하고 있는 통합단원 수업설계 7단계는 [그림 6-1]과 같다.

이 모형에서 제시하고 있는 7단계의 실행 방안을 살펴보면 다음과 같다.

첫째, 잠정적 주제 선정 단계는 교사가 교과 간의 내용을 통합할 수 있는 잠정적인 주제를 면밀한 교과서 분석을 통하여 선정하는 단계이다. 이 단계에서 교사는 교과서 분석을 통해 잠정적 주제를 선정할 때, 통합대상교과 영역을 동시에 잠정적으로 선정하는 것이

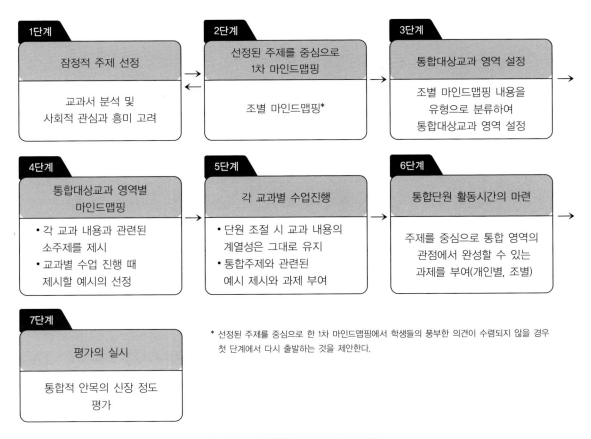

[그림 6-1] 통합단원 수업설계 모형

출처: 홍영기(2004: 131).

중요하다. 이때 유념할 사항은 통합대상교과 중 최소한 1개 이상 교과는 계열성이 상대적으로 엄격한 교과 영역을 포함해야 한다는 점이다. 이러한 계열성은 간학문적 통합의 효과, 즉 학생들의 발생학습기술(generic learning skills)을 향상시키는 토대가 될 뿐만 아니라 차후 또 다른 통합단원 운영을 할 때, 연계성을 확보하는 데 중요한 역할을 한다. 이에 해당하는 교과는 초등학교의 경우 수학과 과학이다.

둘째, 잠정적으로 교사가 선정한 주제를 중심으로 하는 1차 조별 마인드맵핑 단계는 주제에 대한 학생들의 의견을 수렴하는 단계이다. 이 단계는 학생들의 의견을 수렴해서 주제를 정하는 단계가 아니라 교사가 교과서 분석을 통하여 선정한 주제를 중심으로 주제에 대한 학생들의 의견과 견해 또는 심도 있게 알고 싶은 내용을 수렴하는 일에 초점을 맞추는 단계이다. 이 단계에서 교사가 초점을 맞추어야 하는 내용은 학생들의 주제에 대한 이해와 흥미를 높이는 일과 조별로 주제와 관련된 풍부한 아이디어가 나올 수 있도록 학생들을 독려하는 일이다. 또한 마인드맵핑을 유도하며 학생들이 내놓은 아이디어가 잠정적으로 정한 통합대상교과 내용과 어느 정도 일치하도록 유도하는 일이다.

셋째, 통합대상교과 영역의 설정 단계는 잠정적으로 교사가 정했던 통합대상교과와 교과의 영역을 수렴된 학생들의 의견을 중심으로 확정하는 단계이다. 실제 수업에 있어서는 교사가 이미 통합대상교과 영역을 고려하여 주제를 결정하였기 때문에 이 단계에서 초점을 두어야 하는 사항은 통합대상교과에서 주제와 관련지어 다루어야 하는 내용을 학생들과 함께 결정하는 데 노력하는 것이다. 즉, 통합단원 실시 기간 중에 다루는 교과 내용과 통합주제와 관련된 학생들의 의견이 어느 범위와 수준에서 수업에 반영되어야 하는가에 역점을 두어야 한다. 그러나 만약에 학생들의 수렴된 의견이 잠정적으로 설정하였던 통합대상교과 영역과 상이할 경우 통합대상교과를 바꾸는 것이 통합의 효과 측면에서는 바람직하다. 더불어 두 번째 단계와 세 번째 단계에서 수렴된 학생들의 의견을 교과 영역별로 묶어 차후 통합주간 수업에서 활용하는 것도 고려해야 한다.

넷째, 통합대상교과 영역별 마인드맵핑 단계는 선정된 주제를 교과 영역과 관련지어 소주제로 묶은 후, 조별로 마인드맵핑을 통해 학생들의 의견을 다시금 수렴하는 단계이다. 이러한 작업은 학생들의 흥미를 유도하고 유지하는 데도 도움이 될 뿐만 아니라, 교과별 수업에서 활용할 학생들의 아이디어를 수집하는 역할을 한다. 이 단계에서의 마인드맵핑은 개인별로 이루어지는 것보다 조별로 이루어지는 것이 효과적이다. 두 번째 단계에서의 마인드맵핑과 다른 점은 통합주제 확정을 위한 것이 아니라 교과별 진행되는 수업에서의 예시를 찾기 위한 것이다. 교과별로 주제와 관련되어 수렴된 학생들의 의견은 교과통합을 유지시켜 주는 중요한 고리가 된다.

다섯째, 각 교과별 수업진행 단계는 통합주제를 중심으로 통합주간 동안 정규 교육과정에서 제시하는 통합대상교과별 단위시간의 준수와 월간 및 주간 학습 계획표에 의한 수업진행 단계이다. 간학문적 통합에서 각 교과의 계열성을 유지한다는 것은 실천적으로 교사가 교과별 시간표와 학습 진도를 준수한다는 의미이다. 왜냐하면 우리나라 교육과정의 구성이 대부분의 교과가 쉬운 내용에서 어려운 내용으로, 단순한 개념에서 복잡한 개념으로 구조화되어 있어 학문적 계열성이 수학과 과학교과에서는 잘 지켜져 있기 때문이다. 이 단계에서 수업은 통합대상교과의 수업진도에 의하여 진행을 하되, 수업시간에 주어지는 일부 예시는 네 번째 단계인 통합대상교과 영역별 마인드맵핑 단계에서 수렴한 학생들의 아이디어를 중심으로 제시하고, 설명하는 방식으로 수업을 진행한다. 통합주제와 관련된 예시를 통해 학생들은 자연스럽게 통합대상교과 영역의 관점에서 주제를 조망하는 기회를 가지게 되며, 통합시간이 흐를수록 통합의 강도는 점진적으로 증가되는 효과가 있다.

여섯째, 통합활동시간의 마련 단계는 교과 영역별로 조망한 주제에 대한 통합적 안목의 극대화를 위해 활동 중심의 통합시간을 마련하는 단계이다. 통합활동시간은 주제의 범위와 통합주간의 기간에 따라 유동적이기는 하지만, 다루었던 주제를 통합대상교과의 관점에서 작품으로 나타내는 약 4~8시간 정도의 활동시간을 의미한다. 조별로 과제를 주어 수행하게 하거나 그림이나 만들기 작품을 통해 학생들이 통합적 안목을 극대화하는 데 초점을 두어야 한다. 통합의 효과인 통합적 안목의 극대화, 즉 발생학습기술의 극대화는 통합활동시간의 효율적인 운영에 좌우된다. 교사는 통합대상교과의 측면에서 과제를 수행할 수 있도록 구성해야 하며, 다양한 수업조직을 통해 통합적 안목이 극대화될 수 있는 기회를 제공해야 한다.

일곱째, 평가 단계는 통합단원 활동을 통해 증진된 학생들의 학습능력을 평가하는 단계이다. 앞에서 언급한 바와 같이 이 모형에서 목표로 하는 학생들의 학습능력 또는 성취도는 통합의 관점에서 개괄적으로 다룬 주제를 조망하는 통합적 안목의 증진으로 규정할 수 있다. 통합적 안목이란 통합대상교과 영역의 관점에서 다루었던 주제를 바라보는 능력으로 단순히 정답을 맞히거나 기억을 재생하는 능력을 의미하지는 않는다. 통합적 안목은 종합적인 사고능력으로 학생 개개인에 따라 차이가 있을 수 있는 개념이다. 개인적인 차이가 있다는 측면과 학생들 스스로 성취하는 학습능력이 스스로 발생된다는 측면에서 통합적 안목을 발생학습기술로 정의할 수 있다(홍영기, 2001). 그러나 통합적 안목 또는 발생학습기술이 학생들의 자기주도하에 증진되는 능력이라고 보기에는 무리가 있다. 왜냐하면 실제 수업에 있어 학생들의 수업능력 또는 태도는 교사의 조력 여하에 따라 상당부분 좌우되는 것을 간과할 수 없기 때문이다.

이러한 측면에서 이 모형은 교사에게 수업 운영에 있어 자율권을 보장하는 데 초점을 맞추고 있다. 즉, 교사가 통합단원 활동을 통해 학생들의 협동학습능력을 증진하고자 한다면 수업조직과 과제를 그에 상응하게 설계하면 된다. 또는 자율적인 학습능력을 키우고자 한다면 개별 학습 과제의 부여나 심화학습을 유도하는 수업 운영과 과제를 부여하면 된다. 따라서 이 모형에서 평가는 교사가 의도하는 통합단원 목표가 평가의 기준이 되는 것이 바람직하다. 예를 들어, 교사가 협동학습능력에 초점을 두었다면 관찰이나 자기평가 또는 동료 평가 등을 활용하여 학생들의 협동학습능력 증진 정도를 평가한다. 주제를 조망하는 지적인 측면에 목표를 두었다면 지필 평가나 보고서를 통해 통합대상교과의 관점에서 통합 정도를 평가하면 된다.

참고로 2015 개정 교육과정에서는 각 교과별로 교과에서 할 수 있어야 하는 '기능'을 명시하고 있다. 언급한 발생학습기술과는 개념적으로 다소 차이가 있지만 통합단원 학습을 통해 학생들이 스스로 성취하는 학습능력을 '기능'으로 대체하여 수업을 설계하는 것도 한 방법일 수 있다.

요약하면, 평가는 다양한 방법을 통해 이루어질 수 있지만 발생학습기술 측면과 교사의 수업의도 측면에서 통합단원의 평가 준거가 마련되어야 한다. 이를 위해 교사는 통합단원 시간에 발생하는 학생 개인의 학습기술을 체크리스트나 활동일지 등을 통해 모니터링하고 학생들로 하여금 자기평가의 기회를 제공하는 것이 바람직하다. 또한 통합단원의 주제에 비춘 기준표를 제작하여 평가의 준거로 활용하는 것도 고려할 수 있다.

2. 사례: 자연재해 통합단원 설계

1) 잠정적 주제 선정 단계

잠정적 주제 선정 단계에서는 교사가 면밀한 교과서 분석을 통하여 통합주간에 교과 간의 내용을 통합할 수 있는 잠정적인 주제를 선정해야 한다. 5학년 국어, 수학, 사회, 과학 교과서를 분석해 보면 과학 '화산과 암석'을 중심으로 '자연재해'라는 주제로 연관된 단원을 묶어 볼 수 있다. 우리나라의 기후 특성상 늦여름까지 태풍으로 인한 자연재해 피해를 매년 겪는 등 학생들의 경험과 밀접한 관련이 있기 때문에 통합주제로 학생들의 관심을 유도하는 데 적합하다.

잠정적인 통합주제를 선정한 후, 통합할 수 있는 교과의 영역을 선정해야 한다. 잠정적 통합주제 설정에 가장 큰 영향을 끼친 과학과의 경우, 교과의 계열성이 상대적으로 분명하므로 이를 중심으로 5학년 국어, 사회, 수학의 교과과정을 분석하도록 한다. 각 과목의 여러 단원과 '자연재해'를 연계시켜 보고 가장 적절한 단원과 차시를 선정하여 분석해 보면 각 교과의 내용을 다음과 같이 계획할 수 있다.

먼저 국어의 경우, 아끼며 사랑하며 단원에서 '전달 효과를 고려하여 신문 만들기'의 내용을 '자연재해'와 관련지어 보면, 자연재해가 일어난 상황을 알리기, 자연재해 예방하기 등에 대한 기사를 작성하는 학습 활동을 계획할 수 있다. 또한 '글을 읽고 숨어 있는 내용 알아보기' 활동을 '자연재해'와 관련된 글을 읽고 생각해 볼 수 있도록 교과의 내용을 재구성해 볼 수 있다.

사회의 경우, '정보화 시대의 생활' 단원을 자연재해와 정보화를 연관시켜 구성할 수 있다. 예를 들어, 정보화 사회로 발전하면서 자연재해를 예측하고 대비하기 쉬워진 이유, 자연재해 예방에 관한 정보를 공유하고, 올바르게 사용해야 하는 이유 등도 생각해 볼 수 있다.

수학에서는 '자료의 표현'에서 줄기와 잎 그림, 그래프를 통해 자연재해의 종류, 피해의 정도를 그래프로 나타내 시각화해 보며 자연재해와 관련된 통계의 중요성과 편리한 점을 다룰 수 있다. 5학년 진도표에서 '자연재해'라는 통합주제를 중심으로 설정할 수 있는 통합대상 영역을 정리해 보면 〈표 6-1〉과 같다.

〈표 6-1〉 5학년 교과별 학습내용과 진도

월	국어(읽기/말·듣·쓰)	수학	사회	과학
9월	첫째 마당: 마음속의 울림 1. 시의 여운 2. 환한 웃음 • 한 걸음 더 – 되돌아보기 – 더 나아가기 둘째 마당: 발견하는 기쁨 1. 아는 것이 힘	1. 소수의 곱셈 2. 분수의 나눗셈 3. 도형의 합동	1. 우리나라의 경제 성장 (1) 우리나라 경제생활의 특징 • 단원계획 ① 자유와 경쟁 ② 우리 경제의 발자취 • 선택학습 (2) 세계로 뻗어가는 우리 경제 ① 세계 속의 우리 경제 ② 우리 기업의 해외 진출	1. 환경과 생물 2. 용액의 성질

월				
10월	2. 차근차근 알아보며	3. 도형의 합동	• 선택학습 • 단원정리 학습 2. 정보화 시대의 생활과 산업 • 단원계획	3. 열매
	• 한 걸음 더 - 되돌아보기 - 더 나아가기	3. 도형의 합동 4. 소수의 나눗셈	(1) 정보화 시대의 생활 ① 달라져 가는 생활 모습	4. 화산과 암석
	셋째 마당: 경험과 상상 1. 시인이 되어	4. 소수의 나눗셈	① 달라져 가는 생활 모습 ② 더불어 사는 정보화 세상	4. 화산과 암석
	2. 이야기의 바다	4. 소수의 나눗셈 5. 도형의 대칭	• 선택학습 (2) 첨단 기술과 산업의 발달 ① 첨단 기술과 생활의 변화	5. 용액의 반응
11월	• 한 걸음 더 - 되돌아보기 - 더 나아가기 넷째 마당: 말과 실천 1. 우리의 의견 2. 곧은 생각 좋은 세상	5. 도형의 대칭 6. 넓이와 무게	② 첨단 기술을 활용하는 산업 ③ 우리가 만드는 미래의 산업 • 선택학습 • 단원정리 학습 3. 우리 겨레의 생활 문화 • 단원계획 (1) 조상들의 멋과 슬기 ① 조상들의 생활 도구	5. 용액의 반응 6. 전기 회로 꾸미기 7. 태양의 가족
	• 한 걸음 더 - 되돌아보기 - 더 나아가기	6. 넓이와 무게 7. 자료의 표현	① 조상들의 생활 도구 ② 과학 문화재 탐방	7. 태양의 가족
12월	다섯째 마당: 아끼며 사랑하며 1. 가까이 가까이	7. 자료의 표현	• 선택학습 (2) 민속을 통해 본 조상들의 삶 ① 건국 이야기에 담긴 뜻	7. 태양의 가족 8. 에너지
	• 한 걸음 더 - 되돌아보기	7. 자료의 표현 8. 문제 푸는 방법 찾기	② 마을 제사에 담긴 뜻 ③ 조상들의 종교 생활	8. 에너지
2월	- 더 나아가기	8. 문제 푸는 방법 찾기	③ 조상들의 종교 생활 • 선택학습 • 단원정리 학습	8. 에너지

2) 선정된 주제를 중심으로 1차 마인드맵핑 단계

잠정적으로 선정된 통합주제인 '자연재해'를 중심으로 1차 마인드맵핑을 해 보면 학생들의 선수학습 정도와 수업 방향에 대한 의견을 수렴할 수 있다. 먼저, 학생들의 자연스러운 학습분위기 형성을 위해 교과서에 관련된 내용, 자연재해 관련 사진과 기사내용, 뉴스를 사전에 준비하여 두루 읽어 보고 생각해 보며 모두 함께 브레인스토밍을 하도록 한다. 마인드맵핑을 위한 브레인스토밍에서는 누구나 쉽게 떠오르는 아이디어들을 말해 보고,

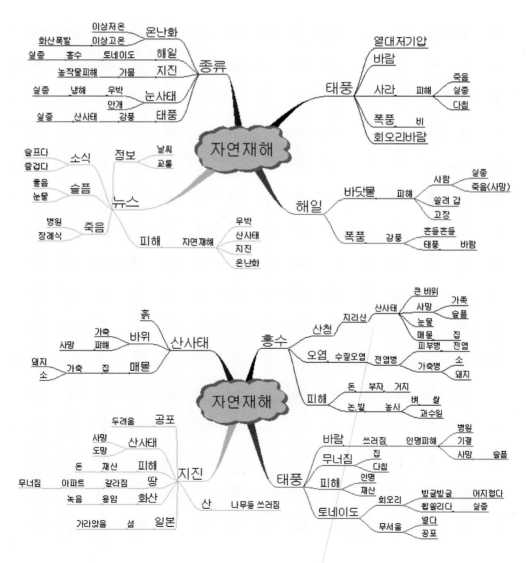

[그림 6-2] 자연재해 조별 마인드맵핑의 예

함께 유사한 개념끼리 분류해 볼 수 있도록 교사가 칠판에 적어 보고 정리해 주는 것이 효과적이다. 브레인스토밍은 마인드맵핑을 하기 전에 학생들로 하여금 자신의 의견이 수용되고 활용될 수 있다는 것을 보면서 통합주제에 관해 관심을 집중시키고, 자신감을 가지고 참여할 수 있는 기본자세를 형성시켜 줄 수 있는 좋은 기회가 된다. 브레인스토밍에서 엉뚱한 아이디어들은 버리고, 서로 묶어 볼 수 있는 아이디어들을 모아서 마인드맵핑해 보면, 통합주제와 관련하여 보다 심화되고 정선된 아이디어를 얻을 수 있다. 학생들의 아이디어가 묶인 경로를 보면, 교사가 미리 잠정적으로 생각해 본 통합주제를 확정할 수 있다. 실제로 수업을 진행해 보면 교사가 미리 '자연재해'라는 잠정적인 주제를 중심으로 브레인스토밍과 마인드맵핑을 통해 아이디어를 수렴했기 때문에 학생들이 내놓은 아이디어가 그 범주에서 벗어나지 않는다. 따라서 이 단계에서는 아이디어를 수렴하는 과정을 통해 학생들의 관심을 극대화하는 데 노력을 기울여야 한다.

의견 수렴 과정에서 통합대상 영역은 학생들의 의견을 존중하여 수정, 보완하고 확정할 수 있다. 주제를 중심으로 하는 1차 마인드맵핑과 교과 영역을 중심으로 하는 2차 마인드맵핑을 통해서 보다 새롭고 풍부하고, 결정적인 아이디어를 발전시킬 수 있다. [그림 6-2]는 조별로 수행한 '자연재해'를 중심으로 한 마인드맵핑의 예이다.

3) 통합대상교과 영역 설정 단계

통합대상교과 영역 설정 단계에서는 학생들의 마인드맵핑의 내용을 분석하여 잠정적으로 선정된 주제와 교과 영역을 확정하는 단계이다. '자연재해'를 중심으로 조별로 수렴한 학생들의 의견을 전체적으로 정리하여 각 교과에서 '자연재해'와 관련지어 다룰 내용을 정리한다.

국어교과에서는 자연재해가 발생했을 때 대처 요령과 예방에 대한 정보 전달과 관련해서 신문 만들기로 통합내용 및 학습 활동을 정하고, 사회교과는 자연재해와 관련한 정보화의 실태와 우리 생활에 미친 영향과 모습 및 대처 요령 및 예방법 알아보기를 통합학습 내용으로 정한다. 수학교과는 진도의 조절과 함께 홍수, 태풍, 화산, 지진, 자연재해에 의한 피해 사례의 수치 데이터와 관련해 그래프로 자료 표현하기를 통합학습 내용으로 정하고, 과학교과는 자연재해와 함께 화산의 생성을 중심으로 원인과 피해를 알아보는 활동으로 통합내용 및 학습 활동을 정한다. 〈표 6-2〉는 통합대상교과로 확정된 교과의 학습 영역 및 통합활동 내용이다.

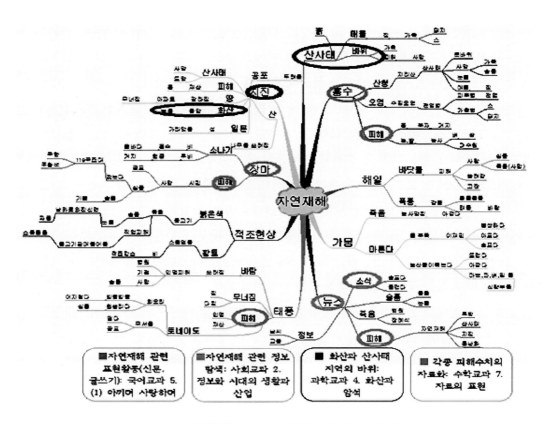

[그림 6-3] 통합대상교과 영역 설정을 위한 마인드맵핑 분석

〈표 6-2〉 통합대상교과의 단원과 학습 영역 및 통합활동의 예

월	국어(읽기/말·듣·쓰)	수학	사회	과학
단원	다섯째 마당: 아끼며 사랑하며	7. 자료의 표현	2. 정보화 시대의 생활과 산업	4. 화산과 암석
주요 내용	• 알리고 싶은 내용을 신문으로 만들기 • 글을 읽고 글에 직접 드러나 있지 않은 내용 알기	• 평균의 뜻을 이해하고 주어진 자료에서 평균 구하기 • 자료를 보고 그래프로 나타내 보고 설명하기	• 생활에서 필요한 정보를 얻는 곳 확인하기 • 정보화가 우리 생활에 미친 영향 알아보기	• 화산의 생성 원인과 과정 알아보기 • 화산활동이 우리에게 주는 영향 알아보기

통합 대상 교과별 활동	• 자연재해와 관련한 정보 전달과 신문 만들기 • 기사를 읽고 자연재해를 당한 당사자가 되어 마음 헤아리기 • 수재민 등 자연재해를 당한 친구에게 글쓰기 • 자연재해를 줄이기 위한 방법 토의하기	• 자연재해에 의한 피해 사례별 수치 데이터 수집하기 • 자연재해의 종류별 피해 사례 수치 데이터 수집하기 • 다양한 방법 중 막대그래프로 표현해 보기	• 자연재해 기사 스크랩해 두기 • 자연재해와 관련한 정보 탐색 및 실태 조사하기 • 자연재해의 원인 및 각종 실태 자료 수집하기 • 자연재해를 극복하기 위한 예전의 모습과 오늘날의 모습 알아보기
			• 화산 및 자연재해 생성과정과 원인 알아보기 • 화산활동과 관련한 자연재해 알아보기 • 자연재해의 원인과 대처법 및 예방법 알아보기

4) 통합대상교과 영역별 마인드맵핑 단계

통합대상교과 영역별 마인드맵핑 단계는 선정된 주제인 자연재해를 교과 영역과 관련지어 소주제로 묶은 후, 조별 마인드맵핑을 통해 학생들의 의견을 다시 수렴하는 단계이다. 예를 들면, 5학년 과학교과 '살아 있는 지구의 모습: 화산 및 지진'을 소주제로 잡고 과학교과의 영역에서 마인드맵핑을 해 볼 수 있다. 또는 국어교과와 사회교과에서 다룰 '자연재해에 관한 정보와 대처 요령 및 예방법'이라는 소주제에 대한 대해서도 마인드맵핑을 해 볼 수 있다. 수학교과의 자연재해 피해 수치 및 각종 재해 관련 데이터에 대한 마인드맵핑은 태풍의 최대 풍속, 강우량, 피해금액 등에 관하여 수집한 자료와 마인드맵핑을 연결시켜 볼 수 있다.

이러한 작업은 학생들의 흥미를 이끌어 내고 유지하는 데도 도움이 될 뿐만 아니라 교과별 수업에서 활용할 학생들의 의견 및 수업 자료를 수집하는 역할을 한다. [그림 6-4]와 [그림 6-5]는 학생들이 자연재해 예방법 및 화산에 대한 마인드맵핑의 예이다. 마인드맵핑을 하다 보면 [그림 6-4]에서 볼 수 있듯이 중 화산활동과 관련된 학생들의 의견 중 '땅을 많이 파지 않는다' 등의 잘못된 개념이 나오는 경우가 있다. 통합수업을 진행하면서 계속적인 지도를 통해 잘못 학습되지 않도록 주의를 기울여야 한다.

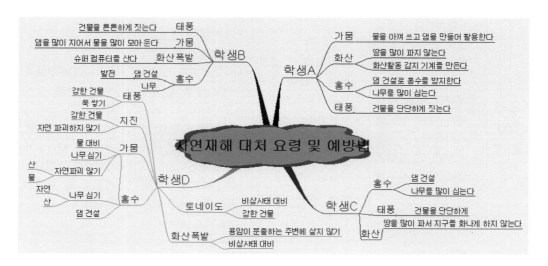

[그림 6-4] 국어과 및 사회과 자연재해 대처 요령 및 예방법에 관한 마인드맵핑의 예

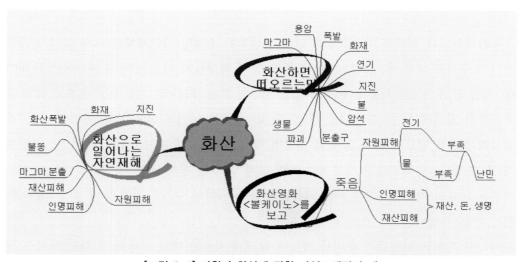

[그림 6-5] 과학과 화산에 관한 마인드맵핑의 예

5) 통합대상교과별 수업진행 단계

(1) 통합대상교과별 수업의 설계

통합주간 수업은 자연재해라는 주제로 각 교과의 계열성과 각 차시 수업의 학습목표와 활동에 준하여 교과별 수업을 진행한다. 하나의 주제로 수업 내용을 정선함과 동시에 각 교과별 수업 내용에 충실하면서 통합의 주제인 자연재해가 교과에 스며들 수 있도록 단원

별 수업 내용을 분석·계획한다. 〈표 6-3〉은 통합대상교과와 각 단원별 주요 활동 내용을 정리한 내용이다.

〈표 6-3〉통합대상교과별 수업 내용

통합 대상 교과	국어(읽기/ 말·듣·쓰)	수학	사회	과학
단원	다섯째 마당: 아끼며 사랑하며 1. 가까이 가까이	7. 자료의 표현	2. 정보화 시대의 생활과 산업	4. 화산과 암석
1주	• 알리고 싶은 내용을 신문으로 만들기 • 글을 읽고 글에 직접 드러나 있지 않은 내용 알기	• 줄기와 잎 그림의 이해 및 그리기 • 평균의 뜻을 이해하고 주어진 자료에서 평균 구하기 • 일상생활에서 평균이 이용되는 경우 알아보기	• 생활에 필요한 정보를 얻는 곳 확인하기 • 경제생활에서 정보가 중요한 까닭 탐구하기 • 초고속 정보 통신망을 만드는 까닭 알기	• 화산이 분출하는 모양 알아보기 • 화산의 모양 알아보기
2주	• 만든 신문을 읽고, 전달 효과 판단하기 • 알리고 싶은 내용을 신문기사로 쓰기 • 글을 읽고 글에 직접 드러나 있지 않은 글을 읽기	• 그래프를 이해하고 여러 가지 통계적 사실 알기 • 생활 주변에서 실제로 평균이 이용되는 경우를 선택하고 수집 분석하기 • 자료를 보고 그래프로 나타내 보고 시사점 생각해 보기	• 정보화가 우리 생활에 미친 영향 알기 • 정보를 함께 나누는 까닭 알기 • 인터넷 게시판의 내용을 보고 인터넷 예절을 알고 바람직한 자세를 가지기	• 화산의 생성원인과 과정 알아보기 • 화산활동이 우리에게 주는 영향 알아보기

(2) 통합대상교과별 수업의 실제

통합대상교과별 실제 수업은 '자연재해'라는 하나의 주제를 각 교과별 시각에서 조망하는 가운데 이루어져야 한다. 각 교과가 가진 과목의 특수성과 계열성을 존중하는 가운데 각 교과별 수업 내용과 활동이 자연재해라는 주제로 통합될 수 있게 통합의 정도를 조절한다. 즉, 통합주제와 무관한 내용을 무리하게 수업의 목표나 수업활동으로 계획해서는 안 된다. 자연스럽게 점진적으로 통합적 안목을 형성시킬 수 있도록 수업을 진행하는데 초점을 맞추는 것이 중요하다. 통합주간 동안의 교수학습 자료 및 수업 내용은 다음과 같다.

① 통합주간 첫째 주 월요일

교시	월	교수학습 자료 및 수업 팁	비고
1	국어(말·듣) 다섯째 마당: 아끼며 사랑하며 1. 가까이 가까이 〈1/6〉 • 신문을 만들기 위한 준비하기(pp. 128-132)	• 신문을 보고 신문의 내용과 형식을 알아보기 • 전달 효과를 살려 신문을 만들려고 할 때 주의할 점 알아보기 • 자연재해 사례와 관련하여 어떤 내용과 형식으로 만들고 싶은지 조원과 의논하여 정리하기	• 조 신문의 이름 정하기
2	국어(말·듣) 다섯째 마당: 아끼며 사랑하며 1. 가까이 가까이 〈2/6〉 • 알리고 싶은 내용을 신문으로 만들기(pp. 133-137)	• 신문을 만들 때의 과정을 점검하기 • 자료 수집 계획 세우기 • 자연재해 사례에 관한 자료 수집하기 • 수집한 자료를 사례별로 분류하여 정리해 놓기	• 컴퓨터실을 이용하여 인터넷으로 자료를 모으기
3	수학 7. 자료의 표현 〈1/7〉 • 줄기와 잎 그림의 이해 및 그리기 (pp. 108-110)	• 줄기와 잎 그림의 특징을 알고 줄기와 잎을 그리는 순서 알기 • 자연재해와 관련하여 줄기와 잎 그림으로 어떻게 나타낼 수 있는지 생각해 보기 • 예: 지역별 평균 강우량(비가 가장 많이 내린 달), 폭설 시 지역별 강설량, 연도별로 일어났던 지진 강도의 크기 등 • 자연재해와 관련된 수량적 정보를 수집하기	• 열린 기상청 (http://www. weather.go.kr)

　　통합의 효과는 1~2시간의 통합수업으로 나타나지 않는다. 즉, 통합수업의 조직과 수업 실행은 서서히 학생들이 통합적 안목을 가질 수 있도록 점차적으로 계획해야 한다. 첫 시작은 간단히 수업에 학생들의 호기심과 흥미를 부여할 수 있도록 마인드맵핑한 내용을 예로 들어 수업을 진행한다.

　　예를 들어, 그동안 교과서 위주의 수업을 했던 학생들은 국어 시간에 신문을 만들기 위한 준비를 할 때, 교과서에 나와 있는 단어 또는 예시를 바탕으로 신문을 만들려고 할 것이다. 하지만 앞으로의 통합활동 주제는 '자연재해'이기 때문에 주제와 관련하여 신문을 만들어 보자고 할 때, 학생들은 '왜 국어수업을 하는 데 자연재해를 끌어왔을까?' 의아해하면서도 호기심을 보일 것이다. 첫 수업의 시작은 평소대로 수업을 진행하면서 학생들의 마인드맵핑한 아이디어들 통합주제와 연관시킬 수 있음을 알게 하는 수준에서 진행한다.

　　1교시 국어수업에서는 신문의 형식과 만들 때의 주의할 점 등을 익히고, 자연재해와 관련하여 어떻게 신문을 만들 수 있을지 학생들에게 충분히 생각할 시간을 주고 구상을 하게 한다. 이어지는 2교시에는 정보를 구체적으로 얻는 방법을 계획하게 하고, 이를 토대로 웹 검색을 통해 정보를 수집하게 한 후 분류해 놓는 활동을 한다. 분류한 자료는 말하기 듣기 3차시 수업에서 '재해신문'이라는 제목으로 우리 조 신문을 만들어 보는 활동에 활용하도록 한다.

　　3교시 수학 시간에는 차시 목표인 줄기와 잎 그림의 특징과 순서를 익힌 후, 통합주제와 관련하여 어떤 부분을 줄기와 잎 그림으로 나타낼 수 있는지 조원끼리 의논할 수 있는 기회를 준다. 예를 들어, 강수량 같은 경우 10mm 이상 온 경우, 20mm 이상 온 경우, 30mm 온 경우를 구별하여 줄기와 잎으로 표현해 본다. 지진의 경우, 연도별로 일어난 지진 강도의 크기를 조사하고, 리히터 지진규모 4 이상, 5 이상, 6 이상인 경우로 구별하여 줄기와 잎 그림으로 나타내 볼 수 있다.

② 통합주간 첫째 주 화요일

교시	화	교수학습 자료 및 수업 팁	비고
1	과학 4. 화산과 암석 〈1/6〉 • 화산이 분출하는 모양 알아보기 (pp. 30-33)	• 모형실험을 하여 화산이 분출하는 모습을 관찰하고 지표면의 변화를 관찰하기 • 모형실험과 실제 화산분출과의 차이점 알기 • 화산활동, 분출물 등 여러 정보를 인터넷과 사전 등을 이용하여 수집하기	• 화산분출 모형실험 안전에 유의하기 • 도서관, 컴퓨터실 이용하기
2	사회 2. 정보화 시대의 생활과 산업 ① 달라져 가는 생활 모습 〈2/16〉 • 생활에 필요한 정보를 얻는 곳 확인하기(pp. 50-61)	• 정보를 얻는 수단의 변화를 이해하기 • 잘못된 정보로 인한 피해사례 이야기하기 • 정보를 얻을 때 주의할 점 이해하기 • 자연재해와 관련된 정보를 얻을 때는 어디서 얻을 수 있는지 생각해 보고 조사하기 – 과거와 현재 비교하기	• 마인드맵핑한 자료를 바탕으로 검색어를 활용하여 홈페이지 조사해 놓기
3	사회 2. 정보화 시대의 생활과 산업 ① 달라져 가는 생활 모습 〈3/16〉 • 경제생활에서 정보가 중요한 까닭 탐구하기(pp. 50-61)	• 광고 분석을 통해 소비자 정보의 중요성 이해하기 • 기업정보의 중요성 이해하기 • 정보활용의 중요성 확인하기 • 자연재해에 관한 정보의 중요성을 생각해 보고 어떻게 하면 그 정보를 잘 나타낼 수 있는지 토의하기 • 예: TV광고, 뉴스, 신문, 편지글, 인터넷 광고 등	• 날 씨 와 정 보 사이의 관계에서 자연재해의 시각으로 확산하기

과학 시간의 차시 목표는 모형실험을 통하여 화산의 분출하는 모습을 관찰하고 지표면의 변화를 알아보는 것이다. 또한 화산이 분출할 때 나오는 물질의 상태를 알아보는 내용도 포함되어 있다. 모형실험을 통하여 화산활동의 원리를 이해하고, 자료 조사를 통해 관련된 정보를 수집하는 정도의 활동을 한다. 추후에 화산과 관련된 영화나 관련된 지식을 활용하여 화산활동을 통합적으로 이해할 수 있도록 구성하는 것이 바람직하다.

자료 조사는 학생들이 능동적으로 차시 목표에 관련된 정보들을 점차 수집하고 정리할 수 있도록 교사의 격려와 도움 속에서 이루어져야 한다. 처음에는 교사의 도움이 많이 필요하지만 통합활동의 강도가 높아질수록 학생들은 무수한 지식을 스스로 조직하고 재구성하는 통합적 안목을 스스로 키우게 된다. 자료의 수집과 분류 및 정리는 차시 수업시간 이외에도 융통성 있는 시간 활용을 통해 이루어질 수 있도록 교사의 계속적인 관심과 노력이 필요한 부분이다. 경우에 따라 학부모와 함께하는 과제로 부여하는 것도 생각해 볼 수 있다.

　사회과의 '정보화 시대의 산업'이 단원의 핵심 주제이다. 사회과는 통합주제인 '자연재해'와 관련하여 정보화 제재와 연계가 가능하다. 차시 수업활동을 통해 통합주제와 연관 지을 수 있는 내용을 발문과 마인드맵핑을 통해 수렴하도록 한다. 예를 들면, '생활에 필요한 정보를 얻는 곳' 그리고 '경제생활에서 정보가 중요한 까닭'을 알아보는 차시 활동에서 자연재해와 관련해서는 정보가 왜 중요한지 생각해 보도록 학생들에게 시간을 줄 수 있다. 자연재해와 관련된 정보는 어디서 얻을 수 있는지, 또 그 정보를 어떻게 나타내면 우리에게 도움이 되는지 조별로 조사해 보고 토의해 보는 활동을 한다. 정보검색을 통해 우리나라의 자연재해의 옛날과 오늘날의 모습을 비교해 볼 수 있도록 안내한다. [참고자료 6-1]은 예전과 오늘날의 자연재해에 과한 소방방재청 홈페이지에 있는 '사진으로 보는 재해극복 30년'이다.

[참고자료 6-1] 예전과 오늘날의 자연재해와 극복의 모습이 정리된 자료

출처: 소방방재청 홈페이지(http://www.nema.go.kr).

③ 통합주간 첫째 주 수요일

교시	수	교수학습 자료 및 수업 팁	비고
1	수학 7. 자료의 표현 〈2/7〉 • 줄기와 잎 그림의 이해 및 그리기(pp. 108-110)	• 자연재해와 관련하여 수집한 자료를 바탕으로 조별로 홍수, 태풍, 화산, 지진 등과 관련하여 줄기와 잎 그림 그려 보기 - 줄기가 되는 부분을 찾아보기 - 잎이 가장 많은 줄기를 말해 보기 등의 활동하기	• 우리나라가 자연재해로 인해 어느 정도의 영향을 받는지 통계적 사실로 알아보기
2	수학 7. 자료의 표현 〈3/7〉 • 평균의 뜻을 이해하고 주어진 자료에서 평균을 구하기(pp. 111-112)	• 평균의 뜻을 이해하기. 평균 내는 방법을 익히기 • 주제와 관련하여 다양한 자료의 평균 내기 • 예: 태풍이 불 때 강수량의 평균, 태풍이 불 때 풍속의 평균, 우리나라 지진 발생 현황의 평균 등	• 조별로 각기 다른 주제로 활동을 해 보면 좋음
3	국어(말·듣) 다섯째 마당: 아끼며 사랑하며 1. 가까이 가까이 〈3/6〉 • 알리고 싶은 내용을 신문으로 만들기(pp. 133-137)	• 분류한 자료를 바탕으로 신문 지면의 구성계획 세우기 • 계획을 바탕으로 하여 자연재해 사례에 관한 내용을 육하원칙에 맞게 기사 작성하기 • 기사내용을 점검하고 교정하기	• 협동학습: 각자의 역할을 정하여 책임을 분담하고 조 신문 만들기
4	사회 2. 정보화 시대의 생활과 산업 ① 달라져 가는 생활 모습 〈4/16〉 • 초고속 정보 통신망을 만드는 까닭 알기(pp. 50-61)	• 인터넷 사용에서 불편했던 경험 이야기하기 • 초고속 정보통신망에 대해 알아보고 정보화 사회에서 생활이 어떻게 변화하였는지 이해하기 • 자연재해 발생 시 초고속 정보통신망으로 인해 얻을 수 있는 장점과 필요성에 대해서 글 쓰기 - 과거에 자연재해가 발생했을 때를 생각해 보기 - 오늘날 기술의 발달로 인해 어떻게 생활이 달라졌는지에 대해 초점을 맞추고 앞으로도 어떻게 활용해야 할지 생각해 보기	• 수업 내용이 많을 시에는 자연재해 자료를 찾는 방법에 대한 경험담을 이야기하는 정도에서 조절하기

1, 2교시 수학 시간에는 줄기와 잎 그림을 실제로 그려 보고 자료의 평균을 구해 보는 활동을 한다. 지난 시간에 기상청 홈페이지 등에서 수집한 줄기와 잎 그림을 그리고 평균을 내어 볼 수 있는 자료를 바탕으로 조별로 활동해 본다. 실제로 우리나라 자연재해와 관

런된 수치를 토대로 줄기와 잎 그림을 그려 보면서 자연재해로 인한 우리의 삶을 좀 더 실제적으로 이해할 수 있는 경험을 제공할 수 있다. 또한 평균치를 알아보면 앞으로의 자연재해도 예측하고 대비할 수 있다는 사실을 경험하게 된다. 학생들은 이러한 수학 시간의 활동을 통해 좀 더 객관적으로 자연재해를 이해하는 기회를 가지게 된다. 이를 시작으로 학생들은 사회, 인간, 자연, 환경, 피해 등 마인드맵핑을 통해 수렴한 단어를 바탕으로 국어, 수학, 사회, 과학교과를 통해 자연재해를 폭넓게 조망할 수 있는 능력을 키워 나갈 수 있다.

　국어 1, 2차시 수업에서는 자연재해와 관련하여 어떤 신문을 만들지 계획하고 자료들을 수집하였다. 이번 차시 수업에서는 수집한 자료를 활용하여 직접 신문으로 만들어 보는 활동을 한다. 이번 수업에서는 자연재해 발생 사례를 중심으로 어떤 일들이 있었고, 무엇 때문에 이런 일이 일어났으며, 그 결과는 어떻게 되었는지 구체적으로 기사를 작성해 보는 시간을 갖도록 한다. 학생들은 직접 신문기사를 작성해 보면서 한층 더 자연재해를 실감나게 이해할 수 있고, 실제적으로 느껴 볼 수 있다. 조원들과 작성하고자 하는 신문기사에 대해 토의하고, 좀 더 나은 전달 효과를 꾀하는 가운데 학생들은 서로 배우고 학습 활동 능력을 키워 나가는 기회를 가지게 된다.

　사회 시간은 초고속 정보통신망의 발달과 자연재해를 연관 지어 생각해 보는 시간이다. 과거에 초고속 정보 통신망이 없을 때, 주로 우리가 정보를 얻는 방법은 뉴스와 신문 등 사실 발생 이후에 얻는 정보가 대부분이었다면 초고속 정보통신망이 발달하면서부터는 직접 기상청 등의 홈페이지 등에 들어가 미리 날씨를 예측해 보거나 태풍, 지진 등의 발생 그리고 진행과정에 대해 생생하게 모니터할 수 있다. 또한 우리가 살고 있는 대한민국이 아닌 다른 나라의 자연재해에 관해서도 아주 빠르게 정보를 얻을 수 있어 많은 사람들이 하나의 생각을 모으기가 편리해졌다는 사실에 주목하여 수업을 진행한다. 학생들에게 이러한 점에 대해 곰곰이 자신의 생각을 적어 보는 활동을 하면, 공기처럼 소중함을 느끼지 못하는 초고속 정보통신망에 대해서도 깊은 이해가 가능하다. 교사가 초점을 두어야 하는 점은 자연재해, 사람, 환경, 정보, 통신망 등의 단어들이 개별적으로 존재하는 것이 아니라 서로 깊은 연관이 있고, 그로 인해 우리가 좀 더 나은 생활로의 발전이 가능하다는 사실을 학생들에게 주지시키는 일이다. 교사의 피상적인 통합을 통해 학생들의 통합적 안목이 형성되지는 않는다. 끊임없이 교사가 학생들의 활동을 눈여겨보고, 좀 더 나은 생각을 할 수 있도록 조력하는 가운데 학생들은 단편적 사고가 아닌 통합적 사고를 통해 사물을 바라보게 된다.

[참고자료 6-2] 수학교과에 활용될 수 있는 기사 자료 중 그래프 자료의 예

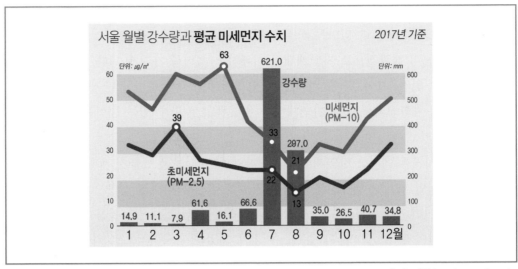

출처: 연합뉴스(2018. 6. 19.).

④ 통합주간 첫째 주 목요일

교시	목	교수학습 자료 및 수업 팁	비고
1	국어(읽기) 다섯째 마당: 아끼며 사랑하며 1. 가까이 가까이 〈4/6〉 • 글을 읽고 글에 직접 드러나 있지 않은 내용 알기(pp. 180-185)	• 읽기 전 활동: 제목으로 내용 예측해 보기 • 읽기 중 활동: 일의 진행과정에 따라 내용 파악하기 • 읽은 후 활동: 글에 직접 드러나 있지 않는 내용 예측하기 • 글에 직접 드러나 있지 않은 내용 파악하는 방법 정리하기	• 교과서를 바탕으로 활동 방법 익히기
2	과학	• 영화 〈볼케이노〉 또는 〈단테스 피크〉 시청하기 • 화산분출과 관련하여 여러 가지 정보를 메모하기 • 영화를 보고 난 후의 느낀 점, 생각한 점 써 보기	• 과학과 지도서에 제시된 차시 수업 재구성하기
3	4. 화산과 암석 〈2-3/6〉 • 화산이 분출하는 모양 알아보기 (pp. 30-33)		

국어 시간에 통합주제에 관한 읽기를 할 때, 글에 직접 드러나 있지 않은 내용을 알 수 있는 방법을 익히는 활동을 한다. 차시 수업목표에 충실히 도달하면서 통합수업을 이끌어

가기란 그리 어려운 것은 아니다. 주객이 전도되어 차시 목표를 훼손한다면 오히려 통합 수업의 본질을 흐리게 되는 것이 되기 때문에 무리하게 통합활동을 실행할 필요는 없다. 교사의 부담을 줄이는 가운데 통합의 효과를 극대화하는 방법은 교육과정의 계열성을 준수하며, 수업을 진행하는 가운데 학생들의 아이디어를 활용하고, 차시 수업의 지식 또는 방법을 적용하여 통합주제를 조망해 보는 것이다.

둘째 시간은 연속 차시로 화산과 관련된 영화를 보는 활동으로 재구성할 수 있다. 전 시간에 화산활동의 모형실험을 바탕으로 이번 시간에는 비록 가상이지만 실제적 지식을 습득하는 경험을 해 볼 수 있는 좋은 기회이다. 학생들에게 영화를 감상하면서 새롭게 알게 된 사실 또는 느낌 점 등을 기록하게 하고, 조별로 아이디어를 정리하는 시간을 가진다. 정리한 자료는 통합단원 활동시간에 '화산박물관 꾸미기' 활동에 활용하도록 한다.

⑤ **통합주간 첫째 주 금요일**

교시	금	교수학습 자료 및 수업 팁	비고
1	수학 7. 자료의 표현 〈4/7〉 • 일상생활에서 평균이 이용되는 경우를 알아보기(pp. 113-114)	• 평균이 이용되는 경우를 조사해 보고 통합주제와 연관하여 생각해 보기 • 태풍, 지진, 홍수, 해일, 화산폭발, 산사태 등과 연관 지어 평균을 구하면 전략적으로 계획을 세워 실생활에서 유용하게 활용할 수 있음을 알기	• 학생들이 스스로 유추할 수 있도록 발문을 던져 주기

2
 	
3
	국어(읽기)
	
	다섯째 마당: 아끼며 사랑하며
	1. 가까이 가까이 〈5-6/6〉
	• 글에 직접 드러나 있지 않은 내용을 생각하며 글 읽기(pp. 186-195)
		• 한비야의 '긴급구호일지'를 읽고 글에 직접 드러나 있지 않은 내용 생각하기
		  - 쓰나미 피해를 뉴스로 본 경험 이야기하기
		  - 쓰나미 피해로 인한 여러 사진을 보고 자신의 생각을 말해 보기
		  - 한비야의 '긴급구호일지'에 나온 소제목을 보고 내용을 짐작해 보기
		  - 내용 파악하며 글 읽기
		  - 글 속에 드러나 있지 않은 내용 추론하기
		• 예: 피해를 입은 사람들의 심정을 생각해 보고 우리 가족이라면 어떨지 일기를 써 보기, 내가 만약 한비야였다면 전 세계인에게 어떻게 구호를 요청할지 글을 써 보기, 우리가 재해를 입은 곳에 왜 도움을 주어야 할지 생각해 보고 주장하는 글쓰기
			• 월드비전
			(http://www.worldvision.or.kr)

수학 시간에는 3/7차시 활동과 연계하여 수업을 한다. 지난 시간에 배웠던 평균의 뜻과 구하는 방법을 토대로 이번 시간에는 실제 우리 생활과 관련된 자연재해의 평균을 구해 보는 활동을 해 볼 수 있다. 이처럼 자연재해와 관련된 평균값이 구체적으로 우리 생활과 어떤 연관이 있는지를 알아보는 활동을 통해 학생들은 수학적 지식을 바탕으로 우리의 삶을 통합적으로 이해하고 조망하는 능력을 키울 수 있다.

지난 국어 읽기 시간에 다루었던 '글을 읽고 글에 직접 드러나 있지 않은 내용을 생각해 보는 방법'과 연관 지어 이번 시간에는 직접적으로 자연재해와 관련된 글을 읽으며, 글에서 느낀 점과 생각한 점을 글로 써 보는 활동을 하도록 한다. 학생들의 사고 수준에 적합하게, 일상생활에서 겪을 수 있는 소재와 관련된 글을 잘 선정해서 제시해 줄수록 학생들은 쉽게 삶과 연관시켜 생각하게 된다. 여러 좋은 글이 있지만 여기서는 한비야의 '긴급구호일지'를 예로 들어 보았다. 이 글은 동남아시아에 쓰나미가 일어났을 때 긴급구호 활동을 위해 파견된 한비야가 쓴 글이다. 학생들에게 이 글을 읽고 글의 내용을 파악하고, 다른 친구들과 자신의 생각을 비교해 보며 글 속에 드러나 있지 않은 내용을 추론해 볼 수 있도록 유도할 수 있다. 읽고 난 후에는 통합주제에 대한 강도를 좀 더 심화시켜 '삶과 자연 그리고 이웃과 사랑에 대한 관심과 실천의 활동'의 차원에서 글쓰기를 해 볼 수 있다.

[참고자료 6-3] 남아시아 지진 및 해일 피해 지역에 관한 경험글

남아시아 지진 및 해일 피해지역 긴급구호(한비야의 '긴급구호일지' 중)

• 아체, 경험과 상상을 넘어선 참혹한 현장

자꾸 구역질이 났다. 냄새 때문이다. 인도네시아 반다아체공항을 나오자마자 생선 썩은 악취가 진동을 한다. 공항 근처에 대규모 시신 매립지가 있기 때문이란다. 저녁 늦은 시간인데도 아직 수백 구의 시신을 실은 몇 대의 트럭이 매장 순서를 기다리고 있었다. 매립지가 가까워지는지 악취가 점점 심해졌다. 현지 직원들은 마스크를 쓰고도 코를 막는다. 정말이지 구역질을 참을 수 없었다. 지난 4년간 긴급구호 팀장으로 아프가니스탄 전쟁, 남부 아프리카 기근, 이라크 전쟁, 이란 지진 등 많은 긴급구호 현장을 거쳤지만 이런 참상은 처음이다. 재해 발생 일주일 이내에 현장에 온 것 역시 이번이 처음이라 더욱 그렇게 느꼈을 거다.

수천 채의 건물이 이렇게 장난감처럼 무너지고 콩가루처럼 부서진 쑥대밭인데 사람인들 온전했겠는가? 내가 그곳에 있었던 일주일 전까지 시신 수습이 가장 중요한 과제였다. 세계 각국에서 온 군인들과 굴착기 등 중장비가 투입되어 수습에 박차를 가하며 피해현장을 빠른 속도로 정리하고 있었다. 그러나 당일 발굴한 시신은 그날 저녁 군인이나 경찰이 트럭으로 수거해 가더라도 늦은 오후까지는 까만 비닐에 싼 수많은 시신들이 길 양옆에 그대로 방치되어 있었다. 눈을 감고 싶을 정도로 처참한 광경이다. 그러나 살아남은 사람은 살아야 한다. 그리고 살릴 수 있는 목숨을 어떻게든 살려 내는 것이 긴급구호팀의 임무이다. 따라서 긴급구호는 대단히 체계적이고 전문적이고 전략적으로 수행되어야만 하는 일이다.

• 지진 해일이 휩쓸고 간 직후의 스리랑카, 생지옥!

사실, 이번 지진 해일 구호의 첫 출장지는 인도네시아가 아니라 스리랑카였다. 재작년 이란 밤시 지진도 바로 12월 26일에 일어나서 연말연시 휴가를 반납하고 동분서주 일했는데, 만 일 년 만에 또 다른 대규모 재난이 일어난 것이다. 재난 발생 3일째인 12월 29일, 스리랑카행 비행기에 몸을 실었다. 인도네시아 정부가 피해자의 숫자를 발표하기 전이라 사상자 2만 여 명으로 파악된 스리랑카 동부해안이 그때까지는 해일 최대의 피해지역이었다.

일 년 내내 벼르고 벼르던 연말 휴가를 고스란히 반납해야 하는 아까운 마음보다는 현장으로 가고 있다는 사실에 몹시 흥분되었다. 스리랑카 동부지역 바티칼로, 이번 대지진의 직격탄을 맞은 해안지역이다. 이 세상에 생지옥이 있다면 바로 이런 모습이리라. 미처 치우지 못한 시신이 해변에 방치되어 있고 그 주위를 굶주린 개들이 어슬렁거렸다. 간밤 폭우로 불어난 물 위로 시체가 떠다니고 그 위로는 까마귀 떼가 깍깍거리며 하늘을 뒤덮고 있었다. 마치 공포영화를 보고 있는 듯했다.

• 거미줄도 모이면 사자를 묶는다

컴퓨터를 열고 인터넷만 연결하면 전 세계에서 벌어지는 일을 실시간으로 알 수 있고, 세계 어느 곳이라도 48시간 내에 갈 수 있는 요즘, 더 이상 지구상에서 일어나고 있는 일에 "어머, 정말 몰랐어"라고 말할 수는 없게 되었다.

내가 7년간 세계일주를 하고, 지난 4년간 긴급구호 활동을 하면서 얻은 결론이다. "세계는 진짜 좁다. 튀어 봐야 지구 안이구나. 지구 밖에는 단 한 걸음도 나갈 수 없으니 지구 안에 갇혀 사는 사람들끼리는 정말 더불어 잘 살아야 한다."

한번 상상해 보자. 우리가 평화로운 우리 방에서 맛있는 음식을 먹고, 멋진 음악을 듣고 있는데 옆방에서 누군가 신음소리를 내며 괴로워하고 있다면 어떻겠는가. 우리 마음의 평화를 위해서라도 옆방 사람이 왜 그러는지 들여다보고, 할 수 있다면 그 신음소리를 멈추게 도와줘야, 우리가 먹는 음식과 음악이 즐겁지 않겠는가? 이렇게 생각하면 사실 곤궁에 처한 다른 나라를 돕는다는 것은 세계시민으로 마땅해 해야 할 의무일 뿐만 아니라 우리 자신의 행복을 위해서이기도 한 것이다.

세계 어딘가에서 조류독감이 한 건만 발생해도 우리나라 공항부터 초비상이 된다. 만약 스리랑카와 인도네시아에서 전염병이 돈다면, 겨우 비행기로 6시간 거리인 같은 아시아 내의 우리나라도 안전할 리가 없는 것이다.

무엇보다도 사람을 살린다는 것은 진실로 가슴 벅차고 멋진 일 아닌가. 세상에 태어나서 한 사람만 살려도 뿌듯한 일인데 이 긴급구호를 통해서는 수천, 수만 명을 살려 내는 데 우리의 힘을 보태는 일이다. 긴급구호 팀장인 나는 최전방에서 몸으로, 후방에 있는 여러분은 기도와 정성과 물질로 말이다.

이디오피아 속담에 거미줄도 모이면 사자를 묶는다고 했다. 우리 한 명 한 명은 거미줄처럼 힘이 없지만 그 힘도 모으기만 하면 절대 가난, 기회의 불평등, 전쟁, 대자연 재앙이라는 무서운 사자도 묶을 수 있는 것이다. 나는 그렇다고 굳게 믿고 있다. 나는 긴급구호 48시간 대기조, 지금이라도 전 세계 어느 현장에서 출동명령이 내려오면 48시간 이내에 그곳에 가 있어야 한다. 단 하루도 마음 편히 지낼 수 없는 대기조이지만, 출동명령만 받으면 힘이 솟는다. 단 걸음에 달려가 그놈의 '사자'를 꽁꽁 묶어야겠다는 생각에서이다. 여러분 모두가 만들어 준 '거미줄 동아줄'로 말이다.

출처: 월드비전 홈페이지(http://www.worldvision.or.kr).

⑥ 통합주간 둘째 주 월요일

교시	월	교수학습 자료 및 수업 팁	비고
1	국어(말·듣) 다섯째 마당: 아끼며 사랑하며 • 한 걸음 더(되돌아보기) 〈1/6〉 - 각자 만든 신문을 돌려 읽고, 전달 효과를 판단하기(pp. 138-139)	• 다른 조 신문을 평가할 때 주의할 점 알기 • 신문의 전달 효과를 잘 살려 신문을 만들었는지 조 신문을 돌려 읽고, 상호 평가해 주기 • 조에서 신문기사를 쓸 때 무엇이 부족했는지 평가를 바탕으로 파악하기	• 통합주제인 자연재해와 관련한 신문기사와 함께 다른 분야의 기사 내용도 존중하기
2	국어(말·듣) 다섯째 마당: 아끼며 사랑하며 • 한 걸음 더(더 나아가기) 〈2/6〉 - 알리고 싶은 내용을 신문기사로 쓰기(pp. 140-143)	• 자연재해가 발생했을 때 대처 요령과 예방에 대한 내용의 신문 구상하기 • 역할을 분담하여 주제별로 자료를 조사하기 • 예: 수해를 입었을 때, 지진이 났을 때, 산사태가 났을 때의 대처 요령 그리고 각 자연재해 사례에 따른 예방법 조사하기 등	• 교내 컴퓨터실 이용 • 소방방재청(http://www.nema.go.kr) • 사이버 방재교육 홍보시스템(세이프코리아, http://www.safekorea.go.kr)
3	수학 7. 자료의 표현 〈5/7〉 • 그래프를 이해하고 여러 가지 통계적 사실 알기(pp. 115-118)	• 그래프의 특징 알기 • 2002년 자연재해로 인한 시도별 피해금액의 그래프를 보고 여러 가지 통계적 사실 알아보기 - 피해를 가장 많이 입은 도는 어디인가? - 피해를 가장 적게 입은 도는 어디인가? - 피해를 입은 크기가 차이가 나는 이유가 무엇인지 생각해 보기 • 표와 그래프의 차이점 알기 • 피해액의 평균을 대략 구하기	• 생활 주변에서 그래프를 도입할 때 조사한 자료의 수가 너무 많지 않도록 하기(자료를 직관적으로 이해할 수 있도록 함) • 피해액의 단위가 크므로 적절히 반올림하여 자료 제시하기 • [참고자료] 참조

국어 시간에는 지난 차시에 만든 조 신문을 돌려 가며 읽고, 서로의 신문에 대해 평가하는 활동을 한다. 다른 조의 신문을 읽어 보는 활동은 자연재해를 바라보는 서로의 관점 차이를 알아볼 수 있는 경험이 된다. 서로 다른 관점으로 만든 신문을 읽어 보며, 학생들은 자연재해에 관한 단편적인 지식의 습득이 아닌 더 넓은 관점에서 자연재해를 바라볼 수 있는 통합적 사고활동을 하게 된다.

둘째 시간은 심화활동 시간이다. 지난 차시에 자연재해의 사례를 신문기사로 작성해 보는 활동을 하였으므로 이번 시간에는 '자연재해 예방'이라는 주제로 신문기사를 작성하면 좋다. 먼저, 조별로 자연재해 예방에 대해 토의해 보도록 한다. 서로의 생각, 경험, 느낌, 새로운 아이디어에 대해 풍부한 의견을 주고받을 수 있도록 독려한다. 이어서 조별로 자연재해 예방신문을 어떻게 만들지에 대하여 구상해 보게 한 후, 신문기사에 실을 내용을 조사하게 한다. 교내 컴퓨터실을 이용하여 예방과 관련된 정보를 수집하고 분류한 후, 다음 말하기 · 듣기 시간에 신문기사 작성을 하도록 한다.

3교시 수학 시간에는 자연재해와 관련된 통계를 바탕으로 한 그래프를 보고 통계적 사실을 확인할 수 있도록 계획한다. 교사는 피해액 또는 인명피해, 지원금 등과 관련하여 자료를 준비하고, 자연재해에 관한 그래프의 특성과 자료를 바탕으로 통합주제를 이해할 수 있도록 학생들을 유도한다. 예를 들어, 각 시도별 자연재해의 피해금액을 알아보고 가장 많은 피해를 입은 지역과 가장 작게 피해를 입은 지역의 차이와 그 이유가 무엇인지 생각해 본다면 자연재해와 관련된 대책의 문제점과 앞으로 어떻게 예방해야 할지에 대한 논의를 전개할 수 있다.

[참고자료 6-4] 시도별 자연재해 피해금액(2016년 기준)

(단위: 백만 원)

구분	계	서울	부산	대구	인천	광주	대전	울산	세종
피해액	288,361	220	38,409	612	176	67	370	61,945	–
비율(%)	100.00	0.08	13.32	0.21	0.06	0.02	0.13	21.48	–

구분	경기	강원	충북	충남	전북	전남	경북	경남	제주
피해액	3,639	19,737	2,447	3,623	6,664	11,958	41,808	71,130	25,556
비율(%)	1.26	6.84	0.85	1.26	2.31	4.15	14.50	24.67	8.86

출처: 소방방재청 재해연보(2016).

[참고자료 6-5] 소방방재청 홈페이지에 있는 어린이 안전나라

- 알기 쉬운 재난 이야기
  - 홍수, 태풍, 지진, 화재 이야기
- 함께하는 안전 공부
  - 풍수해, 지진, 화재 등과 119 신고방법
  - 태풍, 지진의 형성 등
  - 각종 재난, 재해 대처 방법 등

출처: 소방방재청 홈페이지(http://www.nema.go.kr)

⑦ 통합주간 둘째 주 화요일

교시	화	교수학습 자료 및 수업 팁	비고
1	과학 4. 화산과 암석 〈4/6〉 • 화산의 모양 알아보기(pp. 34-35)	• 여러 화산의 사진, 화산이 아닌 산의 사진 또는 슬라이드를 보고 화산의 모양을 관찰하기 • 실제 화산의 분출 모형을 만들어 보기 - 활화산과 휴화산 그리고 화산이 아닌 산의 모양을 조별로 만들어 보기 - 화산에 대한 조사를 바탕으로 순상화산, 종상화산, 칼데라 등에 대한 이해가 참고로 이루어질 수 있도록 안내하기	• 찰흙, 고무찰흙, 종이, 가위 색연필, 크레파스, 풀 등 활용
2	사회 2. 정보화 시대의 생활과 산업 ① 달라져 가는 생활 모습 〈5/16〉 • 정보화가 우리 생활에 미친 영향 알기(pp. 50-61)	• 정보화 사회에서의 생활의 변화 모습 알아보기 - 정보화 사회란 무엇인지 알기 - 정치, 경제, 문화, 교육에 어떤 변화가 일어났는지에 대한 토의하기 • 소방방재청, 기상청, 재해대책본부, 월드비전 등의 홈페이지를 찾아보고 홈페이지 게시판에 올라와 있는 글을 읽기 - 자연재해에 관한 여러 글을 읽고 자료를 출력하여 분류해 보기	• 정보화의 도움으로 자연재해에 대한 탐구가 체계적이고 손쉽게 이루어질 수 있음을 알기
3	사회 2. 정보화 시대의 생활과 산업 ② 더불어 사는 정보화 세상 〈6/16〉 • 정보를 함께 나누는 까닭 알기(pp. 62-68)	• 자연재해에 관한 정보를 홈페이지를 만들어 게시하고 공유하는 까닭과 그 이유에 대해 생각해 보고, 우리 생활에 어떤 영향을 미치는지 생각해서 글로 쓰기 • 각각의 홈페이지를 둘러본 소감 또는 의문점을 홈페이지 운영자에게 보내고 답장 받기	• 답장은 과제로 확인하기

1교시 과학 시간에는 실제 화산의 분출 모형을 만들어 보는 조작적인 활동을 통해 화산의 종류에 대하여 이해할 수 있는 시간을 가져 본다. 화산의 여러 가지 모습에 관한 사진을 감상한 후에 화산의 모형을 만들어 보면, 화산과 화산이 아닌 산의 차이를 쉽게 체득할 수 있다. 또한 모양에 따른 화산의 종류에 관한 심층적인 학습을 할 수 있는 장점이 있다. 조별로 찰흙 등을 이용하여 화산을 만든 후, 화산의 특성에 대해 토의를 하여 심도 있는 학습을 유도한다.

2교시 사회 시간에는 정보화가 우리 생활에 미친 영향을 알아보는 시간이다. '정보화와 산업의 관계'라는 단원의 주제를 중심으로 먼저 정보화로 인한 정치, 경제, 문화, 교육 등 각 부문의 변화를 먼저 알아본다. 정보화로 인한 생활의 변화에 대한 학습과 더불어 3교시에는 통합주제인 '자연재해'와 연관 지어 자연재해에 관한 정보를 제공하는 홈페이지를 만드는 활동을 한다. 가능하면 교사가 미리 홈페이지의 틀을 구성하거나 학급 홈페이지를 활용하여, 학생들이 내용만을 채워 넣도록 계획하는 것이 효율적이다. 본 활동의 초점은 학생들에게 정보화로 인하여 사람들이 자연재해에 관해 정보를 얻고, 탐구하고, 예방하는 데 얼마나 편리해졌는지에 대해 느낄 수 있게 하는 데 있다. 자연재해가 일어났을 때 또는 예방을 위하여 이용할 수 있는 홈페이지의 목록을 정리하고 왜 많은 시간과 노력을 들여 그러한 홈페이지를 만들고 정보를 올리는지에 대한 까닭을 먼저 예상해 본다. 그다음에는 토의를 거쳐 그 이유에 대한 자기의 생각을 글로 써 보는 활동을 한다.

마지막으로 그동안 통합수업을 하면서 조사한 '자연재해'의 주제 탐구를 위해 많은 정보를 얻을 수 있었던 홈페이지에 들러 느낀 점, 생각한 점, 궁금한 점에 대해 운영자에게 편지를 써 보도록 한다. 이러한 활동은 학생들로 하여금 사회에는 자기의 이익을 위해서만이 아니라 공공의 이익을 위해 공공기관 또는 여러 사설기관, 개인들이 존재함을 알 수 있도록 해 준다. 학생들에게 자연재해가 남에게만 일어나는 것이 아니라 우리 모두에게 일어날 수도 있는 일이며, 이를 예방하고 돕기 위해 많은 사람이 정보를 서로 나누며 노력하고 있음을 깨달을 수 있게 한다.

⑧ 통합주간 둘째 주 수요일

교시	수	교수학습 자료 및 수업 팁	비고
1	**수학** 7. 자료의 표현 〈6/7〉 • 과제해결: 생활 주변에서 실제로 평균이 이용되는 경우를 선택하고 수집 분석하기(pp. 119-120)	• 기상청 홈페이지에서 약 3년간 월 평균 강우량을 조사하기, 동남아에서 발생한 지진강도의 평균 등을 조사해 보기 • 평균 강우량, 지진강도의 평균을 보고 통합주제인 '자연재해'와 관련하여 생각해 보고, 시사점과 대책을 조별로 의논하기	• 조별로 강우량의 평균을 포함하여 강설량, 태풍의 빈도수 등으로 활동과제를 다양화하기

2	**수학**
	
	7. 자료의 표현 〈7/7〉
	• 수준별 학습: 잘 공부했는지 알아보기, 다시 알아보기, 좀 더 알아보기
		• 소방방재청에서 자연재해와 관련하여 스스로 통계자료를 찾고, 평균을 내기
		  - 각자, 조별로 조사한 내용을 표로 만들어 보기
		  - 통계적 사실에 대해 토론하기
		  - 조사보고서 작성하기
		• 예: 최근 4년간 원인별, 연도별 자연재해 피해액
			• 앞 시간에 활동한 내용과 학습방법을 좀 더 심화하고 보충할 수 있도록 지도하기
			• [참고자료] 참조

3	**국어(말·듣)** 다섯째 마당: 아끼며 사랑하며 • 한 걸음 더(더 나아가기) 〈3/6〉 - 알리고 싶은 내용을 신문기사로 쓰기(pp. 140-143)	• 각각의 역할 분담으로 모은 자료를 바탕으로 자연재해가 발생했을 때의 대처 요령과 예방법에 관한 신문기사 작성하기 • 전달 효과를 고려하여 제목과 내용을 편집하고 사진 등도 게재하기 • 친구들과 돌려 읽고 가장 잘된 신문을 추천하기	• 1시간 안에 정확한 내용을 전달하기 위해 구성하고, 작성하기에 어려움이 있을 때는 추가적인 시간을 확보하기
4	**사회** 2. 정보화 시대의 생활과 산업 ① 달라져 가는 생활 모습 〈7/16〉 • 인터넷 게시판의 내용을 보고 인터넷 예절을 알고 바람직한 인터넷 문화를 만들려는 자세를 가지기(pp. 57-61)	• 바람직하지 못한 인터넷 사용문화에 대해 생각해 보고 자신의 인터넷 예절 점수 확인해 보기(사회과 탐구 61쪽) • 컴퓨터 바이러스, 해킹, 불법복제, 언어문제 등의 바람직하지 않은 인터넷 문화의 원인과 해결방안 등에 대해서도 조사 및 토의하고 조별로 보고서 작성하기	• 통합강도 조절하기

수학 6, 7차시 수업은 심화 보충 시간이다. 사람이 살아가는 일상의 한 부분인 자연재해와 관련된 여러 영역의 평균을 내며, 앞 차시에서 활동했던 내용을 좀 더 심화, 확대 및 보충을 한다. 자연재해 영역을 태풍, 호우, 지진 등으로 나누어 태풍의 강도, 강수량, 지진의 강도, 피해액 등에 대해 평균을 구하는 활동을 한다. 학생들 스스로 통계자료를 얻을 수

있는 사이트에서 관련된 자료를 조사하고, 각각의 영역의 평균을 구해 보고, 또 그 결과가 우리에게 주는 시사점과 사실적 의미에 대해 토의해 볼 수 있도록 지도한다. 학생들은 자료를 찾고, 표로 만들어 보고, 평균을 내는 직접적인 활동을 통해 통계자료에서 평균을 내어서 활용하는 까닭과 필요성을 깨달을 수 있다.

3교시 국어 시간은 심화 보충 시간으로 지난 시간에 조사한 자연재해 예방법에 관련된 자료를 바탕으로 신문을 만들어 본다. 이전에 자연재해 사례를 바탕으로 신문기사를 작성해 보고, 평가해 보았기 때문에 자연재해 예방에 대한 기사를 쓸 때는 좀 더 체계적이고, 정확하게 전달할 수 있을 것이다. 불필요한 내용과 꼭 필요한 내용을 구별하게 하고, 기사를 요약하여 작성하여 전달 효과가 커질 수 있도록 구성하게 한다. 조끼리 돌려 가며 조신문을 읽고 잘된 점과 좀 더 개선해야 할 점을 평가해 볼 수 있도록 한다.

사회 시간은 최근 초고속 통신망의 대표적 이용 사례인 인터넷을 이용함에 있어 생겨나는 문제점 그리고 자신의 태도에 대해 생각해 보는 시간이다. 통합주제와는 직접적 관련이 없어 보일 수 있지만, 통합주제 학습도 인터넷에서 자료를 얻고 활용하여 이루어지므로 학생들이 자료를 수집하고 정리하고 이용하는 방법, 문제점, 고쳐야 할 점을 충분히 생각해 보고 토의할 수 있도록 지도할 필요가 있다. 예를 들어, 소방방재청 홈페이지에 갔더니 게시판에 홈페이지 내용과는 관련이 없는 광고성 글이 게시되어 관련 정보를 찾는 데 시간 낭비가 많았다는 점 또는 정보의 출처를 알리지 않고 이용하는 것에 대한 도덕적 책임 등에 대해 학생들끼리 논의하고 개선해야 할 점에 대해 토의하는 활동도 유익하다.

[참고자료 6-6] 최근 10년간 원인별, 연도별 자연재해 피해액 총괄

(단위: 백만 원)

구분	2007	2008	2009	2010	2011	2012	2013	2014	2015	2016	평균
호우	48,470	59,641	262,260	179,153	490,034	35,447	148,227	134,017	1,190	35,886	139,433
대설	8,293	3,733	13,147	65,712	44,559	18,772	10,631	30,553	12,783	18,688	22,687
풍랑	36,920		24,784	6,973	277		41		327	8,302	7,762
강풍	7,667	1,144	7,238	172		24,638	873	89	3,820		4,564
태풍	179,284	880		170,971	202,765	925,809	1,583	4,986	13,159	214,464	171,390
지진										11,019	1,101
계	280,636	65,405	307,431	422,983	737,636	1,004,667	161,359	169,645	31,281	288,361	346,940

출처: 소방방재청 재해연보(2016).

[참고자료 6-7] 최근 10년간 연도별 최대 지진 발생 현황

연도	월	일	발생횟수	최대규모	비고
2007	1	20	42	4.8	강원 평창군 도암면, 진부면 경계지역
2008	5	31	46	4.2	제주 제주시 서쪽 78km 해역
2009	5	2	60	4.0	경북 안동시 서남서쪽 2km 지역
2010	2	16	42	3.2	울산 동구 동북동쪽 64km 해역
2011	6	17	52	4.0	인천 백령도 동남동쪽 13km 해역
2012	5	11	56	3.9	전북 무주군 동북동쪽 13km 지역
2013	4 5	21 18	93	4.9	전남 신안군 흑산면 북서쪽 101km 해역 인천 백령도 남쪽 31km 해역
2014	4	1	49	5.1	충남 태안군 서격렬비도 서북서쪽 100km 해역
2015	12	22	44	3.9	전북 익산시 북쪽 9km 지역
2016	9	12	252	5.8	경북 경주시 남남서쪽 8km 지역

출처: 소방방재청 재해연보(2016).

⑨ **통합주간 둘째 주 목요일**

교시	목	교수학습 자료 및 수업 팁	비고
1	국어(읽기) 다섯째 마당: 아끼며 사랑하며 〈4/6〉 • 한 걸음 더(되돌아보기) - 글을 읽고, 글에 직접 드러나 있지 않은 내용을 알기(pp. 196-198)	• 교과서에 있는 '나무를 심는 사람'을 읽으며 글의 내용을 좀 더 깊이 있게 이해할 수 있도록 하기 • 지식이나 경험, 문맥을 활용하여 글에 직접 드러나 있지 않은 세부내용을 추론하여 읽기 위해서는 글에 관련된 다양한 지식을 알고 있어야 함을 알기 - 통합주제와 관련하여 한 마인드맵핑과 여러 가지 자료에서 얻은 지식들이 연관되어 주제를 바라볼 때 깊이 있는 이해가 가능함을 알기	• 교과서 제재 활용하기
2	과학 4. 화산과 암석 〈5/6〉 • 화산활동으로 생긴 암석 알아보기, 현무암과 화강암 관찰하기(pp. 36-38)	• 현무암과 화강암의 생성과정, 현무암과 화강암을 관찰하기, 특징 비교하기(눈으로 보고 실제 만져 보기) • 실제 화산활동이 일어나고 있는 지역의 뉴스를 검색해 보기	• 컴퓨터실, 도서관 이용

3	과학	• 화산 박물관 만들기	• 1차시부터 수집한
		- 화산의 생성과정, 화산 사진, 화산으로 생	자료 활용하기
	4. 화산과 암석 〈6/6〉	긴 암석, 화산활동이 우리에게 주는 영향,	• 조별 협동학습
	• 화산활동이 우리에게	〈볼케이노〉 시청 후 느낀 점, 우리에게 이	• 화산박물관 만들
	주는 영향 알아보기	런 재해가 일어난다면 어떻게 해야 할지	때 시간이 부족할
	(pp. 39-40)	또는 예방을 위해 어떻게 할지 생각한 글	수도 있으므로 융
		쓰기 등 여러 조사한 자료로 전지에 꾸미	통성 있는 시간 계
		고 붙이기	획이 필요함

국어 읽기 시간에는 교과서에 제시된 글을 읽고 글에 나타나 있지 않은 내용을 알아보는 활동을 하도록 한다. 중요한 것은 글에 나타나 있지 않은 내용을 추론하기 위해서는 문맥을 잘 이해해야 하고 더불어 사전 지식이 풍부해야 함을 인지시키는 것이다. 이와 더불어 자연재해 통합수업을 위해서는 통합주간에 활동한 마인드맵핑의 아이디어, 조사한 자료들 속에서 얻은 지식들이 총체적으로 활용된다는 것을 알 수 있어야 한다.

과학 시간에는 먼저 화산활동으로 인해 생성된 현무암과 화강암을 관찰하고 특징을 비교해 보는 활동을 하고 난 다음, 화산박물관을 꾸며 보도록 한다. 1차시 수업에서부터 모아놓은 관련 자료들, 토의한 내용, 사진, 화산 모형, 소감문 등을 모아 조별로 박물관을 꾸며 본다. 이와 더불어 통합주간 동안 공부한 자연재해 사례와 예방법 등과 관련하여 화산재해 발생 시 피해를 예방하기 위하여 어떻게 대비해야 할지에 대한 생각을 쓰고 게시해 보도록 한다. 이러한 활동은 학생들의 통합적 사고와 활동을 극대화할 수 있는 기회이다.

⑩ 통합주간 둘째 주 금요일

교시	금	교수학습 자료 및 수업 팁	비고
1	수학	• 최근 발생한 큰 지진 피해의 표를	
		보고 그래프로 나타내기	
		- 지진의 강도를 나타내는 그래프	• 융통성 있게 시
	7. 자료의 표현	- 피해상황을 나타내는 그래프	간을 활용하여
	• 자료를 보고 그래프로 나타내고 시	- 아시아 지역 또는 기타 지역의 지	통합주제와 관
	사점 생각해 보기	진발생 빈도수를 조사하고 평균을	련된 통계 내기
		내기	• [참고자료] 참조
		- 그래프가 시사점 생각해 보고 말	
		하기	

	국어(읽기)	• 어린이 기후교실에서 지구 온난화에 관한 글을 읽기 - 지구의 기온이 계속 올라가는 이유는 무엇 때문인지 알기 - 지구 온난화가 계속된다면 지구는 어떻게 될까 생각해 보고 글을 써 보기 - 교토의정서에 따른 기후변화협약을 잘 지켜야 하는 이유에 대해 주장하는 글쓰기	• 한국에너지공단 기후대책실의 어린이 기후이야기 • 기상청의 어린이 기상교실 • 교내 컴퓨터실 이용
2	다섯째 마당: 아끼며 사랑하며 〈5-6/6〉		
3	• 한 걸음 더(더 나아가기) - 글을 읽고, 글에 직접 드러나 있지 않은 내용을 알아보며 글을 읽기 (pp. 200-209)		

수학 시간은 융통성 있게 시간을 확보하여 심화활동 시간을 1시간 확보한다. 자연재해에 관한 그래프를 그려 보고 표와 달리 그래프로 나타냈을 때 나은 점과 알 수 있는 점에 대해 이야기를 나눠 볼 수 있다. 중요한 것은 학생들이 자료를 보고 그래프로 수치를 그려 보고, 평균을 내는 등의 활동을 해 보는 것이다. 그래프로 나타내고 알게 된 점, 생각한 점

[참고자료 6-8] 어린이 기후이야기

출처: 한국에너지공단 홈페이지(http://www.energy.or.kr).

에 대해 써 보는 활동을 하면 좀 더 심화된 수업이 가능하다.

둘째, 셋째 시간은 읽기의 심화 시간으로 지구온난화와 관련된 글을 읽고 내용에 직접 드러나 있지 않지만 자연재해와 관련하여 생각하게 된 점, 느낀 점을 알아보는 활동을 한다. 지구온난화로 인한 자연재해를 예측해 보고, 이를 막기 위해서 우리가 어떻게 해야 할지를 생각해 보고 주장하는 글쓰기를 통해 통합주간 동안 '자연재해'라는 주제를 바탕으로 공부한 내용을 통합적으로 정리해 볼 수 있다. 학생들의 통합적 안목이 제대로 형성되었다면 글쓰기를 하는 데 무리가 없을 것이다. 결과물은 통합주간 학습이 잘 수행했는지를 평가할 수 있는 좋은 제재로 활용할 수 있다.

6) 통합단원 활동시간 단계

통합단원 활동시간은 각 교과 영역별로 다룬 내용을 바탕으로 통합적 안목을 극대화시킬 수 있는 시간이다. 약 6시간의 블록스케줄을 통해 '통합의 날'을 선정하고, 학생들로 하여금 평소 수업시간에 다루었던 내용들 또는 시간상 다루기 힘들었던 부분들을 자연재해라는 시각에서 통합적으로 활동을 계획하고 실행하도록 구성한다.

5학년의 통합단원 활동시간은 각 교과별로 활동 자료 수집 및 보고서 만들기와 발표과정으로 구성한다. 활동 자료 수집은 평소 수업시간에서 활용된 학생과 교사의 자료를 수집하고, 조사 및 탐구활동 시간을 마련하거나 통합활동시간 내에 보충자료를 찾을 수 있는 시간을 마련한다. 최종적으로 과제물이 완성되면 발표활동으로 연결한다. 통합단원 활동시간은 약 4~6시간 정도에서 활동을 중심으로 한 과제를 수행하게 할 때 학생들의 통합적 안목의 신장에 보다 긍정으로 기여한다(홍영기, 2003). 5학년에서는 과제 조사 활동, 수행 활동, 발표 활동 모두 총 6시간을 할애하였다.

통합단원 활동시간의 운영의 방법은 다음과 같다. 첫째, 각 교과별 활동을 개인별 및 조별 과제를 구분하여 한 학생이 각각 하나씩 수행하는 방법이 있다. 둘째, 학급의 학생을 조별로 구성하여 각 교과별 활동을 할애하는 방식, 즉 과제별로 전문가 집단을 만들어 과제를 부여하는 방법이 있다. 셋째, 학습자 모두가 각 과제별로 수행하는 경우로 개인별 및 조별 과제를 수행하게 하는 방법이 있다.

이 중 개인별 과제의 수행과 학습자 모두가 각 과제별로 수행하는 방법은 통합단원 활동시간내로 제한하는 것이 아니라 사전에 과제를 내주어 시간을 효율적으로 활용한다. 5학년 통합단원 활동시간은 모든 학생이 과제를 수행하는 쪽에 무게를 두는 것보다 조별 선택 과제를 제시하여 통합과제 수행활동에서 발표까지 적극적인 참여를 유도하도록 한다.

전체 조의 수 혹은 조원의 수에 따라 활동 내용을 조정하여 수행할 수 있는 과제를 늘릴 수도 있지만, 5학년 통합단원 활동시간의 경우 조별 과제의 선택은 8개 조에서 제시된 각 통합활동 중 교과별로 2개씩 선택할 수 있도록 조정한다.

통합대상 교과교육과정 내용에 준한 통합활동의 종류로는 다음과 같은 것이 있다. 첫째, 국어과에서는 ① 전달 효과를 고려한 자연재해 신문기사 만들기, ② 뉴스 앵커가 되

국어과
〈공부할 문제〉
자연재해와 관련한 여러 정보들을
효과적으로 전달해 보자.

[기사 및 보도 자료 만들기]
· 자연재해 신문 만들기
· 방송용 원고 만들기
· 자연재해에 관한 경험적 글 읽고 편지 쓰기

수학과
〈공부할 문제〉
각종 자연재해를
그래프로 설명해 보자.

[그래프 만들기]
· 태풍에 의한 피해금액 그래프 만들기
· 지역별 강수량 그래프 만들기
· 지진과 화산에 관한 그래프 만들기

주제: 자연재해
〈학습목표〉
다양한 시각과 방법으로 자연재해를 설명할 수 있다.

사회과
〈공부할 문제〉
자연재해의 종류와 대처법과 예방법에
대해 조사해 보자.

[보고서 만들기]
· 자연재해의 종류별 대처법과 예방법에 관한
조사 보고서 만들기

과학과
〈공부할 문제〉
자연재해의 발생 원인과 생성과정에
대해 알아보자.

[마인드맵 그리기]
· 자연재해별 발생 원인과 생성과정에 대한
마인드맵 그리기

⇩

통합활동
[다양한 방법으로 전시 및 발표하기]
· 뉴스 앵커가 되어 자연재해 보도해 보기
· 자연재해에 대한 토의 및 토론 활동하기
· 자연재해 박사가 되어 강연해 보기
· 수행결과물 발표하기

[그림 6-6] 통합단원 활동시간의 통합내용 및 학습 활동의 예

어 자연재해 전달하기, ③ 자연재해에 관한 경험적 글을 읽고 편지 쓰기, ④ 자연재해 토의 및 강의하기(역할극) 등을 생각할 수 있다. 둘째, 수학과에서는 ① 태풍에 의한 피해금액 막대그래프로 나타내기, ② 지진 발생 수와 강도에 대한 그래프 나타내기 등 막대그래

〈표 6-4〉 5학년 통합단원 활동시간 교수학습 계획

교시	과정	통합의 날 교수학습 자료 및 수업 팁	비고
1	활동 안내 및 조별 과제 선정하기	[학습 활동 안내하기] • 국어: 자연재해와 관련한 여러 정보들을 효과적으로 전달하기 • 수학: 각종 자연재해 그래프 만들기 • 사회: 자연재해의 종류별 대처법과 예방법 조사하기 • 과학: 자연재해의 종류별 발생 원인과 생성과정 마인드맵 만들기 [조별 과제 선정하기] • 조별 활동 정하기 • 조별 협의 및 역할 정하기	• 각 교과별 활동 2개씩 선정하기 • 각 교과의 시각에서 교과 영역이 통합되어 수행결과가 나올 수 있도록 유도하기 • 전시 및 관람 구조에 대한 학급 환경 조성해 두기 • 창의적인 발표와 적극적인 참여를 할 수 있는 분위기 조장하기
2	통합과제 수행활동 하기	[국어: 기사 및 보도 자료 만들기] • 자연재해와 관련한 여러 정보들을 효과적으로 전달해 보자. - 자연재해 신문 만들기 - 방송용 원고 만들기 - 자연재해에 관한 경험적 글 읽고 편지 쓰기	
3		[수학: 그래프 만들기] • 각종 자연재해를 막대 및 그래프로 설명해 보자. - 태풍에 의한 피해금액 그래프 만들기 - 지역별 강수량 그래프 만들기 - 지진과 화산에 관한 그래프 만들기	
4		[사회: 조사 보고서 만들기] • 자연재해의 종류와 대처법과 예방법에 대해 조사해 보자. - 자연재해의 종류별 대처법과 예방법에 과한 조사 보고서 만들기 [과학: 마인드맵 만들기] • 자연재해의 발생 원인과 생성과정에 대해 알아보자. - 자연재해별 발생 원인과 생성과정에 대한 마인드맵 그리기	
5	전시 및 발표하기	[전시 및 발표하기] • 다양한 시각과 방법으로 자연재해를 설명해 보자. - 뉴스 앵커가 되어 자연재해 보도해 보기 - 자연재해에 대한 토의 및 토론 활동하기 - 자연재해 박사가 되어 강연해 보기 - 수행결과물 발표하기	
6			

① 국어과: 기사 및 보도 자료 만들기

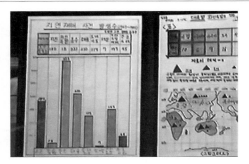

② 수학과: 그래프 만들기

③ 사회과: 조사 학습보고서 만들기

④ 과학과: 마인드맵 만들기

⑤ 수학 · 과학과 보고서 발표 활동

⑥ 국어 · 사회과 보고서 발표 활동

⑦ 뉴스 앵커 및 강사 강연 등 역할극 활동

⑧ 자연재해 토의 · 토론 활동

[그림 6-7] 통합단원 활동시간 학습 활동의 예

프를 이용한 자료의 표현 활동으로 한다. 셋째, 사회과에서는 정보화와 연계하여 조사학
습 보고서 활동으로 ① 자연재해가 무엇인가, ② 자연재해별 대처법과 예방법에 대해 조
사 발표하기 활동으로 전개한다. 넷째, 과학과에서는 화산 및 태풍 등의 자연재해 종류별
생성과정과 발생 원인에 대해 알아보고 발표하는 활동으로 한다. 발표 활동은 각 교과 활
동의 주제별 특색과 함께 여러 방법을 활용하여 창의적이고 적극적인 참여 속에 이루어질
수 있도록 분위기를 조장한다.

　　학습 활동의 안내와 각 교과별 수행활동은 각 교과 영역의 벽을 넘나들 수 있는 활동이
될 수 있도록 유도한다. 통합주간 동안 각 교과의 시각에서 바라본 자연재해가 여러 교과
영역의 지식을 활용하여 수행될 때 통합적 안목의 신장을 기대할 수 있기 때문이다.

　　총 6시간의 블록스케줄을 통한 학습과 발표 활동의 시간표는 〈표 6-4〉와 같으며, [그림
6-7]은 통합단원 활동시간의 학생 활동의 예이다.

7) 평가 단계

　　통합교육과정을 통한 학생들의 내면화된 학습을 평가할 수 있는 수행평가 도구의 개발
은 실제로 표준화될 수 있는 것이 아니다. 왜냐하면 통합의 주제와 학교의 실정에 따라 평
가의 내용과 기준이 달라질 수 있기 때문이다. 따라서 여기에서는 학생들의 학습평가를
다룬 지식체의 습득 정도를 평가하는 단면적인 평가를 지양하고 통합단원에서 학생들이
수행한 과정을 평가할 수 있는 준거의 개발에 초점을 두어 제시하였다. 통합학습 활동의
수행평가 준거는 앞에서도 언급한 바와 같이 통합교육과정 운영에서 가장 중요하게 생각
해야 하는 학습 과정에서 발생하는 발생학습기술이다. 여기에서는 학생들이 성취하는 발
생학습기술의 영역을 ① 정보 수집 및 과제해결능력, ② 협동 능력, ③ 실생활 적용능력,
④ 통합적 안목의 신장 등 네 가지 영역으로 나누었다. 각 평가 영역별 평가의 준거로 고
려한 기대되는 학생들의 발생학습기술은 〈표 6-5〉와 같다.

〈표 6-5〉 발생학습기술을 중심으로 한 평가 영역

평가 영역	평가 기준	세부 기준
정보 수집 및 과제해결능력	지적 능력의 함양 정도	• 조별 구성원 개개인의 과제 수행능력 • 과제 수행을 위한 정보 수집능력 • 수집된 정보의 분석과 적용능력 등
협동 능력	사회성 함양 정도	• 의사표현 능력 • 상대방의 의견 수렴 능력 • 상대방의 의견 적용능력 등
실생활 적용능력	습득한 지식에 대한 실생활과의 연계 및 조망 능력	• 자신이 겪은 일과의 연계 능력 • 습득한 지식의 활용 능력
통합적 안목의 신장	다양한 관점으로 주제를 이해하는 능력	• 각 교과 영역의 관점에서 주제의 이해 정도

통합학습 활동을 위한 평가는 학생들 스스로 하는 자기평가와 교사가 학생들의 수행작품과 수행과정의 관찰을 통해 평가하는 교사 평가로 나눌 수 있다.

첫째, 학생용 자기평가는 학생 스스로 자신의 수행과정을 반성해 보며 자신의 증진된 발생학습기술을 평가하는 항목으로 구성하였다. 학생용은 세 영역으로 구분되어 있으며, 첫 번째 질문은 다룬 주제 '자연재해'를 얼마나 잘 이해하고 자신의 언어로 재진술할 수 있는지를 알아보는 질문이며, 답변내용은 교사용 평가 영역 중 통합적 안목의 신장 영역에 참고자료로 활용한다. 두 번째 평가 항목들은 다룬 주제인 '자연재해'에 대한 의견을 묻는 질문이며, 세 번째 평가 항목들은 과제를 해결할 때 학생 자신의 태도와 관련된 문항으로 구성한다. 학생들의 이해를 돕기 위하여 평가 문항을 '자연재해에 대한 의견'을 물어보는 영역과 '과제를 해결할 때의 태도'로 구분하였지만 평가 준거는 ① 정보 수집 및 과제해결능력(세 번째 영역 1~4번 문항), ② 협동 능력(세 번째 영역 5~8번), ③ 실생활 적용능력(세 번째 영역 9번 문항과 두 번째 영역 1~3번 문항), ④ 통합적 안목의 신장 정도(두 번째 영역 4~6번 문항) 등으로 구분 지어 분석한다. 학생용 자기평가의 예는 [그림 6-8]과 같다.

둘째, 교사 평가는 6개 영역, 즉 ① 정보 수집 및 분석 능력, ② 협동 능력, ③ 노력 정도, ④ 실생활 적용능력, ⑤ 통합적 안목 능력, ⑥ 과제의 완성도(조별 평가) 등으로 구분할 수 있으며, 각 영역별로 학생들의 성취 수준을 세 단계로 나눈다. 교사용 평가지의 예는 [그림 6-9]와 같다.

통합단원 자기평가(학생용)

조 이름:　　　　　학년반:　　　　　이름:

1. 여러 가지 활동을 통해 알아본 자연재해에 대하여 설명해 봅시다.

2. 다음은 지금까지 알아본 자연재해에 대한 각자의 의견을 적어 봅시다.

번호	문항	그렇다	보통이다	아니다	영역
1	나는 자연재해가 우리 삶과 깊은 관련이 있다고 생각한다.				③
2	나는 자연재해가 우리 생활에 끼치는 영향을 잘 알고 있다.				③
3	나는 자연재해에 대처하는 방법을 잘 알고 있다.				③
4	나는 여러 가지 방향으로 자연재해를 이해하였다.				④
5	나는 자연재해를 다른 사람에게 잘 설명할 수 있다.				④
6	나는 자연재해에 대해 이전보다 새롭게 이해하였다.				④

3. 과제를 해결할 때 자신의 태도에 대해 알아봅시다.

번호	문항	그렇다	보통이다	아니다	영역
1	나는 우리 조에 주어진 과제를 수행하기 위해 노력하였다.				①
2	나는 과제를 해결하기 위한 정보 수집에 최선을 다했다.				①
3	나는 과제해결을 위하여 어떤 자료가 필요한지 충분히 이해하였다.				①
4	나는 내가 수집한 자료에 내 생각을 더하여 과제를 수행하였다.				①
5	나는 조 친구들의 의견을 존중하였다.				②
6	나는 조 친구들과 상의하여 자료를 찾아냈다.				②
7	나는 내 생각이 맞는가를 조 친구들과 상의하였다.				②
8	나는 내 생각을 조 친구들에게 충분히 전달하려고 노력하였다.				②
9	나는 과제를 수행할 때 내가 겪은 일과 연관 지으려고 노력하였다.				③

[그림 6-8] 학생용 통합단원 자기평가의 예

통합단원 수행평가(교사용)

조 이름: 학년반: 학생 이름:

준거 \ 영역	수준 I(상)	수준 II(중)	수준 III(하)	평가 준거	평가
정보 수집 및 분석 능력	• 자신의 생각을 더하여 자료를 수집하고 분석하여 제시하였다. • 2개 이상의 영역 관점에서 정보를 수집하여 제시하였다.	• 검색한 자료를 그대로 제시하였다. • 하나의 영역에서 자료를 수집하고 제시하였다.	• 검색한 자료를 그대로 제시하였다.	개별적으로 수집한 정보의 질	
협동 능력	• 자신의 의견을 조원 친구에게 이해시키려고 노력하였다. • 조원 친구의 의견을 존중하였다.	• 자신의 의견을 조원 친구에게 이해시키려고 노력하였지만, 조원 친구의 의견을 존중하는 데는 다소 미흡하였다.	• 자신에게 주어진 역할은 수행하였지만 조원 친구들과의 협동은 잘 이루어지지 않았다.	조 활동의 개별 관찰	
노력 정도	• 주어진 과제를 끝까지 수행하였다. • 과제해결을 위해 자료 수집을 성의껏 하였다.	• 주어진 과제를 끝까지 수행하였다.	• 주어진 과제 수행을 위해 조금만 노력하였다.	과제 수행 과정 관찰	
실생활 적용능력	• 수행작품이 실생활과 잘 연계되어 있을 뿐만 아니라 실생활에 적용 및 활용도가 우수하다.	• 수행작품이 실생활과 연계되어 있기는 하지만, 실생활에 직접 적용하기에는 다소 미흡하였다.	• 수행작품을 실생활에 적용하기 위해서는 많은 보완이 필요하다.	과제 수행 과정 관찰 및 작품	
통합적 안목 능력	• 수행작품이 2개 이상의 교과 영역의 지식을 활용하여 완성되었다. • 수행결과가 2개 이상의 교과 영역에서 통합적 접근이 이루어졌다.	• 수행작품이 2개의 교과 영역의 지식을 활용하여 완성되었다.	• 수행작품이 하나의 교과 영역 관점에서만 이루어졌다.	수행작품 및 조별 발표	
과제의 완성도 (조별 평가)	• 2개 이상의 교과 영역 관점에서 작품을 수행하였다. • 수행작품이 세밀하게 묘사되었다.	• 수행작품이 2개의 교과 영역 관점에서 이루어지기는 했지만 연계성이 다소 부족하다.	• 수행작품이 하나의 교과 영역에서만 이루어졌다.	작품의 완성도	

[그림 6-9] 교사용 통합단원 수행평가의 예

[그림 6-10] 통합단원 수행평가 적용의 예

    학생용 통합단원 자기평가 중 학생들이 '자연재해'를 여러 교과 영역의 관점에서 새롭게 인식하게 되었다는 반응과 2개 이상의 교과 영역 관점을 동원해 주어진 과제를 수행하였다는 응답이 나올 경우, 학생들의 통합적 안목이 신장되었다고 평가할 수 있다. 다음은 통합단원 활동이 끝난 후 자유토론 시간에 보여 준 학생들의 반응의 예이다.

교사: 자! 여러분! 그렇게도 지겨워했던 자연재해가 다 끝났어요. (모두 웃음) 선생님이 마지막으로 질문할게요. (학생들이 진진한 표정을 지음) '자연재해'가 뭐죠?

학생들: (웅성거리며) 에~.

학생 1: 선생님! 이제 그만 좀 하세요. 정말 지겨워요. (많은 학생이 그렇다는 표정을 짓기는 하지만 짜증내는 눈치는 아님)

교사: 그러지 말고 누가 대답 좀 해 주라~ (교실 분위기는 화기애애함)

학생 2: 선생님! 정말 알고 싶으세요? (웃으며 자신만만한 표정을 지음) 자연재해란 말이죠. 자연현상에서 시작된 것인데요. 종류는 홍수, 화산 (중략) 그 피해를 보면 우리나라 경우에는 1974년에 있었던 (후략). (참으로 줄줄이 잘 엮어 냈다. 참고로 이 학생은 처음에 자연재해란 질문에 "자연적으로 일어나는 재해. 끝"이라고 대답했던 학생이었다.)

제7장
교육과정에 기초한 다교과적 설계

초등학교에서 가르친 지 10여 년이 된 K 교사는 자신의 수업에 대한 이야기를 할 때, 스스로 수업에 대해 '외도'를 많이 해 봤다고 말하곤 한다. 이런 외도는 S시 공립 초등학교 교사로 근무하다가 교육열이 높기로 소문난 G 학구로 발령을 받으면서 더 자주 시도하곤 했다고 고백한다.

K 교사의 외도는 처음에는 학생들이 재미있어 하는 수업을 하고 싶다는 생각에서 시작되었기 때문에 주로 학생들이 하고 싶다고 요청하는 것을 대상으로 수업을 구상하여 실시했다. 이 과정에서 K 교사 자신도 학생들에게서 호응을 얻는 수업을 하는 재미를 느끼곤 했다. 또 때로는 시대적 흐름과 요청에 뒤지지 않는 혹은 앞서가는 교사라는 것을 보여 주고 싶어서 했다고 한다. K 교사가 말하는 수업에 대한 '외도'를 하면서 K 교사는 자신의 수업을 새롭게 하기 위해서 공부를 시작했고, 나름대로 수업을 연구하고 공부하는 교사라는 존재감을 경험하곤 했다. 하지만 이런 수업에 대한 외도 경험이 긍정적이었던 것은 간헐적으로 할 때뿐이었다. K 교사는 이런 외도를 마음먹고 좀 더 긴 호흡으로 하기 시작하면서 또 다른 불안을 경험한다.

　나는 새로운 수업을 몇 차례 시도했던 적이 있다. 6학년 사회과의 세계에 관한 단원을 가르칠 때, 사회교과의 본 단원을 넘나들며 재구성하여 한 달여의 시간을 '박물관'이라는 주제로 수업을 했다. 세계 여러 나라의 박물관을 꾸미기 위해 인터넷과 백과사전의 자료를 찾고 여행 경험을 나누며 다른 나라의 옷을 입거나 그 나라의 말을 사용해 보는 활동 등을 했다. 참으로 신나는 한 달간의 수업이었다. 그러나 교사로서 나는 불안해지기 시작했다. 교사가 가르쳐야 할 것, 학생이 배워야 할 것을 빠뜨리지 않았나 하는 의문과 불안 때문이었다. 내가 가르쳐야 할 것은 모두 가르쳤나 혹시 우리 반 학생만 배워야 할 것을 배우지 못하지 않았을까, 이러다가 시험에서 문제가 생기면 어쩌지 등의 의문과 불안이 밀려오기 시작했다. 나는 이제 이런 외도를 스스로 안 하려 하게 되었다. 어느 순간 나는 내가 한 새로운 시도를 접고 불안감에 예전의 방식으로 되돌아가곤 했다(2010. 08. 10. K 교사의 인터뷰 중에서).

K 교사는 '교과서를 가르치는 것에서 벗어나는 것'을 더 본질적으로 고민하기 시작했다. 연구자는 교과서를 만드는 '원자료'로서 교육과정을 고려해 보도록 안내했다. K 교사는 어렵지 않게 '교육과정'에서 자신의 불안을 해결할 수 있다는 것을 느끼기 시작했고, 한편으로는 교육과정 문서를 읽는 방식, 즉 교육과정과 교과서, 교육과정과 수업을 연계해서 교육과정을 읽는 방법을 공부하면서 교육과정 문해력을 확보했고, 다른 한편으로는 교과서가 교육과정을 편성하는 데 좋은 표준 자료라는 것을 알면서 자신의 수업에 사용할 교과서, 즉 교육과정을 편성해 보려고 하였고, 이런 이유에서 Drake(2007)의 KDB 모형 혹은 우산 모형을 공부하게 되었다.

교육과정 중심의 수업을 하고자 하는 모든 교사는 교육과정에 기초한 자신의 단원 설계에 도전할 수 있다.

1. 교육과정에 기초한 접근

수업을 해야 하는 교사에게 '무엇을 가르쳐야 하는가' 혹은 학생이 '무엇을 배워야 하는가' 하는 질문은 궁극적인 것이다. 학교 교육이 제도화되면서 교육 체제, 특히 수업은 점점 '충실도'의 관점을 형성해 왔다(Cuban, 1989; Merrill et al., 1990; Tyack & Tobin, 1994). 국가나 지역 차원에서 전체 학교 교육의 질을 경제적으로 관리하기 위해서는 학교에서 가르치는 '교육과정'을 표준화하여 통제해야 하기 때문이다. 이런 맥락에서 우리나라는 국가수준의 교육과정을 개발하여 보급할 뿐만 아니라, 교육과정을 구현하는 교과서를 국정으로 단일화하여 학교에서 '가르치는 것'을 중앙집권적으로 관리했고, 교실에서는 정해진 시간표에 맞춰 교과서를 충실하게 가르치는 수업을 하도록 하는 체제를 구축해 왔다. 여기서 '충실도'의 관점은 빠르게 정립되었다. 이쯤 되면 초등학교 교사라면 누구든 정도의 차이는 있지만 대체로 '교과서'를 '자신이 가르쳐야 할 것', 즉 주어진 수업시간에 주어진 교과의 교과서 진도를 나가야 한다고 생각한다(고창규, 2006; 김정원, 1997; 류방란, 2003; 이정선, 최영순, 2004). 특히 우리나라는 근현대적인 의미의 학교 교육, 즉 제도화된 공립초등학교 교육을 하면서부터 이런 관점이 적용되었고, 따라서 교사는 이런 식의 충실도의 관점을 교실에서 수업을 하면서 서서히 체화한다. 그러나 이것은 시간이 지나면서 교사로 하여금 교실에서 가르쳐야 하는 것이 무엇인지, 자신은 무엇을 가르쳐야 한다고 생각하는지 혹은 무엇을 가르치고 싶은지에 대해 고민하거나 생각할 기회를 주지 않는다. 정확하게 말하면 이런 고민을 할 필요를 느끼지 못하게 한다. 그래서 가르쳐야 하는 것 혹은 가르치고 싶은 것을 생각하고(기획), 그렇게 생각한 것을 기초로 수업을 계획하여(설계), 실행(운영)하고자 하는 의지 또한 점점 약해지고, 그렇게 할 수 있는 교육적 감각은 무뎌 간다. 이런 일련의 과정에서 마치 용불용설(用不用說) 원리가 적용되는 것처럼 교사의 교육과정 및 수업 전문성이 저하하거나 도태한다.

1900년대를 지나면서 교육과정 분야는 학교에서 가르치는 것의 지역화, 분권화, 다양화, 학생에게 맞추는 개별화 그리고 다문화 현상을 수용해 왔다(Campbell, 1985; Lewy, 1991). 우리나라에서도 6차, 7차, 2007, 2009 국가 수준 교육과정을 개정하면서 이런 세계적인 추이를 꾸준히 반영해 왔다(강충열, 2000; 박순경, 2008, 2010; 박채형, 2003; 황규호, 1993). 교육과정의 수준이나 차원을 국가, 지역, 단위학교로 구분하고, '교과서 중심에서 교육과정 중심'의 학교 교육을 강조하고, 지역 교과서를 만들고, 교사는 '교육과정'을 재구성[1]할 수 있다는 점을 점점 성문화할 정도로 강조해 왔다.

이런 변화는 교사에게 교실 수업 사태에서 학생, 사회, 국가의 다양한 요구들을 즉각적으로 반영할 것을 요청한다. 교사에게 지금까지 교육과정-국정 교과서-수업이 거의 구분하기 힘들 정도로 정합적이었는데(표준화, 평준화, 일반화), 이 정합성에 여러 가지 상황과 요구들을 고려하여 융통성 있게 조정하고 조절함으로써 적절하게 변화하라고 요구하고 있다. 이제 교사는 주어진 교육과정, 교과서를 '그대로' '빠짐없이' '잘' 가르치던 방식에서 벗어나 상황과 학생을 즉각적으로 배려하는 수업을 할 수 있어야 한다. 국정, 검정, 인

---

1) 모든 국·공립 초등학교에서 가르쳐야 할 것을 교육과정으로 국가 수준에서 고시하여 시행하는 우리나라 상황에서는 교사에게 교육과정을 재구성할 수 있는 권한은 원천적으로 없다. 그런데도 불구하고 교육과정 재구성이라는 용어를 상용하고 있고, 여기는 대부분의 사용자들이 교과서 재구성을 교육과정 재구성으로 동일시하는 '교육과정=교과서' 개념이 그대로 반영되어 있는 것이다. 교육과정 재구성의 개념의 모호성에 대한 상세한 논의는 정광순(2010a)이나 서명석(2011)을 참고하기 바란다.

정 교과서 시대를 맞아 여러 종류의 교과서가 나오면서 교육과정과 교과서를 동일하게 인식하던 시선들도 다양해졌다. 교과서는 수업을 통해서 교육과정을 구현하는 하나의 교수학습 자료로 인식하고 여러 교과서를 보고, 적절한 교과서를 선정할 줄 알아야 한다. 나아가서 교실 수업 상황에서 학생에게 맞춘 교육과정을 직접 편성하여 가장 활용도가 높은 좋은 교수학습 자료를 제작하여 그것을 융통성 있게 운영하기 위해서는 다양한 차원의 교육과정을 개발·설계·실행할 수 있는 능력을 필요로 한다. 이제 교사는 지금까지처럼 교육과정이 곧 교과서(교육과정=교과서)였던 인식을 넘어서야 하고, 교과서가 교육과정을 구현하는 유일한 것(교육과정 편성 자료=국정 교과서)도 아니며, 이런 교과서를 충실하게 가르치는 것(교육과정 실행=교과서 가르치기)에 머물 수도 없다.

우리나라 초등학교 교사는 지금까지 해 왔던 '교과서 진도 나가기'라는 우리의 전형적인 수업 패턴에서 벗어나야 할 뿐만 아니라, 경험은 없지만 외국처럼 교과서 없이도 수업을 할 수 있어야 하는 처지가 되었다.

지금 당장 '교과서'가 없다면, 교사는 수업을 어떻게 할까? 1~2시간의 수업이나, 하루 이틀의 수업이 아니라, 한 주, 한 달, 나아가서 한 학기, 한 학년도 수업을 어떻게 할 것인가? 학생들이 하자는 것만 할 수도 없고, 교사가 하고 싶은 것만 할 수도 없다. 여기서 공립초등학교에서 가르치는 교사가 주목해야 하는 것이 바로 '교육과정'이다. 다시 말해서, 수업시간에 가르쳐야 할 교과와 교과의 내용을 정하고 있는 2009 개정 교육과정에 따른 교과교육과정에 있는 교과별 교육과정 내용이다. 공립초등학교의 교육이나 교사의 교육활동의 책무성은 가장 기본적으로 이런 국가 수준 교육과정 이수 여부를 근거로 하기 때문이다. 교과서가 주어지지 않는다면, 교사는 국가 수준에서 초등학교에서 가르쳐야 할 것으로 제시하는 '교육과정'을 실제 수업에서 가르치기 위해서 수업용으로 편성·조직해야 한다. 그리고 이 편성에 기초해서 수업을 설계하고, 수업 자료를 제작하여 수업하고, 수업한 것을 평가할 수 있어야 한다.

따라서 교사가 수업을 통해서 교육과정을 구현하기 위해서는, 먼저 교육과정을 편성할 줄 알아야 하고, 둘째, 편성한 것을 토대로 수업의 단위를 정하고 단원을 설계(unit design)[2] 하고, 셋째, 설계한 것을 토대로 수업을 하고, 마지막으로, 수업한 것을 토대로 평가한다.

---

2) unit을 굳이 단원(chapter)과 구분하지 않는 사용자도 있다. 단원은 우리처럼 교과서를 상용하는 나라나 지역에서 낯익은 용어이다. 교과서는 교육과정을 적절히 편성하여 또 적합한 교수학습 자료로 만들어 놓은 것인데, 이렇게 교과서 입장에서 본 교과서 단원이 우리에게 익숙하기 때문이다. 이 논문에서는 unit을 chapter와 구분하여 전자는 교사가 교육과정을 편성하여 설계하는 한 단위의 수업설계를 가리키며, 후자는 우리가 사용하는 교과서 단원을 가리키는 용어로 사용하고자 한다.

2. KDB 단원 설계 모형

Drake(2007)는 캐나다 온타리오주의 관내 초등학교 교사들과 오랫동안 그들이 단원을 설계하는 방식을 접해 왔다. 이 과정에서 Drake는 대부분의 교사가 온타리오주에서 제시하는 교육과정을 기준으로 학생이 알아야 할 것, 할 줄 알아야 할 것, 되어야 하는 상태를 직관적으로 구분하고, 그렇게 구분한 것을 중심으로 수업을 설계하여 실행한다는 것을 확인하였다. 그리고 이런 교사들의 접근방식을 기록하여 'KDB'로 모형화했다.

따라서 KDB 모형은 다음과 같은 기본적인 질문에서 시작한다(Drake & Burns, 2004: 31).

- 학생들이 알아야(to Know) 하는 것은 무엇인가?
- 학생들이 할 수 있어야(to Do) 하는 것은 무엇인가?
- 학생들은 어떤 상태가 되어야(to Be) 하는가?

KDB는 Know/Do/Be의 약자로, 알아야 하는 것(to know), 할 수 있어야 하는 것(to do), 되어야 하는 상태(to be)을 의미한다. 교육과정으로 볼 때 '알아야 하는 것'은 교과교육과정에서 제시하는 내용(contents)으로 교과의 주요 지식(knowledge), 개념(concepts), 사실(facts)을 포함한 정보들(informations)이다. '할 수 있어야 하는 것'은 학생이 습득해야 할 교과의 기능(skills), 절차 및 방법(how-to), 능력(ability)이다. 그리고 '되어야 하는 상태'는 교육 받은 사람의 상태, 교육활동의 궁극적인 결과인 정서적인 것이나 인성의 상태(태도나 가치 등)이다.

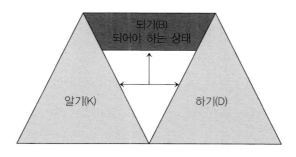

[그림 7-1] KDB 모형

실제로 수업은 한 교실에서 알기와 하기가 공존하며, 이들은 동시에 혹은 순차적으로 일어나면서 상호작용하는데, 수업의 종국에는 수업이 추구하는, 되어야 하는 상태를 만들어 낸다. Drake는 이를 교사가 수업을 설계하는 절차로 정리하고, 자신의 KDB 모형으로 완성하였다.

그러나 이 모형은 교사가 수업을 하기 위한 단원을 설계하기 전에 교육과정을 조망하는 것에서부터 시작하여, 단원을 설계하도록 안내한다. Drake와 Burns(2004)는 KDB 모형을 통해서 교육과정 및 수업설계의 과정을 7단계로 제시하였다.

- Step 1. 교육과정 분석: 스캔/클러스터하기
- Step 2. 토픽 및 주제 선정: 단원의 학습 주제 정하기
- Step 3. 잠정적 웹 만들기: 클러스터를 통해 잠정적인 웹 작성하기
- Step 4. KDB 구조 만들기: 하나의 웹에서 K, D, B 분석하기
- Step 5. 설계하기: 단원 설계하기
- Step 6. 길잡이 질문 만들기: 각 단계에서의 주요 질문 작성하기
- Step 7. 수업 및 평가하기: 수업하기, 평가하기

먼저, 교사는 교육과정을 분석한다. 주어진 교육과정을 훑어보고(스캔하기), 일정한 기준을 정해 다양하게 묶어 본다(클러스터하기). 교사에게 주어진 특정 학년의 학생에게 가르쳐야 할 모든 교과의 내용을 종적·횡적으로 분석하여 위계와 연계를 파악하면서 해당 학년의 교육과정을 전체적으로 꿰뚫어볼 수 있는 조망도를 갖게 된다. 2단계는 1단계의 분석을 통해서 하나의 단원이 될 만한 주제나 토픽을 찾는다. 3단계는 2단계에서 선정한 주제나 토픽 관련 교과와 교과 내용을 찾아 그들 간의 연결도(웹)를 그린다. 4단계는 3단계에서 연결된 것 하나하나에 대해 알아야 하는 것(K)과 할 수 있어야 하는 것(D) 그리고 되어야 하는 상태(B)를 분석하여 KDB 요소를 구축한다. 5단계에서는 4단계에서 완성한 KDB를 하나의 단원으로 설계한다. 6단계는 각 단원을 실행하는 데 적절한 길잡이 질문을 만든다. 마지막으로 수업안을 작성하고, 더불어 평가안을 마련하여 수업을 위한 단원 설계를 마무리 한다. 교사는 이 설계안을 기초로 수업이 일어나는 상황과 학생의 요청들을 반영하면서 융통성 있게 실제 수업을 함으로써 교육과정을 실행하고 평가한다.

교육과정에 기초한 단원 설계를 위해서 Drake(2007)의 KDB 모형을 근간으로 [그림 7-2]와 같은 단원 설계 절차를 구축할 수 있다.

[그림 7-2] 교육과정에 기초한 단원 설계

1) 단계 1: 교육과정 스캔

교육과정 스캔하기는 교육과정을 읽고 파악하는 일이다. 9개 교과교육과정을 대상으로 읽기를 하면서 각 교과의 성취기준을 기준으로 알아야 하는 것(K), 할 수 있어야 하는 것(D), 되어야 하는 상태(B)를 분석한다.

교사는 먼저 각 교과교육과정을 그대로 옮겨서 한눈에 볼 수 있는 한 장짜리 문서로 만든다. 그리고 교과서 단원과 연결되어 있는 성취기준을 기준으로 삼고 각 성취기준으로부터 KDB 요소를 분석한 목록을 작성한다.

한 교과-한 장 문서				성취기준별 K/D/B목록				
영역	내용	성취기준	내용 요소	영역	성취기준	Know	Do	Be

[그림 7-3] K 교사가 스캔한 교육과정 양식

〈표 7-1〉 3학년 국어과 교육과정의 예

영역	담화의 수준과 범위	성취기준	내용 요소
1. 듣기	• 학교나 공공 장소에서 안 내하는 말 • 일상생활에 서 들을 수 있는 훈화 • 친구 또는 웃어른과 주고받는 전화 대화	1-1 안내하는 말을 듣고 중요한 내용을 정리한다.	1-1-1 안내하는 말의 특성 이해하기 1-1-2 알고 싶은 내용에 주의하면서 듣기 1-1-3 필요한 내용을 정확하게 메모하기
		1-2 훈화를 듣고 이야기에 담겨 있는 교훈을 파악한다.	1-2-4 대강의 내용 파악하기 1-2-5 이야기의 내용에서 교훈 추리하기 1-2-6 교훈의 내용을 자신의 삶에 적용하기 1-2-7 훈화가 필요한 상황 이해하기

〈표 7-2〉 3학년 국어과 교육과정-KDB의 예

영역	성취기준	Know	Do	Be
1. 듣기	1-1 안내하는 말을 듣고 중요한 내용을 정리한다.	안내하는 내용 알기	안내하는 말 듣기	
	1-2 훈화를 듣고 이야기에 담겨 있는 교훈을 파악한다.	훈화 속의 교훈 알기	훈화 듣기	
	1-3 전화 대화를 하면서 상대의 말을 예의 바르게 듣는다.	전화 예절 알기	전화 대화하기	

이렇게 하여 도덕, 국어, 수학, 사회, 과학, 체육, 음악 미술, 영어 9개 교과를 정리할 수 있다.

2) 단계 2: 교육과정 클러스터

1단계에서 스캔한 내용을 횡적·종적으로 연결해 보는 과정이다. 먼저, 종적으로는 교과별로 3학년을 중심에 놓고, 이전 학년과 이후 학년의 교육과정을 한 표에 넣어 비교해 볼 수 있게 한다.

〈표 7-3〉 국어과 교육과정 클러스터의 예

영역	2	3		4
듣기	• 설명하는 말 • 칭찬, 충고	1-1	안내하는 말	• 설명하는 말
		1-2	훈화	• 토의
문학	• 이어질 내용 상상하기	6-22	이야기의 흐름에 따라 내용 간추리기	• 작품 속 인물의 삶의 모습 알기
	• 재미있는 말, 반복되는 말로 글쓰기	6-23	인물의 특성 살려 새로운 이야기 꾸미기	• 감상문 쓰기

3) 단계 3: 교육과정 조망도

교육과정을 전체적으로 조망하기 위해서 교육과정 조망도를 그린다. 3학년 전체 교과 교육과정을 하나의 표로 만들고, 교과별로 가르칠 내용 및 성취기준의 수를 파악하여 블록화하고, 각 블록에 교과에 배당된 총 시간을 균일하게 나눠서 각 블록의 총 시량을 표기한다. 이렇게 한 이유는 각 교과에서 하나의 블록을 가져와서 통합단원을 설계할 수 있기 때문이다.

〈표 7-4〉 3학년 교육과정 조망도

국어	도덕	사회	수학	과학	체육	음악	미술	영어
안내하는 내용 듣기(10)	도덕적인 것 실천하기(4)	우리가 살아가는 곳(19)	1000까지의 자연수(3)	자석의 인력, 척력(5)	건강과 체력(5)	표현 자세(2)	자연 환경의 아름다움(8)	소리, 강세, 리듬, 억양 듣기(4)
훈화-교훈 찾기(12)			네 자릿수 계열(3)	자침의 성질(4)		악곡의 특징(2)		주변의 친숙한 대상의 낱말(3)
			세 자릿수의 덧/뺄셈(3)		단계별 체력 운동(6)	외워서 표현(2)		
전화 대화 듣기(9)			네 자릿수의 범위 내에서 덧/뺄셈(4)	물체와 물질(4)		함께 표현하기(2)		관용적 표현 듣기(3)
			네 자릿수 범위에서 세수의 덧/뺄셈(3)			음악을 몸 움직임으로(2)		
애니메이션-반언어/비언어(12)	나의 소중함(5)		덧/뺄셈으로 실생활 문제해결(4)	물질의 성질(4)	자기 이해(5)	전래 동요(2)	시각 문화 환경의 아름다움(8)	한두 문장의 지시문, 명령문(3)
			(00×0) (000×0) (00×00)(4)	고체, 액체, 기체(4)		동요 부르기(2)		
안내하는 말하기(12)			곱셈으로 실생활 문제해결(4)		올바른 생활 습관(6)			한두 문장 듣고 그림 찾기(3)
			나눗셈 의미(3)	동물의 한 살이 과정(4)		아시아동요(2)		
이야기나 속담-주장하기(10)		우리 고장의 정체성(19)	곱셈과 나눗셈의 관계(4)	여러 동물의 한살이(4)	가정사고 예방(5)	돌림노래(2)	자유로운 발상으로 주제 표현(8)	챈트, 노래의 내용 이해하기(3)
			(두 자릿수)÷(한 자릿수)(3)			발성(2)		
전화 대화하기(9)	효도, 우애(5)		나눗셈으로 실생활 문제해결(4)	온도 재기(4)	근면과 청결(5)	듣고 부르기(2)		게임, 놀이(3)

국어	도덕	사회	수학	과학	체육	음악	미술	영어
겪은 일, 들은 이야기-인과 관계(12)	감사하는 마음(4)	고장의 생활 문화(13)	분수(3)	비의 양 측정 원리(4)	속도 도전 의미(5)	3음 가락(2)	재료, 용구, 표현 방법 탐색(8)	기초적인 대화 듣기(3)
설명글-중심 내용, 세부내용(10)			단위분수, 진분수(3)	풍향, 풍속, 기호(4)		메기고 받기(2)		강세, 리듬, 억양에 맞게 말하기(3)
설명서-정보 정리하기(9)			분수 크기 비교(4)	구름의 변화(4)	속도 도전 활동하기(6)	바른 주법(2)		주변의 친숙한 대상의 이름 말하기(3)
독서 감상문(9)			소수(3)			리듬/가락악기(2)		
			소수 읽고 쓰기/크기 비교(4)	날씨와 우리 생활(4)	끈기(5)	리듬 짓기(2)		관용적 표현하기(3)
만화, 애니메이션-인물 성격(10)			각, 직각(3)	여러 동물의 생김새, 특징(4)		즉흥표현(2)	조형 요소와 원리 탐색하여 표현하기(8)	실물이나 그림보고 말하기(3)
설명하는 글쓰기(12)	친구 사이의 우정과 믿음(4)	사람들이 모이는 곳(16)	직각삼각형, 직사각형, 정사각형(4)		피하기 경쟁 의미(5)	주변 소리 표현(2)		묻고 답하기(개인의 일상생활)(3)
의견 글쓰기(12)			평면도형 밀기, 뒤집기, 돌리기(3)	동물의 사는 곳에 따른 특징(4)		악곡의 느낌(2)		
			컴퍼스로 모양 그리기(4)		피하기 경쟁 활동하기(6)	감상 태도(2)		챈트, 노래하기(3)
감사하는 글쓰기(12)			시각, 시간(3)	동물 분류하기(4)		박(2)		
감상문 쓰기(12)	우리나라의 상징-국기, 국가, 국화(4)		초 단위까지 시각 읽기(3)	빛의 직진(4)	타인 이해(5)	자진모리, 장단의 세기(2)	표현 계획 세워 나타내기(8)	게임, 놀이하기(3)
			초 단위까지 시간 덧/뺄셈(4)			리듬 꼴(2)		자기 소개하기(3)
국어사전 찾기(12)			1mm, 1km(3)	그림자의 크기(4)	움직임 언어와 표현 요소(5)	시김새(2)		알파벳 인쇄체 대, 소문자(3)
		이동과 의사소통(19)	1cm 1mm/1km와 1m(4)	액체의 부피(4)	다양한 움직임 표현 방법(6)	올라가는/내려가는 가락(2)		소리와 철자와의 관계(3)
동음이의어, 다의어(9)	남북분단의 아픔(4)		길이 덧/뺄셈(3)			메기고 받는 방식(2)	미술 작품 이해하기(8)	
문장의 종류(9)			1L, 1ml(3)	액체의 부피 단위(4)	움직임 표현 발표, 감상(6)	악곡의 빠르기(2)		낱말 따라 읽기(3)
			들이 측정(4)	공간을 차지하는 공기(4)		소리의 크고 작음(2)		
문학 작품-느낀 점(9)			들이의 덧/뺄셈(3)		신체 인식(5)	타악기의 종류와 음색(2)		낱말의 뜻(3)
문학 작품-상상의 세계, 일상 세계(9)			들이 어림하기(4)	기체의 부피와 무게(4)		풍물, 춤곡, 행진곡(2)		
			1g, 1kg(3)		여가(5)	놀이요, 노동요, 춤곡, 행진곡(2)		알파벳 인쇄체 대, 소문자 보고 쓰기(3)
이야기-내용 간추리기(9)	생명 존중(4)	다양한 삶의 모습들(16)	무게 측정(4)	고체 혼합물의 분리(4)		음악 즐기기(2)	미술 문화에 관심 갖기(8)	
			무게의 덧/뺄셈(3)	액체 혼합물의 분리(4)	여가 활동하기(6)	음악 발표(2)		
			무게 어림하기(4)	고체와 액체의 혼합물 분리(4)				
문학 작품-이야기 꾸미기(9)			표, 막대그래프, 그림그래프(4)		가족 사랑(5)	생활 속 음악 활용(2)		낱말 따라 쓰기(4)
			표와 그래프 설명하기(3)	일생생활에서 혼합물 분리(5)				
			도형으로 무늬 꾸미기(3)					

* ( ) 안은 시량을 나타낸다.

3학년 교육과정 조망도가 완성되면 교사는 단원을 설계할 기초 작업을 끝낸다. 3학년 조망도에 기초해서 1년의 교육과정을 넘나들면서 단원을 설계할 수 있으며, 지금의 학사 일정에 맞춰 편의상 1, 2학기로 구분해 두고 설계할 수 있으며, 한 달 혹은 1주 등 다양한 크기의 단원을 설계할 수 있게 되었다.

4) 단계 4: 통합단원 설계

교사는 3단계에서 자신이 만든 3학년 교육과정 조망도(big picture)를 이용하여 학생과 수업할 학습 주제를 정하고, 그 주제에 관련된 교과와 교과의 성취기준을 선정하여 각 성취기준의 KDB 요소를 분석하여 단원(unit)을 설계한다.

따라서 실제로 단원 설계는, 첫째, 주제 선정, 둘째, 주제망 그리기, 셋째, 교수학습 계획하기 과정으로 수행한다.

첫째, 교육과정 조망도를 보면서 학습할 주제를 선정한다. 이렇게 해서 가령, 교사는 '지도'라는 주제를 선정한다고 하자. 교사는 교과교육과정을 기초로 '지도'라는 주제로 가르칠 수 있는 교과와 교과별 성취기준을 뽑는다.

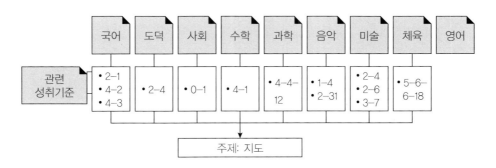

[그림 7-4] 주제 선정하기

둘째, '지도' 단원의 주제망을 그린다. '지도'를 중심에 놓고 바퀴살 모양을 그린 후 국어, 도덕, 수학, 사회, 과학, 체육, 음악, 미술, 영어과를 배치하고, 각 교과에서 지도를 주제로 가르칠 수 있는 성취기준을 연계한다. 그리고 각 성취기준별로 한편으로는 KDB 요소를 선정하고, 다른 한편으로는 학생이 요구하는 것을 반영할 수 있게 한다.

사회
▶우리가 살아가는 곳
• 지도의 요소
• 고장의 자연 환경과 사람들의 생활 모습
• 고장의 자연 환경을 전형적인 장소와 그림 지도
• 자연 환경에 대한 적응과 인문 환경의 특징
• 고장의 자연 환경과 인문 환경의 특징
• 고장 사람들의 일과 활동
• 고장의 공공기관

국어
▶안내하는 말하기
• 듣는 이가 알기 쉽게 말하기
▶자기 의견 쓰기
▶감사하는 마음을 전하는 글쓰기
• 알맞은 낱말로 감사하는 글쓰기

과학
▶날씨가 우리 생활
• 날씨에 따른 생활의 미치는 영향

수학
▶자료의 정리
• 자료의 수집, 분류, 정리
• 표, 막대그래프, 그림그래프
• 표, 그래프에서 자료의 특성

음악
▶활동
• 함께 표현하기
▶이해
• 쓰임에 다른 악곡의 종류(노동요)

지도

도덕
▶감사하는 마음의 표현
• 감사하는 마음을 적절히 표현하기

체육
▶여가 생활
• 개인 및 가족 단위 여가 활동

미술
▶표현 방법
• 재료와 용구에 따른 표현 방법
▶표현 과정
• 표현 계획 세워 나타내기
▶미술 감상
• 미술 작품의 이해와 감상

Know	Do	Be
• 안내할 내용 • 어떤 사실에 대한 자신의 의견 • 감사를 표현하는 말 • 감사 • 지도 요소(방위, 기호, 축척) • 지도에 나타난 자연 환경, 인문 환경 • 고장의 자연 환경과 사람들의 생활 모습 • 고장의 전형적인 장소 • 자연 환경에 적응하고 생활하는 방식 • 고장의 자연 환경과 인문 환경의 특징 • 고장 사람들이 하는 일과 생활의 관계 • 공공기관이 하는 일 • 날씨가 생활에 미치는 영향 • 쓰임에 따른 악곡의 종류(노동요) • 재료와 용구의 사용 방법	• 안내하는 말하기 • 의견을 글로 쓰기 • 감사하는 글쓰기 • 감사하는 마음 표현하기 • 지도에서 자연 환경, 인문 환경 찾기 • 그림지도와 일반 지도 읽기 • 고장 견학, 조사하기 • 고장의 그림지도 그리기 • 공공기관이 하는 일과 사람들의 일상생활의 관련 찾기 • 자료를 표, 막대그래프, 그림그래프로 그리기 • 표와 그래프 설명하기 • 날씨 조사하기 • 날씨 정보 해석하기 • 개인 및 가족 단위의 여가 활동하기 • 함께 표현하기 • 재료와 용구를 탐색하여 표현 방법 찾기 • 작품이 대한 느낌과 생각 이야기하기	• 감사하는 사람 • 고장 생활에 관심 갖기

[그림 7-5] '지도' 단원의 교과, 성취기준, KBD

이 관계도를 놓고, 지도 단원의 전체 계획표를 작성한다(〈표 7-5〉 참조).

〈표 7-5〉 '지도' 단원의 관련 교과, 성취기준, 시량

단원		지도	시량	총 74차시	
교과	성취기준	내용 요소		시량	
국어	2-5 정확하고 알기 쉽게 안내하는 말을 한다.	• 안내할 내용을 조사한다. • 조사한 내용을 정리한다. • 안내할 내용의 정확성을 판단한다. • 듣는 이가 알기 쉽게 말한다.		12	18
	4-14 어떤 사실에 대한 자신의 의견이 잘 드러나게 글을 쓴다.	• 자신의 의견이나 생각을 문장으로 정확하게 표현한다.		3	
	4-15 알맞은 낱말을 사용하여 감사하는 마음을 전하는 글을 쓴다.	• 읽는 이와 내용을 고려하여 알맞은 낱말 선택한다.		3	
도덕	2-4 자신에게 그동안 도움을 주거나 은혜를 베푼 사람들에게 감사하는 마음을 갖고, 이를 적절히 표현하려는 태도를 지닌다.	• 나에게 도움을 주신 분들의 고마운 점 • 감사의 마음을 표현하는 다양한 방식과 그 결과 • 상황과 상대에 알맞게 감사의 마음을 표현하는 방법		2	
사회	0-1 우리가 사는 고장의 위치와 자연 환경, 인문 환경의 특성을 파악하고, 그것들이 사람들의 생활 모습과 어떠한 영향을 주고받는지 이해한다. 다양한 종류의 지도를 활용하여 고장을 종합적으로 바라보는 안목을 기른다. 또한 고장에 있는 다양한 공공 기관들과 우리 생활과의 관계를 이해한다.	0-1-1 지도는 방위, 기호, 축척 등 다양한 지도 요소로 구성되며, 고장의 자연 환경과 인문 환경을 나타내고 있음을 이해한다. 0-1-2 그림지도와 일반 지도를 활용하여 고장의 자연 환경과 사람들의 생활 모습을 파악한다. 0-1-3 고장의 전형적인 장소와 경관을 견학, 조사하여 간단한 형태의 그림지도로 나타낸다. 0-1-4 고장 사람들은 자연 환경에 어떻게 적응하고, 자연 환경을 어떻게 활용하고 있는지 이해한다. 0-1-5 고장의 자연 환경과 인문 환경의 특징을 파악한다. 0-1-6 고장 사람들이 수행하고 있는 다양한 일이 우리 가족의 생활과 어떤 관련이 있는지 알고, 고장의 생활에 관심을 가진다. 0-1-7 고장을 대표하는 여러 공공 기관이 하는 일과 고장 사람들의 일상생활을 관련지어 이해한다.		19	
수학	4-1-37 여러 가지 자료를 수집, 분류, 정리하여 표, 막대그래프, 간단한 그림그래프로 나타낼 수 있다.			7	
	4-1-38 표나 그래프에서 자료의 특성을 찾아보고, 이를 설명할 수 있다.				
과학	4-4-12 날씨가 우리 생활에 미치는 영향을 예를 들어 설명할 수 있다.			3	
체육	5-6-6-18 개인 및 가족 단위의 여가 활동을 실생활에서 실천한다.			6	
음악	1-4 함께 표현한다.			4	
	2-31 쓰임에 따른 악곡의 종류(놀이요, 노동요, 춤곡, 행진곡 등)를 이해한다.				
미술	2-4 기본적인 재료와 용구, 표현 방법을 탐색하여 표현한다.			15	
	2-6 표현 과정에 관심을 가진다.				
	3-7 미술 작품의 이해와 감상 활동에 관심을 갖는다.				

'지도' 단원은 3학년 교육과정으로부터 9개 교과의 성취기준 25개를 포함시켜 총 74차시 분, 약 한 달 동안 수업할 수 있도록 설계할 수 있다.

셋째, 단원 설계 마지막 과정인 '지도' 단원의 지도 계획서를 작성한다. 지도 계획서는 총괄 계획서와 세부 계획서, 두 가지 양식으로 작성하는데 총괄 계획서는 〈표 7-6〉과 같다.

〈표 7-6〉'지도' 단원의 교수학습 내용

주제	교과		교과별 학습내용
지도 읽기	사회	0-1	지도의 요소
고장의 자연 환경	사회	0-1	고장의 자연 환경
	사회	0-1	고장의 자연 환경과 사람들의 생활 모습
	국어	2-5	듣는 이가 알기 쉽게 말하기
	국어	4-14	자기 의견 쓰기
	수학	4-1-38	자료의 수집, 분류, 정리, 표, 막대그래프, 그림그래프
	과학	4-4-12	날씨가 우리 생활에 미치는 영향
	사회	0-1	자연 환경에 적응과 활용
	과학	4-4-12	날씨가 우리 생활에 미치는 영향
	국어	2-5	듣는 이가 알기 쉽게 말하기
고장의 인문 환경	사회	0-1	고장의 인문 환경의 특징
	사회	0-1	고장의 자연 환경의 특징
	국어	2-5	듣는 이가 알기 쉽게 말하기
	체육	6-6-18	개인 및 가족 단위 여가 활동
	사회	0-1	고장 사람들의 일
	수학	4-1-37	표, 막대그래프, 그림그래프
	음악	2-3	함께 표현하기
	음악	1-4	쓰임에 따른 악곡의 종류(노동요)
	사회	0-1	고장의 공공기관
	국어	2-5	듣는 이가 알기 쉽게 말하기
	국어	4-3	알맞은 낱말로 감사하는 글쓰기
	도덕	2-4	감사하는 마음을 적절히 표현하기
지도 속 장소로	사회	0-1	고장의 전형적인 장소
	사회	0-1	고장의 전형적인 장소와 그림지도
	체육	6-6-18	날씨가 우리 생활에 미치는 영향
	국어	2-5	듣는 이가 알기 쉽게 말하기
	미술	2-6	표현 계획 세워 나타내기
	국어	2-5	듣는 이가 알기 쉽게 말하기
	미술	2-4	재료와 용구에 따른 표현 방법

고장 한 눈에 보기	미술	2-4	재료와 용구에 따른 표현 방법
	미술	2-6	표현 계획 세워 나타내기
	사회	0-1	지도의 요소, 그림지도
학습결과 전시하기	미술	3-7	미술 작품의 이해와 감상

지도 단원의 총괄 계획서의 순서대로 교수학습 세부 계획안을 작성한다.

〈표 7-7〉 '지도' 단원의 교수학습 계획안

교과	KNOW	DO	수업명	활동 내용	시량	실행 시기
사회 0-1	① 지도의 요소 (방위, 기호, 축척) ② 자연 환경과 인문 환경	① 지도에 나타난 자연 환경과 인문 환경 찾기	1. 내가 사는 마을, 다락리	[활동 1] 청원군 지도 읽기-다락리 찾기(방향 읽기) • 다락리 주변의 지도 기초 읽기 • ○○리 보다 크다 작다 [활동 2] 지도로 다락리의 자연 환경과 인문 환경 찾기 • 지도에서 다락리의 자연 환경 요소 찾기 • 지도에서 다락리의 인문 환경 요소 찾기	3	1주 월 3, 4, 5
사회 0-1	① 고장의 자연 환경과 인문 환경의 특징	-	2. 다락리 지도 속 자연 환경	[활동] 다락리의 자연 환경 특징 찾기 • 그림지도에서 다락리의 지형 특징 찾기 • 사진에서 다락리의 지형 특징 찾기 • 일반 지도에서 다락리의 지형 특징 찾기	2	1주 화 3, 4
사회 0-1	① 고장 사람들이 자연 환경에 적응하고 활용하는 방식	-	3. 다락리 지형과 사람들	[활동 1] 지형에 적용해서 살아요. • 지도 속에 다락리 지형에 적용한 모습 찾기 • 실제로 적응해서 사는 모습 조사하기 [활동 2] 지형을 활용해요. • 다락리 지형의 특징을 활용한 모습 찾기 • 다락리 지형을 내가 활용한다면? [활동 3] 조사 내용 발표하기 • 친구들 앞에서 활동 1, 2의 내용 안내 발표하기	4	1주 수 1, 2, 3, 4
국어 2-5	① 안내하는 말	① 안내하는 말하기				
국어 4-14	① 어떤 사실에 대한 자신의 의견	① 의견을 글로 쓰기	4. 개발할까? 보존할까?	[활동 1] 환경은 괜찮을까? • 다락리 자연 환경 이용 과정의 문제점 찾기 • 지도 속에서 환경문제 지역 확인하기 [활동 2] 자연 환경을 보호해요. • 보호할 수 있는 방법 토의하기 • 자연 환경 이용과 보호에 관한 내 의견 쓰기	4	1주 목 3, 4, 5, 6

수학 4-1-38	-	① 표와 그래프 설명하기	5. 다락리의 기후	[활동 1] 다락리 기후 지도를 읽어라 • 기상청에서 기후에 관련된 자료 찾기 • 다락리의 기후 특징(표와 그래프) 읽기 • 다른 고장과 비교하기 [활동 2] 다락리의 기후에 적응해서 살아요. • 옛날 다락리 사람들의 기후 적응 모습 • 오늘날 다락리 사람들의 기후 적응 모습 • 계절에 따른 적응 모습	4	1주 금 1, 2, 3, 4
과학 4-4-12	① 날씨가 생활에 미치는 영향	① 날씨 조사하기 ② 날씨 정보 해석하기				
사회 0-1	① 고장 사람들이 자연 환경에 적응하고 활용하는 방식	-				
과학 4-4-12	① 날씨가 생활에 미치는 영향	① 날씨 조사하기 ② 날씨 정보 해석하기	6. 날씨를 말씀드리겠습니다.	[활동 1] 다락리 날씨 예보하기 • 다락리 역대 기후도를 보고 정보 해석하기 • 다락리의 내년 날씨 추측하기 [활동 2] 다락리 날씨 예보하기 • 다락리의 사계절 날씨 예보를 위한 글쓰기 • 다락리 날씨 예보를 말씀드리겠습니다.	4	1주 토 1, 2, 3, 4
국어 2-5	① 안내할 내용	① 안내하는 말하기				
사회 0-1	① 고장의 자연 환경과 인문 환경의 특징	-	7. 다락리 지도 속 인문 환경	[활동] 다락리의 인문 환경 특징 찾기 • 그림지도에서 다락리의 인문 환경 찾기 • 사진에서 다락리의 인문 환경 찾기 • 일반 지도에서 다락리의 인문 환경 찾기 • 자연 환경에서 영향을 받은 인문 환경	3	2주 화 3, 4, 5
사회 0-1	① 고장의 자연 환경과 인문 환경의 특징	-	8. 인문 환경 꼼꼼히 살피기	[활동 1] 다락리의 인문 환경 • 다락리의 도로와 건물 • 다락리의 산업 시설 • 다락리의 유적 [활동 2] 발표하기 • 조사 내용 다양한 방법으로 발표하기	4	2주 수 1, 2, 3, 4
국어 2-5	① 안내할 내용	① 안내하는 말하기				
체육 6-6-18	-	① 개인 및 가족 단위의 여가 활동하기	9. 다락리에서 여가를 즐기자!	[활동] 지도를 보며 여가 계획 세우기 • 다락리에서 여가 생활을 할 수 있는 곳 • 가족과 함께 즐길 수 있는 여가 장소 찾기 • 여가 장소의 자연 환경과 인문 환경 조사하기 • 여가 계획 세우기(가는 방법, 장소 등)	3	2주 목 3, 4, 5
사회 0-1	① 고장 사람들이 하는 일과 생활과의 관계	-	10. 다락리 지도 속 직업 탐험	[활동 1] 다락리의 지도 속에 어떤 직업이? • 지도에서 직업과 관련된 장소 찾기 • 다락리 사람들의 직업을 추측하기 [활동 2] 다락리 사람들은 무슨 일을 하지? • 다락리 사람들이 하는 일 조사하기 • 다락리 직업 통계 그래프 만들기 • 다락리 사람들의 직업과 환경과의 관계 찾기	4	2주 금 2, 3, 4, 5
수학 4-1-37	-	① 자료를 표, 막대그래프, 그림그래프로 그리기				

음악 2-3	① 쓰임에 따른 악곡의 종류(노동요)	–	11. 다락리 현장 속으로!	[활동] 다락리의 직업 집중 탐구 • 다락리에서 가장 많은 직업(농부) 자세히 알아보기 • 농사지으며 부르는 노래(노동요) 부르기 • 친구들과 함께 노동요 개사하여 부르기(내 장래 희망으로)	4	3주 월 2, 3, 4, 5
음악 1-4	–	① 함께 표현하기				
사회 0-1	① 공공기관이 하는 일	① 공공기관이 하는 일과 사람들의 일상생활의 관련 찾기	12. 지도 속 공공기관	[활동 1] 지도 속 다락리의 공공기관 • 공공기관이 뭘까? • 지도에서 다락리에 있는 공공기관 찾기 [활동 2] 다락리 공공기관은 무슨 일을 하지? • 다락리의 공공기관이 하는 일 조사하기 • 공공기관들이 우리에게 주는 영향 설명하기	4	3주 화 3, 4, 5, 6
국어 2-5	–	① 안내하는 말 하기				
국어 4-3	① 감사를 표현하는 말	① 감사하는 글 쓰기	13. 고마운 고장 사람들	[활동] 감사 편지 쓰기 • 다락리를 위해 일하는 고마운 분 선정하기 • 지도에 그분들이 계신 곳 표시하기 • 나에게 도움을 주신 분들의 고마운 점 말하기 • 감사의 편지 쓰기 • 인터넷 지도를 이용하여 주소 찾아 부치기	3	3주 수 2, 3, 4
도덕 2-4	① 감사	① 감사하는 마음 표현하기				
사회 0-1	① 고장의 전형적인 장소	① 고장 견학, 조사하기 ② 고장의 그림지도 그리기	14. 다락리의 ○○를 밝혀라.	[활동] 다락리의 전형적인 장소 알아보기 • 다락리의 전형적인 장소 검색하기 • 선정한 장소에 대해 사전 조사하기	2	3주 목 3, 4
사회 0-1	① 고장의 전형적인 장소	① 고장 견학, 조사하기 ② 고장의 그림지도 그리기	15. 지도 들고 ○○로!	• [활동] 다락리의 전형적인 장소 견학하기	6	3주 금 1, 2, 3, 4, 5, 6
체육 6-6-18	–	① 개인 및 가족 단위의 여가 활동하기				
국어 2-5	① 안내할 내용	① 안내하는 말 하기	16. ○○ 지도 그리기	[활동 1] 고장의 전형적인 장소 견학 보고서 • 견학 다녀온 경험 이야기하기 • 보고, 듣고, 느낀 점 나누기 • 다양한 형식으로 견학 보고서 쓰기 [활동 2] 견학장소 내부 지도 함께 그리기 • 견학장소 홈페이지에 넣을 내부 지도 구상하기 • 다양하고 창의적인 방법으로 그리기	4	3주 토 1, 2, 3, 4
미술 2-6	–	① 표현 계획 세우기				

국어 2-5	① 안내할 내용	① 안내하는 말 하기	17. ○○로 오세요!	[활동] 다락리의 대표 장소 홍보 팸플릿 만들기 • 소개 글 내용 정리하기 • 소개하는 글쓰기 • 찾아오는 방법 설명하기, 약도 그리기 • 팸플릿 꾸미기	4	4주 월 2, 3, 4, 5
미술 2-4	① 재료와 용구의 사용 방법	① 재료와 용구에 맞는 표현 방법 찾기				
미술 2-4	① 표현의 대상 (소리, 움직임, 이야기)	① 대상 관찰하기 ② 생각 나타내기 ③ 다른 교과와 연계하기	18. 다락리의 그림지도	[활동] 다락리 그림지도 그리기 • 지도에 들어갈 자연 환경, 인문 환경 선정하기 • 다락리 그림지도 그리기	4	4주 화 3, 4, 5, 6
미술 2-6	–	① 표현 계획 세우기				
사회 0-1	–	① 고장 그림지도 그리기				
미술 2-4	① 표현의 대상 (소리, 움직임, 이야기)	① 대상 관찰하기 ② 생각 나타내기 ③ 다른 교과와 연계하기	19. 다락리의 모형	[활동] 다락리 마을 모형 만들기 • 그림지도를 보고 다락리 모형 만들기 • 다양한 재료를 활용하기	4	4주 수 1, 2, 3, 4
미술 2-6	–	① 표현 계획 세우기				
미술 3-7	–	① 작품에 대한 생각과 느낌 이야기하기	20. 우리 고장, 다락리 전시회	[활동] 다락리 전시회 열기 • 다락리 대표 장소 팸플릿 전시하기 • 다락리 그림지도 전시하기 • 다락리 모형 전시하기 • 관람객들에게 설명하기 • 감상하기	4	4주 목 3, 4, 5, 6
총 시간					74시간 (총 4주)	

이렇게 해서 교사는 총 20단위의 교수학습으로 총 시간 74시간, 약 한 달 동안 수업할 수 있는 '지도' 단원을 설계할 수 있다.

공립초등학교 교사는 수업을 주어진 교육과정을 중심으로 생각한다. 이런 관점에서 교육과정에 기초한 단원 설계는 다음과 같은 시사점을 준다.

첫 번째 시사점은 교사가 주어진 교과서를 가르치는 것과 다른 형태로 수업에 접근하기 위해서, 예를 들어 통합단원을 설계하든 학급 교육과정을 개발하든 '교육과정 조망도'를 가져야 한다는 점이다. 교사가 단원을 설계하면서 가장 먼저 고려해야 할 것은 교육과정이고, 자신이 한 학기 동안 가르쳐야 할 것에 대한 전체 그림(Pigdon & Woolley, 1995) 혹은 교육과정 조망도(정광순, 2010a; Drake & Burns, 2004)를 가져야 한다.

　교육과정 조망도란 쉽게 말해서 교사가 가르치는 학년, 즉 학년 교육과정의 전체 모습을 파악하는 방식이다. 학교 교육의 전통에서 교육활동은 교과나 과목이라는 이름으로 규범화되었고, 이 교과는 다시 단원으로, 단원은 차시로 조각내고 각 차시는 시간표에 따라 간헐적으로 가르치고 배우는 세분화와 분절화 체제로 운영되었다. 이 과정에서 교사나 학생은 자신이 가르치고 배우는 큰 그림을 잃어버리고 말았다. 교사나 학생은 조각난 조각들을 쉴 새 없이 열심히 가르치고 배우고 있다. 이렇게 조각난 한 조각을 더 명확히 하여 가르치는 데 집중하고 매몰되어 그것이 전체 그림에서 어디쯤에서 어떤 역할을 하는지 잊은 채 하나를 완벽하게 가르치고 배우게 하는 데만 집중하고 있다. 교육과정을 개발하고 운영할 때, 한편으로는 명확성을 확보하기 위한 이런 세분화를, 또 다른 한편으로는 조망도를 확보하기 위한 연계(connection)가 공존해야 한다.

　　분절된 시간표와 교과로 인해 학생들이 시간표에 따라 단원과 차시가 분리된 교과의 내용을 학습한 후에 이것을 전체 맥락으로 연결하여 이해하기 힘들다. 시간표에 따라 1교시에 수학 나눗셈의 몫, 2교시에 국어과의 감정을 나타내는 말, 3교시에 체육과의 유연성을 기르기 위해 스트레칭을 했다고 하면 이 아이는 집에 와서 무엇을 공부했는지 짚어 내기 힘들다. 마치 타블로이드판 신문처럼 하루 일과 동안 일관성이나 연계 없이 한 활동을 끝내고 다른 교과의 활동으로 넘어가기만 한다. 피아노를 수년간 배웠어도 세분화된 연주 기법만을 익히는 데 그쳐 피아노 연주에 대한 전체 그림을 조망하며 연주의 즐거움을 경험하지 못한 사람은 어느 날 피아노 뚜껑을 덮고는 다시는 열지 않게 되는 결과를 가져온다(Pigdon & Woolley, 1995: 3).

Wickert(1989)는 읽기와 쓰기 간의 영향에 대한 연구에서 3명 중 1명이 무엇을 위한 것인지 조망하지 못한 채 읽기나 쓰기만을 익히게 했을 때 읽고 쓸 줄은 알지만 글의 요점을 파악하거나 전체 내용을 연결 지어 파악하지는 못한다는 사실을 확인했다. 즉, 전체를 구성하는 것은 조각조각들이지만 그 조각 하나를 접할 때, 전체 그림과 무관하게 접하는 식으로 교수하고 학습할 때, 교사와 학생은 동시에 자신들이 하는 교수와 학습이라는 활동을 전체와 견주어 보는 맥락을 놓치고 만다. 이런 전체 맥락과 무관한 활동을 반복적으로 수행하게 될 때 낱낱의 활동에 대한 의미부여가 힘들고 종국에는 무의미한 활동을 계속하는 형국을 만든다. TV편성표와 같이 활동 간의 연결고리 없이 나열되고 있는 교수학습 현상을 계속 고착시킬 수는 없다. 한 활동 한 활동을 연결해 줌으로써 목적의식을 살릴 필요가 있다.

교육과정 조망도는 교사 입장에서 보면 교사가 '가르치는 것'에 대한 전체 그림이며, 학생의 입장에서 보면 학생이 '배우는 것'에 대한 전체 그림을 갖는 것이다(정광순, 2010a). 즉, 교육과정의 전체 그림을 파악할 때 교사는 교육과정 안에서 교과서를 넘나들며 혹은 교과서를 넘어서 가르칠 수 있다.

두 번째 시사점은 교사의 교육과정 편성 및 압축을 돕기 위해서 일관된 방식으로 교과에서 가르칠 것을 제시하는 교육과정 문서 체제의 정비가 필요하다는 점이다.

교사가 주어진 각 교과의 교육과정 문서를 이용하여 교육과정을 구현하고 실행하기 위해서 교육과정을 자신이 수행할 수업의 형태로 편성해야 했는데, 이런 편성의 한 형태가 '단원 설계'였고, 이런 단원을 설계하면서 교사들이 가장 어려워하는 것은 무엇보다 각 교과가 가르칠 것 혹은 배울 것을 제시하는 형식이 달라서 일관성 있게 편성하기가 힘들다는 점이다.

> 2007 개정 초등 3학년 각 교과교육과정을 한 페이지로 만들어 압축해 보았더니, 교과별 교육과정은 주로 영역과 성취기준, 내용 요소로 구성되어 있었다. 하지만 교과마다 일부 항목을 추가하거나 제외하는 식으로 제각기 다른 틀을 사용하고 있었다. 국어과의 경우 영역과 성취기준, 내용 요소 외에 담화의 수준과 범위를 추가하고 있었다. 도덕과는 18개의 덕목과 내용 항목을 추가 제시하고 있었다. 사회과도 내용 항목이 더 있었고, 수학과는 내용 항목을 추가한 대신 내용 요소를 누락하고 있었다. 과학과는 탐구활동을 추가 제시하고 있으며, 체육과는 영역을 대영역, 중영역, 소영역의 셋으로 제시하였고 내용 요소는 제시하지 않고 있었다. 음악과는 영역과 내용 요소만 제시하고 성취기준이 빠져 있다. 미술과는 필수학습 요소가 추가되어 있고 영어과는 내용 요소를 제시하지 않고 있었다(2010. 10. 18. K교사의 인터뷰 중에서).

교사가 주어진 교육과정을 직접 편성하여 수업으로 교육과정을 구현하고 있는 외국의 경우 모든 교과교육과정을 성취 수준 및 성취기준을 기준으로 편성할 수 있도록 제공한다.

이런 의미에서 2009 개정 교과교육과정에서는 성취기준 중심의 교육과정을 제공하고 있다. 하지만 각 교과가 성취기준을 유사한 규모와 차원에서 사용하고 있지 못하다(김세영, 2013). 국어, 도덕, 사회 등의 교과는 너무나 포괄적이고, 수학은 요소 수준에서 제시하는 등 교과마다 동일한 용어를 서로 다른 용도와 기능으로 사용하고 있어 모든 교과를 한 교사 체제에서 교육하는 초등학교 교육 체제에서 몇 개의 교과를 통합하는 교육과정 편성이 가능하지만, 이런 의도로 교육과정을 편성하고자 하는 교사에게 현행 교육과정 문서는 도움 자료이기보다는 오히려 방해 자료가 되고 있다.

세 번째 시사점은 교사 수준에서 보다 발전된 교육과정 편성을 안내하고 선도하도록 하기 위해서 교사는 교육과정을 압축할 줄 아는 경험과 능력이 필요하다는 점이다.

오늘날 학교에서 새로운 교과(new subjects or curriculum components)뿐만 아니라 미디어 교육, 컴퓨터 교육, 성교육, 인성교육, 다문화교육, 평화 교육 등 사회가 변하면서 실제로 필요로 하는 것들을 학교에서 가르쳐야 한다는 요청을 받고 있다. 그래서 학교 교육과정은 점점 붐비게 되었고(crowded curriculum), 그에 따라 교사와 학생의 교수학습 부담은 점점 커지고 있다. 이런 방식으로 학교에서 가르칠 것이 비대해지는 이유는 보존과 발전을 동시에 추구하는 학교 교육의 특성 때문이다. 즉, 기존의 안정적인 문화를 유지하면서 발전을 꾀하려는 학교 교육의 특성상 새로운 것을 도입할 때 지금까지 해 왔던 것들과 대체하면서 받아들이기보다는 지금까지 해 온 것들을 하면서 새로운 것들을 추가하는 방식으로 받아들이기 때문이다(Pigdon & Woolley, 1995: 5-6). 이렇게 사회 변화에 따른 새로운 요구들은 학교 교육과정을 점점 비대해지게 하는데 이 문제를 해결하기 위해서 국가 수준에서는 이에 적절하도록 교육과정을 개정한다. 그러나 국가 수준 교육과정을 개정할 때마다 한편에서는 사회 제 측면에서 요구하는 새로운 요청들이 학교 교육과정을 점점 비대해지게 하는가 하면, 오히려 현장에서 교사나 학생은 학교에게 가르치는 것을 양적·질적으로 적정화해 달라는 요구한다.

이 문제를 효과적으로 해결하는 한 방식이 교육과정 압축(curriculum compacting)이다(Reis, Burns, & Renzulli, 1992). 교육과정을 압축하는 방식은 여러 가지지만 대체로 다음 두 가지 형태로 대별할 수 있다. 하나는 통합하는 방식이다(Pigdon & Woolley, 1995). 가령, 핵심을 중심으로 번잡한 교과 내용을 간소화하거나, 교과 간 통합을 하거나 학생 혹은 여러 가지 요구자들의 요청들을 교과로 연계하거나 교과 안에 녹여 내는 통합 방식이다. 다른 하나는 가르쳐야 할 내용이지만 학생이 이미 학습하여 알고 있는 내용을 제거해서 정규 교육과정을 조절하는 방식이다(Renzulli & Reis, 1997). 이는 정규 교육과정을 이수하지 않더라도 실제로는 누락되지 않는 학생 중심의 교육과정 편성 방식이다. 정규 교육과정이라고 하여 이미 알고 있는 것을 반복하도록 하는 대신, 학습자 개인적으로 보다 도전적인 과제에 참여할 수 있도록 해 준다.

또 초등학교 교실에서 여러 교과의 교육과정을 동시다발적으로 실행하는 교사 입장에서는 각 교과별로 유사한 내용들을 찾아 이들을 압축하면 빡빡한 정규 교육과정을 하느라 시간에 쫓기는 것에서 벗어나 보다 여유 있게 교수학습에 집중할 수 있다.

이런 교육과정 압축의 실행 방식은 정규 교육과정 목표 및 목적을 확인하고, 학생들의 학습목표 성취도를 분석하며, 보다 도전적이고 적절한 교육활동으로 대체하는 순서로 이루어지는데, 이를 좀 더 구체화하면 다음 4단계로 설명할 수 있다.

첫째, 정규 교과교육과정의 성취목표나 학습결과를 확인한다.

둘째, 정규 교과교육과정의 성취목표에 이미 도달한 학생이 누구인지 확인한다. 이것은 교육과정 압축 대상 학생의 학업 성취도 검사를 통해서 결정한다. 즉, 정규 교육과정 중에 학생이 이미 도달한 목표가 무엇인지를 검사할 수 있는 평가 도구를 찾아 그 평가 도구로 학생의 학업 성취를 구체적으로 검사한다.

셋째, 교육과정 압축으로 확보한 시간만큼 학생에게 맞는 심화 및 확산적인 도전적인 활동을 할 수 있도록 허락한다. 이런 학생은 정규 수업시간에도 자신이 선택한 내용, 방법, 시간을 쓸 수 있는 개별 학습이나 교사와의 협의로 정한 활동을 할 수 있도록 허용한다.

넷째, 학생의 개별 학습 상황을 기록한다. 교육과정 압축으로 확보한 개별 학습을 학생에게 도움이 될 수 있도록 수행과정을 적절히 기록할 수 있는 방안을 모색한다.

교육과정 개발, 편성, 운영, 실행 등 여러 용어와 관련하여 가장 필요한 것은 무엇보다 교사의 교육과정에 대한 전문성을 높이는 것이다. 교사는 자신의 실행과 유관하게 교육과정을 읽고 파악하는 독해를 할 줄 아는 교육과정 문해력(curriculum literacy) 확보가 필요하다(정광순, 2011).

3. 사례: 물 프로젝트(WATERSHED)

1) 프로젝트 개관

WATERSHED는 오하이오주의 어느 초등학교 4학년을 대상으로 한 '고장' 중심 교육과정 통합 프로그램이다. 1년 동안 교사는 이 프로그램 속에 관련 교육과정을 반영하고, 학생들과 협의하면서 진행한 것을 정리하였다. 이 프로그램은 14개의 소 프로젝트로 전개되었고, 고장의 지형, 토양, 역사, 사회, 문화, 인물, 예술 탐구를 통해서 고장을 이해하는 데 목적을 두었다.

WATERSHED라는 이름을 붙인 것은 이 학교가 위치한 고장이 지형적으로 물이 많은 고장, 즉 저수지, 늪지, 개울 등이 많은 고장이기 때문에 물을 소재로 고장 이해라는 학교

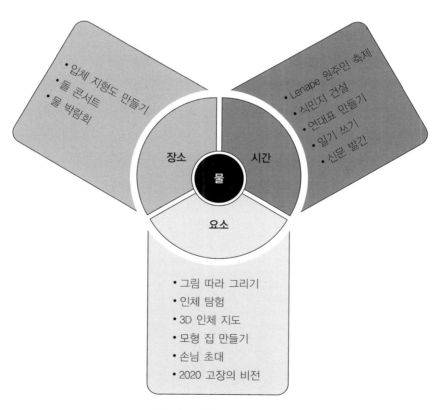

[그림 7-6] WATERSHED

학습 프로젝트를 실시하였다.

- WATERSHED의 구성
  - 총 14개의 소 프로젝트 활동
  - 수업(학습 모듈) 단계 시작-참여-음미

- WATERSHED의 다섯 가지 특징
  - 학생들은 개인적인 이유를 가지고 학습에 참여한다.
  - 모든 학습 활동을 공개 게시함으로써 학생은 학습에 몰입, 실감, 공유, 공감할 수 있다.
  - 학생들 스스로 학습할 내용과 방법을 찾는다.
  - 학습은 진정으로 즐거운 것이다.
  - 학습에 대한 성취감을 느낄 수 있다.

교사는 WATERSHED 학습 과정을 학생들과 함께하면서 그 결과를 다시 장소, 시간, 요소로 구분 · 정리하여 다음과 같이 소개하였다.

2) 프로젝트 진행과정

(1) 입체 지형도 만들기

첫 활동으로 교사와 학생들은 고장 전체를 탐방하였다. 그리고 고장을 좀 더 탐구하기 위해서 입체 지형도를 만들기로 하였다. 이 활동의 주 목적은 고장 탐험을 통해서 지형을 이해하도록 하는 데 있다.

수업은 고장의 지도 보기로 시작하였다. 지도 살펴보기는 주어진 지도 위에 투명지를 씌우고, 그 위에 펜을 이용하여 지도에서 찾아내는 것을 그려 보도록 하였다.

학생들은 4명씩 한 조로 활동하였고, 하천을 찾아 형광펜으로 표시하였다. 교사는 하천을 그리는 학생들에게 관련 용어(가령, 상류, 저수지, 강어귀 등)를 제시하고 지도 그리기에 용어를 추가하도록 하였다. 지형도를 살피면서 기호와 기호의 의미를 찾는 시간을 좀 더 갖고 난 후에는 구체적인 정보를 탐색하였다. 예를 들어, '지도상에서 가장 높은 지대 혹은 가장 낮은 지대를 찾아보세요'라는 식의 질문을 던지는 것이다. 때로는 한 조에게 다른

〈표 7-8〉 입체 지형도 만들기

단계		활동	교육과정과의 연계	
시작	지형도 살펴보기	• 고장 탐방	• 고장 탐방(하천, 강 등) • 지도 탐색 • 관련된 용어(상류, 저수지, 등고선 등) • 고장 탐방(하천, 강 등)	사회
		• 고장의 지도 살펴보기		
		• 하천, 강등 지도에 표시하기 • 관련 용어 알아보기		
		• 자유롭게 질문하고 답하기		
참여	입체 지형도 만들기	• 지도의 경계선 그리기 • 등고선 간격 수 계산하기	• 방정식 계산하기	수학
		• 투명지에 경계선 그리기 • 골판지 층 만기 • 전체 지형도에 석고 반죽 바르기 • 색칠하기	• 선 그리기 • 오리기 • 붙이기 • 만들기 • 석고 반죽하기 • 색칠하기	미술
		• 강과 지류 그려 넣기	• 강의 지류	사회
음미	입체 지형도 관람회	• 활동 과정에 대한 글쓰기 • 입체 지형도 전시	• 일화 쓰기 • 토의하기	국어

조가 해결할 질문을 만들게 하였다. 물론 질문을 하는 조는 정확한 예상 답변을 준비해야 한다. 지도를 살피면서 누군가 등고선에 대한 질문을 했고, 질문을 받은 조는 등고선의 모양과 의미에 대한 토론을 시작했다. 이 활동에서는 학생들이 스스로 등고선의 의미를 찾는 것이 중요하다. 필요하다면 교사는 단서가 되는 질문을 할 수도 있다. 예를 들어, 교사는 학생들이 이미 알고 있는 2개의 지역, 비교적 평평한 지역과 비교적 가파른 지역을 불러 주고, 지도상에서 그 두 지역의 위치를 찾아보게 한다. 두 지역의 등고선을 비교하고 그 지역을 그림으로 그려 보게 한다. 그러면 학생들은 등고선에 대해 알게 된다. 가파른 지역의 등고선은 빽빽하게 모여 있고, 평평한 지역은 넓은 것을 관찰하면서 학생들은 지형의 정의와 지형도의 목적뿐만 아니라 등고선의 역할, 등고선의 종류, 간격의 의미를 파악하게 된다.

강 유역이라는 개념이 교실에 등장하자 교사는 학생들에게 상상으로 빗방울이 되어 보라고 했고, 빗방울이 흘러가는 곳을 따라가도록 했다. 학생들은 강의 경계를 조에서 브레인스토밍하면서 탐색할 시간을 가졌다. 교사는 조를 순회하면서 조 활동을 관찰한다. 학생들에게 자신의 질문에 스스로 답하도록 격려하는 것이 가장 좋지만, 어려움에 처했을 때는 힌트나 암시를 줄 수 있다. 조에서 탐구하는 활동이나 논의하는 방법에 따라 걸리는 시간이 다르기 때문에 며칠간의 말미를 주고, 조 활동 결과로 찾은 강의 경계 등의 정보들을 지도에 표시하였다. 그들이 선택한 것이라면 조잡한 것이든 정교한 것이든 무엇이든지 사용할 수 있는데, 조에서 같이 생각한 것, 다른 조로부터 배운 것, 이전의 토론에서 나온 것, 수집한 정보 등이다. 각 조 활동이 끝나면 모두 만나서 결과를 서로 대조해 본다. 여기에서 중요한 것은 정보에 기초하여 강의 경계를 정한 것이 얼마나 타당한지 판단하는 것이다. 만약 어떤 조가 오류를 인정하면 수정한다. 최종 결정한 것을 가지고 원본 지도와 비교하면서 무엇을 실수했는지를 이야기하면서 수정한다. 간혹 학생들은 원본 지도에서 오류를 발견하기도 한다. 교사는 각 조가 스스로 발견한 강의 경계를 그리게 했다. 학생들은 강의 경계를 그린 것에 만족했다. 학습은 교실에서 일어나는 상황으로 나오는 요구에 맞춰 활동을 바꾸기도 한다. 교사의 기본적인 지도는 학생들을 관찰하고, 개별 학생들의 배우는 방식, 기여도, 학습 경험에 대해 반응해 주고, 수업의 과정들을 기록하는 것이다.

다음 단계는 본격적으로 고장의 입체 지형도를 만드는 일을 시작했다. 교사는 지금까지 매년 4학년들을 데리고 이런 지도들을 만들어 왔다. 330제곱마일의 배수 면적을 가진 브랜디와인 강을 공부하면서 큰 지도를 작게 구획화하고, 각 구획은 학생 1~2명이 맡는다. 지도는 함께 혹은 개인별로 만들 수 있다. 학생들은 투명지에 강의 경계선을 따라 그린다. 이 투명지를 재활용 박스[3]에 대고 그려서 골판지를 오리면 입체 지형도의 밑판이 된다. 교사는 학생들의 골판지의 바닥 면에 이름을 쓰라고 하고, 각자 맡은 구역의 번호를 붙이게 한다.

학생들은 지형도를 보고 입면도[4]의 전체 사항을 확인한다. 이 입면도의 높낮이는 강 상류의 가장 높은 지대의 고도에서 강 하류의 가장 낮은 지대의 고도를 빼서 구한다. 이 과정은 처음에 나왔던 개념과 기술들을 사용하도록 하는데, 가령 교사는 학생들이 배운 것을 어떻게 사용하는지를 관찰할 수 있다.

일단 전체 모양이 결정되면, 학생들은 골판지를 잘라서 필요한 층을 만들고, 번호를 적는다. 이 번호는 전체 높이를 등고선 간격으로 나누어 계산해 놓은 것이다. 많은 USGS(미

---

3) 전자제품 포장 박스가 좋다. 이런 박스는 단단하고 안정적이며, 골판의 과고감으로 학생들이 땅의 모양을 더욱 분명하게 볼 수 있도록 해 주기 때문이다. 뿐만 아니라 박스는 지역의 전자제품 대리점을 방문하면 기꺼이 공짜로 얻을 수 있기도 하다.

4) 입체 지형도를 정면에서 본 모습을 말한다.

국지질조사국) 지도들과 마찬가지로 교사는 50피트 간격의 등고선을 사용했다. 즉, 필요한 층의 수를 결정하기 위해 50피트마다 지대의 변화를 구분하였다. 예를 들어, 강물이 해발 600피트 높이의 언덕의 지점에서 새어 나오고, 해발 50피트의 큰 강물로 흘러 들어가 끝난다고 하자. 600에서 50을 빼면, 550이 된다. 그리고 그 답을 바람직한 등고선의 간격으로 나눈다. 일반적으로 50피트의 등고선 간격을 사용하기 때문에 550을 50으로 나누면 11이 나온다. 학생들은 이 가상의 지형도를 만들기 위해, 밑판 외에 11개의 층을 만든다. 교사는 지도가 보여 주어야 할 최소한의 정교성과 간단한 방정식[5]을 사용하여 학생들이 등고선의 간격을 결정하도록 도와준다.

　일단 학생들은 강 유역를 보여 주는 예시물을 가지고, 원본 지도에서 정해진 윤곽선을 따라 그리는 작업을 한다. 교사는 등고선들이 순서를 유지하고 선들이 서로 가깝게 그려지는 가파른 경사 지역 안에서 이것들을 구별하기 위해서 색깔을 사용하도록 조언한다. 이 작업은 등고선을 따라 그리고 골판지로 옮기고 오리는 일을 반복한다. 이 과정은 인내심과 노력이 필요하다. 투명지에 그리고 골판지를 자르면서 많은 어려움과 좌절을 겪기도 한다. 인내심은 필수적이고, '2번 측량하고 1번 자르라'는 나이 든 목수의 격언을 상기시키면서 교사는 학생들이 불필요한 실패를 하지 않도록 격려한다. 또 이 과정에서 학생들은 지형의 개념을 구체적으로 대면하여 하나씩 이어지는 결과를 즉각적으로 확인함으로써 지형에 대한 이해를 높이고 학습에 대한 동기를 강화한다.

　완성한 골판지 지도는 석고 반죽이나 반짝이는 혼합물로 뒤덮는다. 반죽은 얇게 여러 층으로 바르고, 각 층들은 다음 층을 바르기 전에 완전히 말린다. 만일 석고 반죽이 너무 두껍거나 새 층을 바를 때 아래층이 완전히 마르기 전에 바르면, 갈라질 수 있다. 각 층마다 석고 반죽을 바르고 나면, 강바닥 협곡 안쪽 방향은 조심스럽게 칠해야 한다. 솟은 부분이나 지문이 묻지 않도록 2~3번 정도 코팅을 한다. 코팅으로 골판지 자국은 사라지고, 진짜 땅 모양처럼 된다. 석고 반죽 작업이 끝나면, 사포나 자르기 도구로 오점들을 바로잡는다. 지도의 옆면을 사포로 매끄럽게 닦을 수도 있다.

　마무리 작업이 끝나면 아크릴 물감[6]을 사용하여 색칠을 한다. 프로젝트에서 만든 입체

---

5) 요구되는 층들의 수 = $\dfrac{\text{최고지대} - \text{최저지대}}{\text{바람직한 등고선의 간격}}$

6) 아크릴 물감을 사용하는 이유는 다음과 같다. 첫째, 아크릴은 수용성이고 쉽게 지워지며 용해제나 테레빈유의 해로운 냄새가 없다. 둘째, 쉽게 섞여 다양한 색을 만들 수 있다. 셋째, 아크릴이 마르고 나면 플라스틱 코팅을 형성하여 부서짐이나 갈라짐이 없다. 아크릴도 좋고, 다른 에나멜 종류도 괜찮다. 사용하기 쉽고 저렴한 것이면 된다. 또 석고 반죽의 종류에 따라서도 물감이 달라질 수 있다.

지형도는 학생들이 기본적인 지질학적 정보를 근거로, 암석이 어디에 있는지 그리고 암석들이 어떻게 지형에 영향을 주는지 보여 주기 위한 것이기 때문에 이를 고려하여 지도에 어떤 색깔을 사용할지 정하도록 한다. 학생들은 USGS의 지도를 보면서 산림지역은 녹색, 도시지역은 분홍색, 공터는 흰색으로 칠할 수도 있다. 또 어떤 학생은 자신이 표현하고 싶은 계절을 선택하고, 색깔을 달리 하기도 한다. 지도를 색칠하면서 잊지 말아야 할 것은 강과 그 지류들을 그려 넣는 것이다. 작은 지류들은 특히 조심해야 하는데, 가능하면 작은 솔이나 붓펜을 사용하여 가늘고 섬세하게 표현하는 것이 좋다. 이 자랑스러운 실제 작품을 보라! 학생들은 이제 그들이 스스로 제작한 입체 지형도를 완성했다.

마지막으로 학생들은 자신들의 작업과정을 검토한다. 이 활동은 글쓰기나 조별 토론을 통해서 하는데, 어떤 방법을 선택하든지 학생들은 그들이 제작한 지도 자체의 질과 모든 과정에서의 그들의 노력에 대한 질을 평가한다. 학생들은 프로젝트에서 그들이 발견한 어려움, 그들이 만난 문제점들, 그들이 이해하지 못한 개념들 그리고 이후의 프로젝트에서 그들의 수행능력을 향상시키기 위한 특별한 방법 등을 논의한다.

이런 일화방식의 검토 활동은 전체 WATERSHED에서 아주 중요하다. 아마도 가장 중요한 부분일 것이다. 이 활동을 통해서 학생들은 학교 학습을 넘어서는 인생에 적용할 수 있는 수행 기술과 능력들을 배운다. 학생은 활동 과정에서 의미 있었던 일들을 글로 쓰고, 이 글은 학생의 학업을 평가하는 일부로 활용될 수도 있다. 평가에서는 앞에서 만든 입체 지형도도 참고한다.

학생들이 만든 입체 지형도는 평가용으로 사용하기도 하고, 평가 이후에는 교실에 전시해 둔다. 이렇게 전시해 두면 최소한 두 가지 이상의 유용한 점이 있는데, 하나는 지도를 계속 참고할 수 있고, 과거의 학습 경험과 새로운 학습 경험 사이를 연계한다. 게다가 입체 지형도를 만든 그들의 경험을 개인적으로 공고화하도록 한다. 즉, 이후에도 계속 이야깃거리로 삼으면서 학생들은 배운 지식을 계속해서 내면화하는 진정한 학습을 경험한다. 무슨 일만 일어나면 학생들은 그들이 만든 입체 지형도를 회상한다. 적어도 이 순간은 스스로 발견하는 경이로운 순간이며, 학습이 삶으로 구체화되는 순간이다.

(2) 돌 콘서트

돌 콘서트 활동은 학년 초에 고장을 탐방하던 주간에 학생들이 '특별한' 자기만의 돌을 찾고 싶어 하는 순수한 요구로 시작하였다. 왜냐하면 교사가 고장의 하천을 둘러보는 데 많은 시간을 사용했기 때문에 학생들은 자연스럽게 돌에 관심을 갖게 되었다.

〈표 7-9〉 돌 콘서트

단계	활동		교육과정과의 관계	
시작	나만의 특별한 돌 찾기	• 『Everyone Needs a Rock』 읽기 • 나의 돌에 대한 글쓰기 • 돌 그려 보기	• 지역 답사하기 • 연대표 만들기 • 차트 만들기	사회
참여	돌 콘서트 준비하기	• 암석 유형별로 조 만들기 • 돌 연구하기: 노래 가사 만들기, 돌 연대표 만들기, 돌 포스트 만들기, 돌 표본 만들기 • 여행 셔츠 디자인하기	• 정보글 읽기 • 묘사하는 글쓰고 낭독하기 • 노트 메모하기	국어
			• 정물화 그리기 • 셔츠 디자인하기 • 포스터 그리기	미술
	돌 콘서트	• 도표, 포스터, 연대표, 암석 표본 전시 • 조 발표하기	• 암석 분류하기 • 암석 조사 • 돌 표본 만들기	과학
			• 작사하기	음악
음미	노트 필기하기	• 주요 정보 필기하기 • 비디오 보기	• 도표 만들기	수학

교사는 학생들에게 Byrd Baylor의 『Everyone Needs a Rock』이라는 책을 읽어 주면서 시작했다. 그 책에는 자신의 마음에 쏙 드는 돌을 찾기 위한 열 가지의 재미있는 방법이 들어 있다. 그 규칙들은 다음과 같다.

- 너무 크거나 작지 않은 것
- 주머니 안에서 몽글몽글하게 만져지는 것
- 욕조 안에서 그 자체로 좋아 보이는 것

교사는 각자의 돌이 가진 숨은 이야기를 하게 하면서 나만의 특별한 돌에 대한 관심을 공유해 갔다. 몇 주에 걸쳐 학생들은 자신의 특별한 돌을 찾았고, 서로에게 보여 주었다. 교사는 각자 돌의 형태를 기록해 두었다. 이는 나중에 돌의 형태별로 학습 조를 구성하기 위한 것이다.

자기의 돌에 대한 글쓰기를 해 본다. 학생들이 돌의 세세한 사항을 묘사하는 문단을 쓰고, 각자 발표도 한다. 한 사람이 읽을 때 나머지 학생들은 글에서 묘사하고 있는 세부사항을 찾아본다. 학생들이 돌을 관찰하는 기능을 학습시키기 위해서 교사는 돌 스케치하기를 제안했다. 이런 활동은 교과에서 다루는 기능들이지만 WATERSHED에서는 인위적으로 분리된 교과의 기능들을 활동에 연계시켜 통합시킨다.

모든 학생이 자신만의 특별한 돌을 갖게 되자, 교사는 이 돌들을 암석별로 분류하여 조를 만들었다. 교사는 이 고장에서 흔히 볼 수 있는 대표적인 6~8개의 암석 유형별로 조를 구성하였다. 그리고 학생들은 돌 콘서트를 위한 안내를 받았다. 각 조는 조에 배당된 돌에 대한 정보를 조사 수집하였다. 가령, 다음의 내용을 포함하였다.

- 나이
- 형성 과정
- 성분
- 강도
- 기타 특성
- 발견 장소
- 지형에 미치는 영향
- 용도

연구 시간을 충분히 가졌다. 교사는 교실에서 학생들이 자유롭게 사용할 수 있는 광범위한 인쇄, 전자, 미디어 자료들을 구비한다. 학생들은 학교 도서관이나 지역 도서관을 이용할 수도 있다. 학생들은 교실 자료나 도서관 외에도 암석 정보를 얻기 위해 지역의 암석원을 현장 학습한다. 암석원에서는 암석이 지리학과 식물의 생장 과정 그리고 땅에 어떻게 영향을 주는지 알아볼 수 있다. 모든 연구 결과는 학급에서 돌 콘서트 형식으로 소개될 것이다.

콘서트를 위해서 학생들은 인기 있는 노래에 맞추어 돌과 관련된 많은 정보를 포함한 독창적인 가사를 만든다. 그리고, 첫째, 돌의 역사를 보여 주는 지리적 연대표, 둘째, 돌 표본과 중요한 정보를 설명하는 포스터 및 시각 자료, 셋째, 암석 정보를 넣은 여행 셔츠 발표 등 돌 콘서트에 필요한 준비를 하였다. 콘서트 준비 시간도 경직되게 정하지는 않았다. 교사는 수업시간을 40분이 아니라 유연하게 조정하였다. 돌 콘서트는 약 3~4주의 시간이 필요하다. 이 콘서트를 위해 먼저 학생들은 조별로 토의 시간을 갖는다. 학생들은 그들의 노래를 고르고 새로운 가사를 쓰면서 멋진 시간을 보낸다. 그들은 작업을 수행하면서 각 조의 수행과정의 비밀을 유지한다. 그들은 마커와 섬유 페인트, 장식용 금속판 그리고 염료들까지 사용하여 그들의 여행 셔츠를 디자인하고 만든다. 교실 어디에서나 전형적인 도표에서부터 둥근 시계 모양의 포스터 그리고 '입체 시계탑' 등 여러 종류의 지질 연대표를 볼 수 있다. 암석 표본들을 전시하고, 포스터의 마무리 작업을 한다.

콘서트 당일은 진짜 체험의 날이다. 각 조는 코너별로 준비한 것을 펼친다. 배경음악을 사용하거나 기타리스트, 건반연주자 그리고 플룻 연주자까지 곁들여서 노래를 부르는 녹음 혹은 라이브 콘서트를 하고, 정보를 발표한다. 교사는 콘서트를 녹화하고 다음 오픈 하우스에서 부모님들에게 보여 준다. 또한 비디오테이프는 발표에 대한 평가에 활용한다.

콘서트가 끝나면 학급에서는 각자 중요한 정보들을 검토하면서 노트 필기를 한다. 어떤 조들은 전형적인 보고서 형식을 사용하고, 몇몇 창의적인 조들은 록 뮤지션에 대한 인터뷰나 뉴스 캐스터들을 모방해서 발표를 한다.

학생들은 자신의 의견을 표현할 수 있는 시간과 자유가 주어질 때 무한히 창의적이다. 이 활동에서 학생들이 보여 준 자부심과 주도성은 끝이 없다. 그들은 WATERSHED에서 일상적으로 하는 자기평가를 하지만, 이 학습이 성공적인가 하는 실질적인 증거는 그해 1년 내내 볼 수 있다. 이후에 교사가 어떤 암석이나 그 암석이 발견된 장소만 언급해도 학생들은 콘서트에서 불렀던 노래를 흥얼거리고, 자기 돌을 언급하면서 즉각적으로 반응한다. 이것이 바로 통합학습이 아니겠는가? 누가 이런 최고의 돌 콘서트를 잊을 수 있겠는가?

(3) 물 박람회

교사는 전체 활동으로 시작할 수 있는데, 물을 사용하는 방법과 이러한 생각들이 물의 중요성에 대한 토론으로 바뀔 수 있도록 브레인스토밍하는 것이다. 이 과정에서 물이 교사 삶에 있어 중요하다는 개념에서 물의 특징으로 관심을 돌리게 된다. 물에 대해 교사가 정말로 아는 것은 무엇이고, 가장 중요한 요소는 무엇인가? 수업을 하면서 교사가 평소에 알고 있는 물에 대한 정보가 얼마나 보잘것없는 것이었는지 알게 되며, 학생들이 더 배우고 도전할 만한 것이라는 것을 깨닫게 하기도 한다. 물 박람회는 교사가 배운 것을 나누는 즐거운 방법이다.

먼저, '다섯 가지 사실들(5 facts)'이라고 불리는 작은 게임으로 시작할 수 있다. 이 활동을 위해서 쉽게 이용할 수 있는 자료들이 필요하다. 교사 교실에는 활용할 자료가 많이 있지만, 만약 자료가 없다면 학교 도서관을 이용할 수 있다. 이 게임을 시작하기 위해, 각 학생에게 빈 카드(3×5)를 주고 학생들의 이름을 적는다. 그리고 물에 대한 하나 이상의 새로

〈표 7-10〉 물 박람회

단계	활동		교육과정과의 연계
시작	박람회 준비하기	브레인스토밍하기	과학: 물 브레인스토밍하기
		물에 대한 새로운 사실 찾기	과학: 물에 대한 사실
		카드에 기록하기	국어: 카드에 정보 기록하기
		조사한 사실 목록 만들기	국어: 자료 목록 만들기
		조 만들고 활동 고안하기	-
		조별 전시장	과학: 관련분야 조사하기
		초대장 만들기	미술: 초대장 만들기
참여	박람회 개최하기	리허설하기	-
		물에 대한 중요한 정보 적기	과학: 물에 대한 정보 적기
		종합 의견 제안 및 수정	국어: 의견 제안하기
		각 조별 부스 설치하기	과학: 물 박람회 활동
음미	박람회 평가하기	자기평가 및 설문하기	도덕: 스스로 평가하기
		자신의 생각 기록하기	국어: 기록하기
		전체 과정 논의 및 제안하기	국어: 토의 및 제안하기

운 사실을 찾기 위해 이용 가능한 자료를 찾을 수 있도록 5분 정도를 준다. 학생들은 카드에 자료의 출처(잡지, 책, 사설 등)와 함께 그 사실을 기록한다.

이때 교사는 학생들에게 몇 가지 중요한 점을 짚어 주어야 한다.

첫째, 이 자료들은 학생들이 그전에 이미 알고 있는 것이 아니어야 한다. 이것을 확인할 방법은 없지만 대부분의 학생은 이러한 활동이 진심으로 흥미롭기 때문에 또는 모든 학생들이 이미 아는 사실을 발표함으로써 친구들 앞에서 멍청한 학생으로 보이는 것을 원하지 않기 때문에 그 원칙을 잘 따른다.

둘째, 만약 시간이 된다면 처음에 같은 사실을 발견하고 공유한 다른 학생이 있을 경우, 하나 이상의 다른 새로운 사실을 찾도록 시간을 주는 것이다.

셋째, 학생들이 정보의 출처를 기록하는 것이 중요하다. 이것은 정보의 정확성을 위해 출처를 확인하는 데 필요하다. 게다가 각주를 기록하고 참고문헌을 만드는 연구 기술을 알려 주고 향상시킨다. 만약 이러한 기술들이 이미 학습되었다면 교사는 학생들이 적절한 각주나 참고문헌을 사용하도록 요구할 수 있다. 실제로 교사가 물 박람회를 소개하는 바로 그 순간에, 이 활동을 이용하여 그러한 형태들을 가르칠 수 있다. 일단 설명을 하고 질문에 대해 답하면서, 사실들을 발견하는 데 5분을 준다. 교사는 얼마든지 적절한 시간을 줄 수 있다. 만약 당신이 학교 도서관에서 이 활동을 한다면, 시설에 대한 오리엔테이션을 해 주어야 한다. 도서관에서 학생들이 가능한 정보를 찾는다면 더 많은 시간을 주어야 한다. 정보를 찾는 것이 자신들의 교실이라면 쉽고 빠르게 할 수 있으므로 5분이면 적절할 것이다.

주어진 시간이 흐른 후에 학생들은 조사한 사실들을 공유하기 위해 다시 모인다. 학생들이 자발적으로 칠판에 각자가 발견한 새로운 사실 목록을 적게 한다. 그 토론을 통해 학생들이 그 사실을 어디에서 찾았는지 알려 준다. 이 과정에서 교사 모두가 그동안 발견하지 못한 자료들에 대해 배울 수 있고, 학생들이 그 사실들의 출처를 기록하라는 요구를 받아들였는지를 입증할 수 있다.

모든 사실이 목록화되면 교사는 학생들이 조를 만드는 기준을 무엇으로 할 것인지, 즉 사실과의 관련성, 범주 혹은 방법을 찾아보도록 몇 분을 더 준다. 교사는 그들이 제안한 기준들을 논의한 후 의견이 일치할 수 있도록 도와준다. 이러한 범주들을 토대로 조를 만든다. 각 조는 사실들을 설명하고 게시하기 위한 활동을 고안해 낸다. 이 활동은 물 박람회의 한 부분이 될 것이다.

별로 관계는 없지만 교사는 보통 '다섯 가지 사실들' 카드를 모두 모으고 교실에 그것을 전시하기 위해 포스터를 만들 학생 지원자를 모집한다. 각 학생들의 개별 활동은 협력의 중요성뿐만 아니라 교실에서 학습을 일으키는 사실적인 자료가 된다.

조들은 그들의 분야에 대해 조사하고 물 박람회에 대한 그들의 활동과 전시장을 디자인하면서 몇 주를 보낸다. 그 과정의 초기나 그 과정의 중간중간에 교사는 각 조에서 대표자들을 모아서 함께 아이디어를 나누게 한다. 이러한 활동을 통해 내용이나 형식에서 불필요하게 중복되는 것이 없는지 확인하게 한다. 이런 일이 가끔 일어나기도 하는데, 만약 조들이 각각의 활동에서 비슷한 아이디어를 가졌다면 각 전시장이 정보를 제공하고, 즐겁고 특별한 경험이 되도록 서로 타협해야 한다. 뿐만 아니라 각 조는 초대장을 만들어 학교에 다른 팀들이 교사의 물 박람회 방문 일정을 계획할 수 있도록 한다.

여러 해 동안 학생들은 다양한 물의 개념들을 다루는 여러 종류의 박람회 부스를 디자인했다. 예를 들어, 한 조는 여러 종류의 물과 수돗물의 맛을 비교하는 활동을 했다. 다른 조는 물의 가열과 냉각에 소요되는 열량을 알아보는 실험을 했다. 또 다른 조는 학생들이 물의 다른 용량의 무게를 측정해 볼 수 있도록 하고, 그 결과를 그래프로 나타내어 물의 밀도를 이해하게 했다.

교사는 물이 토양을 어떻게 침식시키는지 알 수 있게 해 주는 게임과 물이 다른 물질들과 어떻게 반응하는지 보여 주는 게임을 했다. 한 조는 저렴한 PVC관 밖으로 거대한 거품을 만드는 기구를 만들어서 그것으로 표면 전압을 보여 주었다. 교사는 거대한 거품을 만들면서 얼마나 기뻤는지 모른다. 힘든 조사 과정이 즐거운 활동으로 바뀔 때 학생들의 가능성과 창의성이 높아진다.

물 박람회가 개최되기 며칠 전에 교사는 리허설을 준비한다. 각 조는 전시장을 꾸미고 나머지 사람들을 위해 그것을 게시한다. 교사는 각 학생들에게 각 전시장에서 보인 반응들을 개별적으로 기록해 두라고 한다. 학생들은 또한 각각의 전시장과 활동에서 얻은 물에 대한 중요한 정보들을 적어 두어야 한다. 교사는 종합적으로 각 조의 발표에 대해 비판하고 더 나은 발전을 위한 의견을 제안한다. 각 조들은 박람회가 시작되기 전에 며칠 동안 수정 작업을 한다.

물 박람회 당일에 각 조들은 교실 주변에 각 조별 부스를 설치한다. 교사는 종종 밖에도 전시장을 꾸미는데 그것이 다른 교사들은 가능할 수도 있고 아닐 수도 있다. 교사는 항상 물 박람회에 다른 학년이 다른 학급들을 초대하고, 거의 매년 몇 개의 학급들이 초대에 응해 주었다. 학생들이 더 많은 청중들과 만나면서 이 이벤트의 중요성이 더해진다. 그것은 또한 하루 동안 그들의 활동을 몇 번이고 보여 줄 기회를 제공한다. 이것은 학생들이 책임감을 가지도록 하고 발표력을 연마하도록 하며 더 나아가 그들의 정보를 내면화하도록 한다.

박람회가 끝나면 치우고 정리하는 시간을 가진다. 요약하는 시간에 조들은 먼저 스스로를 평가하는 시간을 가진다. 학생들의 관점에서, 전시장이 얼마나 호응을 얻었고, 그들이 중요하게 생각하는 물의 개념들이 얼마나 잘 전해졌는지를 평가한다. 그런 후 개인적으로 모든 학생이 모든 전시장에 대해 칭찬하거나 비판하는 기회를 가진다. 교사는 전시장에 놓아둔 설문지를 통해 학생들에게 각 전시장에서 좋았던 것을 설명하도록 하고, 각 전시장에서 개선되어야 하는 것이 무엇인지 물어본다. 학생들이 그들 자신의 생각을 기록하는 시간을 가진 후에 교사는 전체적으로 물 박람회 과정에 대해 논의하는 시간을 가진다. 이 활동의 목표는 특별히 잘된 활동 전략을 언급하고 성공하지 못한 프로젝트를 향상시키기 위해 긍정적인 제안을 하는 것이다. 이 토론은 또한 다음에 할 비슷한 학습 활동을 예습하는 기회가 된다.

마지막으로 이와 같은 정리 토론을 하면서 교사는 지난 시간 동안 교사가 물의 속성과 중요성에 대해 배우고 나누었던 사실들을 복습할 수 있도록 한다. 내용과 과정이 정확하게 일치하는 것을 확인할 수 있다. 게다가 학생들은 모두에게 기억에 남고 즐거운 학습 활동을 하면서 앞으로의 조 활동을 위한 무대를 마련하면서 이러한 경험의 모든 단계를 스스로 관리한다.

(4) Lenape 원주민 축제

Lenape 원주민처럼 교사도 간소화한 추수감사 축제를 열었다. 교사는 한 달 동안 11월 말과 12월 초에 있는 이 축제날을 조사하여 준비하였다. 알다시피 노작과 창조적인 활동은 학습과 연계되어야 하고, 다양한 효과를 동반해야 한다. 이것이 진정한 축제이다.

축제 준비는 10월 말에 시작하는데 그 진행은 돌 콘서트나 물 박람회와 같은 프로젝트 활동과 유사하다. 이처럼 각 활동의 과정들이 서로 유사하기 때문에 상호 보완적이고 서로를 강화하는 효과가 있으며 비교적 어렵지 않게 진행된다.

수업은 작년에 했던 축제를 전반적으로 소개하면서 시작한다. 조별로 Lenape의 생활을 조사하여 발표한다. 학생들은 조별로 가능한 모든 주제에 대해 브레인스토밍하고, 그들이 하고 싶은 것을 정한다. 대개 한 조 정도는 항상 음식으로 주제를 정한다. 조원들은 음식의 종류, 그 음식의 성분, 조리법 등을 조사한다. 또 다른 조원은 Lenape의 주식에 대한 조사를 맡는다. 다른 조에서는 Lenape의 옷이나 공예품을 만든다. 어떤 조는 Lenape의 놀이, 어떤 조는 Lenape 사람들이 불을 이용하고 정착한 과정을 공부한다. 조의 수는 학급 규모나 주제 학습을 하는 데 필요한 학생 수를 고려해서 정한다. 보통은 네 조, 다섯 조, 여섯 조 정도로 한다.

학생들은 관심 있는 조에 지원하고, 조가 정해지면 조의 주제를 조사하고, 조원들과 함께 축제 동안 조사한 것을 공유할 수 있는 적절한 방법을 찾는다. 각 조별로 정한 주제에 대해 질문을 하면서 조사를 시작한다. 물 박람회 때처럼 각 조장들은 축제를 계획하고 조들 간의 활동들을 조정하기 위한 협의를 수차례 한다.

학생들은 조 활동뿐만 아니라, 개인적으로 Lenape의 물건을 조사하여 그것을 만들어 본다. 이렇게 만들어진 물건은 6×8 사이즈의 설명카드와 함께 Lenape 박물관에 전시되고, 축제 기간 동안 볼 수 있다. 교사는 해마다 여러 가지 물건, 점토로 만든 항아리나 그릇, 옥수수로 만든 인형, 나무막대나 가죽 끈으로 만든 눈신, 돌로 만든 기구나 무기, 껍질 까는 도구, 원형 천막, 옷, 모카 신, 통나무 카드, 가죽으로 만든 토템 주머니, 지금의 돈 역할을 한 조개나 구슬 등을 수도 없이 많이 만들었다. 중요한 것은 학생들이 직접 만들어야 하며, 가능한 진짜처럼 똑같이 만드는 것이다.

〈표 7-11〉 Lenape 원주민 축제

단계	활동		교육과정과의 연계
시작	축제 준비하기	작년에 했던 축제 보기	-
		조별 주제 정하고 브레인스토밍	-
		조사한 것 발표방식 정하기	사회: 생활 모습 조사하기
		만들 물건 조사하기	-
		진짜처럼 직접 만들기	미술: 공예품 만들기
		설명서 쓰기	국어: 설명서 쓰기
		Lenape 단어 목록 참조 이름 짓기	국어: 이름 짓기
		단어 목록 교실에 전시하기	-
		Lenape 언어 배우기	국어: 언어 배우기
		Lenape 어린이로 살아보기	-
참여	축제 즐기기	불 의식(원주민식 환영식)	도덕: 의식의 절차 이해하기
		조 코너(요리코너, 이야기코너, 공예품 만들기 코너, 부싯돌로 불 지피는 코너, Lenape 집짓기 코너) 운영	실과: 요리하기 국어: 이야기 말하기 · 듣기 미술: 공예품 만들기 과학: 부싯돌로 불 지피기 실과: 집짓기
	박물관 관람	팸플릿 만들기	미술: 팸플릿 만들기
		전시품 설명회	미술: 작품 설명하기
음미	자기평가	비디오 보면서 평가하기	도덕: 자기평가하기
		개인적 평가서 작성하기	국어: 평가서 작성하기

학생들은 모두 Lenape 이름을 짓는다. 교사는 Lenape 말로 녹음된 광범위한 단어 목록을 가지고 있다. 이것을 이용해서 학생들은 이름을 하나씩 정해서 실제로 직접 써 본다. 교사는 처음부터 이들 문자들을 교실에 전시해 두고, 축제 때까지 서로의 Lenape 이름을 사용하면서 Lenape 언어를 배운다. 이를 통해서 학생들은 Lenape 언어를 개인화하도록 도울 수 있다.

학생들의 조사 활동을 돕기 위해서 교사는 지역의 자원을 활용한다. 어떤 해에는 관련자를 교실에 초대하고, 또 어떤 해에는 Lenape의 생활 방식을 볼 수 있는 곳을 방문했다. 이런 경험뿐만 아니라, 수업시간에 다양한 책을 함께 읽고, 조사를 하기 위해서는 학교 도서관을 이용한다. 동시에 학생들은 개인적으로 Lenape 물건들을 만들면서 하루 정도는

17세기 초 Lenape 어린이로 생활해 본다. 축제날까지 모든 조들은 자신들이 구축한 지식들을 보여 줄 방법을 찾는다. 준비 위원회는 조들이 요구하는 것을 기초로 계획을 짠다. 모든 학생들은 자기 조에서 한 활동을 보여 줄 수 있을 뿐만 아니라 다른 조의 발표를 보면서 경험을 확장할 수 있다. 물박물관에서 했던 것처럼 교내 학생들과 부모, 학교 교육 관련자들에게 초대장을 보낸다. 어느 해에는 오하이오주의 교사와 학생들이 이 축제에 참가하기 위해서 방문을 했던 적도 있다.

이 장의 시작 부분에서 설명했듯이 불 의식으로 축제는 시작된다. 학교장의 허락을 받아서 야구장 3루 라인이 있는 코치석 옆에 모래와 자갈을 준비하고, 둥그렇고 얕은 구덩이를 판다. 이 장소를 선택한 데는 몇 가지 이유가 있다. 하나는 이곳이 건물에서 떨어져 있고, 나무나 수풀이 없기 때문이다. 잔디를 태운 흔적 같은 것도 남지 않는다. 이 의식이 끝나고 불이 다 타면 구덩이를 자갈로 채우고 모래를 덮으면 아무도 거기서 불을 지폈는지 잘 알지 못한다. 불이 피어오르면 환영식[7]을 위해 불 주위로 모인다.

환영식이 끝나면 준비 위원회에서 정한 순서에 따라 조별 대표자들이 조 활동을 발표하기 시작한다. 요리를 주제로 한 조에서는 Lenape 요리들을 설명하고, 불을 이용해서 실제로 음식 요리 시연을 한다. Lenape 사람들처럼 큰 조개나 홍합을 이용하여 솔잎차를 끓이고, 불에서 뜨겁게 구운 옥수수 케이크 같은 음식들을 만든다. 캠프파이어 주위에서 음식을 먹으면서 다른 조에서 준비한 이야기, 즉 Lenape 사람들이 400년 전에 했던 것처럼 Lenape의 전설을 듣는다. 또 Lenape 노래도 가르쳐 주고 배운다.

음식을 먹고, 이야기를 듣고 나면 흩어져서 자유롭게 즐긴다. 어떤 학생들은 Lenape 사람들이 즐겼던 놀이나 게임을 배운다. Lenape 사람들은 이런 놀이나 게임을 통해서 즐거움뿐만 아니라 생활에 필요한 기능들을 어린이들에게 가르친다(이것이 최고의 통합학습이다). 학생들은 옥수숫대로 만든 다트 놀이를 하면서 화살 던지기를 배운다. 그들은 눈을 가리고 불을 지키는 사람에게 들키지 않고 다가가는 것을 배운다. 술래가 눈을 가린 채 손뼉 소리를 듣고 사람들의 움직임을 파악하여 잡는 게임을 하면서, 학생들은 자신의 감각을 예민하게 하는 연습을 한다. 또 자갈이 든 조그만 주머니를 주변의 참가자 중 1명에게 던지는 게임인 Flinch라는 게임을 하면서 즉흥적으로 대응하거나, 용감하게 응전하는 연습을 한다. 참가자들은 주머니가 자신에게로 날아올 때까지 가슴에 팔을 접고 서 있어야 한다. 술래는 주머니를 던지는 척하기도 한다. 참가자들이 자신의 팔을 펴거나 움찔하면

---

7) 원주민들이 했던 의례를 현대식으로 표현한 용어를 말한다.

게임에서 진다. 또 학생들은 pick-up sticks과 콩주머니 던지기를 변형시킨 실내 게임에 참여하기도 한다. 해마다 조금씩 다르지만 비슷한 것을 배운다.

게임 구역에서 놀이를 하는 동안 다른 곳에서는 공예품을 만든다. 학생들은 서로에게 여러 가지 Lenape 공예품을 만드는 것을 알려 준다. 학생들은 조를 선택하고, 해마다 여러 가지 다양한 만들기를 한다. 어느 해에는 페이스페인팅을 하고, 콩이나 껍데기 같은 천연재료로 장식품을 만들며, 어느 해에는 주변 농장으로부터 옥수숫대를 받아서 옥수수 껍질 인형을 만든다. 또 어느 해에는 작은 가죽 주머니를 만들기도 한다. 이런 활동 중에 불 뒤편에 자리 잡은 조에서는 부싯돌로 불을 지피는 방법을 가르친다. 이 조는 Lenape에서 불이 얼마나 중요한지를 설명한다.

Lenape의 주거를 맡은 조는 나무껍질로 만든 작은 원형 천막 오두막집, Lenape 사람들의 계절별 이주 형태에 대해서 설명한다. 여기서는 참가자들에게 나뭇가지를 후리는 방법을 가르친다. 학생들은 나뭇가지와 나무껍질을 모아서 Lenape 사람들이 사는 집을 실제로 짓는다. 어떤 해에는 나무껍질 대신 종이 판지로 집을 짓기도 했다.

축제 장소는 여러 사람이 돌아가며 볼 수 있는 원형이고, 이것은 Lenape의 삶을 소개하고 설명하기에 적절하다. 학생들은 다른 조의 활동을 보면서 자기 조 활동에 참여할 수 있도록 해 주기 때문이다.

축제에 참여한 사람들이 모두 어느 정도 즐기고 나면 Lenape 박물관으로 이동한다. 박물관 설치는 대개 1~2명의 학생이 자원봉사로 참여하여 전시대에 공예품을 전시하는 임무를 도맡아서 한다. 또 이 학생들이 모든 전시품을 목록화한 박물관 팸플릿을 만든다. 모든 방문객들(학생, 부모님, 교사)은 이 매력적인 팸플릿을 받을 수 있다.

학생들이 자리에 앉으면 학생들은 자신이 만든 공예품들을 보여 주면서 설명을 한다. 다른 학생들은 질문을 하기도 하고 전시된 공예품들을 서로 비교해 본다. 교사는 이 현장을 사진으로 찍어서 학생들이 축제를 기억할 수 있도록 하고, 시각적 기록물들을 남겨서 다음 수업에 활용한다.

교사는 이 모든 활동 상황을 사진이나 비디오로 찍는다. 이 사진들은 나중에 각 교실에 전시하여 축제가 끝나더라도 교실을 방문하는 사람들과 축제 때의 경험을 서로 나눌 수 있도록 한다. 또 몇 장의 사진은 주말에 알림장에 끼워서 가정으로 보낸다. 집에서는 냉장고에 붙이거나 멀리 있는 친척에게 보내기도 한다. 가끔은 비디오 시청이라는 가정에서의 숙제를 내서 이 축제에 참여하지 못한 워킹맘들과도 축제 경험을 나눈다. 마지막으로 이런 비디오는 학생들의 발표 실력이 향상되었다는 것을 스스로 확인할 수 있는 기회를 주는 데 사용함으로써 학습 도구로도 활용한다.

모든 학습 과정에서 가장 마지막이며 가장 중요한 활동은 학생의 자기평가 활동이다. 비디오를 보면서 개인의 수행과정을 평가할 뿐만 아니라 조 활동에 대해서도 평을 한다. 특히 잘한 것을 칭찬하고, 잘못한 것에 대해서는 개선안을 제안한다. 그리고 모든 학생은 축제 프로젝트에 대한 자신의 수행과 노력에 대한 개인적 평가서를 작성한다.

축제가 끝난 이후에도 어느 정도 시간 동안 계속 유지되는 것은 바로 진정한 학습 경험에서 보편적으로 나타나는 특징이다. 물론 축제에 사용한 공예품이나 사진은 학년말까지 교실에 전시되어 있다. 중요한 것은 학생들이 믿을 수 없을 정도로 생생하게 이 경험을 기억하고 있다는 것이다. 왜냐하면 학생들은 전체 축제 과정을 스스로 참여하고, 관리하면서 흥미를 가졌기 때문이다. 그들은 몇 날, 몇 주, 몇 달 동안 이 이야기들을 계속한다. 학습이 즐거웠기 때문에 해가 바뀌어도 이 일을 즐겁게 회상 하곤 한다. 교사가 원하는 것은 학생들이 이런 생생한 기억과 함께 오래전부터 여기서 살았던 Lenape 사람들에 대한 일들, 정보나 개념들을 기억하고 내면화하는 것이다. Lenape 사람들처럼 계절마다 극적인 변화를 겪으면서도 자연에 순응하며 사는 것, 그들의 문화를 형성하는 데 중요한 의식이나 축제들, 살면서 잃기 쉬운 자신의 존엄성을 회복하고 여기에 중요한 생활의 기술을 배우는 것이다.

(5) 식민지 건설

이제 교사는 궁극적으로 교사 지역의 창조를 이끌었던 유럽인의 도착과 이들의 초기 정착을 살펴본다. 펜실베이니아의 특정 지역에서 첫 번째 정착한 유럽인은 스웨덴이었기 때문에 나는 이 프로젝트에서 그 상황을 묘사할 것이다. 교사들은 물론 이 프로젝트가 어떤 지역에서든 그 지역에 존재하는 식민지화된 그룹이 무엇이든 똑같이 잘 이루어질 것이라는 데 주목할 것이다.

교사는 살아 있는 작은 역사라는 간단한 연극으로 이 프로젝트를 시작한다. 교사는 1630년대에 스웨덴을 통치했던 스무 살의 군주 크리스티나 여왕으로부터 받았다고 가정한 한 통의 편지를 학생들에게 나눠 준다. 이 편지는 교사가 큰 소리로 읽고 학생들이 따라서 읽으면서 새로운 세계에서 스웨덴을 위한 식민지를 건설하려는 여왕의 칙령을 선포한다. 기본 정보에 덧붙여서 이 편지는 식민지의 목적과 조건을 설명하고 있다. 본질적으로 이 프로젝트의 일반적인 지침과 기대되는 산출물을 안내한다.

편지는 역사적인 세부사항과 분위기에 의해 만들어졌고, 이 프로젝트의 기본 요건을 설

⟨표 7-12⟩ 식민지 건설

단계		활동	교육과정과의 연계
시작	간단한 연극하기	크리스티나 여왕의 편지 읽기	국어: 편지글 읽기
		지시사항 받기	국어: 지시문 읽기
참여	식민지 건설 준비하기	조 구성하기(4~6명)	–
		보급품 목록 만들고 토론하기	사회: 보급품 목록 만들기
		현장 방문하기	사회: 현장 답사
		책 읽기 및 자료 검토	국어: 책 읽고 토론하기
		미국인의 첫 번째 일지 쓰기	국어: 일지 쓰기
		식민지 건설 장소 선택하기	사회: 식민지 건설 장소 선택
	식민지 건설하기	식민지 건설 디자인하기	사회: 식민지 디자인
		미국인의 두 번째 일지 쓰기	국어: 일지 쓰기
음미	발표하기	실제적으로 보여 주기	의상, 음식, 이야기, 지도, 그림, 도표
		구두로 발표하고 녹화하기	–
	평가하기	시작할 때부터 계속 평가	–
		기록하기	–

명하고 있다. 이 편지에 이어서 학생들은 더 알아보기 쉽고, 예상된 결과물을 분명하게 이해할 수 있도록 지시사항이 쓰인 복사물을 받는다.

이 지침들이 갖추어지면 학생들은 4~6명으로 구성된 조를 만든다. 보통 학생들이 이 프로젝트를 위해 자신의 조를 선택하도록 하지만 환경을 원활하게 하기 위해 약간의 기술이 필요하다. 이것은 학급의 특수한 필요와 요구에 따라 전적으로 교사의 재량에 달려 있다. 분명히 교사는 학생들의 선택을 존중한다.

일단 조가 구성되면 학생들은 다양한 보급품 목록을 만들어 토론하기 시작한다. 교사는 조 사이를 순회하며 제안을 하거나 제기하는 질문에 답한다. 가장 중요한 것은 교사는 학생들이 간과할 수도 있는 상황을 고려하도록 질문을 통해 격려해야 한다는 것이다. 그러나 최종 결정은 학생들의 몫이다.

교사는 또한 학생들에게 적절한 자원들을 안내할 수 있도록 준비해야 한다. 예를 들어, 스웨덴 이름 책이 있다면 학생들이 많은 인물을 만드는 데 사용한다. 학생들이 질문하면 교사는 배의 실제 크기에 관한 정보를 제공할 수도 있다. 예를 들어, 운이 좋다면 교사는 칼마르 니켈 선박의 해군 건축자 그림을 갖고 있어서 그 배의 규모를 보여 줄 수 있다. 수 모든 스웨덴의 군주, 크리스티나 여왕과 그녀의 섭정, 악셀 오센스테르나 각하의 칙령에 따라 당신은 새로운 세계에 무역식민지 건설을 위한 준비를 적절한 때에 시작하도록 명령받았다. 여왕 폐하는 품위 있게 당신에게 두 함선(Kalmar Nyckel and the Fogel Grip)을 내주고, 이 중요한 모험에 동행하게 될 36명의 건장한 선원들과 함께 곧 떠나도록 명령을 내린다.

여왕 폐하의 소망은 1638년 봄까지 네덜란드 암스테르담의 남쪽과 영국 버지니아의 북쪽에서 안전한 거리에 있는 위도 40도 지점에 식민지가 건설되는 것이다. 그녀는 더 나아가 모든 편의시설을 시작으로 동물, 채소 그리고 천연 자원의 물색뿐만 아니라 원주민과의 평화로운 교역도 원한다. 그것이 교사 나라를 더욱 번창하게 하고 식민지의 이익을 누리고 있는 다른 유럽국가와의 경쟁에서 성공하게 할 것이다.

그러므로 여왕의 명령에 따라 당신은 올해까지 선원의 이름과 직업을 등록하여 폐하의 승인을 받아야 한다. 뿐만 아니라 당신이 식민지 건설에서 만날 수 있는 각종 위험들, 가령, 야생 생활, 원주민과 유럽인 적들로부터 성공적으로 살아남기 위해 필요로 하는 모든 지원물자들까지 승인을 받아야 한다. 이 목록은 음식, 의복, 피난처, 도구, 무기 및 물물교환 항목이며, 구체적으로 적어야 한다.

게다가 당신은 올해 말까지, 항해 이후에 발견하고 성취한 모든 것을 완전하고 구체적으로 적어서 제출해야 한다. 여왕 폐하는 당신의 능력을 무척 신뢰하며, 당신이 요청한 대로 여왕 폐하의 봉인을 동봉한다.

스톡홀름, 스웨덴(1967. 1. 1.)

학 교사는 학생이 화물 공간을 계산할 수 있게 도울 수 있다. 학생들은 종종 그들의 질문에 대한 정보를 찾기 위해서, 예를 들면 통의 형태나 크기 또는 17세기 스웨덴에서의 삶을 조사하기 위해 도서관에 간다. 이 활동은 실제 정착민들이 가져와야 하는 어떤 종류의 음식, 옷, 보급품을 결정하는 데 도움을 준다.

이 연구를 확장시키기 위해 교사는 몇 번의 현장 방문을 하였다. 교사가 방문한 곳은 교사와 멀지 않은 곳에 위치한 첫 번째 정착지인 델라웨어주의 웰밍턴이다. 교사는 칼마르 니켈의 모형이 만들어졌던 조선소와 필라델피아의 스웨덴계 미국인의 역사 박물관을 방문한다. 이 현장 방문은 학생들의 작업에 실제성을 더해 주고, 그들의 연구와 실제 세계의 활동 사이의 연결을 보여 준다. 동기를 높여 주고, 활동의 즐거움을 더하며, 실제 세계와 관련짓기 위해서 교사들은 가능할 때마다 주제에 맞는 현장 방문을 구조화하여 실시할 것을 권장한다.

이러한 현장 방문 외에도 교사는 교실에서 함께 책을 읽고 스웨덴의 식민지를 위한 노력을 보여 주는 많은 자료에 대해 토론하는 시간을 갖는다. 뿐만 아니라 유럽인이 미국으로 식민지를 확대하던 기간에 대한 전반적인 배경을 제공하는 자료를 검토한다. 이러한 자료에는 지도, 그림, 영상, 영화, 일지, 책 그리고 손님 연설자를 포함한다. 요컨대, 교사는 학생들이 가상 식민지를 건설하는 데 사용할 수 있는 충분히 많은 정보를 유용하게 만들려고 애쓴다. 그러나 대부분의 시간은 학생들이 이 정보에 대해 토론하는 데 쓰인다. 그들은 조가 성공할 수 있도록 함께 일하고 자료와 조건을 분석하고 결정해야 한다. 이것은 그들이 성공을 결정하는 것이 무엇인지 그리고 그것을 성취하는 그들의 기회를 위태롭게 하거나 향상시키는 요소가 무엇인지 결정해야 한다는 뜻이다.

일단 이것들이 결정되고 보급품 목록이 만들어지면 학급에서는 각 조가 무엇을 적었는지 토론한다. 각 조는 그들이 간과했을지도 모르는 점들에 대해 듣고 보면서 서로 배운다. 마지막 순간에 변화가 생기고 그 목록들은 최종적으로 승인된다.

이제 학생들은 이 프로젝트와 관련된 미국인의 일지 두 가지 중 첫 번째 것을 써야 한다. 이 일지에 대한 설명은 다음에 나오는 '(7) 일기 쓰기'를 참고하면 된다. 말하자면 각 학생이 식민지 주민 중 한 사람을 대표한다고 볼 수 있다. 학생들이 자신이 원하는 인물을 선택하도록 허용하는 것이 무엇보다 중요하다. 그다음으로 학생은 미국으로 항해하는 과정을 묘사하는 '집'이라는 제목의 편지 또는 신문기사를 쓴다. 이에 대한 준비로, 학생들은 비슷한 항해를 다룬 실제 일기글 읽기, 배의 사진과 모형 보기, 세계지도로 바다 항해하기, 역사학자의 항해 묘사글 읽기 등을 한다.

표면적으로 이것은 개별 활동처럼 보이는데 학생 각자가 글을 쓰게 된다. 그러나 조원의 글들은 세부적으로 의견의 일치를 보아야 하기 때문에 사실상 조 활동의 연속이다. 각 학생은 편지와 신문기사 등재의 날짜를 선택할 수 있다. 그러나 날짜는 역사적으로 정확해야 하고 그런 점에서 특정 그룹의 인물에 대한 정보를 반영해야 한다. 예를 들어, 같은 조의 한 학생이 어떤 인물이 항해 초기에 질병으로 사망했다고 쓸 경우 그 조의 다른 학생은 이후에 그 인물이 나오게 할 수 없다. 만약 한 학생이 2월에 눈보라가 몰아친다고 했다면 나머지 학생들의 글에서도 그렇게 써야 한다. 각 조는 기본 정보를 조정하기 위해 함께 협력해야 한다. 이런 점에서 프로젝트의 이 부분은 개개인에게 많은 자유를 부여하는 동시에 조의 노력도 강조하는 실제 삶의 상황을 반영한다.

이 활동은 프로젝트의 내용을 강화하는 것 외에도, 일지 항목을 제공하고 학생들이 다양한 작문 능력을 연습하는 기회를 준다. 여기에는 맞춤법, 문법, 철자뿐만 아니라 이야기 쓰기, 줄거리와 캐릭터 개발기술이 필요하다. 대화가 종종 포함되고, 묘사하는 기술이 제일 중요하다. 게다가 쓰기는 모든 프로젝트에서 필수적인 부분이다. 그것은 동떨어진 과제가 아니라 개개인의 학생이 잘할 수 있도록 돕는 동시에 조의 성과도 향상시킨다. 이것은 학생들에게 글쓰기를 더 즐겁고 의미 있게 만든다. 또한 높은 동기를 부여하고 쓰고 다시 쓰는 과정을 즐겁게 하여 궁극적으로 작문기술을 향상시킨다.

이런 이유로 학생들 개개인이 자신의 항해 일지를 쓰면서 조는 더 큰 프로젝트의 두 번째 단계를 계속한다. 조원들은 그들이 식민지를 건설할 실제 장소를 선택한다. 그 장소는 그들이 여왕의 지시를 이행하기 위한 곳이어야 하고, 조는 그 선택을 정당화할 수 있어야 한다. 학생들은 그들이 장소에 대한 공부를 하는 동안 지역에 대해 배울 수 있었던 모든 것을 활용해야 하고 이것을 역사적으로 실제 문제에 적용해야 한다.

적절한 장소가 정해지면 조는 그들의 식민지를 디자인한다. 각 조는 새로운 스웨덴 무역 회사 이사회에 그들이 올해에 성취한 성과물을 보여 주어야 한다는 것을 기억해야 한다. 이 이사회는 학급의 나머지 학생과 교사들이 맡은 역할로, 결코 신세계에 가 본 적이 없으며, 알 만한 지식도 없다고 가정한다. 뿐만 아니라 이사회는 이 식민지 무역회사에게 투자를 하고 그들은 새로운 스웨덴의 식민지에서의 삶의 모든 부분을 자세하고 완벽하게 설명하기를 원한다. 조는 여왕의 지시를 존중하고 그것을 수행할 수 있다는 확신을 주어야 한다. 특히 Lenape와의 무역에서 성공하고, 유용한 천연 자원을 발굴하고 네덜란드와의 국제관계에서 성공할 수 있다는 확신을 심어 주어야 한다. 이 보고서는 요새의 초안과 모형 그리고 그들의 요새와 들판이 Lenape 마을 또는 무역길, 천연자원 그리고 네덜란드 정착민과의 상대적인 위치를 보여 줄 수 있는 지역의 지도를 포함한다. 이러한 시각 자료 이외에도 각 조는 이 보고서가 더 흥미롭고 유용한 정보가 되도록 공예품, 지도, 그림, 도표 등을 포함하여 만드는 것이 좋다. 즉, 이 지역의 350년 전의 삶을 가능한 한 상세히 보여 주어야 한다. 이는 학생들이 배우는 활동에 흥미를 갖고 더 실감할 수 있도록 선택과 표현의 자유와 요구사항을 병합하는 것이다.

이 보고서들을 제시하기 바로 전에 학생들은 초기 식민지 주민들에 대한 두 번째 미국인 일지를 쓴다. 이 일지는 미국에서의 첫 식민지 주민을 묘사하고, 스웨덴의 고향으로 보내는 편지이다. 학생은 이전의 미국인 일지에서 쓴 동일한 인물을 발전시킨다. 학생들은 그들이 묘사하기로 선택한 삶의 어떤 관점이든 자유롭게 쓸 수 있지만 개개인의 설명은 뒤에 있을 전체 발표와 다른 사람의 설명과도 일치해야 한다. 프로젝트에서 요구하는 것은 이 일지가 개별 학생들이 조의 결정을 검토할 또 다른 기회를 주고 조의 발표를 준비하도록 돕는 것이다.

발표는 항상 보일 수 있도록 한다. 학생들은 발표를 가능한 실제적으로 만들기 위해 온 정신을 기울이고, 그들이 보여 주려고 하는 스웨덴 식민지 주민들의 역할을 맡아 의상까지 갖추어 입는다. 어떤 조는 실제 음식을 가져오고, 대부분의 조는 Lenape 또는 네덜란드인들과 함께 식민지 주민들에 대한 기발한 이야기를 만들어 낸다. 게다가 각 조는 자신들이 이해하고 성취한 것을 지도, 그림, 도표 등의 눈에 보이는 증거로 보여 준다.

학생들은 모두 구두로 발표를 해야 하기 때문에 공식적인 발표기술을 익힐 수 있는 기회를 갖는다. 때때로 교사는 이 발표를 비디오테이프로 녹화하고 나중에 학생들이 스스로 평가하도록 한다. 이 발표들은 또한 모든 학생이 성취한 것을 보여 주고 각각의 발표가 습득한 정보를 재확인할 수 있도록 한다.

또한 발표는 종종 생생한 논쟁을 시작하게 한다. 조는 그들이 선택한 장소와 그들의 요새를 디자인한 방법을 변호해야 한다. 이것은 조가 자신들의 결정을 다른 조와 비교함으로써 평가하도록 한다. 그렇게 함으로써 학생들은 특히 절차적인 면에서 대안들을 깨닫고, 조정하거나, 나중에 조정하려고 한다.

일단 모든 발표가 끝나면 교사는 중요한 평가 단계로 넘어간다. 실제로 교사가 보았듯이 평가는 이 활동의 시작에서부터 계속 진행 중이다. 그럼에도 불구하고 이보다 더 공식적인 평가는 학생들이 전체 프로젝트를 돌아보도록 요구한다. 그들에게 어려움을 주었던 측면들을 검토하고 왜 그 부분이 어려웠는지 확인하려고 노력한다. 학생들은 프로젝트에서 그 부분들을 기록하고 그들이 해야 할 것을 쉽게 찾아냈다. 그리고 그들이 해야 했거나 다음에 해야 하는 것을 논의한다. 그들은 협동하는 과정 그 자체, 가령 조가 어떤 문제를 겪었는지, 어떻게 그 문제를 극복하려고 노력했는지, 그들이 성공했는지, 시도했던 다른 도구는 무엇인지 등을 평가한다.

이 프로젝트는 직접적으로 교사 지역의 그 이후의 역사적인 발전과 관련된 연구 활동을 이끈다. 그러나 더 큰 맥락에서 볼 때 이 프로젝트는 통합학습 경험의 모든 특징을 가지고 있다. 교사는 매년 학생 개개인이 이런 과정에서 기술을 숙달하는 것을 목격한다. 더 중요한 것은 모든 학생이 스스로 배움의 과정에서 엄청나게 성장해 가는 것을 보는 것이다.

(6) 연대표 만들기

장기간의 역사를 연구하는 일은 언제나 어려움이 따르기 마련이다. 정보는 역사학습의 배경이나 시대를 이해하기 위해 필요하긴 하지만 끝도 없이 이어지는 인명, 사건, 연대들로 인해 학생들의 흥미와 동기 수준을 높은 상태로 유지하는 것을 어렵게 만든다.

〈표 7-13〉 연대표 만들기

단계	활동		교육과정과의 연계
시작	연대표 목록 만들기	각 시대에 대해 탐구하기	사회: 각 시대 탐구하기
		연대표 항목 만들기	국어: 초점 확인하고 토론하기
		개인별 주제 선택하기	–
참여	연대표 만들기	주제에 대해 연구하기	사회: 조사, 연구하기
		연대표에 구체적인 정보 적기	–
		크기, 무게 고려해서 창의적으로 디자인하기	수학: 크기, 무게 어림하기 미술: 창의적으로 디자인하기
	연대표 게시하기	연대표 설명하기	국어: 발표하기, 듣기
		직접 올라가서 걸기	체육: 사다리 타기
음미	기록하여 정리하기	복사하여 노트에 붙이기	국어: 노트 필기하기
		날짜, 제목, 각 연대표의 의미목록 만들기	사회: 정보 정리하기
		짧은 글쓰기	국어: 짧은 글쓰기

하지만 통합학습에서는 이런 딜레마를 쉽게 해결할 수 있다. 가장 중요한 것은 정보를 의미 있게 만들고, 학생들이 정보를 얻는 일에 스스로 참여하고 정보를 실감할 수 있게 하는 것이다. 이를 위한 한 가지 방법은 학생들이 조사과정에 참여하는 것이다. 즉, 그들이 역사 조사에 사용할 다양한 도구들 중의 하나를 만드는 것이다. 학생들에게 연대표를 제시해 주는 대신 그들이 직접 만들도록 하는 것이다. 이것은 단지 어디서나 볼 수 있는 흔한 바인더에 끼워 넣은 종이 위의 연대표가 되어서는 안 된다. 그러한 연대표 자체도 훌륭하지만, 그 자료들이 결국 이 학습 활동에서 중요한 역할을 할 것이다. 그러나 교사는 이것보다 더 크고, 더 대담하고, 더 실감나는 것 그리고 개별적인 창조성과 학급의 협동적인 노력, 둘 다를 포함하는 것을 원한다. 입체적인 연대표를 게시해 보면 어떨까?

이러한 연대표를 만들어 봄으로써, 학생들은 각 단계에서 자발성을 갖게 된다. 학생들은 연대표에서 각자 맡은 부분을 공유함으로써 정보를 내면화하고, 연대표들 사이의 관련성과 관계를 적극적으로 탐구하는 법을 배운다. 학생들은 그 조사를 그들과 더 관련 있고 더 유용하게 만들어 주는 이러한 모든 단계의 학습 활동에 직접 참여한다. 게다가 활동이 끝났을 때, 연대표는 학생들이 개인은 물론 공동으로 만족할 만한 구체적인 결과물이 된다. 또한 이것은 교실에 들어오면 누구나 볼 수 있고, 1년 내내 가치 있는 참고 자료로 활용된다.

학생들이 연대표를 의미 있게 만들고 전체 프로젝트 과정에서 자신의 역할을 중요하게 여기는 것만으로 충분한 동기와 보상이라는 걸 교사는 알게 된다. 학생들은 그들이 당면한 과제가 가치 있고, 다른 사람들에게 존중받을 만한 것이라고 믿을 때, 도전하는 것을 당연하게 여긴다.

이 경우 교사는 그들이 조사한 역사적인 시기에 공헌한 인물과 사건들을 입체적으로 표현하도록 시도한다. 사용할 수업과 시간 수에 따라서, 교사는 학생들이 각 시대에 대해 일반적으로 탐구할 수 있는 시간과 잠재적인 연대표 항목에 대해서 자유롭게 생각해 볼 수 있는 시간을 주어야 한다. 가능한 목록들은 학생들에 의해 만들어질 수 있다. 그다음에 이 항목들이 실제로 연대표와 연구 초점에 중요한 것인지 확인하기 위해 전체적으로 학급에서 논의되고 토론되어야 한다. 그리고 나서 학생 개개인은 이 최종 목록에서 게시할 만한 연대표의 주제를 선택한다.

만약 시간이나 상황으로 인해 이 과정이 자연스럽게 전개되지 못할 경우, 교사는 사전에 가능한 항목들을 작성하여 프로젝트를 어느 정도 축소할 수 있다. 그러나 이는 최상의 방법이 아니기 때문에 몇 가지 주의 사항들이 있다. 가장 주의할 점은 학생들의 참여율을 떨어뜨리고, 학생들의 자발성과 집중력도 함께 낮아질 수 있다는 것이다. 이것을 다소 완화하기 위해서 교사는 이 목록들이 정말로 연구의 초점에 중요한 인물과 사건들만을 포함하는지를 확인해야 한다. 그리고 목록은 많은 학생이 기꺼이 선택하는 데 부족함이 없어야 한다. 만약 마지막 학생이 선택할 수 있는 주제가 하나밖에 없다면, 그 학생의 흥미와 동기는 심각하게 제한될 수 있다. 다음으로 만약 교사가 목록을 만든다면, 학생들과 함께 목록을 검토할 시간을 가져야 한다. 각 주제에 대하여 간단한 토론을 하는 것은 흥미를 일으키고 학생들의 선택을 돕는다. 만약 학생들에게 좀 더 시간을 줄 수 있다면, 그들이 최종 선택을 하기 전에 목록의 여러 가지 주제에 대해 일반적인 탐구를 할 수 있도록 허용해 주어야 한다. 다시 말해, 교사는 이 프로젝트를 위해 사용할 수 있는 시간의 양을 토대로 교사의 재량을 발휘해야 하지만 목표는 학생들이 가능한 많이 실감하도록 하는 것이다.

일단 학생들이 주제를 선택하면 그들은 연대표에 게시될 주제의 입체적인 표현물을 만들어야 한다. 그러나 이 항목은 특정 요구 사항을 충족해야 한다. 우선, 각 학생은 주제에 대하여 철저히 연구해야 하고 그 주제에 대해 학급에서 전문가가 되어야 한다. 학생들은 시작할 때부터 이 주제에 대한 정보가 향후 활동에 중요하다는 것을 듣게 되고, 그들이 필요할 때마다 각각의 주제에 대한 정보를 공유할 것으로 예상하게 된다. 또한 날짜와 제목뿐만 아니라 구체적인 정보가 연대표에 꼭 나타나야 한다. 이러한 방법으로 연대표를 검토하는 사람이라면 누구나 만든 사람이 직접 그것을 설명해 주지 않아도 그 항목의 중요성을 알 수 있다.

　크기 또한 제한될 수 있다. 교사는 대략 6×8인치를 사용한다. 왜냐하면 그 정도 크기라면 교사가 연대표를 거는 데 필요한 공간, 즉 게시줄—교실 전체를 가로질러 천장 아래 매달아 놓은 줄—에 학생당 2개의 항목을 걸어 놓기에 적당하기 때문이다. 교사 교실은 오래된 건물이어서 천장이 높기 때문에 높이보다 너비를 더 고려해야 한다. 결과적으로 교사는 융통성을 발휘할 수 있지만, 모든 항목에 대해 이러한 유의사항을 고려할 것을 권장한다.

　학생들은 또한 자신들이 만든 항목의 시각적인 영향을 명심할 필요가 있다. 그것은 교실 전체에서 선명하게 볼 수 있어야 한다. 그러므로 비록 항목이 적은 공간만을 필요로 하더라도 굳이 공간을 너무 작게 할 필요는 없다. 이것은 학생이 각각의 항목을 디자인하는 적절한 방식을 찾아내는 데 있어서 좀 더 창의성을 발휘할 수 있게 한다. 마지막으로 연대표를 어떻게 게시할 것인지에 따라서 무게를 고려할 수 있다. 연대표의 무게가 얼마나 될지는 모르지만, 교사는 학생들에게 실제 무게를 신중하게 고려하도록 지도해야 한다. 작업이 진행되는 과정에서 교사는 무게를 주의 깊게 살펴보고 이런 문제에 대해 사전 조치를 취해야 한다. 연대표가 너무 무겁지 않도록 처음부터 염두에 두어야 한다. 이런 몇 가지 유의사항들을 고려하면서 학생들은 그들의 연대표 항목들을 조사하고 디자인하여 만든다. 그 결과물은 언제나 다양하고 색다르며 창의적이고 흥미롭다.

　교사는 연대표를 게시할 때 특별한 방식을 사용한다. 정해진 날짜에 모든 연대표가 준비되면, 교사는 관리인의 이동식 계단(rolling steps)를 빌려 온다. 그리고 각 학생은 교실 앞에 시대순으로 서서 자신의 연대표를 보여 주면서 연대표상의 인물이나 사건의 중요성에 초점을 맞추어 간단히 설명한다. 이후 의기양양하게 사다리를 타고 올라가서 시대 순서에 맞게 연대표를 적절한 위치에 걸어 놓는다.

　동시에 학급의 학생들은 그들의 공책에 붙여 놓을 연대표를 복사해 둔다. 학생들은 발표했던 대로 날짜, 제목, 각 연대표의 의미 등의 목록을 만든다. 그리고 연대표 프로젝트에 대한 짧은 글을 써 본다. 이것은 각 학생에게 전체 연대표에 대하여 수업이 끝난 후에도 계속 참고할 수 있도록 스스로 기록하여 정리하는 기회를 준다. 이 사건들을 글로 써 보는 것은 학습 과정에서 눈과 손의 협응 활동을 강화하고 학생들이 다른 사람의 발표도

귀담아들을 수 있도록 동기를 부여한다. 따라서 역사적 사실 이외에도 조사기술, 구성력, 창의적인 디자인 능력, 글쓰기 능력, 듣는 능력, 발표력, 노트 필기 능력들을 통합적으로 배우게 된다.

모든 연대표를 발표하고 게시하였을 때 학생들은 역사상 모든 시대를 연구해 보게 된다. 그들은 또한 교사 지역에서 유명한 역사적인 인물과 사건뿐만 아니라 각 시대의 관련성을 시각적으로 떠올리게 하는 데 유용한 조사 · 연구방법의 유의사항도 알게 된다. 하지만 가장 인상적인 것은 청중들에게 자신이 걸어 놓은 연대표를 설명하고 자신들의 특별한 연대표가 지속적으로 논의될 때 학생들이 보여 준 자신감이다.

(7) 일기 쓰기

쉬…… 쉿. 불을 끄고, 고개를 숙이고, 눈을 감고, 쉬…….

12월의 이른 아침 거의 동이 틀 무렵, 너는 곰털 가죽을 가까이 끌어당기며 아침의 쌀쌀함을 막아 본다. 장작은 다 타고 불씨만 남아, 가느다란 연기의 소용돌이만이 희미하게 피어오른다. 네 옆에서 털 이불을 덮고 고요하고 평화롭게 잠들어 있는 여동생과 남동생의 모습 위로 얼음 알갱이들이 빛난다. 밤새 네 오두막집 나무 틈 사이로 소리 없이 살포시 들어온 얼음 알갱이인지 아니면 눈송이인지.

밖에서는 바스락거리는 소리가 들리고 사슴가죽 모카신, 방금 내린 얇은 눈 위를 걷는 발걸음 소리. 부락의 여자들은 아궁이에 장작을 던져 넣으며 탁탁 불 지펴지는 소리와 함께 일상으로 돌아온다. 흙으로 빚은 냄비를 요리하는 화덕 위에서 문지르며 내는 소리는 귀에 거슬리기도 하면서 동시에 마음을 편안하게 해 주는 익숙한 소리이다. 그 밖에 다른 무슨 소리를 들을 수 있을까? 무슨 냄새가 나니? 무엇을 느끼니? 400년 전의 이른 12월의 아침에 네가 깨어났다면 네 마음속에 무슨 생각이 스쳐 지나갔을까?

이런 종류의 도입은 당신이 그곳에 있어야만 한다고 설득시키는 데 도움을 준다. 만약 당신이 그곳에 있다면, 당신의 독자 또한 그곳에 있게 될 것이다. 당신이 그곳에 있지 않다면 독자 또한 그곳에 이를 수 없다. 독자들을 당신과 함께 데려가라!

이것이 바로 교사가 프로젝트에서 새로운 글쓰기 연습을 시작할 때마다 학생들에게 말하는 것이다. 주제가 무엇이든, 글쓴이는 단어들이 현실—글쓴이가 이끄는 곳이 어디든 독자들이 글쓴이를 따라가고 싶게 만드는 현대적인 말투의 가상 현실—속에서 꽃 필 수 있게 만드는 힘과 의무, 둘 다 가지고 있다. 이러한 힘을 효과적으로 사용하고 이러한 의

〈표 7-14〉 일기 쓰기

단계	활동		교육과정과의 연계
시작	새로운 글쓰기	일기(가상현실) 글 읽기	국어: 일기 글 읽기
참여	첫 번째 일기 쓰기	토착 원주민 되어 보기	사회: 토착 원주민의 삶
		첫 번째 일기 쓰기	국어: 일기 쓰기
	두 번째 일기 쓰기	퀘이커교도의 삶 관련 책 읽기	사회: 퀘이커교도의 삶
		현장 방문하기	사회: 현장 답사
		생활방식 배우기	-
		퀘이커교도가 쓴 일기 보기	-
		날짜 정하고 일기 쓰기	-
	세 번째 일기 쓰기	전쟁에 관한 설명 듣기	사회: 전쟁에 관한 이야기
		지역 시민의 일기 읽기	-
		전투 지역 여행하기	사회: 전투 지역 여행하기
		편지 형식으로 일기 쓰기	국어: 편지 형식 일기 쓰기
	네 번째 일기 쓰기	캐릭터 정하기	-
		의용군이 야영했던 곳 둘러보기	-
		피신자의 경험 조사하기	-
		역사적 사실과 허구 사용 배우기	사회: 역사적 사실
		어느 하루 일기 쓰기	국어: 일기 쓰기
	글쓰기	편지나 일기 중 선택하기	-
음미	문집 만들기	연말에 글 모아 문집 만들기	-
		글쓰기 변화과정 평가하기	-

무를 이행하기 위하여, 글쓴이가 먼저 작가의 생각 속에 들어가 있어야 한다. 원주민 일기(American Diary)는 글쓰기를 배우는 도구로서 효과적인 프로젝트이다. 교사는 시간과 요소를 배우는 두 단계 모두에서 교사 지역에 살고 있는 다양한 사람들의 역사적인 정보를 배우며, 중요한 글쓰기 기술을 연습하는 방법으로 원주민 일기를 사용한다. 이 활동은 단순한 글쓰기 연습에만 국한되는 것이 아니기 때문에, 전통적인 역사 수업에서 놓치기 쉬운 시대의 흐름을 재정립해 준다. 동시에 교사가 공부하는 역사를 교사 시대의 현재와 미래를 연결 짓는 수업의 부수적인 구조물의 형태로 만들어 준다. 게다가 이것은 학생들이 캐릭터를 만들고 상황을 묘사할 때 중요한 통제 수단이 된다.

학생들은 올해 7~10개의 원주민 일기를 쓴다. 각각의 학생들은 교사 역사의 특정한 기간 동안 이 지역에 살고 있는 하나의 캐릭터가 된다. 교사는 처음처럼 유럽인이 도착하기 전 거의 3000년 동안 델라웨어 계곡에 살았던 토착 원주민인 Lenape 족이 되는 것으로 시작한다. 이 학생들은 'Lenape 원주민 축제'처럼 Lenape에게 중요한 경험들 중 하나를 첫 번째 원주민 일기로 쓴다. 학생들은 유럽인들이 교사 지역으로 들어와 정착하기 이전인, 1600년경 Lenape 소년이나 소녀의 삶 중에서 하루를 가능한 한 생생하게 기술한다. 학생들은 신뢰할 만한 캐릭터들과 적합한 줄거리를 동시에 만들어 내면서 Lenape의 삶을 가능한 한 현실적인 세부사항들로 다루어야 한다. 학생들은 자유롭게 과제를 하면서 특별한 기술을 습득하게 된다.

게다가 각각의 원주민 일기에서는 학생들이 특별한 쓰기 기술들에 초점을 맞추도록 지도한다. 이러한 글쓰기 기술 관련 지도 내용은 관찰된 학생들의 필요에 따라 매년 달라지긴 하지만, 구두점, 능동 동사의 사용 혹은 다양한 문장 구조와 같은 요소들을 포함하게 될 것이다. 교사는 학생 개개인에게 필요한 사항을 토대로 강조할 내용을 선택해야 하고, 학년이 진행되어 갈수록, 종종 의사결정을 해야 한다. 첫 번째 과제에서는 교사가 특별한 관심 분야를 선택하여 결정해 주지만, 다음 과제부터는 학생 스스로가 선택하기 시작한다. 이것은 그들이 더 나은 자기평가자가 되도록 돕는다. 이것이 교육의 궁극적 목표이지 않은가? 다시 말하면, 학생들이 그들의 일에 대해 진정으로 실감하고 주도하게 한다. 원주민 일기 과제를 위해 교사가 사용한 지도안 표지(instruction cover sheet)의 예를 제시할 수 있다. 구체적인 내용은 매번 바뀌지만, 형식은 근본적으로 같은 형태를 유지한다.

가능하다면 언제든지 교사는 원주민 일기들을 함께 연결 짓고자 노력한다. 예를 들면, 교사가 학생들에게 써 보도록 한 다음의 두 가지 원주민 일기는 교사 지역으로 온 최초의 유럽인들인 스웨덴인에 관한 내용을 담고 있다. 식민지 건설에 관한 장에서 기술하였듯이, 첫 번째 일기는 1638년 겨울에 스웨덴으로부터 미국으로 항해를 온 스웨덴 정착민의 경험을 묘사한다. 다음 일기는 새로운 스웨덴에서의 첫 번째 식민지 해를 묘사하는 내용이다.

연대순으로 이동해 보면 다음의 원주민 일기는 1680년과 1720년 사이에 살았던 젊은 퀘이커교도의 삶을 그리고 있다. 학생들은 퀘이커교를 창립한 George Fox와 William Penn에 관하여 읽는다. 교사는 퀘이커교도들의 만남의 장소에 방문하고 그 시대 초기 웨일스 퀘이커들의 생활방식을 배운다. 교사는 그 시대에 지방 퀘이커교도들이 실제로 쓴 일기들을 본다. 그런 다음 학생들은 특정한 해를 선택하고 한 젊은이의 관점에서 당시 펜실베이니아에서의 생활을 묘사한다.

　다음으로 교사는 1704년에 한 퀘이커교도 집안에 의해 지어져 현재에도 운영 중인 방앗간으로 여행을 간다. 그곳에서 학생들은 수문을 열어 보고, 물레바퀴가 맷돌을 돌리기 시작할 때 생기는 서늘한 축축함을 느껴 보고, 기어가 돌아갈 때 나는 빠르고 반복적으로 쟁강거리는 큰 소음을 듣게 된다. 이러한 경험들은 학생들에게 감각적 정보를 제공하고 원주민 일기를 위한 배경지식을 제공하며, 1730년과 1770년 사이에 방앗간의 견습생의 삶을 묘사하게 한다. 어떠한 책도 직접 경험들이 제공해 주는 이러한 자극과 이미지를 적절하게 만들어 낼 수 없을 것이다. 학생들은 생생한 경험을 활용하여 그들의 캐릭터와 원주민 일기를 생생하게 만든다. 당신이 실제로 그곳에 있어 볼 때 거기에 있기(be there) 더 쉬워진다.

　교사의 지역을 가로질러 이동하였듯이, 교사는 퀘이커교도로부터 미국혁명으로 이동한다. 학생들은 몇 가지 관점들 중의 하나로 브랜디와인 지역의 전투에 관한 내용을 쓴다. 식민지 군인의 관점일 수도 있고, 영국 군인 또는 헤센의 용병 혹은 전투지였던 지역에 살고 있는 지역 퀘이커교도 시민의 관점일 수도 있다. 그들이 선택한 관점과 상관없이 학생들은 전투의 연대를 역사적으로 정확히 제시해야 한다. 교사는 전쟁에 대한 장교들의 전반적인 설명과 지역 시민들의 일기에 담겨 있는 일차적인 자료들을 통하여 전쟁에 관하여 배운다. 학생들은 또한 전체 전투 지역을 여행하며, 워싱턴의 군대가 강을 따라 위치한 방어지로부터 보았던 전망들을 직접 둘러보고, 영국과 헤센의 공격자들이 사용했던 실제 행진 경로를 따라가 본다. 다시 말해, 이 직접적인 경험은 역사적 사건에 대한 학생들의 이해력을 높이고 동시에 글쓰기에 사용할 수 있는 개인적인 감각적 이미지를 제공해 준다. 이것은 결과적으로 청중들뿐만 아니라 학생들을 위해서도 글쓰기를 더욱 생생하고 다채롭게 만들어 준다. 이러한 글쓰기 경험은 중요성의 지층과 개인적인 관심의 맨틀을 가정하게 하여 학구적인 글쓰기 연습의 틀에 박힌 따분한 과정으로부터 벗어나게 해 준다. 학생들은 글쓰기를 즐기기 시작하고, 간절히 바라는 운명 같은 것이 된다.

　브랜디와인의 전투로부터 교사는 1777년 가을의 사건 속으로 전투 부대를 따라간다. 여전히 직접 경험과 현장 답사를 활용하여, 교사는 브랜디와인으로부터 클라우드 전투지, 파올리 대학살, 저먼타운 전투지로 이어진 워싱턴 부대의 퇴각로를 그리고 필라델피아의 포위 흔적을 따라간다. 궁극적으로 워싱턴의 부대처럼 교사는 밸리 포지 마을에서 멈춘다. 여기서 학생들은 밸리 포지 마을에서 집으로 보내는 편지 형식으로, 다음 원주민 일기를 쓰게 된다.

　이 학생들은 식민지 근원을 선택하여 캐릭터를 창조한다. 어쩌면 브랜디와인에서 패배

할 때 살아남은 캐릭터와 동일한 캐릭터일 수도 있다. 그들은 미숙한 주 의용군이 밸리 포지에서 야영했던 곳을 둘러본다. 그들은 더 많은 피신자가 있는 다른 지역으로부터 발생했던 다른 여러 가지 경험을 조사한다. 그들은 다른 주들이 어떤 방법으로 부대를 지원했었는지 그리고 군인들에게 어떤 영향을 주었는지 배운다. 코네티컷 군인들은 추운 겨울을 위한 준비가 되어 있었다. 하지만 서부의 캐롤라이나는 그런 준비가 되어 있지 않았다. 이러한 모든 요소들은 그해 겨울 밸리 포지에서의 생활을 묘사하는 데 중요한 역할을 하게 된다. 그러므로 허구와 사실이 합쳐져 의미 있고 즐거운 학습 활동이 된다. 학생들은 역사적 사실을 배우고 그들의 글쓰기를 개선하기 위하여 허구의 요소를 사용하는 것도 배운다.

혁명적 전쟁 이후에 학생들은 19세기 동안의 산업화된 마을들의 생활을 경험하게 된다. 델라웨어주 윌밍턴 외곽 DuPont 회사의 본거지인 Hagley 박물관을 모델로 사용하여, 학생들은 젊은 기계 견습공, 흑인 화약 노동자 혹은 공장 마을에 살고 있는 자매, 어머니 또는 아내의 삶 중 어느 하루에 관하여 쓴다.

몇 년간 교사는 다른 19세기 원주민 일기를 통하여 이러한 경험들을 늘려 간다. 이러한 선택적인 글쓰기 과제는 1870년과 1900년 사이 교사의 지역에 도착했던 젊은 이민자의 경험을 상세히 묘사한다. 학생들은 이민자 그룹에 대해 조사하여 그들이 어디에서 왔고, 왜 이주해 왔는지를 알아낸다. 학생들은 일기나 편지 형식으로 이야기를 만들어 이민자들의 경험에 관하여 조사하면서 알게 된 것들을 보여 준다. 많은 학생은 자신의 유산을 대변하는 이민자 그룹을 선택한다. 이것은 학생들이 그들의 부모나 조부모를 인터뷰하고 그들 자신의 가족의 경험들에 대하여 통찰력을 얻게 되므로 프로젝트에 의미를 더해 준다.

학생들이 요소를 배우는 단계에서 교사 지역에 대한 학습을 마치면, 교사의 학생들은 과거뿐 아니라 미래도 볼 수 있다. 그들은 마지막 원주민 일기를 위하여 두 가지 선택사항 중 하나를 고르게 된다. 그들은 미래로 편지를 쓸 수 있고 또는 2020년을 위하여 일기를 쓸 수도 있다. 학생들이 첫 번째 선택사항인 편지를 선택했다면, 그들은 동시대의 삶을 묘사해야 하는데, 특히 환경의 사용과 관련지어 써야 한다. 후자를 선택했다면, 그들은 현재의 경향과 상태를 토대로 2020년에 삶이 어떨지 상상해야만 한다.

연말 즈음 학생들은 지역의 역사를 조사한 짧은 이야기 문집을 가지게 된다. 그들 자신의 이야기를 다시 읽음으로써 중요한 역사적 정보를 훌륭하게 재검토해 볼 수 있고, 아울러 학생들이 사건의 연대를 시간 순서로 기억하는 데 도움을 준다. 게다가 학생들은 그들의 글모음을 이용하여 글쓰기가 처음부터 마지막 원주민 일기까지 여섯 달 동안 어떻게 달라졌는지 그 변화과정도 평가할 수 있다.

　교사가 프로젝트에서 시용한 내용들을 기술하긴 하였지만 가능성은 무한하다. 이 학습활동은 어느 시대 어느 지역에나 모두 적용될 수 있다. 중요한 것은 글쓰기가 창조적이고 정보를 주는 유익한 것이 되게 하는 것이고, 직접 경험을 해 보게 하는 것이며, 가능할 때마다 하나의 글쓰기 과제로부터 다음 과제까지 지속성과 관련성을 유지하도록 노력하는 것이다. 학생들은 그곳에 있음으로(be there) 배우고, 그 교훈은 내용을 이해하는 것과 글쓰기 기술을 얻는 것으로 성과를 얻게 된다.

(8) 신문 발간

　교사는 시대의 특징에 관한 토론 수업으로 이 활동을 소개한다. 교사는 학생들과 역사상 그날의 주요 사건과 현대 생활에서 강조되는 부분에 대해 브레인스토밍한다. 해마다 특별한 뉴스 항목은 변하지만 어떤 아이디어들은 매년 나오는 것 같다. 교사 삶에서 컴퓨터가 중요해짐에 따라 스피드와 인스턴트 개념은 교사 토론에서 자주 거론되고 있다. 말할 필요도 없이 이것은 활발한 토론의 결과이며, 이러한 토론을 통해 교사는 연구의 주된 흐름과 토론의 진행과정을 예측해 볼 수 있다.

　이 토론을 통해서 교사는 학생들과 19세기에 대한 그들의 인식을 공유하였다. 해마다 그 반응이 달랐지만 학생들의 배경지식은 보통 남북전쟁과 서부 확장에 대한 생각 정도였다. 그래서 이 토론은 조끼리 먼저 브레인스토밍하고 난 후 그들의 생각을 발표하도록 진행하면 더 좋다. 조별이든 개별이든 아무튼 교사는 19세기를 특징짓는 범주들이나 큰 경향을 만들어 가게 된다.

　이 토론에서 중요한 것은 학생들이 교사가 일반화하려는 것이 매우 규모가 큰 것이고, 일반화 과정에는 어떤 위험이 따른다는 것을 깨닫는 것이다. 과학자에게 가설이 지침이 되듯이, 역사학자에게는 일반화가 지침이 된다. 더 중요한 임무는 일반화 또는 이론을 증명하는 것이다. 앞으로 진행될 연구를 통해 입증 또는 반증을 확인하게 될 것이다. 일반화의 선택은 이 활동이 적용되는 시기에 따라 다양할 것이다. 19세기를 조사하는 데 있어서 교사는 '지역주의' '산업주의' '이민' '팽창'의 네 가지 주요 경향에 초점을 두었다.

　다음으로 학생들은 학습 활동에서 기대되는 결과물을 자세히 안내한 설명서를 받는다. 당신이 쉽게 볼 수 있듯이, 프로젝트는 다면적인 요소를 가지고 있고, 학생들이 다양한 학습기술을 사용하도록 요구한다. 교사는 시간이 필요하면 얼마든지 사용할 수 있는데, 학생들과 설명서를 읽고 그들의 질문에 대답하는 데 보통 20분 내지 30분 정도 소요된다. 여

〈표 7-15〉 신문 발간

단계		활동	교육과정과의 연계
시작	역사 탐구하기	역사적 사건 브레인스토밍하기	사회: 역사적 사건 떠올리기
		신문 안내 설명서 읽고 질문하기	국어: 질문하기
		도서관 이용 재교육 받기(연구 시작하기)	국어: 도서관 이용 재교육
참여	신문 만들기	신문의 형식과 스타일 확인하기	국어: 신문의 형식, 스타일
		표제, 단락, 기사 쓰기 연습하기	국어: 표제, 단락, 기사 쓰기
		지도 또는 삽화 그리기	미술: 삽화 그리기
		기사 배치하기	국어: 기사 배치하기
음미	신문 전시하기	교실에서 신문 보여 주기	-
		전시하기 전에 문제 수정하기	-

기에 교사가 연구를 위해 사용할 절차와 기간 등을 설명하고 소개하는 것이 포함된다.

연구 시간과 시설은 학교마다 다양할 것이다. 그래서 교사는 상황에 맞춰 최상의 작업 변수가 무엇인지 계획을 세워야 한다. 교사는 이 활동에서 도서관 사서와 긴밀하게 협조하였다. 사서와 사서보조에게 프로젝트 설명서를 복사해서 주고, 학생들이 언제 도서관을 사용할 것인지 구체적인 시간을 협의하였다. 학급과 도서관 사서의 스케줄에 따라서, 교사는 보통 조별로 도서관 이용에 대한 재교육을 하면서 프로젝트의 연구 영역을 시작한다. 이 자료들은 학생들에게 큰 도움이 될 것이다. 도서관에서 이루어지는 이러한 교육은 도서관 직원들이 진행하고 학생들에게 도서관 이용절차와 자료 배치에 대해 상세히 알려 준다. 그들은 정기 간행물과 참고자료들을 찾는 절차 및 최신 전자 및 컴퓨터 보조 자료들을 찾는 방법을 안내한다. 사서들은 학생들이 지금 당장 사용하지는 않더라도 서가에서 가져온 자료를 예약하는 방법과 학생들이 자료들을 잘 찾을 수 있도록 알려 준다. 이 모든 과정은 학생들이 도서관에서 시간을 최대한 이용할 수 있도록 하기 위함이다.

시대를 연구하기 위해 도서관을 방문하는 것은 당신의 수업 상황에 따라 적절하게 일정을 정할 수 있다. 교사는 몇 번은 전체 그룹 영역을 사용하지만 융통성 있게 시간을 사용하기 위해 작은 그룹을 더 자주 도서관으로 보낸다. 이것이 제한적인 자원에 덜 부담이 되고 도서관 사서나 교사가 학생 개개인을 더 쉽게 도울 수 있다.

교사는 이 활동을 몇 주 동안으로 정하고 다른 활동들은 교실에서 계속하도록 한다. 관련 활동을 할 때, 교사는 적절한 신문의 형식과 스타일을 확인하기 위해 학생들에게 신문기사와 사설을 가져오라고 한다. 교사는 문단을 이끄는 표제(머리말), 단락, 기사 쓰기를 연습하고 다음과 같은 쟁점, 즉 사설의 입장, 사실의 진술 대 의견의 진술, 세부적인 묘사, 기사를 인용하는 방법 등을 논의한다. 또한 어떤 정보가 신문의 배너에 더 중요한지를 고려하여 기사를 배치한다.

교사가 학급에 많은 자료를 가지고 있어서 다행이다. 여기에는 교사가 몇 년에 걸쳐 모아 왔던 유용한 책들과 정기 간행물, 비디오 그리고 컴퓨터 보조 자료들이 있다. 이러한 자료를 가지고 있는 학생들은 다른 사람들이 도서관 자료를 활용하는 동안 교실에서 연구하는 데 시간을 사용한다.

분명히 학생들과 교사를 위한 많은 선택 활동이 존재한다. 예를 들어, 연구할 수 있는 시간을 다양하게 할 수 있다. 교사는 36명의 학생들이 전 세기의 몇 년에 걸쳐 있었던 역사적인 시각과 논리적인 연속성을 보여 주기 위해서 3년으로 정하기로 했다. 이와 비슷하게 기본적으로 전시의 목적을 위해서 종이의 크기를 제한한다. 교사는 신문을 천장에서 연결된 줄에 매단다. 이렇게 하면 신문의 양면을 모두 볼 수 있다. 교사는 천장 공간만 있으면 된다. 그러나 모든 사람의 신문을 전시해야 한다. 신문의 크기를 제한하면 학생들이 신문을 요약하고 중요한 점을 간추려야 한다는 것을 깨닫도록 한다. 더 나아가서 학생들은 한정된 종이에 구조화하여 디자인하는 기술을 계획적으로 사용해야 한다.

다른 면들은 특별한 요구에 맞추어 변경할 수 있는데, 기사의 수, 기사의 유형, 삽화의 유형과 수에 따라 달라질 수 있다. 기본적인 생각은 학생들이 질문 속에서 시대를 탐구하고 무엇을 포함하고 어떻게 그것을 포함하게 되었는지에 관련되는 자신만의 결론에 도달하도록 허용하는 것이다.

이 프로젝트 활동의 연구와 준비 기간 내내 교사는 조언자와 안내자로 함께한다. 교사는 간혹 주제를 제안하고, 학생들이 주제를 선택하도록 돕고 학생들이 좀 더 중요한 것에 가까이 갈 수 있도록 인도한다. 교사는 그들이 이해하지 못하는 것을 설명하고 그들의 능력에 맞는 적절한 자료를 찾을 수 있는 방향으로 이끌어 준다. 교사는 기사와 사설의 교정을 보고 그들이 중요한 이슈를 디자인하고 배치할 때 조언해 준다. 그러나 모든 경우에 있어서 최종적인 결정은 학생들이 한다.

일단 신문은 완벽하게 만들어졌고 학생들은 그들이 작업한 것을 교실에서 보여 준다. 학생들은 그들이 선택한 주요 사건들을 시대순으로 정리하고 주요 경향에 관하여 사건의 중요성을 설명함으로써 그 기사를 변호한다. 수업시간에 신문을 발표하면서 학생들은 19세기의 중요한 특징과 사건에 대한 광범위한 연대표를 갖게 된다. 교사는 발표를 통해서 사건들 사이의 관계에 주목한다. 교사는 원인과 효과에 대해 논의하는데, 예를 들어 그 시대를 관통하는 주된 경향의 흐름을 추적하는 것이다. 기분 좋은 일은 학생들이 성취를 통해 자신감을 갖게 되는 것을 보는 것이었다. 그 신문들이 자랑스럽게 전시되고 학생들은 특별한 사건 기사의 저자로서 자신의 역할을 즐긴다.

교사는 물론 신문들을 읽고 또 읽을 것이다. 그러나 교사는 신문에는 아무것도 표시하지 않는다. 대신 학생들에게 그들의 성취를 칭찬하고 어떠한 오류나 누락을 지적하지 않은 별도의 종이를 나눠 준다. 학생들은 그것을 전시하기 전에 문제를 스스로 바로잡는다. 프로젝트가 모든 사람에게 보이기 전에 학생들은 그러한 문제들을 수정할 수 있다. 학생들은 몇 가지 이유로 이것을 좋게 여기는 경향이 있다. 예를 들면, 그들은 신문의 모양을 망칠 수 있는 교정 기호나 의견으로 덮여 있는 자신들의 작품을 수정하는 데 많은 시간과 노력을 들이곤 했다. 게다가 그들의 실수는 비공개로 남고 어떤 곤란한 상황을 피할 수 있다. 이 두 가지 생각은 학생들의 노력의 가치를 확고히 하고 학습 경험의 긍정적인 면을 유지하게 한다. 실수는 고통으로 가는 길이 아니라 성취로 가는 길이다.

교사는 항상 학습 경험들이 함께 연결되기를 기대한다. 이것 때문에 교사는 학생들에게 그들의 신문에서 사건 중의 하나를 근거로 하여 두 번째 연대표를 만들라고 요청하였다. 이와 같이 두 프로젝트는 교사가 개발하고자 하는 시간 감각을 키워 주고 역사의 연속체일 뿐만 또 다른 것도 강화시킨다. 그것은 학생들이 경험을 통해 기쁨을 더하는 동안 그들의 자발성과 역사에 대하여 개인적으로 몰두할 수 있도록 하는 것이다.

(9) 그림 따라 그리기

그림 따라 그리기 활동의 최종 산출물은 학생이 그린 그림의 모조품이다. 과거나 현재의 어떤 예술가든지 상황에 적절하게 선택할 수 있다. 교사는 교사와 같은 지역에 살고 있으며, 그림을 그리는 Wyeth 3대 예술가 가족을 대상으로 하였다. 지역적인 관련보다 예술가로서의 관련이 더 깊다. 이 활동의 근본이 되는 진짜 맥락은 바로 교육의 목표이면서도 핵심인 질 높은 산출물을 만드는 과정을 조사하는 것이다.

교사는 학생들이 그들의 삶의 질에 영향을 미치는 시스템을 탐험하는 '질 높은 감각' 단계를 소개하기 위해 이 프로젝트를 사용한다. 이 활동은 화가의 실제 작품에 초점을 두며, 시스템을 구성하는 요소를 이해하는 것뿐만 아니라 전체를 구성하는 요소들의 관련성을 살펴보는 것도 중요함을 보여 준다. 특별한 경우에는 그 중요한 전체는 '스타일'이라고 불리며, 그것은 다른 사람들의 것들과는 구분되는 개개인의 작품을 완성하는 질이라고 할

〈표 7-16〉 그림 따라 그리기

단계		활동	교육과정과의 연계
시작	그림 감상하기	예술가의 두 작품 감상하기	미술: 작품 감상하기
		예술가가 다루는 요소나 도구 목록 만들기	미술: 예술적 요소와 도구
		네 가지 작품의 예술적 요소 기술하여 활동지에 적기	미술: 예술적 요소
		학생들의 느낌과 분석 공유하고 검토하기	–
참여	그림 모사하기	사용할 도구나 기술 선택하기	미술: 사용할 도구와 기술
		그림 똑같이 그리기	미술: 똑같이 그리기
		포스터 보드 매트에 그림제목, 원 작품의 화가, 학생 이름 적어서 붙이기	
음미	모사작품 감상하기	미니 박물관에 전시하기	–
		자기평가서 쓰기	
		작품에 대해 설명하기	국어: 작품 설명하기
		브랜디와인 강 전시관 견학	미술: 전시관 견학하기

수 있다.

이 활동을 소개하기 위해 교사는 2명의 다른 예술가가 그린 그림 슬라이드를 나란히 보여 준다. 소그룹으로 나누어진 학생들은 그들이 두 작품을 차별화할 수 있게 가능한 한 많은 방법을 찾아내야 한다. 그러면 기록관으로 활동하는 학생 자원자를 활용하여 소그룹이 제안한 그 요소들의 보드 위에 학급 목록을 만든다. 소그룹이 제안할 때 교사는 그 그룹의 아이디어 방식을 토의하고, 결국 그 예술가가 그림을 창조하기 위해 다루는 기본적인 요소나 도구들의 목록을 만들게 된다.

핵심적으로 토의할 점은 여기서 발생한다. 교사는 간단하게 학생에게 만약 그들이 같은 요소를 쓴다면 이 그림들이 왜 다르냐고 질문한다. 너무나도 명백하지만 때론 간과되는 이 대답은 의식적 선택과 유의미한 조작의 개념이다. 예술가는 마음속에 목표를 가지고 의도적으로 목표를 성취하기 위해 다양한 요소를 표현하는 방법을 선택한다. 수필이나 사진, 발레, 건축, 정수 시스템처럼 그림은 우연히 일어나는 것이 아니다. 그들은 계획을 세우고 일련의 결정들과 눈에 보이게 표현되는 결과를 통하여 실행한다. 이러한 결과로부터 교사는 결정과정을 분석하고 그 효과성을 평가하기 위해 취소할 수 있다. 간단히 말하면, 교사는 질을 결정하기 위해 그 요소들을 사용한다.

불가피하게 이것은 개인적 취향 대 심미적 질에 대한 유의미한 결정으로 이끈다. 이는 당신이 비교 예제로 추상적인 그림을 사용한다면 특별히 잘 맞을 수 있다. 학생들(실제로 또 많은 어른)은 추상적인 그림이 같은 요소에 의존하고 있고 보다 전통적이거나 회화적인 그림처럼 같은 방식으로 구성되어 있다고 생각하면서 보기 때문에 어려워한다. 게다가, 모든 그림이 그렇듯 교사가 요소들과 과정들을 이해하고 인정하는 결과들을 좋아할 필요는 없다. 하지만 근본적인 구조와 철학을 이해하는 것이 교사가 개인적인 취향을 개선하고 옹호할 수 있게 한다. 이것은 나에게 일반적으로 교육과 삶에 대한 근본적인 교리이다. 교사는 판단하기 전에 이해할 필요가 있다. 그림은 7학년이 다루고 즐길 수 있는 방법으로서 보편적인 개념을 보여 준다.

우연히가 아니라 학급에서 만든 목록은 항상 교사가 지금 학생들에게 나눠 주려고 하는 유인물 중 하나와 매우 유사하다. 이 유인물은 학생들이 질문지에 있는 예술가의 4개의 그림에서 사용한 예술적 요소들이 무엇인지 기술하도록 요구한다. 그리고 나서 그 요소들이 보편적으로 사용되는 방법에 토대를 두고 예술가들의 스타일을 묘사하게 한다. 교사는 시간 내에 작업할 수 있도록 4개의 그림을 선택한다. 만약 시간이 허락한다면 더 많은 그림을 선택할 수 있고 학생들이 예술가들의 스타일을 훨씬 더 잘 평가할 수 있을 것이다. 학생들은 그들의 개인적 취향에 따라 3명의 Wyeth 가족 중 1대 N. C., 2대 Andrew, 3대 Jamie 중 1명을 선택한다.

독자들은 활동지에 요소들을 정의하는 공간이 있다는 것을 알아차릴 것이다. 교사는 이전에 진행한 학급 토의에 기반을 두고 그룹끼리 정의를 내리는 작업을 하고, 이 시점에서 함께 그 정의들을 채워 나갈 것이다. 학생들은 또한 그들이 분석한 그림들 중 하나는 반드시 모방해야 한다는 것을 기억해야 한다. 학생들이 예술가 3명의 작품들을 탐색하고 선택하고 그들의 스타일들을 분석한 것을 활동지에 정리할 때까지 시간을 줄 수 있다.

때때로 교사는 이러한 활동지를 모으기도 하고, 그렇지 않을 때도 있다. 교사는 항상 그 과정 중 어떤 순간에 학생들 개개인과 작품에 대해 토의하는 시간을 갖고, 활동지가 완성되었는지 확인한다. 일반적으로는 일단 활동지가 완성되면, 학생들의 느낌과 분석을 공유하고 검토하기 위해 학급 토의를 한다.

학생들의 분석이 끝나면 그림을 모사하기 시작한다. 정말 재미있는 도전이 시작되는 것이다. 학생들은 도구나 기술들을 자유롭게 선택할 수 있지만, 가능한 한 원본과 매우 똑같게 그리도록 노력해야 한다는 것을 안다. 그림이 완성되면 교사는 각자 포스터 보드 매트를 하나씩 만든다. 교사는 거기에 그림의 제목, 원 작품의 화가 이름, 학생의 이름을 써서 붙인다. 틀이 있는 그림은 모두가 보고 즐길 수 있도록 미니 박물관에 전시된다. 말할 필요도 없이 학생들은 그 작품이 그들의 노력을 입증해 주는 것이라고 본다. 학생들은 또한 자기평가서를 쓰기 전에 학급 친구들에게 그들이 선택한 작품에 대해 말하는 기회를 가진다.

그들이 힘들었던 작품을 보충하는 또 다른 재미있는 방법으로써, 교사는 Wyeth의 수많은 작품의 고향이기도 한 브랜디와인 강 박물관을 방문한다. 학생들은 화가의 스타일을 분석하고 그들이 공부한 지역과 작품과의 관계를 찾아보는 기회로 이 방문을 계획한다. 학생들이 미술관을 방문할 때 그들을 도와주는 학생용 활동지가 필요하다.

모든 활동이 끝나면, 학생들은 엄청난 성취감을 느낀다. 자신이 예술적인 자질이 없다고 생각하는 학생들조차도 자신의 작품을 자랑스럽게 여기게 될 것이다. 학생들은 또한 그들이 예술적 스타일의 요소들을 분석하는 새로운 능력을 가지게 되었음을 기뻐하면서 사진 같은 또 다른 예술적 경험에도 적용해 보기 시작하였다. 아마도 다른 무엇보다도 학생들은 그들의 배움에 있어서 개인적인 몰입이 커 가는 느낌을 깊이 받았을 것이다. 이러한 몰입, 실감, 기쁨, 성취, 소유와 같은 감정들이 이 활동을 통해 축적된다. 학생들이 미술관에서 "여기 내 작품 있어요!"라고 소리칠 때만큼 짜릿한 스릴은 없을 것이다.

(10) 인체 탐험

인체 탐험 활동의 결과물은 Asimov의 작품[8]과 같은 한 편의 이야기이다. 학생들은 인물과 질병을 자유롭게 선택할 수 있다. 그들은 마찬가지로, 세부적인 이야기 장면과 줄거리를 효과적인 방법으로 설정할 수 있다. 가령, 축소 과정이 진행되는 방법과 몸 안에서 그들이 사용하는 이동수단을 선택할 수 있다는 뜻이다.

이러한 유형을 결정하는 것은 신체에 관한 학습의 목표와 직접적인 관련은 없지만, 허구의 형식을 빌려 효과적인 의사소통의 기술과 개념들을 연습하게 한다. 교사는 이 사실을 강조해야 하고, 지속적으로 이러한 작성기술이 주요한 학습목표의 성공에 어떻게 영향

---

8) Isaac Asimov의 소설과 나중에 냉전시대 동안 상영된 Raquel Welch와 Stephen Boyd 주연의 영화이다. 소설의 기본 소재이며, 이 프로젝트에서 채택한 전제는 과학자들과 그들의 특별한 배를 분자 크기로 축소하여, 국가 안보에 중요한 사람을 살리기 위해 그의 몸 안으로 주입한다는 내용이었다. 그 축소된 과학자들은 이 사람의 몸속을 여행하며 수많은 장애물들을 극복하여 결국 그 사람의 생명을 구하게 된다. 치명적인 위험은 성공적으로 제거되고, 과학자들은 기적적인 축소 과정이 자동으로 되돌아오기 전까지 그 사람의 몸에서 빠져나와야 했다. 대부분 할리우드 영화의 결말이 그렇듯이, 그 사람은 살아나고 국가는 공산주의의 위협으로부터 안전하게 남는다. 그리고 두 주인공은 그 후에도 행복하게 산다.

〈표 7-17〉 인체 탐험

단계	활동		교육과정과의 연계
시작	인체 정보 수집하기	활동지의 질문에 답하기	과학: 인체 시스템 정보 수집
		조가 협동하여 활동지 해결하기	-
		두 편의 영화 보기	과학: 인체 영화 감상
참여	이야기 쓸 준비하기	쓰고 싶은 유명인 선택하기	사회: 인물 선택하기
		인물에 어울리는 질병, 상처 선택하기	국어: 인물과 질병 연관 짓기
		질병 치료 계획 세우기	과학: 질병 치료 계획 세우기
		방문하고 싶은 인체 기관 목록 제출	과학: 인체 기관 목록 만들기
	이야기 쓰기	이야기 개요 발표하기	국어: 이야기 개요 쓰기
		필요에 따라 수정하기	국어: 초고 수정하기
		서문 구절 조와 공유하기	-
		이야기 완성하기	국어: 이야기 완성하기
음미	이야기 발표하기	삽화 및 표지 만들기	미술: 삽화 및 표지 만들기
		이야기 발표하기	국어: 이야기 발표하기
		오개념, 잘못된 정보 바로잡기	과학: 오개념, 잘못된 정보 수정
		월간 신문에 싣고 공개하기	국어: 신문에 싣기
	수행평가	자신의 수행을 평가하기	-

을 주는지 강조해야 한다. 통합학습의 목표는 독립된 교과인 전통적인 교육과정에 의해 만들어진 인위적인 분리를 제거함으로써 학습 과정을 재통합하는 것이다.

그러나 주요한 학습목표는 인체 시스템의 형태와 기능에 초점을 두기 때문에 학생들은 문학적인 부분에 있어서는 완전히 허용된다. 이를 허용하는 것이 신체 구조나 해부학적 정보까지 자유롭게 바꿀 수 있다는 뜻은 아니다. 학생들이 인체를 탐험하는 과정을 보여 주는 과정에서 해부학적으로 정확하고 생리학적으로 적합한 가능한 것이어야 한다.

게다가 교사는 학생들이 알고 싶어 하는 많은 정보를 경험할 수 있도록 기본적인 요구 조건을 마련해야 한다. 즉, 교사는 학생들이 기술해야 하는 인체 시스템의 최소한의 수와 구체적인 기술 방식의 예를 제공하는 것이 좋다. 예를 들어, 첫째, 인체 탐험 중에 반드시 적어도 다섯 가지 인체 시스템을 기술할 것, 둘째, 선택한 인체 시스템을 구성하는 조직을 기술할 것, 셋째, 인체 시스템의 각 구성 조직이 어떻게 결합되어 작동하는지 그림으로 나타낼 것 등을 제공할 수 있다. 주지하듯이 이러한 요구 조건을 충족시키는 과정에서 학생들은 인체에 관하여 많은 것을 배우게 된다. 교사는 다양한 기술을 이용하여 학생들의 정보 수집을 도와줄 수 있다. 가령, 교사는 9개의 인체 시스템 각각에 맞는 적절히 구조화된 활동지를 제공할 수 있다. 이와 같은 활동지는 학생들이 인체 시스템의 중요한 점들을 빠짐없이 다룰 수 있도록 만든 질문을 제시함으로써 학생들의 조사 연구에 도움을 줄 수 있다. 또한 인체 탐험의 다양한 부분을 경험하게 할 수 있는 효과적인 질문을 제시하여 짧은 에세이를 쓸 수 있게 도와준다면 학생들은 이러한 짧은 에세이들을 이용해서 어렵지 않게 긴 보고서를 완성할 수 있을 것이다.

활동지를 이용한 활동은 모둠에 따라 달라질 수 있다. 교사는 꼭 필요한 경우에 학생들이 활동지를 완성하고 수정하여 제출할 것을 요구할 수 있지만 이러한 방식은 되도록 자제하는 것이 좋다. 왜냐하면 이러한 방식은 전통적인 (분과) 교육과정에서 다루는 방법으로, 활동지의 완성 자체를 목적으로 삼는 경향이 있을 수 있고 학생들의 책임감을 약화시킬 수도 있다.

교사는 전체 학급에서 협동적으로 활동지를 해결하기 위해 4명이 조를 이루는 것을 선호한다. 가끔씩 교사는 개인이나 조가 특정 활동지에 관한 논의를 이끌어 가도록 권한을 준다. 다른 시간에는 무작위로 학생을 선택하여 특정한 문제를 논의하게 한다. 이 활동지를 검토하는 과정에서 반드시 모든 학생이 자신이 가지고 있는 정보와 도구를 소개해야 한다. 검토에 사용되는 기술은 최대한 학생들이 정보를 공유하고 학습에 책임감을 갖게 한다. 종종 학생들은 정보를 입증하기 위해 재미있는 표현을 사용하기도 한다. 활동지의 완성도를 높이기 위하여 교사는 비디오를 보여 주고, 학생들이 만든 인체 기관 차트와 그림을 가지고 Door Person을 만든다. 후속 프로젝트는 다음 장에서 독립적으로 다루어진다. 여기서는 이 모든 9개의 시스템을 정확하게 조립하여 실제 크기의 입체 모델을 만드는 협동 프로젝트를 언급하는 것으로도 충분하다.

이 책을 통해 강조하였듯이, 특정한 내용이 있거나 별도로 가르치는 것이 아니다. 이 경우에, 인체 구조에 대한 학습과 더불어 글쓰기 기술과 시간 관리 기술을 연습하게 된다. 이를 위해 교사는 단계적으로 쓰기 과정의 견본을 만든다. 흥미와 아이디어를 만들어 내는 사전 글쓰기 활동은 앞서 언급했던 Door Person과 활동지를 포함한다. 교사는 또한 또 다른 신체를 여행하는 오래된 영화인 〈The Fantastic Voyage〉 또는 더 현대 영화인 〈Inner Space〉를 보여 주기도 한다. 이 두 편의 영화는 인체 해부학, 정의, 묘사 기술, 문학적 자질에 대한 생생한 논의를 이끌어 낼 수 있고, 가능한 몇 가지 주제를 떠올릴 수 있다. 더 중요한 것은 그들이 이러한 스토리를 작성하는 데 큰 흥미를 갖게 한다는 것이다.

이렇게 동기와 흥미가 만들어지면 학생들은 자신이 쓰고 싶은 유명인을 선택한다. 어떠한 인물이라도 가능하다. 정치인, 스포츠 선수, 록 가수, 연기자, 역사적 인물, 심지어 만화 캐릭터까지도 가능하다. 학생들은 완전히 선택의 자유가 있다.

캐릭터와 함께 학생들은 이야기 속에서 치료를 시도하게 될 질병 혹은 상처를 선택해야 한다. 학생들이 선택한 인물과 어울리는 질병을 선택해야 하기 때문에 여기에서 계획과 지속성은 중요한 역할을 한다. 예를 들어, 어깨나 팔꿈치 부상을 당한 야구 투수를 선택한 것은 훌륭하다. 손목이 부러진 록 기타리스트, 어떤 학생은 만화에 등장하는 고양이인 가필드를 사용했고 식이장애를 치료했다.

이 시점에서 학생은 어떻게 질병을 치료할 것인지 계획을 세운다. 어떤 경우에는 실제 치료법이 있을 수도 있다. 만약 그런 경우라면 신체 속으로의 여행을 필요로 하는 그 치료법에 적당한 방법을 찾아내야 한다. 예를 들어, 에이즈나 암과 같은 난치병의 경우는 학생들이 치료법을 만들어 낼 수 있으나, 그 치료법은 의학적 지식에 맞아야 한다. 예를 들어, 암을 치료하기 위해 학생은 인체 내에 암 세포를 죽이는 데 사용할 특별한 레이저를 개발할 것이다. 이러한 결정을 하는 과정에서, 학생들은 서로 이야기를 나누고, 치료 가능성에 관하여 교사와 논의하고 서로의 아이디어를 비교해 본다. 종종 학생들은 다른 사람을 돕기 위해 훌륭한 제안을 하기도 하고, 동시에 자신의 이야기를 위한 아이디어를 얻기도 한다. 이러한 논의를 통해 학생들은 정확한 인체 시스템 연구에 도움이 될 만한 질문을 제기한다.

일단 학생들은 앞에서 제시한 세 가지 기본적인 결정을 내렸다면, 여행 그 자체에 대해 생각해야 한다. 이를 위해 교사는 그들이 방문하고 싶은 인체 기관과 시스템의 목록을 제출하도록 한다. 이것은 처음에는 일반적인 목록에 불과하지만, 그들이 방문하게 될 인체 시스템과 기관의 순서를 정하고, 그들이 선택한 내용을 해부학과 이야기 두 측면 모두에서 설명하게 한다. 이의 한 부분으로, 각각의 학생은 인체 여행 경로를 보여 주는 인체 지도를 그려야 한다. 이 기술은 학생들이 정보를 바탕으로 한 논리적인 선택을 하게 도와주는데, 가령 입에서 심장으로 직접 여행하지 않도록 하는 것이다. 그것은 또한 학생들이 그들의 이야기 전개 과정에서 연계성을 갖도록 하는 것이다.

이 인체 지도와 이야기 개요는 다른 학생들과 교사와 공유한다. 그들은 잠재적인 문제나 오류를 지적하고, 좋은 아이디어에 긍정적으로 호응한다. 학생들은 필요에 따라 그들의 지도나 이야기를 수정한다.

뼈대를 제자리에 두고, 학생들은 적절한 세부 내용과 묘사로 자신들의 이야기를 구체화할 준비가 되어 있다. 이 과정 동안 몇 가지 핵심에서 교사는 멈추고 결과를 비교한다. 예를 들어, 준비와 특징이 적절하게 세워졌는지 서문 구절을 살펴본다. 그다음 학생들에게 그들의 여행에서 특정한 부분의 서술을 나눠 줄 것을 요구한다. 아마도 심장을 통하는 관이나 신장에서 보우만 주머니의 압력으로 가득 찬 관일 것이다. 앞서 언급했듯이 많은 서술은 적어도 재서술 양식에서 부수적인 활동지로부터 나온다. 이 관을 나누는 데서 학생들은 어떤 문맥적 실수도 수정할 수 있다. 그들은 또한 한 단락에서 모든 오감을 사용하는 것과 같은 기술적인 서술 능력을 익힐 수 있다. 두 가지 목표 모두 동등하게 커다란 목표―인체 시스템의 의사소통 지식 능력이라는― 의 필수적인 면인 것처럼 보인다.

결국 이야기의 완성을 이루는 것으로 끝이 난다. 학생들은 작문과 함께 예술적 기술을 개발하기 위해 삽화를 그리고 표지를 만든다. 교사는 서로 이야기를 공유한다. 이는 교사가 양식과 시스템과 인체 기관의 기능을 한 번 더 검토할 기회를 주고 오개념 또는 잘못된 정보를 바로잡고 분명하게 할 기회를 준다. 이러한 검토는 또한 교사가 탐험할, 교사의 집인 다음 시스템의 세트를 소개하기 위한 길을 제공한다.

수업에서 공유하고 검토하는 것 외에도 교사는 월간 신문에 싣고, 다음 공개된 장소에서 읽기도 한다. 그것은 사용을 제공하기 위해 또는 학생들의 작업을 위한 관객의 경우에 중요하다. 학생들은 그들의 작업이 교실을 뛰어넘어 세계에 출판되거나 보인다는 것을 알아야 한다. 이는 그들의 노력을 입증하고 학구적 연구 수행능력을 강화하며, 현실 세계에 연결되었고, 관계는 종종 간과되었고 전통적인 교육과정에서 잃어버린 부분이다.

마지막으로 학생들은 그들 자신의 수행을 평가한다. 전체 과정을 검토하고 그들이 발견한 쉽고 어려운 활동의 측면이 무엇인지 평가한다. 그들이 배운 것을 적용할 방안과 그들의 수행을 미래에 향상시킬 방안을 찾는다. 선택 과정부터 작문 과정을 지나 평가 과정까지, 학생들은 학습 경험을 뛰어넘어 대부분의 통제를 유지했다. 그들은 질문에 대답할 수 있었고 그들 스스로의 즉각적인 관심을 다루어 왔고, 그렇게 함으로써 재미를 느꼈다. 인정하자면, 교사들은 몇 가지 이유 있는 한계와 기대를 설정해야 하나, 학생들은 기꺼이 그들을 한계가 아닌 가이드라인으로 받아들일 것이다. 학생들의 창조적인 번창력과 개별성은 모든 면에서 확인되고 입증된다. 그러한 활동성은 전체 학습 속에서 더 환상적인 항해가 된다.

(11) 3D 인체 지도

Door Person은 실물 크기이며, 학생들이 인체 해부학에 배운 것을 입증하는 방법으로

써 제작한 3D 인체 지도이다. 교사는 Door Person을 몇몇 다른 방법으로 만들어 왔지만 결과는 늘 최고였다.

〈표 7-18〉 3D 인체 지도

단계		활동	교육과정과의 연계
시작	인체 지도 제작 준비하기	버전 정하기(단순 or 복잡)	-
		종이 위에 누워 사람 본뜨기	미술: 사람 모양 본뜨기
		교실에 Door Person 걸기	-
		조 나누고 인체 시스템 선택하기	-
참여	인체 지도 제작 준비하기	인체 시스템의 형식과 기능 조사하기	과학: 인체의 여러 기관의 기능
		도움말 참고로 인체 지도 제작하기	과학: 인체 지도 제작하기
음미	인체 지도 평가하기	인체 시스템의 형태와 기능 설명하기	국어: 설명하기
		질문과 제의하기	-
		자기평가하기	-

Door Person을 교실에 걸고 싶다면 가장 먼저 결정해야 할 것은 단순한 버전을 원하는지 복합적인 버전을 원하는지를 결정하는 것이다. 교사는 둘 다 성공적이었다. Door Person은 재료와 공간에 따라 달라진다. 대부분 교사가 재료와 공간 모두에 있어서 심각한 한계에 직면하고 있다는 것을 가정하고, Door Person의 단순한 버전을 먼저 만들어 보자. 그다음에 복합적인 버전을 위해 변형을 가할 수 있을 것이다.

먼저, 큰 종이 한 장이나 천 한 장이 필요하다. 교사는 6피트 길이, 45인치 너비, 100피트 롤의 갈색 포장지를 주로 사용해 왔다. 낡은 침대보나 길고 평범한 아무 색깔 천처럼 꽤 오래 가는 용구나 공예 종이면 된다. 기본 재료의 크기 또는 내구성이 결정적 요소이다.

일단 배경 재료가 있다면 지원자가 필요하다. 이는 학생, 교사, 학부모, 교장 또는 열정적인 누구든지 가능하다. 교사는 종종 교생 선생님을 지원자로 삼곤 한다.

기본 종이나 천을 딱딱한 바닥에 쫙 펼쳐 놓는다. 카펫이 안 깔린 바닥이 제일 좋다. 큰 테이블 위도 괜찮다. 지원자는 팔과 다리를 약간 펼친 상태에서 종이 위에 눕고 학생은 종이 위에 그 지원자의 몸의 테두리를 따라 그린다. 만약 종이 위에서 작업 중이라면 잉크로 그리는 것이 더 좋을 것이다. 원래 따라 그리는 것은 완벽하게 할 수 없지만, 만약 선을 연필로만 긋는다면 두드러진 오류들을 수정할 수 있다. 일단 수정하면 그 선은 영구 표지나 페인트로 어둡게 할 수 있다. 그렇게 만들어진 Door Person는 이제 교실에 걸린다. Door

Person이란 이름에 걸맞게 옷장 문이 제일 좋지만 벽의 여백에도 괜찮다.

그런 다음 학급은 이제 조로 나뉜다. 조의 크기는 2~5명 정도면 적당하다. 한 조당 5명 이상의 학생은 모든 학생이 활발하게 참여하지 못하는 경향이 있기 때문이다. 교사는 한 조당 4명으로 한다. 4명이 교사에겐 가장 좋은데, 그 이유는 주로 한 반에 36명의 학생이 있고 교사는 9곳의 인체 탐험을 할 것이기 때문이다. 또 교사는 훨씬 적은 인체 시스템으로 나누어도 되고, 또 더 많은 조를 수용하기 위해 인체 시스템을 세분할 수도 있는데, 그것은 학급 규모, 경험, 초점에 따라 달리한다.

각 조는 인체 시스템을 선택한다. 이 조들은 마치 의사만큼이나 그 인체 시스템에 대한 학급의 전문가가 된다. 하지만 명심해야 한다. 이 학습 활동은 활동지와 인체 탐험과 함께 연결해서 써야 하고 따라서 학생들이 이 모든 인체 시스템에 대해 배우고 있다는 것을 확실히 해야 한다. 만약 이 프로젝트 단독으로 사용하고자 한다면, 산출물을 보기 위해 더 많은 시간을 투자해야 할 것이다.

각 조에게는 Door Person을 위한 특별한 시스템을 창조해 내는 책임이 주어진다. 첫 번째 활동은 인체 시스템의 형식과 기능에 대해 조사하는 것이다. 이것은 또한 조 간의 계획, 창조, 조화를 요구한다. 학생들에게는 프로젝트에 대한 엄청난 통제력을 요구한다. 앞 절에서 본 인체 탐험과 마찬가지로 산출물은 학생들의 창의력이나 통제력에 대해 한계를 두지 않는다. 다음의 도움말은 학생들의 선택을 도와줄 것이다.

- 인체 시스템과 기관들은 실물 크기여야 하고, 그것의 위치와 서로 연결된 것들이 정확히 표현되어야 한다.
- 학생은 그들이 원하는 어떤 재료도 쓸 수 있다. 그들은 Door Person에 직접 시스템의 일부를 그릴 것인데, 그들은 카드에 시스템이나 기관을 그려서 Door Person에 붙일 것이다. 아니면 그들은 인체 시스템을 표현하기 위해 보다 창의적인 방법을 고안할 것이다. 최근에 가장 좋았던 것 중 하나는 배설기관의 요로 부분을 수족관 재료에서 플라스틱 튜브랑 스펀지를 이용해 만들어 낸 것이었다. 또한 다음 도움말에 비추어 봤을 때 아세트산염이 매우 유용하다는 것을 알게 될 것이다.
- 모든 인체 시스템과 기관은 눈으로 볼 수 있어야 한다. 결과적으로 조들은 다른 조들과 계획을 상의해서 밑에 깔리는 시스템 옆으로 옮겨 내는 방법을 찾아야 한다. 이 과정을 좀 덜 복잡하게 하기 위해 교사는 골격계와 순환계, 근육계와 같은 인체의 전 시스템을 몸의 절반만 표현하는 것을 허용한다. 그래도 그룹들은 그들의 노력을 조정해야 한다.
- 조의 각 학생들은 이 시스템을 만드는 데 참여해야 한다. 게다가 각 학생들은 그들이 토의하고 되돌아보는 동안 시스템에 대한 질문에 답을 할 준비를 해야 한다.

이러한 일반적인 도움말을 명심하고서 조원들에게는 작업할 시간이 주어진다. 이는 종종 2주 정도 기간이 소요된다. 인체 탐험 때도 그러했지만 말이다. 그렇더라도 조원들이 기본 틀에서 다양한 인체 구조를 그리고 붙여 감으로써 Door Person은 점점 모습을 드러내게 된다.

왜냐하면 Door Person은 모두의 눈에 보이기 때문에 반드시 조원들의 조화가 필요하다. 각 조는 발생할 수 있는 가능한 문제들이 보인다. 예컨대, 골격계가 심장과 폐가 적절히 붙여지기도 전에 흉곽을 붙이려고 한다고 해 보자. 순환계와 호흡계는 즉시 그 문제를 알게 되고 골격계가 그런 문제가 생기는 것을 막아서 Door Person이 제대로 정확히 만들어질 수 있도록 주요 문제를 수정할 것이다.

놀랄 것도 없이 가장 큰 문제를 야기하는 시스템은 바로 생식계이다. 다른 무엇보다도 더, 이 시스템과 관련하여 교사들은 결정할 것이 있다. 이 시스템을 포함하기에 나이가 적절한가? 철학적이거나 교육과정상의 문제가 이것을 포함시키거나 토의하는 것을 금지하고 있진 않은가?

만약 그런 문제가 존재한다면 간단하게 생략한다. 만약 교사가 6학년 학생들에게는 적절하다고 믿는 것처럼 그것이 적절하다면 Door Person에 두 가지 성 모두를 표현하는 것을 학생들이게 맡기라고 권하고 싶다. 이것은 항상 도전이며, 불가능할 것도 없다. 다른 모든 시스템과 그들의 조화를 통해 왔듯이 이 염려스러운 특별한 도전의 결정과 해결책은 항상 학생으로부터 나오는 것이다.

만약 모든 조가 그들의 시스템을 완성했다면, 학급 전체가 교사의 노력을 공유하고 Door Person을 평가하기 위해 모인다. 각 조는 그들이 만든 시스템의 형태와 기능을 되돌아보는데, 이는 다른 시스템과 공유하는 연결성과 상호관련성을 설명하고 Door Person에 표현되어 있는 시스템의 방식을 옹호하기 위함이다. 각자의 발표가 끝나면, 학생들과 교사는 조의 산출물과 발표에 반응하며 질문을 하거나 코멘트 또는 제의를 한다.

이러한 발표는 몇 가지 매우 중요한 목적을 가지고 있다. 이러한 발표를 통해 학생들은 그들의 성취를 뽐내고 그들의 노력에 대한 동료와 교사의 확인과 갈채를 받는 기회를 제공받는다. 게다가 학생들에게 가르치는 것을 통해 각 그룹은 그들이 특정 인체 시스템을 조사하고 구성하면서 얻은 지식들을 보다 내면화할 수 있다. 또 즐겁고 학생 중심적인 방법으로 인체의 모든 시스템을 돌아볼 수 있는 또 하나의 기회를 경험하게 한다. 마지막으로 Door Person은 1년 동안 회상할 수 있도록 교실에 남게 되고, 집에서나 지역에서 차후 학습을 하는 데 계속적으로 도움을 주는 학생의 생산 자원이 될 것이다. 이는 또한 학생들의 소유감과 그들의 모든 학습 과정을 강화해 주며 자신감을 더해 준다. 전에 말했다시피 만약 이 활동이 단독으로 이루어졌을 경우, 교사는 아마 정보의 성공적인 내면화를 확실히 하기 위해 공유하고 복습하는 부분에 걸리는 시간을 훨씬 더 길게 잡기를 원할 것이다.

이제 이것을 읽는 교사들이 학생들의 특별한 요구를 맞추기 위해 학습 활동을 다양화하는 무수한 방법을 상상하리라 확신한다. 이를 위해 쉬운 방법 중 하나는 앞서 암시한 것인데 복합적인 Door Person을 만드는 것이다. 이를 위해 학급은 다시 적절하게 나뉘고, 각 조는 그들의 Door Person의 모든 시스템을 찾아내어 발전시켜야 할 것이다. 이런 변형의 장점은 명백하게도 각 조가 모든 시스템을 작업해야 한다는 것이다. 하지만 단점도 있다. 그 하나로 Door Person을 만들기 위한 협동 수준이 바뀌어야 한다. 명백하게도 협동 수준은 여전히 요구되지만, 오직 소그룹 내이지 학급 전체는 아니다. 간단히 각 조가 Door Person 전체를 만드느라 성취감을 느끼는 동안(아마 조금 더 나아진 성취감일지라도), 학급은 조의 성취감이 통합되는 것은 못 느끼게 될 것이다. 마지막으로, 매우 현실적인 수준에 있어서 Door Person의 복합 버전을 보관하고 전시하는 것은 이점보다는 더 많은 논리적인 문제를 야기할 수 있다. 그럼에도 불구하고 공간과 재료가 문제가 되지 않는다면 이것은 실행 가능한 대안이 될 수 있다. 교사는 이 두 가지 방법에 성공해 왔다.

늘 그렇듯이 전체 과정은 학생들의 반성적인 자기평가를 통해 마무리된다. 학생들은 그들의 개인적인 수행을 평가하고, 조 활동의 수행, 학급 전체의 수행 또한 평가한다. 교사 또한 이 과정을 통해 개인과 조의 강점과 약점을 메모해 두고 알린다. 일반적으로 이것은 바로 학생들과 토의한다. 몇몇은 학생들의 진보와 성취를 기술하듯 돌아보며 보다 토의되고 묘사되기도 한다. 어느 쪽이든 이러한 전체 학습 활동을 통해 많은 기술이 발달되고 연마되는 동안 미래의 향상에 대한 제안이나 칭찬할 부분은 전혀 부족하지 않을 것이다.

(12) 모형 집 만들기

조는 서로 그 집에 대하여 느낀 바를 논의함으로써 프로젝트를 시작한다. 이것은 지속적으로 의견을 교환하는 과정이고, 각 학생이 다른 사람의 바람을 알아채고 모든 입장을 수용할 수 있는 방법을 찾아내야만 하는 실제적인 상황이다. 이 과정은 비록 조로 그들이 의사결정을 통제하고 있지만 어느 정도의 자유도 허용한다.

이 과정은 며칠에 걸쳐 일어나는 반면, 수업시간은 학생들이 더 큰 과제를 수행하는 데 도움이 될 만한 몇 가지 중요한 내용을 제시하는 데 사용된다. 두 가지 형태의 교훈이 특히 중요한데, 첫째, 학생들이 집에 재정적인 측면을 도와줄 수 있는 내용, 둘째, 건축 설계

〈표 7-19〉 모형 집 만들기

단계	활동		교육과정과의 연계
시작	집 만들 준비하기	집에 필요한 목록 만들기	실과: 집에 필요한 목록
		조 만들고 프로젝트 안내받기	–
		건축 계획 세우고 논의하기	실과: 건축 계획 세우기
		재정 및 건축 설계 시 고려할 점	사회: 재정적인 면 공부하기
		예산 세우기(집 지을 위치, 땅의 규모, 집의 형태, 스타일 선택하기)	사회: 가계예산 세우기 수학: 예산 세우기
		설계도 그리기(평면도, 정면도, 기호)	미술: 설계도 그리기
		축척과 비례 살펴보기	수학: 축척과 비례
참여	평면도 그리기	초벌–수정–최종 평면도	미술: 평면도 그리기
	모형 집 만들기	건축 자재 선택하기	실과: 건축 자재
		입체로 집 만들기	미술: 입체 집 만들기
음미	자기평가하기	프로젝트 검토하기	–
		스스로 평가하기	–

시 고려해야 할 점들에 관한 내용이다.

나의 경험은 비교적 부유한 지역에 국한되어 있었기 때문에, 나의 학생들이 예산에 관하여 특별히 어려워하는 것을 알게 되었다. 적어도 나의 학군에서 7학년 학생들은 실생활에서 물건의 비용이 얼마인지에 대한 개념이 거의 없는 것 같다. 이러한 현상을 유발하는 사회경제적 요소로 나누지 않는다면 실제 소득과 그들이 지불할 수 있는 능력이 엄청나게 부풀려진 이미지를 가지고 있을 수 있다.

국가 통계기준에 의하면 7만 5천 달러의 소득을 갖고 있는 가족은 꽤나 괜찮은 편이다. 그러나 지역 표준에 의하면 그것은 적다. 그것은 국가평균가정의 소득과 교사 지역사회의 평균 가계 소득 사이에 분명한 절충으로 이루어졌다. 교사는 학생들이 살고 있는 지역을 토대로 사용할 수치를 결정해야 한다. 교사는 다른 조건들이 학생들에게 적절하다고 생각되면 가족의 수를 바꾸어야 한다.

여기서 주목할 점은 교사가 전체 조의 수입과 어울리는 사람의 수를 결정하긴 하지만 그 사람들의 나이와 역할은 정해 주지 않는다는 것이다. 가족의 크기는 학생들이 독신자를 위한 집을 계획할 경우보다 예산을 좀 더 고려하여 책정하고, 예산에 맞는 디자인 콘셉트를 고려하게 한다. 하지만 어떤 특별한 가족 구조를 전제하지 않는다.

어쨌든 교사는 조가 가게 지출 목록을 만들게 함으로써 예산에 관한 활동을 시작한다. 가족은 소득을 어떻게 지출하는가? 교사는 목록을 조사하고 관련된 제안을 적절한 범주로 모아 여러 가지 지출 유형을 포함하는 수업 목록을 만든다. 매년 수업은 그 나름의 목록들을 결정하긴 하지만 일반적인 수업 목록은 항상 담보 대출, 식품, 의류, 교통, 통신, 유틸리티, 다양한 보험료, 치과 의료비용, 레크리에이션 비용, 세금과 같은 것들을 포함한다. 교사는 또한 가구, 주택 관리, 선물, 자선 기부금, 애완용품, 교육, 저축 또는 투자와 같은 범주들을 포함하는 목록도 있었다. 분명히 다양한 대답이 나올 가능성의 여지가 있다. 여기서 중요한 점은 수업에서 가능한 한 많은 유형의 가계 지출비에 관하여 논의하고, 통합 목록에 무엇을 포함시켜야 할지를 결정하는 것이다. 심지어 학생들은 그 범주에 관한 합의를 실감하고 궁극적으로 수업 목록을 결정짓는다.

가계의 소득과 지출 범주를 토대로 월 가계 예산을 준비하게 한다. 이렇게 하기 위해서 학생들은 집에서 약간의 조사를 해야 한다. 전기요금은 얼마인가? 식료품비로 일주일에 얼마를 쓰는가? 고지서를 확인하고 자동차 유지비도 알아봐야 한다. 이러한 질문들은 학생들이 실생활에 대하여 알게 해 준다. 교사는 학생들에게 이러한 정보의 구체적인 내용을 누설할 것을 요구하지 말아야 함을 명심해야 한다. 그것들을 말하지 않아도 된다. 교사는 이 정보를 이용하여 가상의 예산을 세우기를 원한다. 궁극적으로 예산 결정은 그들이 집을 짓거나 사는 데 필요한 돈의 액수에 영향을 준다.

이러한 예산 과정에 몇 가지 사실을 끼워 넣는다. 예를 들어, 7학년에 맞게 비교적 간단하게 하기 위하여 교사는 학생들에게 그들 연간 총 수입의 30%를 세금으로 지불하도록 지시한다. 교사는 다양한 연방·주·지역·소득세, 부동산세 등 이러한 세금들이 무엇인지 논의한다. 하지만 교사는 학생들이 이 세금들 각각을 경험해 보고 구체적인 액수를 결정할 것을 기대하지는 않는다. 좀 더 나이가 든 학생들, 특히 실제 급료를 받는 상급생들과 함께 하면 좀 더 가치 있는 활동이 될 것이다. 교사와 학생들에게는 이런 복잡한 단계는 필요하지 않다. 교사는 단지 학생들이 총 수입과 순수입 간의 분명한 차이가 있다는 것을 알게 할 필요가 있을 뿐이다.

비슷하게 교사는 수업에 사용할 담보율을 설정하기 위해 지역 정보를 사용한다. 교사는 단순한 이자를 결정하기 위해 수학 교사의 도움을 받아 공식을 검토해 본다. 교사는 학생들이 가진 돈의 액수의 한계를 정한다. 학생들이 불평을 하더라도, 교사는 복권 당첨이나 독신 여성인 숙모(고모)로부터 받은 뜻밖의 유산과 같은 추가적인 지원을 허용하지 않는다. 이것은 모든 조가 평등하고, 나중에 프로젝트의 결과를 잘 비교할 수 있게 한다.

하지만 많은 결정이 그들의 손에 남아 있다. 가령, 일단 재정적인 제한이 수립되면 학생들은 집을 지을 위치, 땅의 규모, 집의 형태, 스타일을 선택한다. 어느 해에 교사는 교사 지역 안의 장소로 제한하기도 했다. 이러한 결정을 하기 전에 교사는 학생들이 지역 신문에 부동산 관련 페이지를 살펴보고, 그 지역의 여러 가지 주택의 가격을 알아보도록 한다. 이 정보를 그들 자신의 가상의 예산과 비교함으로써 어느 정도 가능성이 있는지, 어떤 다른 특징들을 이용할 수 있는지 알 수 있게 한다. 식료품점에서 무료로 가져오곤 하는 부동산 관련 잡지의 다양한 복사본들을 모아 두고 학생들이 이용할 수 있도록 교실에 그것들을 비치해 둔다.

학생들이 도움을 필요로 하는 두 번째 영역은 건축 디자인 고려사항과 제도 기술, 그리기 기법이다. 교사는 개별적으로 찾아보기도 하고, 조가 함께 활동하기도 하면서 이것을 수행한다. 프로젝트가 시작될 때 기본적인 안내와 더불어 각 학생의 다음 세 가지 활동지를 받는다.

이 활동지들은 학생들이 그들의 집을 탐색해 보고 여러 가지 중요한 특징을 찾아보며, 상대적인 크기에 대한 현실적인 감각을 준다. 여기 복사본에서 볼 수 있듯이 이 활동지들은 학생들이 가령 출입구, 계단 높이, 복도 너비, 다양한 방의 크기 그리고 설비와 시설의 치수 등을 재 보게 한다. 이 활동지들은 선택적이다. 학생들은 원하는 만큼 많거나 적게 선택할 수 있다. 교사는 이러한 활동지들을 모아 두지 않는다. 그것들은 엄격히 개인적인 참고자료로 사용된다. 하지만 교사는 학생들에게 나중에 교사에게 와서 문의 너비가 얼마나 되는지, 주방 싱크대의 깊이가 얼마나 되는지 또는 그들 스스로가 이 활동지를 활용하여 알아낼 수 있었던 다른 점들을 물어보지 말라고 말한다. 이와 비슷하게 교사는 그들의 최종 디자인에서 실제 크기를 보게 되길 기대한다. 선택적인 활동지 이외에도 교사는 학생들에게 도면 설계도, 평면도, 정면도 예시를 보여 준다. 교사는 이 예시들을 검토하여 일반적인 질문들에 답하고 중요한 특징들을 지적한다. 이 예시들은 참고 자료로 교실에 게시해 둔다.

교사는 또한 학생들이 필요로 할 다양한 건축 기호를 그리는 데 시간을 쓴다. 학생들에게 벽, 문, 슬라이딩문, 창문, 계단, 배관과 전기설비 등의 기본적인 기호를 보여 준다. 또한 조로부터 좀 더 독특한 아이템, 즉 휴게문, 벽난로, 차고, 창문의 제안을 이끌어 낸다. 교사는 창문을 보드 위에 그려 보고, 학생들 또한 방안지 위에 그것을 그린다.

학생들은 나중에 참조할 수 있도록 이 기록들을 보관해 둔다. 이 프로젝트의 불편한 점이 내키지 않는다면, 기조 연설자의 도움을 받는 것도 좋은 기회가 될 수 있다. 기술, 미술 교사는 건축 설계에 대한 배경지식을 갖고 있다. 그렇지 않다면, 건축가인 학부모가 기꺼이 하루 1시간 동안 와서 학생들에게 간단한 요소들을 그리는 방법을 알려 준다. 언제나처럼 학생들은 초대장을 만들어 손님을 초대한다. 이것은 통합학습의 전체적인 영향력을 더한다.

교사는 이러한 상징물을 살펴보면서 집안의 개인 공간, 공용 공간, 차량 유형, 집안에 있는 물건들의 크기와 인체의 비례 사이의 관계와 같은 디자인 고려사항들을 논의한다. 비슷하게 지형과 기후에 관련된 디자인의 필요성을 논의한다. 예를 들어, 눈이 많이 내리는 지역에서는 평평한 지붕의 건물을 짓지 않는 것처럼 해안 지역이나 높은 지하수층이 있는 지역에서는 지하실을 갖추지 않는다.

또한 교사는 난방 유형, 난방이 건물의 디자인에 끼치는 영향 그리고 기본 배관 시스템의 설계에 관한 이야기도 나눈다. 그리고 주변 경관과 건물의 적절한 방위를 고려하여 수동 태양열 난방과 자연 냉방 기술에 관해서도 논의한다. 이 교실 토론은 학생들이 이상적으로 꿈꾸는 집을 디자인할 때 실제적인 요소들을 가능한 한 많이 고려하도록 돕기 위해 고안된 것이다. 교사는 토론의 횟수를 1번으로 제한하고, 종종 학생들의 질문이나 관심사를 끌어내어 토론이 시작될 때까지 기다린다. 마지막으로 교사는 필요할 경우 지역 규정과 건축 조례를 설명한다.

다양한 관련사항들에 대한 적절한 토론과 더불어 교사는 축척과 비례를 살펴본다. 학생들은 실제 크기를 프로젝트에 알맞은 축척으로 변환시킬 필요가 있다. 교사는 1/4인치=1피트 축척을 사용한다. 이 정도 축척이면 세부항목을 충분히 표시할 수 있을 만큼 크고 계획과 모델을 처리할 수 있을 정도로 작아 적절하다.

그러나 교사 시간의 대부분은 학생들의 디자인 활동에 사용된다. 교사는 조 사이를 돌아다니면서 질문에 도움을 주고, 기호들을 검토하며, 발생할 수 있는 잠정적 문제점들을 지적한다. 교사는 학생들이 대강의 초벌 평면도를 먼저 작업하고 난 후에 문제점들을 찾아 수정한 뒤에 최종 평면도를 제출할 것을 제안한다. 디자인 초반부터 디자인 완성에 이르는 과정에서 오류를 찾아 수정하는 경우가 많이 있음을 알려 주면 대부분의 학생은 이 제안을 진지하게 받아들인다.

최종 계획은 배관, 전기, 난방 계획을 포함해야만 한다. 몇 년에 걸쳐 교사는 수업에서 다룰 수 있는 복잡성의 수준을 고려하여 그 정도를 달리해 보았다. 어떤 경우 교사는 배선과 열선을 표시하도록 요구하였다. 다른 경우에는 콘센트, 영구 조명 설비, 난방기, 환풍기의 위치만을 표시할 것을 요구하였다. 교사는 학생들에게 적절한 복잡성의 수준을 결정하여 학생들이 좌절하지 않을 정도로 유지하도록 한다. 학생들을 좌절시키지 않을 단계로 해 두기 위해 요구되는 복잡성의 단계를 결정해야 한다. 하지만 항상 학생들이 그 단계를 넘어갈 수 있게 허용하며 그렇게 하도록 격려해야 한다.

배관과 관련해서 교사는 항상 좀 더 상세한 내용을 요구하였는데, 그 이유는 WATERSHED가 물 시스템을 중점적으로 다루기 때문이다. 학생들은 집에 물을 공급하는 주요 급수 방식, 급탕, 냉온수관, 배관시설, 하수관을 보여 주어야 한다. 이러한 모든 설비활동은 요구되는 복잡성에도 상관없이 아세테이트지나 트레이싱 페이퍼에 작업하여 기본 평면도 위에 올린다. 이는 교사가 집의 시스템을 한번에 좀 더 쉽게 알아볼 수 있게 해 주고, 학생들이 시스템을 그리고 변경하는 과정에서 평면도가 손상되지 않게 해 준다. 평면도 위에 설계 도표, 그림, 간단한 메모를 함께 해 두면 아주 인상적인 패키지 작품이 된다. 학생들은 그들이 들인 노력을 자랑스러워하며 누구에게나 이 디자인을 보여 주며 공유한다.

일단 마지막 수정과 보완이 마무리되어 최종 디자인을 제출하고 검사받은 조는 그들의 모형을 만들기 시작한다. 교사는 모형을 설계와 같은 축척으로 만들 것을 요구한다. 모든 측청치가 이미 설계도에 들어 있기 때문에, 학생들이 이것을 만들기는 더 쉽다. 이것은 학생들로 하여금 그들의 디자인이 어떻게 입체로 만들어지는지 정확하게 볼 수 있게 해 준다.

학생들은 건축 자재를 자유롭게 선택할 수 있다. 교사는 두께 8의 포스터보드를 사용할 것을 추천한다. 경험상 이것이 오리기 쉽고, 두께가 건축물의 규모에 가깝고, 독특한 느낌을 살리기 위해 곡선 모양으로도 쉽게 구부릴 수 있으며, 뜨거운 풀이나 고체 풀에도 즉시 잘 붙어서 튼튼하고 가벼운 모형을 만들기에 적합하다. 하지만 어떤 학생들은 골판지를 더 좋아하고, 또 다른 학생들은 지역 상점에서 구입한 특별한 스티로폼시트를 사용하기를 선호한다. 만일 학생들이 이러한 다른 자재를 원한다면, 학생들 자신이 알아서 준비하게 한다.

학생들이 그린 평면도와 함께 모형은 학생들을 놀라게 하기도 한다. 평면도처럼 괜찮은 모습을 생각했던 학생들은 때때로 입체로 만들어진 모형이 그 자체로도 미학적으로 멋진 작품임을 알게 된다. 학생들은 종종 그들의 콘셉트가 실제로 이렇게 멋진 모습으로 만들어진 것을 보고 놀라며 즐거워한다.

디자인이 꿈꾸었던 것이든 아니든 프로젝트는 항상 성공적이다. 학생들은 실제적인 개념과 관계에 관하여 많은 것들을 배운다. 이 프로젝트를 검토하고 스스로 평가해 보면서,

학생들은 많은 것들을 알게 된다. 학생들은 프로젝트를 진행하면서 겪었던 어려움들뿐만 아니라 지속적인 문제해결 과정에서 배운 것들을 논의한다. 이러한 지식은 현재와 미래에 그들의 삶의 또 다른 측면에 있어서 도움이 될 것이다. 더더욱 학생들은 꿈이 멋지게 실현되는 것을 다시 한 번 보게 되었다. 그리고 그것이 능동적으로 지식을 추구하는 마음을 갖게 하는 배움의 기쁨이다.

(13) 손님 초대

손님 초대 활동은 학급의 연구와 관련되어 있거나 학생이 관심 있는 직업을 실제로 가지고 있는 사람을 선택하여 참여시키는 것이다. 그 학생은 그 사람에 관하여 가능한 한 많은 것을 알아내고, 그 사람에게 방문을 요청하는 편지를 쓴다. 그 사람은 누구든지 가능하며 부모님, 친지, 지역의 유명인사 등이 될 수 있다. 교사는 여러 해 동안 초청할 인사들의 목록을 만들어 누적해 왔지만 학생들은 항상 그들 자신만의 여러 후보자를 생각해 낸다. 가능성은 무한하다. 교사에게는 흥미로운 직업을 대표하는 학부모들이 있다. 가령, 인간의 인체에 대해 연구하는 의사, 곤충 채집이나 카누 타기와 같은 흥미로운 취미를 가진 부모들, 필라델피아에서 가장 높은 빌딩을 기획하고 건설한 개발자와 같은 지역의 전문가들도 있었다. 그는 지역 계획에 관하여 교사에게 이야기해 주었다. 지역 연구의 다양한 면에 관한 새로운 정보를 주기 위해 근처 대학과 업체에서 온 지역예술가, 사진작가, 과학자 그리고 역사가들도 있었다. 역시 가능성은 무한하다. Andrew Wyeth와 같은 유명한 사람들에게 편지를 쓰는 학생도 있었다. 한 가지 유의사항은 그 사람이 학급의 흥미를 높이는 데 도움을 될 만한 가치가 있는 무언가를 가지고 있는 사람이어야 한다.

〈표 7-20〉 손님 초대

단계	활동		교육과정과의 연계
시작	초대할 손님 정하기	초대할 손님 알아보기	사회: 인물 조사하기
		방문 요청하기	국어: 요청하는 글쓰기
참여	손님 초대하기	초대장 만들기	미술: 초대장 만들기
		방문 일정 도와주기	도덕: 다른 사람 배려하기
		방문 전에 학급에 소개하기	국어: 소개하기
		손님 연설하기	국어: 경청하기
	감사 편지 쓰기	감사 편지 쓰기	국어: 감사하는 편지 쓰기
음미	자기평가	자기평가서 쓰기	도덕: 자기평가하기

학생은 적절한 초대장을 만드는 일에서부터 그 사람과 연락을 취하는 모든 일에 대한 책임을 진다. 이 편지에는 학생과 학급 및 그 사람의 주제에 대해서도 소개되어야 한다. 또한 편지에는 학생이 왜 그 사람을 훌륭한 연사라고 생각하는지 이유를 설명해야 한다. 즉, 그의 전문지식이 어떻게 학급의 활동과 관련되는지 설명해야 한다. 마지막으로 편지는 정중하게 상대방에게 연사 초청에 응해 줄 것을 요청하고 그 사람의 방문을 가능하게 하는 세부적인 내용들을 준비하는 데 학생이 도움을 주겠다고 쓴다.

이 책을 읽는 사람들은 여기에서 중요한 학습이 일어난다는 것에 주목할 필요가 있다. 즉, 손님을 선정하는 데는 연구와 분석이 필요하고 의사소통과 조직력이 중요한 기술이다. 학생은 대상이 분명한 독자에게 편지를 쓰는 목적을 가지고 실제로 받을 수 있는 편지를 써야 한다. 이것은 편지 쓰기 활동 그 이상의 중요성을 가진다. 나는 중학교에서 편지 쓰는 법을 배웠던 것으로 기억한다. 교사는 편지를 쓸 때 문법책에서 편지 쓰기 샘플을 가져와서, 그 샘플의 형식을 이용하여 가상의 편지를 써야만 했다. 아마 당신도 비슷한 기억을 가지고 있을 거라고 확신한다. 하지만 교사들의 편지는 교사의 책상 위를 벗어나지 못했다. 최종 산출물은 결국 성적이었고, 편지 쓰기의 세부사항들과 함께 곧 사라져 버렸다. 손님 초대하기에서 그 결과들은 실제적이고 유의미하다. 학생은 실제 세계의 실제 인물로부터 답장을 받고 그 답장은 이후 더 나아가 또 다른 활동으로 이어진다.

그 사람이 연사가 될 수 없는 경우에도, 당신은 감사장을 쓰는 후속조치를 해야 한다. 그래서 편지 쓰는 기술은 한 번 더 연습되며 의미 있는 상황 속에서 이루어진다. 만약 그 사람이 그 초대를 수락한다면 학생은 모든 필요한 도움을 주도록 해야 한다. 이것은 추가적인 편지 쓰기에 포함할 수 있다. 이것은 전화 통화로도 가능하다. 어떤 방식이든 학생은 그 손님의 방문에 따른 일정을 관리하고 그의 발표가 학급의 관심과 일치하는 적절한 주제가 되도록 안내하는 책임을 진다. 이것은 주제의 일치를 위해 그 학생이 학급의 활동뿐만 아니라 저마다의 흥미에 대해 충분히 알아야 한다는 것을 의미한다. 게다가 학생은 실제 생활에서 그의 의사소통과 조직력을 연습해야 한다. 그 결과는 한 장의 종이에서 높은 점수를 받는 것보다 훨씬 더 많은 보상을 가져올 것이다.

일단 적절한 조정이 모두 이루어지고 나면, 학생은 초청 연사에 대한 조사를 마치고 연사가 방문하기 전에 학급에 간단한 소개를 한다. 이때 학생은 초청 연사가 누구인지 설명하고 연설의 주제에 대해 안내해 준다. 학생은 특히 흥미 있고 중요할 것 같은 주제를 제안하거나, 손님에 대한 예의로 다른 학생들이 질문할 거리들을 추천한다. 이때 학생은 지도자의 역할을 하게 되며 학급은 실제 상황을 경험하게 된다.

손님이 연설하기 위해 도착하면 학생은 사회자의 역할을 맡는다. 이 역할은 가령, 본관 사무실에서 손님을 인사시키고 교사에게 손님을 소개하고, 손님에게 교실을 둘러보게 하고 학급이 현재 무엇을 공부하는지 설명하는 것 등이다. 학생은 발표가 시작되기 전에 학급에 연설자를 소개한다. 연설자의 발표가 끝나면 학생은 연설자에게 공식적으로 감사 인사를 한다. 학생은 연설자를 학교 밖까지 배웅하며 필요하다면 연설자가 가져왔던 물건들을 옮기는 일을 도와준다.

끝으로 그 학생은 두 가지의 쓰기 활동을 한다. 먼저, 감사 편지를 쓰는 일이다. 이 편지에는 학급과 학생들의 감사를 표현하는 것과 함께 연설자의 발표에 대해 학생들이 가장 흥미 있었거나 유익하다고 생각하는 특정한 부분들을 언급해야 한다. 이것은 사교 예절에서 중요한 쓰기 연습이다. 학생이 써야 하는 또 하나의 쓰기는 전 과정에 대한 학생 자신에 대한 평가이다. 항상 그랬듯이 자신이 이 경험을 통해 배운 것과 어렵거나 쉬웠던 부분 그리고 개선할 점에 대해 쓴다.

이 과제를 학급의 많은 학생이 반복할 때 학생 개인에게 그리고 학급 전체에게 도움이 된다. 개인적으로는 많은 의사소통 기술을 연습하고, 학급은 실제 세계의 다양한 인물로부터 배울 기회를 얻는다. 직접적으로 관계가 없는 학교에도 도움이 되는데, 그것은 초청 연사에 의해서 긍정적인 홍보 효과를 얻는 것이다. 왜냐하면 교사는 종종 사람이 연설을 할 때 언론이나 공동체에 알려 주기 때문에 연설자와 학교 모두 긍정적인 효과를 얻을 수 있다. 게다가 학교공동체의 다른 구성원도 연설자로부터 배울 수 있다. 교실에 초청 연사가 방문할 때, 교사는 부모님이나 관심 있는 다른 사람을 학교에 초대할 수 있다. 그렇게 발표를 듣는 것은 모두에게 도움이 된다.

처음 아이디어를 나눌 때를 제외하고 아마 가장 중요한 것은 학생들이 완전한 통제와 지도 아래에서 이 활동을 하게 된다는 것이다. 학생들은 그들 자신의 흥미에 기초하여 초대하고 싶은 사람을 선정한다. 학생들은 연락하고, 조정하고, 사회자로서의 전 과정을 경험한다. 학생들은 참여하면서 배우고 활동에서 얻은 성공에 대한 확신을 갖는다. 모든 단계에서 학생들은 '중요한' 사람과 일하고 있다는 흥분으로 스스로 동기화되어 왔다. 게다가 교사가 학생들에게 책임을 넘겨줄 때, 교사는 학생들이 어른들의 세상과 상호작용할 수 있다고 분명하게 말한다. 학생들이 문제와 씨름할 때, 교사가 그들을 믿고 있다고 보여 주는 것은 학생들이 스스로 자신감을 키우는 데 큰 도움을 준다. 학생들은 교사의 믿음이 옳았다는 것을 보여 주기 위하여 더욱 성공하려는 의지를 높인다. 학생들은 요청한 손님으로부터 응답을 받을 때, 어른 세계에서 가치 있는 작은 어른으로 인식된다는 것을 깨닫는다.

이 통합학습 활동은 이 책에서 보여 주는 다른 활동들이 교사로서의 최소한의 노력을 요구하고 있듯이, 이전의 교사들이 해 왔던 것처럼 많은 노력을 요구하지 않는다. 그럼에도 불구하고 이 활동은 이에 관심을 가진 모든 사람에게 적은 노력으로도 진정한 학습 경험의 요소들을 포함하여, 학생들이 충분히 활용해 볼 수 있다는 가장 큰 보상을 준다.

(14) 2020 고장의 비전

교사가 함께할 학생들이 곧 미래이며, 교사의 과제는 그 학생들이 더 나은 미래를 창조하기 위해 실제로 필요한 기술을 발달시킬 수 있는 기회를 만들어 주는 것이다. 즉, 교사가 가르치는 것은 단순한 정보가 아니라 전체를 구성하는 요소들이다. 교사는 사고하는 방식을 형성하고, 절차를 만들고, 학생들과 교사 자신의 삶의 질에 영향을 줄 수 있는 행동들을 고려한다. 교사는 이에 대한 평가를 받지는 않더라도 그 결과는 삶 전체를 통해 드러날 것이다.

불행하게도 전통적 교육 시스템은 이 과제에 부응하지 못했다. 지나치게 구조적인 시스템은 학생들의 삶의 질을 개선하기보다는 오히려 떨어뜨린다. 교육에 대한 관습적인 접근이 만들어 낸 이러한 모델은 한심할 정도로 부적합하다. 너무 많은 측면에서 학교는 교실 밖에 실재하는 실제 세계와 떨어져 있다. 많은 학생이 그저 오늘 하루만 넘기자는 바람으로 지겨움, 무관심, 고립뿐만 아니라 심지어 복도와 교실에 만연해 있는 두려움까지도 감수하면서 매일 학교로 들어서고 있다.

이 모델이 교사에게 원하는 것은 무엇일까? 분명히 학교는 개념과 내용 면에서 재구성되어야 하고, 만약 교사가 이 모델을 바꾼다면 방법과 이념 모두 바꾸어야 한다. 통합학습 프로그램은 하나의 가능한 해결책을 제시한다. 여기에서 제시한 통합학습 프로그램과 활동들은 대부분의 교육과정이 제공했던 조각난 경험을 극복하려고 시도한다. 이 과정에서 학습을 재연합하고, 다시 생명을 불어넣고, 학생들의 실제 세계와 관련된 경험을 재정리한다.

올해의 프로젝트 마지막 활동에서 이 철학을 구현한다. '지역 계획 2020'이라고 불리는 이 프로젝트는 바로 미래와 관련된다. 이 프로젝트에서 학생들은 2020년에 교사 지역의 발전을 위해 정보 및 절차기술을 포함하여, 과거에 학교에서 탐구하고 학습했던 모든 것을 사용해야 한다. 교사가 2020을 선택한 데는 여러 가지 이유가 있다.

우선, 여기에는 확실한 비전에 대한 언급이 있다. 같은 이름을 가진 TV쇼 덕분에 여기에는 비판적이고 분석적인 시각을 가지고 있다는 함축된 의미도 포함된다. 더 중요한 것

〈표 7-21〉 2020 고장의 비전

단계		활동	교육과정과의 연계
시작	비전 언급하기	2020 선택하기(7학년 학생들이 30대 후반이 되는 시기)	-
		조 선택하고 브레인스토밍하기	-
		신문, 정기 간행물에서 정책 입안 기사 읽고 토론하기	사회: 정책 입안 기사 읽기
		손님 초대하기	-
		세계 또는 지역의 환경문제 토론하기	과학: 환경문제 토론하기
		과거와 미래 일기 쓰기	국어: 일기 쓰기
참여	2020 지역의 비전 세우기	2020 교사 지역의 비전 확인하기	사회: 비전 확인하기
		비전 발표하고 토론하기	국어: 발표하고 토론하기
음미	자기평가	자기평가하기	-
		학습 활동들 연결하기	-

은 2020년에 7학년 학생들이 30대 후반의 완전한 성인이 된다는 것이다. 그들은 틀림없이 개발 위원회의 위원들이 될 것이고, 교사는 그들이 위원회에서 활동적으로 일하기를 기대한다. 이런 점에서 이 프로젝트는 교사가 실현할 수 있을 만큼 실제와 같고, 그 세계는 바로 학생들의 세계이다.

통합학습의 접근과 아울러 발달적인 관점에서 강조하듯이 이 활동의 진정성은 제한을 두지 않는다는 것이다. 학생들에게 최대한의 자율을 허용하고, 활동에 대한 요구 조건과 제한을 최소로 한다.

학생들은 조를 선택하고 브레인스토밍을 시작한다. 교사는 순회하면서 질문하고 그들이 언급하고 있는 쟁점에 논란을 일으키는 역할을 한다. 학생들이 구체적인 정보를 원할 때, 교사는 그들에게 적절한 자원을 안내한다. 그것은 도서관이 될 수도 있고, 군청에 전화 문의하는 것처럼 간단한 것일 수도 있다.

이 활동이 진행되는 동안 교실에서는 에너지, 물, 물 낭비 그리고 의료 시설의 고체 폐기물 등의 내용도 언급될 수 있다. 교사는 이러한 시스템들을 교사 신체와 가정의 시스템들과 비교한다. 교사는 매일 신문과 정기 간행물에서 이슈가 되는 동시대의 정책 입안에 대한 기사를 읽고 토론한다. 이런 기사는 무궁무진하다. 교사는 손님 초대하기 프로젝트에서 그들을 초대하고, 그들의 전문지식을 공유한다. 학생들은 세계 또는 지역과 관련된 환경문제들에 대해 토론하고 과거나 미래에 대한 일기를 쓴다. 그동안 학생들은 2020년의 지역의 비전을 재확인하고 연간 마지막 발표를 준비한다.

　말할 필요도 없이 이 마지막 발표들은 흥미진진하고 보람이 있을 것이다. 학생들은 기꺼이 그들의 비전을 공유하고, 조의 비전들과의 공통점과 차이점에 대해 열정적으로 토론한다. 이런 활동을 통해 올해의 성과로부터 많은 주제가 표면에 떠오른다. 사실들과 개념들이 재조명되고 그들의 상호 연관이 강화된다.

　마지막으로 자기평가를 할 때 올해의 학습 활동들은 다양한 수준에 걸쳐서 서로 연결된다. 절차, 산출물, 기술 그리고 정보는 서로 융합되며, 즐겁고 협력적인 통합학습 모델은 학생들이 미래로 향한 그들의 여행을 지속할 수 있도록 이끌어 준다.

제8장
주제 중심의
탈학문적 설계

　초등학교 통합교과는 초등학생의 학습에 적절한 초등학교의 교과교육에 기여하고자 하였으며, 동시에 초등학교 교과교육이 분과적으로 운영되면서 나타나는 여러 가지 역작용에 대처하는 방안 중의 하나였다. 이를 대변하는 노력 중 하나가 바로 '주제'를 중심으로 수업하는 모습, 즉 수업의 주제가 있는 초등학교 교실 수업 풍경을 만들고자 하는 것이다. 통합교과가 초등학교 교과교육에 도입된 이유 중 하나도 '주제'가 있는 초등학교 교실 수업을 구현하기 위한 것이라고 할 수 있을 것이다. 이러한 교실 수업을 위해서는 무엇보다 실제로 초등학교 저학년 교실에서 교사와 학생이 '주제'를 중심으로 가르치고 배우는 일상적인 수업을 경험하고 그 경험이 교실 수업 풍경으로 보여야 한다.

　초등학교 통합교과에서 수업의 중심으로 '주제'는 개별 교실의 상황을 고려하여 학생의 수준과 흥미에 따른 요구를 반영하기 위해 설정하는 것이다. 따라서 통합교과에서 지향하는 주제 중심 통합수업은 교사와 학생이 함께 협의하여 원하는 주제를 먼저 설정하고 이 주제를 개별 교과의 경계를 자유롭게 넘나들면서 교사와 학생들이 원하는 방식으로 함께 가르치고 배우는 방식, 즉 탈학문적 접근의 통합수업일 것이다. 이러한 주제의 의미를 제대로 살린 탈학문적 접근의 통합수업은 교사와 학생이 주체가 되어 원하는 주제를 정하고 이를 초등학교의 해당 학년에서 가르치고 배워야 하는 국가 수준의 교육과정 기준과 함께 연결해서 다룰 수 있는 교실 수준의 교육과정 개발 및 실행이 제대로 작동해야 가능하다.

이에 이 장에서는 교사와 학생이 주도적으로 가르치고 배우기를 원하는 주제를 정하고 이 주제를 중심으로 진행하는 한 단원(unit)의 통합수업, 즉 주제 중심 통합단원을 계획하고 실행하는 일반적인 과정을 먼저 설명하고 실제 실행 사례 세 가지를 제시하였다.

1. 주제 중심의 탈학문적 수업설계

주제 중심 통합수업은 일반적으로 주제 학습 모형을 적용하여 지도할 수 있다. 주제 학습 모형을 제시하는 학자들은 여러 가지 단계를 제시하고 있는데(강충열, 1998; Frazee & Rudnitski, 1995; Lapp & Flood, 1994; Meinbach, Rothlein, & Fredericks, 1995; Wortham, 1996), 이들의 주제 학습 모형들의 단계는 다르지만 다음과 같은 몇 가지 공통점이 있다.

- 학생들의 흥미와 요구 그리고 실생활을 기초로 학습할 내용이나 활동을 선정하고 계획한다.
- 시간 단위가 아니라 학습에 필요한 총 시간을 블록(block)화하여 운영한다.
- 학생들이 자기주도적으로 만들고, 표현하고, 조사하고, 탐구하고, 체험한다.
- 학습 조직은 학생들의 능력과 흥미 및 요구에 따라 개인, 소집단, 전체 집단으로 다양하게 조직·운영한다.
- 발달적 평가관에 기초하여 학생 개개인의 학습 만족도나 발달 정도를 평가한다.

이를 현장 교사들에게 친숙한 '도입-전개-정리'라는 수업 패턴에 맞추어 다시 제시하

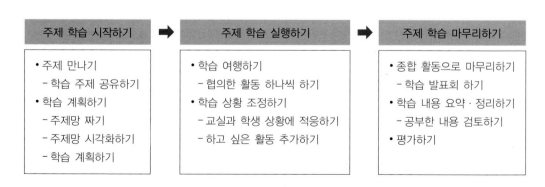

[그림 8-1] 주제 중심 통합단원 수업의 예

면, 주제 학습은 주제 학습 시작하기, 실행하기, 마무리하기로 구분할 수 있다.

1) 주제 학습 시작하기

주제 중심 통합단원은 먼저 주제를 정하고 학습 주제들을 한눈에 볼 수 있도록 게시하는 활동으로 시작할 수 있다.

(1) 주제 만나기

초등학교 학생들에게 주제는 하나의 구체적이고 제한적인 용어가 좋다. 또 어떤 문제, 이슈, 활동을 중심으로 재미있게 표현할 수도 있으므로 학습 주제는 학생으로부터 나오는 것이 이상적이며, 이 주제는 대부분의 경우 통합단원명이 된다.

주제가 선정되면, 주제를 학습 집단 내의 구성원들과 다양하게 연계·공유하는 활동을 한다. 공부해야 할 것과는 상관이 없더라도 주제와 관련된 개인적인 경험들 펼쳐 놓기, 주제와 관련하여 하고 싶은 활동 상상해 보기도 중요하다. 이런 활동들은 학생들에게 학습에 대한 기대를 심어 주고, 참여 동기를 제공한다. 즉, 단원 학습에 대한 동기를 유발하는 활동 영역이다. 인위적인 동기 유발 기법을 활용하여 학생들의 관심을 잠시 집중시키는 외적인 동기를 유발하기보다는 내적이고 질적인 동기를 유발한다. 그리고 앞으로 공부할 내용들을 두루 살펴본다.

통합단원 지도의 첫 단계에서의 초점은 학생들이 학습 주제를 만날 수 있도록 하는 것이다. 통상 학습 주제와 관련하여 개인의 경험담을 펼쳐 놓는 '이야기하기'로 시작할 수 있다.

(2) 학습 계획하기

학생들과 함께 학습 주제와 관련하여 학습할 활동들을 선정한다. 교사는 더불어 교과서 차시들을 살펴보면서 국가 수준에서 성취해야 할 교육과정 요소들에 관심을 갖도록 지도한다. 먼저, 학생들은 개인적인 주제망 짜기를 하며 학습하기로 한 '주제'과 관련하여 하고 싶은 활동들을 생각해 본다. 교사와 학생은 함께 학습 주제망을 만들어 교실에 게시한다.

- 주제망 짜기: 주제를 중심으로 학습하고 싶은 것을 브레인스토밍하고, 학습해야 할 것들과 관련시켜 주제망을 작성한다.

- 주제망 시각화하기: 작성한 주제망을 차트, 도표, 그림 등으로 시각화한다. 시각화한 주제망은 단원 학습이 끝날 때까지 학습이 실행되는 공간(교실 벽)에 게시해 두고, 교수학습 과정에서 실행 상황들을 융통성 있게 조정하는 데 활용한다.
- 학습 계획하기: 교사와 학생이 함께 교수학습을 계획하는 활동이다. 주제 학습은 전체 학습 시간을 하나의 단위로 블록화하여 운영하는데, 이런 계획은 통상 주간 계획, 일일 계획, 단위 시간을 기준으로 학습할 것, 방법, 순서 등을 정하면서 상세화한다. 그러나 초등학생 수준에서 학습 계획을 완성하는 것은 힘들다. 따라서 다양한 아이디어로 학생과 현실적인 교수학습을 계획한다. 가령, 필수 활동과 선택 활동 정도를 구분해 둔다. 가능하다면 일주일 혹은 일일 소주제를 정한다. 학습 방법과 순서를 정하는 것은 '하나 하고 나서 그다음은?' 식으로 꼬리에 꼬리를 물고 진행해 가는 방식도 유용하다.

2) 주제 학습 실행하기

주제 학습 실행하기는 계획한 것을 하나씩 실행하며, 실행과정에서 물리적·심리적 돌발 상황에 융통성 있게 대처하고 조정하는 활동을 동반한다.

(1) 학습 여행하기

이전 단계에서 교사와 학생이 함께 참여하여 협의, 계획한 것들을 실행한다. 교사는 학생 전체를 대상으로 직접적인 교수를 할 수도 있으며, 학생들이 자기주도적으로 개인별·소집단별 프로젝트를 진행하게 할 수도 있다. 학생들이 마치 학습 여행을 하듯이 주변을 구체적으로 탐구하며 평소의 호기심을 해결한다.

(2) 학습 상황 조정하기

학습 활동들을 실행하는 교수학습은 주어지는 다양한 학습 상황, 교육과정의 한계 등 여러 조건에 적응하면서 수행된다. 한정된 범위 안에서 학습 순서와 활동들을 연계·통합할 수 있으며, 이로 인해 시간적 여유가 확보된다면 학생들의 요구를 기초로 작성된 추가 활동 목록에서 가능한 활동들을 삽입할 수 있다. 이 과정에서 학생들은 스스로 배우고 있다는 느낌을 유지하면서 좀 더 적극적으로 교수학습 과정에 참여할 수 있다.

주제 중심 통합단원은 학습을 하면서 계획을 조정하는 융통성이 있다. 그리고 학습 과정에서 나온 학습물이나 결과물들을 주변에 전시하거나 게시하면서 교실의 분위기를 전반적으로 채워 나간다면, 주제 학습 분위기를 고조시킬 수 있을 것이다.

3) 주제 학습 마무리하기

주제 학습 마무리하기는 일정 시간 동안의 주제를 중심으로 진행해 온 학습을 한 단락 매듭짓는다. 종합 활동으로 마무리하기, 공부한 내용 요약·정리하기, 주제 학습 평가하기로 대별할 수 있다. 학습한 주제의 성격이나 주제 학습을 전개해 온 양식에 따라 적절한 방식으로 접근하며, 여러 가지 방식을 혼용할 수 있다.

(1) 종합 활동으로 마무리하기

학생과 교사는 하나의 학습 주제를 중심으로 일련의 교수학습 과정을 거치면서 학습 여행을 함께했다. 이에 따른 학습 후 활동으로, 전시회, 교실에서 행하는 작은 학습 공연(학예발표회), 간단한 학습 파티 등의 학습 이벤트로 마무리한다.

(2) 학습 내용 요약·정리하기

공부한 내용과 참여한 활동들을 되돌아보며 검토한다. 학습 과정 검토하기, 공부한 것 요점 정리하기, 질의 응답하기 등의 활동을 한다.

(3) 평가하기

교사는 발달적 평가관을 기초로 학생의 학습 과정과 결과를 총괄하여 판단한다. 뿐만 아니라 개인적인 측면에서 학습과 학생의 관계에 대한 교육적 평가를 한다. 평가는 지필 평가, 실기 평가, 관찰 평가, 개인 또는 소집단별 포트폴리오 평가, 학습 일지를 통한 평가 등을 통해서 수행과정과 결과를 총괄해서 평가한다. 그리고 교사는 후속하는 교수학습 지도를 위해서 프로그램 평가를 병행하여 다음 주제 학습 계획에 참고한다.

2. 사례: 통! 통! 동물원

이 수업은 1학기 수업이 어느 정도 진행된 6월 정도의 시기에 '공감'이라는 인성 요소를 다룰 수 있는 통합수업을 계획하여 실행해 보기로 한 것이다. 6월까지는 학기 초에 미리 계획된 교육과정 진도표(혹은 교과서 진도표)대로 '교과서 진도 나가기' 방식으로 수업을 하는 평범한 초등학교에서 학생과 교사가 원하는 주제를 다룰 수 있는 통합수업을 구상해본 것이다. 따라서 이 수업은 '교과서 진도 나가기' 수업이 이루어지는 일반적인 초등학교에서 마음만 먹으면 언제든지 학생이 원하는 주제 중심 통합수업을 실행할 수 있다는 것을 보여 줄 수 있는 사례일 것이다.

1) 주제 학습 시작하기

(1) 주제 만나기

먼저, 학생들과 함께 교과서 진도표를 살펴보고 6월에 배워야 하는 교과서 내용 및 교육과정 성취기준을 확인하였다. 그리고 전체적으로 배울 내용을 확인하면서 '공감'과 관련해서 다룰 수 있는 주제에 관해 자유롭게 이야기를 나누었다. 이 과정에서 학생들은 '공감'을 좋아하는 '동물'과 연결하여 다루기로 하고 동물이라는 주제로 다루어 보고 싶은 활동을 탐색하였다. 그리하여 도덕과의 '생명의 소중함', 국어과의 '읽는 이를 고려하여 마음을 표현하여 글쓰기', 미술과의 '주변 대상 및 주제를 탐색하여 자유롭게 표현하기' 등의 활동들을 찾아냈고 6월 셋째 주와 넷째 주에 있는 이들 단원을 추출하였다.

주제와 관련되는 활동에 대해 협의를 진행하는 과정에서 '동물'이라는 주제를 '동물원'이라는 주제로 좀 더 구체화하기로 하였다. 그리고 교사와 학생들은 국어과의 '8. 마음을 전해요'(동물의 마음을 표현하는 글쓰기), 도덕과의 '4. 생명을 존중하는 우리'(동물원 동물들의 입장에서 생명의 소중함을 생각해 보기), 그리고 미술과의 '3. 주제를 살려서'(동물들이 행복하게 지낼 수 있는 동물원을 만들기) 등의 활동을 선택하였다. 그리고 동물원 동물들을 위한 캠페인 활동을 추가하자는 의견이 나왔고 이 활동은 창의적 체험활동에서 다루기로 하였다.

〈표 8-1〉 3학년 1학기 교과서 진도표의 예

날짜		국어	수학	도덕	교과			
					체육	음악	미술	
3월	1주	1. 감동을 나누어요	1. 덧셈과 뺄셈	1. 소중한 나	1. 몸 튼튼 건강 쑥쑥	뽐아 뽐아 꿀아 따라	1. 나 너 우리 함께	
	2주	2. 문단의 짜임				구슬 비/늘담 교향곡		
	3주					친구와 함께		
	4주		2. 평면도형		2. 균형 있는 몸, 안전한 학교	들로 산으로		
4월	5주	3. 중요한 내용을 적어요				리듬악기 노래	2. 자연에서 보물찾기	
	6주	4. 높임말을 바르게 사용해요			1. 몸을 향해 손으로 운동	포구락/부채춤		
	7주			2. 너희가 있어 행복해		춤과 음악		
	8주	5. 내용을 간추려요	3. 나눗셈		2. 상대 지역으로 발을 쳐	안녕/리자로 끝나는 말	5. 자연은 내 친구	
5월	9주				3. 도구로 몸을 다루며 한 걸음씩	참새 노래/뗑 뗑 장 사방	7. 내 마음의 표정	
	10주			3. 사랑이 가득한 우리 집		리코더 세상		
	11주	6. 일맞게 소개해요			1. 유연하고 정확하게	딱따구리		
	12주		4. 곱셈		2. 힘차고 용기 있게	흥겨운 우리 장단	8. 모두 함께	
	13주	7. 아는 것을 떠올리며			3. 안전하고 균형 있게	고기잡이		
6월	14주		5. 시간과 길이	4. 생명을 존중하는 우리	1. 리듬에 따라 움직이며	바둑이 방울	3. 주제를 실려서	
	15주	8. 마음을 전해요				제주 자장가/늘강달강		
	16주				2. 리듬에 맞춰 줄을 넘으며	동물들의 사육제		
	17주	9. 상황에 어울리게	6. 분수와 소수			빗방울의 노래	4. 색과 모양 찾기	
7월	18주	10. 생생한 느낌대로				내취타		
	19주		정리하기	정리하기	정리하기	대문놀이	6. 나는야 디자이너	
	20주	정리하기						
	21주							

(2) 학습 계획하기

① 주제망 짜기

총 네 가지 활동이 정해지자 교사와 학생들은 동물과 자신들이 서로 통한다는 의미에서 주제를 '통! 통! 동물원'이라는 주제로 최종 확정하고, 이 주제를 중심으로 활동을 연결하여 주제망을 그렸다.

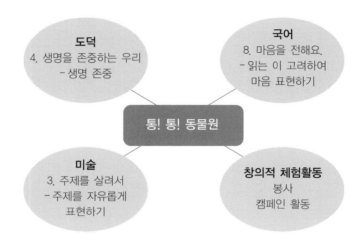

[그림 8-2] '통! 통! 동물원' 주제망 짜기

② 주제망 시각화하기: 시간표 만들기

주제 중심 통합수업은 함께 정한 학습 계획에 대해 의견을 나누고 필요한 경우 수정해 나가는 활동이 필요하다. 그러기 위해서는 어떤 방식으로든 활동 계획을 함께 공유하는 것이

〈표 8-2〉 '통! 통! 동물원' 시간표 만들기

요일 / 교시	월	화	수	목	금
1	국어 8(1~2/9)	국어 8(3~4/9)	국어 8(9/9)	미술 3-(2)(1/6)	통! 통! 동물원 ② 소곤소곤 동물원 국어 8(7~8/9)
2			국어 8(5~6/9)	도덕 4(1~2/4)	
3	전담	미술 3-(2) (4~5/6)		통! 통! 동물원 ① 왁자지껄 동물원 도덕 4(3~4/4)	통! 통! 동물원 ③ 으라차차 동물원 창의적 체험활동(봉사)
4	전담		전담		
5	창의적 체험활동	전담	☆		통! 통! 동물원 ④ 뚝딱뚝딱 동물원 미술 3-(2)(2~3/6)
6	☆	☆	☆	☆	

매우 중요하다. 이 수업에서는 기존의 시간표를 조금 바꾸어 게시하여 함께 공유하였다.

③ 학습 계획하기

주제망에 따라 정해진 네 가지 활동을 관련 단원의 교육과정 성취기준과 세부 활동 내용을 다시 확인하면서 활동을 구체화시켜 나갔다.

〈표 8-3〉 3학년 1학기 교과서 내용과 교육과정 성취기준의 예

교과	교육과정		교과서		
	성취기준		단원명	차시	차시 주제
도덕	• 생명 탄생의 신비와 생명의 소중함을 알고, 일상생활에서 생명 존중의 태도를 실천하는 능력과 자세를 기른다. 이를 위해 인간의 생명은 물론 동식물의 생명까지도 소중히 여겨야 하는 이유와 생명 존중을 실천한 사례를 찾아 발표하고 생명과 자연 보호 및 녹색 성장의 밀접한 관계를 탐구한다. - 인간 생명의 소중함과 동식물의 생명을 소중히 해야 하는 이유 - 우리 주변에서 볼 수 있는 생명 존중의 사례와 실천 노력 - 생명 존중과 자연 보호의 관계(녹색 성장의 밑거름)		4. 생명을 존중하는 우리(국정)	1/4	생명이 왜 소중한가요?
				2/4	생명 존중, 어떻게 하나요?
				3/4	생명 존중의 마음을 다져요.
				4/4	생명 존중, 함께 실천해요.
국어	(문법) • 소리와 표기가 다를 수 있음을 알고 낱말을 바르게 발음하고 쓴다. (쓰기) • 읽는 이를 고려하여 자신의 마음을 표현하는 글을 쓴다.		8. 마음을 전해요	1~2/9	소리와 글자가 다른 낱말에 대해 알기
				3~4/9	소리와 글자가 다른 낱말에 주의하며 글 읽기
				5~6/9	읽는 이를 고려하여 마음을 표현하는 글을 쓰는 방법 알기
				7~8/9	읽는 이를 고려하여 마음을 표현하는 글 쓰기
				9/9	'마음 쪽지' 모음 판 만들기

미술	(체험) • 주변 대상을 탐색하여 느낌과 생각을 다양한 방법으로 나타낸다. 　- 자연물과 인공물에 대한 느낌과 생각을 다양한 방법으로 나타내기 (표현) • 다양한 주제를 탐색하여 자유롭게 표현한다. 　- 주제를 자유롭게 표현하기 (감상) • 미술 작품에 흥미와 관심을 가진다. 　- 미술 작품에 대한 자신의 느낌과 생각을 설명하기	3. 주제를 살려서 (2) 상상표현	1/6	다양한 발상 방법을 활용하여 새롭게 상상하기, 내가 상상한 것을 말이나 글로 나타내기
			2~3/6	공간 속 세상에 대해 자유롭게 상상하기, 다양한 표현 기법을 활용하여 평면과 입체로 상상 속 공간 표현하기
			4~5/6	다양한 발상 방법으로 상상의 동물 구상하기, 상상의 동물 만들기
			6/6	작가의 작품 감상하기, 상상표현 작품을 비교하며 자신의 생각과 느낌을 이야기하기
창의적 체험 활동	(봉사활동) • 타인을 배려하는 너그러운 마음과 더불어 사는 공동체 의식을 가진다. • 나눔과 배려의 봉사활동 실천으로 이웃과 서로 협력하는 마음을 기르고 호혜 정신을 기른다. • 지역사회의 일들에 관심을 가지고 참여함으로써 사회적 역할과 책임을 분담하고, 지역사회 발전에 이바지하는 태도를 가진다. 　- 교내 봉사활동, 지역사회 봉사활동, 자연 환경 보호 활동, 캠페인 활동 등			

그렇게 구체화한 활동에 소제목을 붙이고 순서를 정하여 다음과 같이 확정하였다.

도입	1차시: 왁자지껄 동물원	동물과의 공감적 소통을 통해 생명의 소중함 깨닫기
↓		
전개	2차시: 소곤소곤 동물원 3차시: 으라차차 동물원	동물원의 동물들과 공감하는 마음 표현하는 글쓰기 동물원의 동물들을 위한 캠페인 활동하기
↓		
정리	4차시: 뚝딱뚝딱 동물원	동물들이 행복한 동물원 상상하여 만들기

[그림 8-3] '통! 통! 동물원' 학습 계획하기

그리고 최종적으로 교사는 〈표 8-4〉와 같은 교수학습 계획안을 완성하였다.

〈표 8-4〉 '통! 통! 동물원' 교수학습 계획(안)

수업명	통! 통! 동물원		학기	3-1	시수	6월 셋째 주(8차시)
수업목표	• 동물원의 동물과 공감적 소통을 한다. 　- 도덕 4. 생명을 존중하는 우리: 생명을 소중히 여기고 이를 실천한다. 　- 국어 8. 마음을 전해요: 마음을 전하는 편지를 쓴다. 　- 미술 3. 주제를 살려서: 생각하는 것을 모양이나 색으로 표현한다.					

차시	내용 및 활동	모형 (시량)	교과 단원
1. 와자지껄 동물원	• 동물과 소통하는 사례 살펴보기 • 동물원의 동물 입장 알아보기 • 동물과 사람의 입장으로 나누어 토론하기 • 동물원 다시 보기	탐구형 (80분)	도덕 4. 생명을 존중하는 우리
2. 소곤소곤 동물원	• 동물원의 동물들에게 마음을 표현할 상황 떠올리기 • 쓸 내용을 떠올리고 정리하기 • 동물에게 마음을 전하는 글쓰기 • 쓴 글을 발표하고 느낌 나누기	흥미형 (80분)	국어 8. 마음을 전해요
3. 으라차차 동물원	• 동물원의 동물을 위한 캠페인 활동 　- 계획하기 　- 준비하기 　- 캠페인 활동하기 　- 느낌을 나누고 다짐하기	경험형 (80분)	창의적 체험활동(봉사): 캠페인 활동
4. 뚝딱뚝딱 동물원	• 행복한 동물원의 모습 탐색하기 • 동물원 만들기 • 작품 감상하기	활동형 (80분)	미술 3. 주제를 살려서

2) 주제 학습 실행하기

(1) 1차시: 와자지껄 동물원

① 차시 흐름

가) 탐색하기

• 동물들과 소통하는 사례 살펴보기

　- '제인 구달' 사례를 통해 동물과 소통하는 것이 무엇인지 이야기해 보기

- 동물과 공감적 소통을 한 사례 이야기해 보기

나) 탐구하기
- '돌고래쇼'에 나타난 사람의 입장과 돌고래의 입장 알아보기
- 동물원의 동물들은 어떤 생각을 할지 동물의 입장 생각해 보기
- 동물의 입장을 생각하며 역할놀이 대본 작성하기
  - 선택 1: 기자가 되어 동물 취재하기
  - 선택 2: 동물 목소리를 듣게 된 나!
  - 선택 3: 와자지껄 동물원
- 역할놀이를 하며 동물의 입장에서 생각해 보기
- 동물과 사람의 입장으로 나누어 토론하기
- 동물, 사람 중 한 입장을 정해 간단하게 글 써 보기
- 교사의 개입
  - 인간 동물원 이야기 들려주기
  - 멸종동물을 보호하는 현재 동물원의 기능 알려 주기

다) 정리하기
- 동물원 다시 보기
- 동물원에서 나는 어떻게 해야 하는지 생각해 보기
- 동물들이 행복하기 위해 동물원이 어떠해야 하는지 생각해 보기

② **수업 시나리오**

우리 반 학생들이 동물과 관련된 별명이 있다는 것을 알았다. 곰, 낙타, 사막여우, 오랑이, 고릴라 등. 이런 학생의 별명을 가지고, 수업은 자연스럽게 시작했다. 그리고 학생들이 왜 이 수업을 하는지에 대해 자신만의 생각과 물음, 그에 대한 답을 찾을 수 있도록 여러 가지 참고 자료를 접했다. 동물원이 처음 생겨난 계기와 현재 동물원의 목적(종과 개체 수의 보호, 야생동물들의 마지막 피난처), 인간의 입장에서 바라보는 동물원의 문제점 등에 대해 학생들과 충분히 공유하고 생각하는 시간을 가졌다. 동물원에 대한 기본적인 이해를 바탕으로, 학생들은 '동물들의 목소리'를 적어 보았다. 학생들은 동물들의 시각에서 그들의 목소리를 내었고, 동물의 입장에서 동물에 공감하는 글을 썼다. 그리고 나서 진행한

'동물 역할놀이'는 '통! 통! 동물원'의 모든 수업에 있어서 학생들이 가장 재미있어 하고 집중했던 활동이다.

학생들은 어떤 동물을 등장시킬지 스스로 정하고, 동물에 따라 분장도 하는 등 모둠별로 역할놀이를 준비하였고, 이 과정에서 학생들은 동물들이 어떤 생각을 가지고 있는지 실제로 표현함으로써 동물들에 대한 공감적 소통을 하였다. '내가 동물이라면 어떨까?' '동물들이 나에게 말을 걸어 온다면 어떤 말을 할까?' '동물들은 동물원에서 행복할까?' 등 여러 참고 자료와 실제로 해 본 역할놀이를 통해 학생들은 동물들의 입장에 서 보았기 때문에 동물원을 지켜야 할 것인지 아니면 없애야 하는지 혹은 행복한 동물원은 무엇일지에 대해서 나름대로의 생각을 정리하게 되었다.

(2) 2차시: 소곤소곤 동물원
① 차시 흐름
가) 흥미 찾기(20분)
- 동물들의 마음을 공감해 줄 필요가 있는 여러 가지 상황 떠올리기
  - 동물원의 고통받는 동물들의 사진들을 보며 동물이 느낄 마음에 공감해 보고 자신이 표현하고 싶은 마음 이야기하기
- 쓸 내용 정하기
  - 떠올린 상황 중에서 마음을 표현하기 위한 하나의 상황을 설정하고 마음을 전할 동물과 전할 마음을 정하기

나) 몰입하기(45분)
- 쓸 내용 정리하기
  - 받을 동물과, 마음을 표현하는 말, 그런 마음을 표현하고 싶은 까닭을 정리하기
- 동물원의 동물에게 마음을 전하는 글쓰기
  - 정리한 내용을 바탕으로 마음을 표현하는 글쓰기
- 글 고쳐 쓰기
  - 쓴 글을 다시 읽고 고쳐 써서 짝과 바꾸어 읽고 다시 고쳐 쓰기
- 발표하기
  - 마음을 전하는 글 발표하기

다) 정리하기(15분)
- 느낌 나누기
  - 친구들이 발표한 내용을 듣고 든 생각과 잘한 점을 찾아 이야기하기
- 배운 내용 정리하기

② **수업 시나리오**

이 수업은 동물의 마음에 '공감'해 보는 것에 초점이 있다. 인간의 입장에서 바라보는 동물원의 문제점을 깊이 있게 다루고 있는 EBS의 〈하나뿐인 지구〉 프로그램 중에서 '동물원 동물은 행복할까?'라는 동영상 자료를 사용하였다. 이 수업은 공감에 중점을 두었기 때문에 동영상을 시청하며 학생들에게 동영상의 동물들은 어떤 마음이 들지 생각하는 계기가 되었다. 시청이 끝난 후 어떤 마음이 들었을 것 같은지 이야기를 나누었다. 그런 후 동물원에 있는 여러 동물 중 어떤 동물에게 마음을 표현하고 싶은지, 어떤 마음을 표현하고 싶은지 정하여 자신이 정한 동물과 그렇게 정한 이유에 대해 발표해 보게 하였다. 계획한 활동에 따라 각자 정한 동물과 전하고 싶은 마음을 편지로 쓰기 위해 쓸 내용을 정리하게 한 후, 정리한 내용을 바탕으로 편지를 써 보게 하였다. 학생들은 동물들에게 미안한 마음, 고마운 마음, 안타까운 마음 등을 전하는 편지를 썼다. 1차시 수업에서 다룬 동물원을 없앨 것인가, 지킬 것인가에 대한 자신의 생각을 동물에게 전하는 편지를 쓰는 학생들도 있었다. 경남 H 초등학교의 S 교사는 이 수업을 하고 아직 자기중심적인 성향이 강해서 평소 친구들의 마음을 잘 공감하지 못해 다투기도 했던 학생들이 마음을 헤아리고 공감하는 말들을 적어 넣은 편지를 보며 그렇게 지도하기 어렵던 '공감'을 학생들이 이렇게 쉽게 해낼 수 있다는 것이 놀라웠다고 밝혔다.

(3) 3차시: 으라차차 동물원
① **차시 흐름**
가) 탐색하기(20분)
- 동물원에서 고통 받는 동물을 위해 할 수 있는 일 알아보기
  - 동물원의 동물들을 위해 사람들이 하고 있는 일을 알아보고 우리가 할 수 있는 일 생각하기
- 캠페인 계획하기
  - 모둠별로 동물원의 동물들을 위해 캠페인을 할 장소와 캠페인을 벌일 내용, 필요

한 준비물들을 상의하여 결정하고 역할 분담하기

나) 경험하기(50분)
• 캠페인 도구 만들기
  – 각자 분담한 역할에 따라 캠페인에 사용할 도구(피켓, 어깨띠, 전단지 등) 만들기
• 캠페인 활동하기
  – 캠페인 도구를 가지고 모둠별로 계획한 캠페인 장소에 가서 캠페인 벌이기

다) 정리하기(10분)
• 캠페인 후 느낀 점 이야기하기
  – 캠페인을 하며 만난 사람들의 반응 이야기하기
  – 캠페인을 하며 든 생각 이야기하기
  – 캠페인 후 동물들에게 해 주고 싶은 말 이야기하기
• 동물원의 동물들을 위한 다짐하기
  – 앞으로 동물원의 동물들을 위해 내가 할 수 있는 일을 적고 발표하기

② **수업 시나리오**
앞선 2개의 수업을 통해 어느 정도 동물과 공감대를 형성한 학생들은 동물원의 동물들을 위해 우리가 할 수 있는 일이 무엇이 있을지 진지하게 고민하였다. 모둠별로 캠페인을 계획하는 시간을 잠시 가진 후 각자 캠페인에 필요한 준비물들을 만들었다. 학생들은 주로 점심시간에 학교의 다른 친구들, 동생들, 언니, 오빠들을 대상으로 캠페인 활동을 하겠다고 계획하였고, 구호를 외치겠다는 모둠도 있었다. 계획을 마친 학생들은 각자 전하고 싶은 문구들을 적어 넣으며 피켓이나 어깨띠를 만들었다.
학생들이 준비물을 만드는 태도가 사뭇 진지하였다. 평소 무언가를 만드는 일에 관심이 없던 학생들까지도 자신의 어깨에 띠를 둘러 가며 열심히 했다. 학생들이 색색으로 예쁘게 꾸미는 모습을 보니 신기하기도 하고 기특한 마음이 들었다.
수업은 캠페인 준비물을 만드는 것까지 진행하였고 캠페인 활동은 쉬는 시간이나 점심시간을 이용하여 모둠별 계획에 따라 자유롭게 하게 하였다. 이를 위해 이 수업은 점심시간 직전에 진행하였다. 학생들에게 캠페인 활동에 대한 취지를 들려주지도 않았음에도 불구하고, 활동이 끝날 무렵 학생들이 캠페인 도구를 들고 점심을 먹으러 가는 모습을 보며

자발적인 그들의 행동이 고맙게 느껴졌다. 캠페인 활동을 직접 해 본 학생들의 반응은 다양했다. 피켓을 들고 서 있는 것이 조금 부끄럽기도 했지만 동물원의 동물들을 위해 무언가를 할 수 있었다는 것이 뿌듯했다는 학생, 구호를 외치니 사람들이 더 관심을 가지고 바라봐 주어 기분이 좋았다는 학생, 왜 이런 걸 하는지 묻는 동생들에게 자신 있게 설명해 주었다고 자랑스러워하는 학생 등…… 경남 H 초등학교의 S 교사는 다소 상기된 표정으로 느낀 점을 앞 다투어 이야기하는 학생들을 보니 좋은 경험을 할 수 있게 해 준 것 같아 미소가 절로 지어졌다고 하였다.

(4) 4차시: 뚝딱뚝딱 동물원
① 차시 흐름
가) 준비하기
- 행복한 동물원의 모습 탐색하기
  - 동물들의 마음을 생각하며, 동물들이 행복하려면 어떤 동물원이 되어야 하는지 상상해 보기
- '통! 통! 동물원' 구상하기
  - 선택 1: 모둠별로 협동 작품 만들기
  - 선택 2: 반 전체가 협동 작품 만들기
- '통! 통! 동물원'을 만드는 데 사용할 재료와 용구 구상하기

나) 활동하기
- 동물원 만들기
  - 선택 1: 손, 발 프린팅을 이용하여 동물 표현하기
  - 선택 2: 재활용품을 이용하여 동물 표현하기
  - 선택 3: 동물 크래커를 이용하여 동물 표현하기
  - 선택 4: 콜라주로 동물 표현하기

다) 정리하기
- 작품 감상하기
  - 동물이 행복할 수 있도록 나는 어떤 동물원을 만들었는지 적어 보기
  - 다른 작품을 감상하며, 동물원 표현 방법을 살펴보기

- 동물을 사랑하는 마음 다짐하기

② 수업 시나리오

왁자지껄 동물원, 소곤소곤 동물원, 으라차차 동물원을 수업하고 나서 학생들은 동물원에서 동물들이 어떻게 지내는지 그리고 동물원에서 동물들이 행복하게 지내려면 동물원이 어떤 모습이어야 하는지 생각하게 되었다. 그래서 행복한 동물원을 직접 만들어 보는 '뚝딱뚝딱 동물원' 수업은 이제까지 동물에 대해서 느꼈던 자신의 생각이나 마음이 드러나게 동물원을 만들어 보면서 '통! 통! 동물원' 수업을 자연스럽게 마무리하는 활동이 되었다. 무엇을 가지고 동물원을 만들지 고민을 하다가 학생들과 지점토를 가지고 만들기로 결정하였다. 동물들이 살 동물원을 만들면서 어떤 학생은 앞서 했던 활동지를 다시 찾아서 읽기도 하였다. 모둠별로 동물원을 다 만들고 나서, 학생들이 만든 동물원을 교실 뒤편에 전시하여 감상하면서 마무리했다.

'통! 통! 동물원'을 하면서 학생들은 동물에 빠져 있었고, 동물에 대해서 다르게 생각해 보고, 동물의 편에서 생각할 수 있는 시간을 가졌다. 경남 H 초등학교의 S 교사는 무엇보다도 학생들이 동물에 푹 빠져서 동물의 입장에 대해서 공감하며 생각하는 모습이 보기 좋았고, 여러 교과를 이용해서 동물의 입장에 대해서 집중적으로 다룰 수 있어 좋았다고 하였다.

3. 사례: 함께 뛰자 폴짝!

이 수업은 협력이 살아 있는 교실을 만들기 위해 의도적으로 학기 초에 실행한 통합수업으로, 모둠별로 긴 줄넘기를 연습하고 성공한 개수를 꺾은선그래프로 나타내는 활동이 주를 이룬다. 도덕의 협력 관련 성취기준을 교과서 공부가 아닌 일련의 활동을 통해 자연스럽게 내면화할 수 있도록 계획하였고, 학급에서 리코더 2중주를 연습한 후 4학년 전체가 모여서 연주하면서 합주의 아름다움을 느껴 보도록 했다. 미술활동으로는 자기 혼자 노는 모습을 그린 뒤, 같은 놀이를 하는 친구 찾기, 체육활동으로는 몸으로 함께 뛰는 '고무줄놀이'를 함께 계획하였다. 나아가 학생들이 기존의 놀이를 협력 요소를 담아 직접 바꿔 보는 활동도 계획하였다.

1) 주제 학습 시작하기

(1) 주제 만나기

같은 학년 교사들과 수업 관련 대화를 나누는 과정에서 학생들 사이에 다툼이 잦아지는 4학년 2학기에는 협력의 가치를 느끼게 하는 수업을 하고 싶다는 의견과 어렵게 느껴지는 수학을 중심으로 통합수업을 만들고 싶다는 의견이 나왔다. 그래서 4학년 2학기 수학 교육과정을 살펴보며 학생들이 흥미로워할 만한 내용을 찾아본 결과, 5단원 '꺾은선그래프'가 적절한 단원으로 선정되었다. 그래프 그리기를 중심으로 어떤 주제 수업을 만들 수 있을지와 무엇을 가르치고 싶은지 고민한 결과, 체육, 도덕, 음악, 미술과 내용을 통합시켜 학생들이 다양한 활동을 통해 협력의 가치를 배우도록 수업을 설계했다.

(2) 학습 계획하기
① 주제망 짜기

대략적인 방향이 정해지자 하고 싶은 수업을 제안하며 주제망을 만들었다. 학생들과 함께하게 될 활동이 나올 때마다 학생들의 눈빛이 반짝였다. "와~" 하며 환호하는 목소리도 들리고, '저걸 다 할 수 있을까?'라는 걱정스러운 눈빛도 보였다. 가운데 칸을 비워 놓고 각 활동들을 통해 우리가 길러야 할 마음을 이 가운데 칸에 적을 거라고 하자 학생들의 추측이 이어졌다. '함께함' '체력' '협동' 등의 단어가 나왔고, '협력'이라는 단어도 곧 나왔다. 이번 학습은 협력의 가치를 중심으로 한 수업이라고 학생들에게 강조하였다. 학생들은 스케치북에 주제망을 따라 그리며 수업에 대한 기대로 한껏 들떴다.

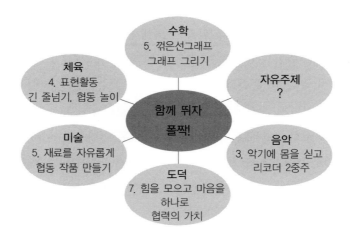

[그림 8-4] '함께 뛰자 폴짝!' 주제망 짜기

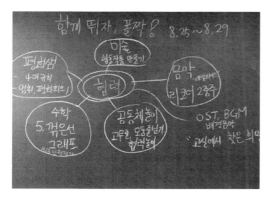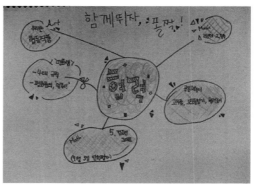

[그림 8-5] 학생들이 만든 '함께 뛰자 폴짝!' 주제망

② 학습 계획하기

주제망을 만든 후 이 수업의 수업목표, 성취기준, 교과 단원, 시수 등을 계획하였다.

〈표 8-5〉 '함께 뛰자 폴짝!' 교수학습 계획(안)

수업명	함께 뛰자 폴짝!	시수	23~25시간
수업목표	놀이와 교과 수업을 연계하여 실제 활동을 통해 타인과 협동하는 태도를 기르고 실천할 수 있다.		

성취기준		교과 단원
• 협동의 의미와 중요성을 종합적으로 이해하고, 일상생활 속에서 공감과 소통을 바탕으로 협동하려는 적극적인 자세를 지닐 수 있다.	도덕	7. 힘을 모으고 마음을 하나로
• 신체활동으로 리듬감을 익히며, 신체활동에 나타나는 리듬의 유형과 요소를 이해한다.	체육	4. 표현활동
• 생활 자료를 수집하여 막대그래프로 나타낼 수 있다. • 연속적인 변량에 대한 자료를 수집하여 꺾은선그래프로 나타낼 수 있다. • 여러 가지 자료를 찾아 목적에 맞는 그래프로 나타내고, 막대그래프와 꺾은선그래프의 특성을 비교할 수 있다.	수학	5. 꺾은선그래프
• 다양한 주제를 탐색하여 자유롭게 표현한다.	미술	5. 재료를 자유롭게
• 악곡을 외워서 혼자 또는 여럿이 노래 부르거나 악기로 연주할 수 있다.	음악	3. 악기에 음을 싣고

주제망과 수업 계획을 만든 후 수업의 흐름을 크게 도입, 전개, 정리 세 부분으로 나누어 배치해 보았다. 전개에서의 순서는 수업하는 교사에 따라 다소 다르게 실행되기도 했다.

도입	• 『돌멩이국』 그림책 읽고 이야기 나누기 • 주제 통합수업 개요 안내하기

전개	• 모둠별 긴 줄넘기 연습하기 • 일주일 동안 모둠별 긴 줄넘기 성공 개수를 꺾은선그래프로 그리기 • 반 전체의 긴 줄넘기 성공 개수를 몰결선 꺾은선그래프로 그리기 • 협동 놀이하기 • 개별 놀이를 협동 놀이로 바꾸어 보기 • 리코더 2중주하기 • 협동 작품 만들기

정리	• 수업 소감 나누기 • 협동나무 만들기

[그림 8-6] '함께 뛰자 폴짝!' 학습 계획하기

2) 주제 학습 실행하기

(1) 꺾은선그래프와 긴 줄넘기

'함께 뛰자 폴짝!' 수업은 모둠끼리 매일 긴 줄넘기 개수를 기록하여 큰 종이에 꺾은선그래프를 그리는 것이다. 학생들은 모둠별로 긴 줄넘기 연습을 시작했고, 수학 시간에 꺾은

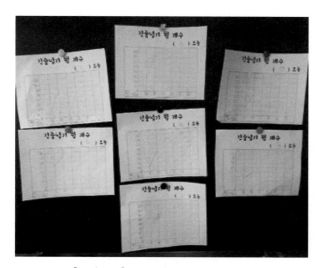

[그림 8-7] 모둠별 긴 줄넘기 그래프

선그래프를 배웠다. 배운 내용을 바탕으로 매일 긴 줄넘기를 한 후 변화하는 수량에 대해 모둠별로 꺾은선그래프를 그려 나갔다.

이전 학년에서 막대그래프, 그림그래프는 배웠지만 꺾은선그래프는 생소한 학생들을 위해 개념을 완벽히 이해할 수 있도록 많은 노력을 기울였다. 꺾은선그래프는 막대그래프에 비해 '매년 자라는 나의 키'나 '매일 변화

하는 기온'과 같은 연속량을 한눈에 볼 수 있다는 장점이 있다. 긴 줄넘기 개수는 연속량이라고 보기에 무리가 있지만, 학생들끼리 서로 협력하면서 점점 긴 줄넘기 개수를 변화시켜 가는 데 그 의의를 두었다.

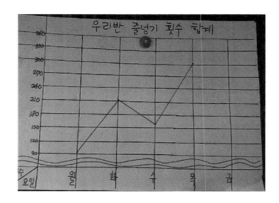

[그림 8-8] 학급 전체 긴 줄넘기 그래프

[그림 8-8]의 물결선은 학급 전체 긴 줄넘기 그래프를 그려 보자고 제안하며 도입했다. 각 모둠에서 기록한 줄넘기 개수를 모두 합하면 수량이 급격히 커지기 때문에 기존의 눈금으로는 표현이 어렵다. 이를 통해 자연스레 물결선의 필요성을 느끼도록 한 것이다. 학급 전체 그래프는 전지에 그려 교실 한 곳에 붙였고, 계속 이어서 그려 나갔다.

덥고 습한 날씨에도 학생들은 땀을 뻘뻘 흘리며 발목이 아플 만큼 연습했고, 어제에 비해 하나라도 개수가 늘어나면

[그림 8-9] 긴 줄넘기를 연습하는 모습

자랑하며 함박웃음을 지었다. 학생들은 노력한 만큼 상승해 가는 그래프 모양을 보며 뿌듯해했다.

(2) 고무줄놀이와 협동 놀이

고무줄놀이는 예전에는 많이 했던 놀이지만 요즘은 이 놀이를 하는 아이들을 보기 어렵다. 고무줄이 생소한 요즘 학생들에게 고무줄놀이를 가르치기 위해 교사들끼리도 사전 연수가 필요했다. 교사들도 고무줄놀이를 기억하고 있는 교사에게 배워 가며 한참을 연습했다. 수업을 계획할 때에 남자 학생들은 고무줄놀이를 좀 꺼리지 않을까 걱정했는데 시간이 지나자 오히려 더 열심히 하는 모습을 볼 수 있었다.

학생들과 시작한 첫 고무줄놀이는 노래에 맞춘 두 줄 뛰기였다. 학생들은 처음 듣는 노래였기에 고무줄놀이에 앞서 노래를 2~3번 함께 불렀고 학생들은 금세 따라 불렀다. 고무줄놀이가 협력 활동으로 좋았던 이유는 서투른 친구가 잘하는 친구의 뒷모습을 보며

[그림 8-10] 고무줄놀이를 하는 모습

따라 할 수 있기 때문이다. 말로 설명하는 것보다 친구의 모습을 보며 따라 배울 때 금방 실력이 늘었다. 이 수업이 끝난 후에도 고무줄놀이는 체육 시간을 통해 2학기 내내 진행했다.

고무줄놀이와 함께 우리가 생각한 또 다른 협동 놀이는 기존에 있는 '경쟁' 중심의 놀이에서 '협력'이 가능한 것이었다. 학생들은 승자와 패자를 가르는 놀이 대신에 모두가 즐거울 수 있는 놀이에는 어떤 것이 있을지 모둠별로 고민했다. 학생들에게서 나온 놀이는 협동 놀이 시간 및 자유 시간 등을 활용하여 직접 해 보기로 했다. 자신들이 만든 놀이를 하며 몸을 부대끼고 깔깔거리는 학생들의 모습을 볼 수 있었다.

[그림 8-11] 협동 놀이를 하는 모습

(3) 리코더 합주

리코더는 4학년 모두가 연주할 수 있도록 교과서에 수록된 〈에델바이스〉와 같은 쉬운 곡을 택해 소프라노와 알토로 나누어 연습했다. 초반에는 학급 내에서 소프라노 파트와 알토 파트를 나누어 충분히 연습했다. 그리고 학급 내에서 적절히 성부를 나눈 뒤 합주로 호흡을 맞추며 화음의 아름다움을 경험했다. 그 후 넓은 다목적실에 4학년 전체가 모여 학년 합주를 했다. 많은 학생이 모였지만 소란스럽지 않고 비장함이 느껴지기도 했다. 학생들은 진지한 모습으로 합주에 임하는 모습을 보여 주었다. 전체 합주를 한 뒤 어느 학생은 교사에게 "감동적이고 아름다워서 눈물이 났다"라고 할 정도로 학생들은 행복해했다. 학생들에게서 '우리가 무엇인가를 해냈다'라는 뿌듯함을 읽을 수 있었다.

[그림 8-12] 4학년 전체가 모여 리코더 합주하는 모습

(4) 협동 미술

교사는 학생들에게 "평소에 놀이를 즐기는 자신의 모습을 그려 보세요"라고 지시한다. 학생들이 각자 그림을 그린 뒤에 오려서 같은 놀이를 즐기는 친구들끼리 큰 게시판에 함께 어울려 노는 모습으로 바꾸어 보는 협동 미술 수업이다. 자신이 즐겨 하는 놀이를 생각하는 것부터 그리기, 또 게시판에 부착하고 같이 노는 친구의 모습을 찾는 것까지가 모두 협동 미술의 과정이다. 평소에 즐기는 놀이에는 공기, 줄넘기, 고무줄놀이, 탁구, 축구, 야구, 자전거, 배드민턴, 춤추기 등 다양한 놀이가 나왔다.

하루가 지나자 어느새 복도 게시판이 와글와글 운동장으로, 체육관으로, 교실 바닥으로 변했다. 화려하거나 멋들어지는 예술 작품은 아니었지만, 학생들은 급식실이나 화장실로 오고 가면서 한참 동안을 게시판을 보며 즐거워했다. 생각지 못했던 친구가 자신의 그림 옆에 함께 노는 것을 보고 "○○아, 너는 어디서 뭐 하고 놀고 있어?"라고 서로 질문하고 대답하면서 기뻐했다. 이 게시판의 모습처럼 교사들은 학생들이 항상 잘 놀고 행복한 아이로 성장하길 응원한다.

[그림 8-13] '함께 놀자 폴짝!' 게시판

(5) '협력이란 ○○이다' 모둠 문장 만들기

수업을 마무리하며 협력이란 주제로 모둠 문장 만들기를 했다. 학생들의 다양한 의견이 나왔다. "협력이란 우쿨렐레이다. 여러 줄이 모여 아름다운 소리를 내기 때문이다." "협력이란 무지개다. 한 색만 있으면 멋지지 않기 때문이다." "협력이란 자석이다. 자석의 N극, S극처럼 협력을 하면 가까워지기 때문이다." 일주일간의 협력 수업으로 1학기와는 다른 성장한 모습을 발견할 수 있었고, 놀이를 통해서 공부도 하고 협력의 의미도 깨닫는 시간이 되었음을 모둠 문장을 통해 확인할 수 있었다.

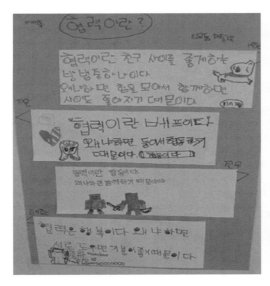 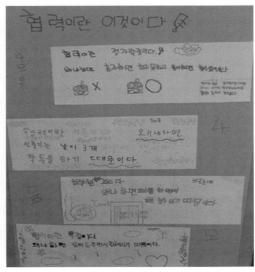

[그림 8-14] 모둠 문장 만들기

3) 주제 학습 마무리하기

바쁘고 뜨겁게 일주일이 흘렀다. 4학년 교사들은 땀에 젖어 있고 체력이 방전된 모습들이었지만 입에서는 "재밌어요" "애들이 정말 좋아해요"라는 말이 흘러나왔다. 한 주 동안 학생들은 낯선 말을 따라 하며 고무줄을 폴짝폴짝 넘고, 매일 반복하는 긴 줄넘기가 지겨울 법도 한데 땀을 뻘뻘 흘리며 쉬지 않고 연습했다. 교실로 들어와 수학 교과서를 펼쳐 즐겁게 공부하고, 발전하는 변화 과정을 그래프로 함께 그리며 환호했다. 〈에델바이스〉리코더 2중주를 개인별로, 모둠별로, 학급별로 연습하다가 다목적실에서 4학년 전체가 연주할 땐 학생들과 함께 교사들도 감동했다.

그러나 체력이 약한 일부 학생들과 교사들에게는 매일 줄넘기를 하는 것이 부담스럽기도 했다. 발목이 아프다는 학생도 있었고, 연습하는 과정에서 다툼도 있었다. 기록이 어제보다 늘지 않으면 시무룩해하는 학생들도 있었다. 하지만 힘이 들어도 학생들은 힘을 합쳐 무언가를 해낸 것에 뿌듯해했다. 교과서를 보고 '협력'의 의미를 외우고 밑줄 긋진 않았지만 학생들이 그 누구보다도 협력의 참맛을 알게 된 수업이었다.

4. 사례: 초록 친구

이 수업은 아파트 촌, 아스팔트 길, 우레탄으로 바닥이 포장되어 있는 놀이터에서 하루를 보내는 요즘 아이들에게 화분이 아닌 진짜 자연에서의 한살이를 보여 주기 위해 구안한 수업이다. '초록 친구' 수업은 작은 생명, 푸르름, 나뭇잎의 싱그러움, 새싹의 위대함 등을 느낄 수 있는 활동을 중심으로 하고 있다.

같은 학년 교사들과 수업 협의를 하면서 학생들과 인근에 있는 산으로 나들이를 실행하면 좋겠다는 의견이 있었고, 이를 과학의 식물 수업과 연계시키면 나들이가 가능하다는 결론에 도달했다. 한 달에 1번 아침 8시 30분에 출발해서 산에서 시간을 보내고 12시 30분까지 돌아오는 일정은 쉽지 않은 일이었다. 열띤 토론 끝에 서로를 격려하며 이 수업을 시작할 수 있었다.

1) 주제 학습 시작하기

(1) 주제 만나기

이 수업은 단지 식물에 관련된 수업을 밖에서 하는 것이 아니다. 학생들이 자연을 접하고 식물에 대해 알면서 진정으로 마음속에 자라길 바라는 것은 나와는 다른 존재에 대한 관심을 가지는 것이었고, 나아가 이것이 타인에 대한 감수성으로 발전하길 바라는 수업이었다. 아스팔트에서 피어난 민들레를 보고 아름다움을 느끼는 아이라면 괴롭힘과 따돌림을 당하는 친구를 보고 그냥 지나치지는 않을 거라는 바람을 가지며 이 주제를 만났다.

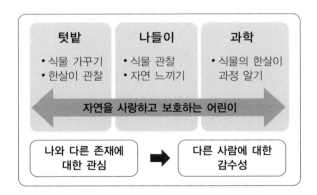

[그림 8-15] 주제 만나기

(2) 학습 계획하기

① 주제망 짜기

대략적인 방향이 정해지자 하고 싶은 활동을 제안하며 주제망을 만들었다.

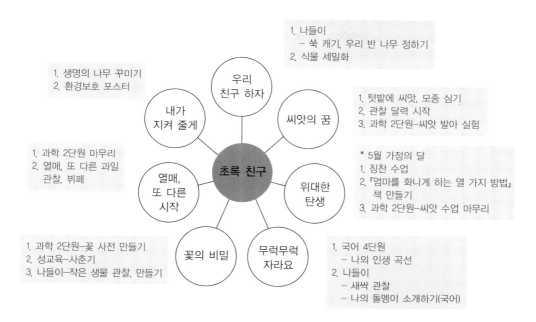

[그림 8-16] '초록 친구' 주제망 짜기

② 학습 계획하기

주제망을 만든 후 이 수업의 수업목표, 성취기준, 교과 단원, 시수 등을 계획하였다.

〈표 8-6〉 '초록 친구' 교수학습 계획(안)

수업명	초록 친구
수업목표	식물의 한살이와 특성에 관해 알고, 생활 속에서 식물을 가꾸고 사랑하는 마음을 내면화한다.

성취기준	교과	단원
• 식물의 한살이 관찰 계획을 세우고, 그에 따라 식물을 기르며 관찰한다. • 여러 가지 씨앗을 관찰하여 공통점과 차이점을 찾고, 싹이 트는 조건을 이해한다. • 씨앗이 싹트고 자라서 꽃을 피우고 열매를 맺는 과정과 그에 따른 변화를 이해한다. • 여러 가지 식물의 한살이를 비교하여 식물에 따라 한살이의 유형이 다름을 안다. • 여러 가지 식물의 생김새와 특징을 안다. • 여러 가지 식물을 공통점과 차이점에 따라 나눌 수 있다. • 식물의 사는 곳에 따라 생김새와 생활방식이 다름을 이해한다.	과학	4-1. 식물의 한살이 4-2. 식물의 생활

• 환경 보호와 녹색 성장의 중요성을 종합적으로 이해하고, 환경 보호 및 녹색 성장을 위한 활동을 실천할 수 있다.	도덕	6. 내가 가꾸는 아름 다운 세상
• 자연과 주변에서 발견한 여러 가지 색과 모양의 차이점을 이해하고 이를 활용하여 표현할 수 있다. • 대상을 다양한 방법으로 관찰하고 색다른 방법으로 표현한다.	미술	자연과 함께 새롭게 관찰하기
• 중심 문장과 뒷받침 문장을 갖추어 문단을 짜임새 있게 쓴다. • 알맞은 이유를 들어 자신의 의견이 드러나게 글을 쓴다.	국어	4-1. 짜임새 있는 문단 4-2. 제안하고 실천 하고
• 다양한 전통 놀이의 규칙이나 방법을 변형하여 놀이를 할 수 있다.	체육	5. 여가 활동

주제망과 수업 계획을 만든 후 수업의 흐름을 만들었다.

〈표 8-7〉 '초록 친구' 수업의 흐름

주제	수업일	수업 내용
우리 친구 하자	3월 24일	초록 친구 통합수업 안내하기, 마인드맵 그리기
	4월 9일 (나들이)	안전 교육과 환경 보호 교육하기
		우리 반 나무 정하기로 관계 맺기
		쑥 캐기, 숲에서 놀기
		미술: 식물 관찰하기/세밀화 그리기
씨앗의 꿈	4월 25일	과학: 2. 식물의 한살이/씨앗 관찰하기
		관찰 달력 시작하기
		텃밭에 씨앗과 모종 심기
	4월 28일	과학: 2. 식물의 한살이/씨앗이 싹 트는 조건 알아보기
		국어: 10. 감동을 표현해요/시 짓기(내가 씨앗이라면 어떤 꿈 을 꿀까?)
	4월 29일	미술: 9. 상상의 세계 표현하기/씨앗의 꿈 그리기, 씨앗의 미 래 모습 그리기(시화)
위대한 탄생	5월 1일	너는 위대한 새싹, 자존감, 칭찬 샤워, '나'로 모둠 문장 시 만 들기
	5월 첫째 주 (가정의 달 연계)	〈엄마 까투리〉 애니메이션 감상하기
		『엄마를 화나게 하는 열 가지 방법』 패러디 책 만들기
		과학: 씨앗이 싹 트는 조건 수업 마무리하기

무럭무럭 자라요	5월 둘째 주	국어: 4. 짜임새 있는 문장/설명하는 글, 중심 문장과 뒷받침 문장 알아보기
	5월 13일	중심 문장과 뒷받침 문장을 사용해서 나의 인생 곡선을 그리고 소개하기
	5워 14일 (나들이)	국어: 나의 돌멩이 소개하기, 4월과 같은 장소에서 변화를 느끼며 관찰하기
꽃의 비밀	6월 9일	과학: 다큐멘터리 〈식물의 사생활〉 3부 '꽃의 수분' 영상 감상하기
		꽃 사전 미니 북 만들기
	6월 10일	2차 성징 및 사춘기 학습하기
	6월 11일 (나들이)	작은 생물 관찰하기(루페 준비)
		자연 재료로 작은 생물 만들기
열매, 또 다른 시작	7월 7일	과학: 2. 식물의 한살이 정리
	7월 8일	열매 관찰 수업하기, 과일 뷔페 열기
내가 지켜 줄게	7월 10일	생명의 나무 만들기

2) 주제 학습 실행하기

(1) 우리 친구 하자

나들이, 학교 텃밭 가꾸기, 식물의 한살이에 대해 소개하는 시간을 가진 후 학생들이 하고 싶은 활동에 대해 이야기 나누면서 소주제를 만들었다. 자신들이 하고 싶은 활동을 반영했기 때문에 학생들은 이 수업을 더 좋아했다.

첫 수업은 ○○산 나들이로 시작했다. ○○산 숲에는 다양한 식물이 있었다. 첫 나들이에서는 각 반마다 1년 동안 관찰할 우리 반 나무를 선정했다. 우리 반 나무를 선정한 후 쑥을 캤다. 쑥을 잘 모르는 학생들을 위해 쑥의 모양과 향을 관찰한 후 무리를 지어 활동하도록 했다. 학생들이 직접 캔 쑥은 집으로 가져가거나 제출하도록 했다. 모아진 쑥에서 예쁜 쑥은 골라 하나씩 책 속에 넣어 말리고, 남은 쑥은 방앗간에 맡겨 쑥떡을 만들어 먹었다.

날이 더욱 따뜻해진 4월 나들이에서는 식물을 관찰하여 세밀화를 그리고 숲에서 놀기 활동을 했다. 몇 주 만에 다시 간 ○○산에는 많은 변화가 있었다. 지난번과 달라진 산을 느끼기 위해 식물을 자세히 관찰하여 세밀화를 그렸다. 식물의 잎, 줄기, 꽃을 세밀하게

[그림 8-17] 학생이 그린 민들레 세밀화

그리게 하니 학생들은 풀, 꽃, 나무를 더 자세히 살피게 되어 관찰력, 집중력이 좋아지고
자연과 더 친숙해졌다.

(2) 씨앗의 꿈

식물을 심을 수 있는 따뜻한 날씨가 되어 식물의 한살이 관찰을 시작했다. 여러 가지 씨
앗을 눈으로 보고 손으로 만져 보면서 자신이 기르고 싶은 것을 선택하게 했다. 씨앗 관찰

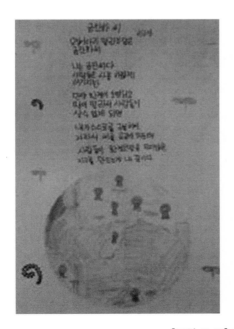
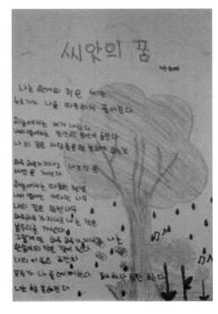

[그림 8-18] 학생이 쓴 시

후 텃밭과 화단에 씨앗을 심고 물을 준 후 관찰 달력을 쓰기 시작했다.

씨앗이 싹 트기를 기다리는 동안 과학 시간에는 씨앗이 싹 트는 조건을 탐구하고 국어 시간에는 '씨앗의 꿈'을 주제로 시를 감상하고 시를 짓는 수업을 했다. 식물 기르기와 연계하여 수업을 구성했기 때문에 학생들은 식물에 대해 지속적으로 관심을 가졌고 자신이 맡은 식물을 꾸준히 보살피는 모습을 보여 주었다. 2번의 나들이가 있었고 자신이 심은 씨앗을 생각해서인지 풍부한 감성이 담긴 시가 많이 나왔다. 시를 지은 후에는 미술과 통합하여 시에 어울리는 그림도 그려 보았다.

(3) 위대한 탄생

씨앗을 심은 지 일주일이 지나자 하나둘 새싹이 돋아나기 시작했다. 씨앗마다 성장 속도의 차이가 생겼다. 땅을 살짝 파 보니 여전히 씨앗 그대로의 모습을 하고 있어 씨앗이 싹트는 조건을 실험하는 것과 동일한 방법으로 교실 한쪽에서 금잔화 씨앗을 발아시킨 후 땅에 심었다. 이런 과정을 겪으면서 학생들은 씨앗이 새싹으로 탄생하는 것이 쉬운 일이 아님을 알게 되었고 새싹을 더 소중히 여겼다.

그 후 학생들에게 EBS의 〈지식채널 e〉 프로그램 중에서 '18cm의 긴 여행' 영상을 보여 주었는데 반응은 폭발적이었다. 자신들이 정말 저런 과정을 거쳐서 태어난 것이냐며 또 보여 달라고 아우성이었다. 새싹을 소중히 여기는 마음이 자신들의 탄생과 존재를 소중히 여기는 마음과도 맞닿았기를 바라는 마음으로 수업을 마무리했다.

(4) 무럭무럭 자라요

4월에 심은 씨앗은 새싹을 틔우고 무럭무럭 자라났다. 이제는 자신과 동일시된 식물의 성장을 관찰하며 자기 자신의 성장을 되돌아보는 것이 네 번째 주제의 핵심 활동이었다. '내 삶의 그래프'를 그려 보는 활동과 국어과 성취기준 '중심 문장과 뒷받침 문장을 사용하여 설명하는 글쓰기'를 바탕으로 하여 나의 인생을 되돌아보는 시간을 가졌다.

학생들이 자신의 이야기를 쉽게 할 수 있는 분위기를 만들기 위해 교사는 자신의 인생 이야기를 먼저 했다. 교사의 인생 이야기를 들은 학생들은 자신들의 슬픈 기억도 숨기지 않고 꺼내 놓았다. 자신의 삶에 대한 그래프를 그린 후 중심 문장과 뒷받침 문장을 사용하여 자신의 삶에 대해 설명하는 글을 쓰도록 했다. 친구에게 말하고 싶지 않은 비밀은 쓰지 않아도 된다고 했지만 학생들은 자신의 삶에 대해 솔직하게 이야기하고 있었다.

먼저, 자신의 이야기를 짝꿍끼리 공유했다. 그 후 이어진 모둠 활동에서 자신의 이야기가 아닌 인터뷰한 짝꿍의 이야기를 했다. 모둠 활동에서도 해결하지 못한 고민들은 학급 친구들 모두와 함께 고민해 보았다. 고민을 나눔으로써 더 좋은 해결방법을 찾을 수 있었고, 그 고민은 자신만이 가지고 있는 슬픔이 아니라는 것을 알게 되면서 서로가 서로에게 위로를 받을 수 있었다.

5월의 ○○산 나들이는 식물의 변화를 관찰하는 것을 목표로 했다. 한 달 만에 다시 찾은 숲은 푸르름이 가득했고 아카시아 향이 맴돌았다. 4월과는 또 다른 모습에 감탄하며 가는 길에 잠시 걸음을 멈추고 눈을 감아 자연을 느껴 보았다. 눈을 감으니 향기는 더 짙게 느껴지고 새 소리, 바람 소리가 더 잘 들려 왔다. 학생들과 함께 자연을 느끼는 것만으로도 행복해지는 순간이었다.

(5) 꽃의 비밀

아이들이 누구나 겪어야 하는 2차 성징과 사춘기를 두려워하지 않고 잘 이겨 내기를 바라는 마음을 담아 '꽃의 비밀' 수업을 계획하였다. 학생들이 꽃에 대해 알고 있는 사실은 아름답다는 것뿐이지만 사실 꽃은 식물의 한살이에서 매우 중요한 역할을 하는 장소이다. 곤충이나 동물을 유인하여 수분이 이루어지고 이를 통해 씨앗을 생성하는 생식기관이다. 학생들이 겪는 사춘기를 아름다운 꽃이 되는 과정으로 대입하여 사춘기를 거부감 없이 반갑게 준비하는 마음을 키워 주고자 했다.

세밀하고 선명하게 꽃의 수분을 보여 주는 다큐멘터리를 본 후 꽃이 생식기관이라는 사실을 알게 된 학생들은 꽃을 신비롭게 생각하기 시작했다. 꽃에 대한 배움을 넓혀 가고자 '꽃 사전'을 만들자고 이야기하자 학생들의 눈은 반짝였다. 6월이 되니 학교에는 다양한

[그림 8-19] 학생이 만든 꽃 사전

꽃이 가득했다. 스케치북과 연필, 색연필을 들고 학교 주변을 돌며 꽃을 관찰하고 세밀화로 나타냈다. 어느새 학생들의 세밀화 실력이 많이 향상되어 있었다.

아름다운 꽃이 되는 과정을 학생들이 곧 겪게 될 거라는 이야기로 사춘기 수업을 시작했다. tvN의 〈남녀탐구생활〉 프로그램 중에서 '사춘기 변화' 영상을 통해 사춘기에는 어떤 변화가 있는지 살펴보았다. 사춘기에 겪는 몸의 변화와 마음의 변화에 대해 알아본 후 사춘기에 겪는 어려움을 이겨 내기 위한 방법을 함께 고민하면서 사춘기를 좀 더 긍정적으로 맞이할 준비를 했다.

6월 나들이에서는 작은 생물을 관찰하고 자연 재료로 작은 생물을 만들기로 했다. 작은 생물 관찰은 루페를 활용했다. 루페는 움직이는 생물을 관찰하도록 만들어진 돋보기이다. 학생들은 루페라는 작은 도구를 손에 쥐어줬을 뿐인데 평소보다 더 열정적으로 관찰했다. 작은 생물을 관찰한 후에는 자연 재료로 작은 생물을 만들어 보았다. 학생들의 작품을 사진으로 남기고 자연 재료는 원래 있던 곳에 가져다 놓도록 했다.

(6) 열매, 또 다른 시작

학교 텃밭과 상자에 심은 식물들은 작은 씨앗에서 싹을 틔우고, 잎과 줄기가 자라 꽃을 피우고, 드디어 열매를 맺었다. 학생들이 가장 좋아하는 수업활동은 역시나 먹는 것이다. 열매 관찰인 만큼 학생들이 좋아하는 과일을 하나씩 가져오도록 하여 과일 뷔페를 열었다. 간단히 열매 관찰을 마무리하고 과일 뷔페를 시작했다. 자신이 가져온 과일을 다른 친구들과 나누어 먹으니 집에서 먹을 때보다 더 꿀맛이라는 학생들의 모습이 보기 좋았다. 처음 만난 3월보다 서로를 배려하고 아끼는 마음이 훨씬 커져 있었다.

[그림 8-20] 과일 뷔페

열매 관찰과 과일 뷔페로만 열매 수업을 마무리하는 것이 아쉬워 '열매로 만드는 얼굴' 활동을 추가했다. Arcimboldo의 그림을 모티브로 하여 과일 콜라주를 했다. 과일을 예쁘게 색칠한 후 배치 방법을 달리하여 다양한 작품을 만들어 냈다.

[그림 8-21] 학생이 작업한 열매로 만드는 얼굴 작품

학생들이 한 학기에 걸쳐 관찰한 식물들의 성장을 관찰 달력을 보며 정리한 후 마무리 글을 썼다. 정말 작았던 새싹이 무럭무럭 자라 열매를 맺은 것을 보며 학생들이 느낀 생명의 신비함이 글 속에 가득 담겨져 있었다. 초록 친구 수업을 하면서 식물들의 성장과 자신들의 성장이 비슷하다는 것을 느꼈다는 학생도 있었다. 많은 학생이 자연을 아끼고 사랑하겠다고 다짐했다.

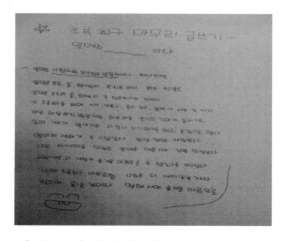

[그림 8-22] 식물의 한살이를 마무리하는 글쓰기

(7) 내가 지켜 줄게

초록 친구 수업의 마무리로 '자연 사랑'의 가치를 담아 협동 작품을 만들었다. 자신의 손바닥을 그려 이 수업에 대한 소감과 다짐을 적고 꾸며 보았다. 꾸민 손바닥은 복도에 있는 학년게시판에 붙였다. 손바닥이 하나둘 모여 어느새 커다란 나무가 만들어졌다. 학생들은 이 나무의 이름을 생명의 나무로 붙이고 두고두고 읽어 보았다.

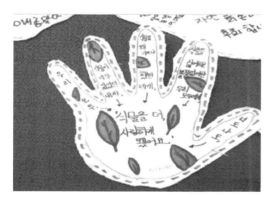

손바닥 다짐　　　　　　　　　　　　생명의 나무

[그림 8-23] 생명의 나무 협동 작품

3) 주제 학습 마무리하기

한 학기 동안 했던 초록 친구 수업은 학생들이 자신의 자람과 식물의 자람을 동시에 느끼며 '변화'를 체감하는 소중한 경험을 주었다. 작은 것에 감동하고 변화에 민감한 학생들이 타인의 감정을 어루만져 줄 수 있는 사람이 되기를 바라는 마음으로 반 년 동안 열심히 수업했다. 자연과 식물, 생명에 대해 이렇게 오랫동안 생각해 본 것은 교사들에게도 처음이었다. 이 수업을 통해 학생들은 다른 존재를 기르는 소중한 경험을 할 수 있었다. 또한 학생들은 자연과 함께하면서 서로를 배려하는 따뜻한 마음을 키울 수 있었다.

제3부
초등 통합교과 교육과정과 교과서

제9장
초등 통합교과
교육과정의 변천

    우리나라는 국가 수준에서 제4차 교육과정을 고시(1981년 12월 31일, 문교부 고시 제442호)하면서 초등학교 1~2학년에 통합교과인 우리들은 1학년, 바른 생활, 슬기로운 생활, 즐거운 생활을 도입했다. 당시 어떻게 해서 초등학교에 통합교과를 도입할 수 있었을까?

    당시 우리의 교육 사회 주변에 '통합'에 대한 논의는 거의 없었기 때문에 학교 주변 또한 '통합'이라는 용어 자체가 낯선 상황이었다. 이는 1980년 이전까지 통합교육과정 관련 학술적인 논의나 연구가 장성모(1979)와 김재복(1980) 두 편 밖에 없었다는 사실만으로도 어렵지 않게 짐작할 수 있다. '통합'에 대해 아직은 문외한에 가까운 그런 상황에도 불구하고 초등학교 1~2학년에 '통합교과'를 어떻게 전면 도입할 수 있었을까?

    비록 우리나라는 국가의 교육과정 집권 및 통제가 강하고 그래서 학교 교육이 이 강력한 국가 수준의 교육과정 영향을 거의 전적으로 받지만, '통합교과'를 국가 주도로 도입했다고 하더라도, 초등학교 1~2학년에 통합교과를 전면 시행하는 데는 어떤 형태로든, 즉 그것이 통합을 본질적으로 지지하는 것이든, 통합으로 인해 발생할 수 있는 어떤 것을 기대했든 간에 (학교) 교육 주변의 사회적(대중적) 지지 없이는 힘들었을 것이다.

    통합교과를 도입한 1981년 전후 상황을 볼 때, '통합'은 연구를 배경으로 한 것도 아니었고, 심지어 '통합'이라는 용어 자체도 생소한 상황이었다. 따라서 학자, 연구자, 학교, 교사, 학생 등 관련자들이 통합의 본질을 이해하고 지지했다고 보기는 어렵다. 특히 초등학교 교사나 학생들이 교육과정 개정에 적극 개입하여 콕 짚어서 '통합교과'를 만들어 달라고 한 것도 아니었다. 그렇다면 교사와 학생들은 '무엇'인가를 해 달라고 요청했고, 국가는 제4차 교육과정을 개정하면서 그들이 바라고 열망했던 그래서 요청했던 그 '무엇'인가를 '통합교과'로 충족시켜 주었을 것이다.

이런 관점에서 초등 통합교육과정의 변천을 고찰하고자 한다. 1981년 제4차 교육과정 고시 이후 현행 2015년 개정 교육과정까지 국가 수준의 교육과정 고시문과 해설서 그리고 각 시기별 교육과정 개정 연구 보고서들을 기초로 우리나라는 국가 수준에서 통합의 교육적 가치를 어디에 두고, 이를 위해서 어떤 통합을 권장하여 자리 잡아 왔는지 그리고 여기에 영향을 미친 요인이 무엇인지를 분석할 것이다.

1. 교과서 통합

1983학년도 전국의 초등학교 1~2학년 교사와 학생들은 제4차 교육과정 개정에 의거 개발한 바른 생활, 슬기로운 생활, 즐거운 생활이라는 새로운 이름의 교과서를 받게 되었다. 왜냐하면 우리나라도 국가 수준의 교육과정을 '연구 개발 보급형'으로 개발하면서 제4차 교육과정 개정에 대한 연구를 한국교육개발원에 위탁하였고, 이 연구에서 초등학교 1~2학년에 통합교과 도입을 제시하였기 때문이다.

당시 초등 교육과정 총론을 통해서 초등학교 1~2학년에 통합교육과정을 적용해야 하는 이유를 세 가지로 언급하였다(문교부, 1981: 5).

- 아직 미분화된 학생들의 심신 발달 단계에 맞는 편제이어야 한다.
- 활동 중심의 다양한 학습 경험을 제공해야 한다.
- 흥미를 유발시킬 수 있는 즐거운 학교생활이 되게 해야 한다.

그 결과, 제3차 교육과정 시기까지 초등학교 1~2학년에서 시행해 오던 8개의 교과를 통합하여 3개의 통합교과서로 만들어 보급하였다. 즉, 도덕, 국어 사회를 바른 생활로, 산수, 자연을 합쳐 슬기로운 생활로, 음악, 미술, 체육을 묶어 즐거운 생활 교과서로 개발하였다. 따라서 제4차에서 통합교과는 교과교육과정 없이 각 교과를 통합한 편제와 각 교과의 이수 시간을 통합한 시간 배당 기준을 제시하였다.

다시 말하면, 제4차 교육과정기에 초등 통합교과 교육과정은 초등학교 8개 교과를

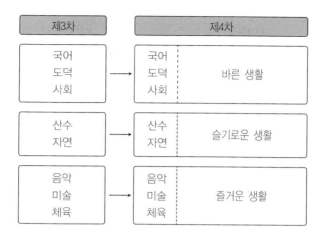

[그림 9-1] 제4차 교육과정기

3개 교과로 줄였다는 현실적인 의의를 갖고 있었다(정광순, 2006). 이와 더불어 초등 통합교과 교육의 변화는 세 가지 특징을 찾을 수 있다. 첫째, 초등학교 1~2학년에 한정하여 시행했다는 점이다. 둘째, 우리들은 1학년은 입학 초기 초등학교 '적응'에 도움이 되는 내용으로 교육과정 및 교과서의 내용을 범교과적으로 구성하였다는 점이다. 셋째, 바른 생활은 도덕, 국어, 사회 3과목을, 슬기로운 생활은 산수와 자연 2과목을 그리고 즐거운 생활은 음악, 미술, 체육 3과목을 합친 교과서였다는 점이다. 즉, 우리들은 1학년을 제외한 통합교과는 모두 통합되기 이전의 교과(원교과)의 구조를 존중하였다. 이런 의미에서 초등 통합교과 교육의 통합의 유형은 구조형(Ingram, 1979) 혹은 다학문적 접근(multidisciplinary approach; Drake, 1993)의 형태를 취했다(강충열, 2007; 김승호, 1999; 오경종, 1991; 유한구, 1988).

이에 제4차 교육과정에서의 통합교과의 통합 형태는 '교과서 통합'이라고 할 수 있다. 이 '교과서 통합'은 이후 통합의 성격에 대한 연구들이 자주 언급해 왔다(강충열, 2007; 김경애, 2004; 김승호, 1999; 문교부, 1981; 배건, 1997; 최경노, 1996).

제4차 교육과정기에 탄생한 통합교과로 초등 통합교육과정에서 시작한 통합은 '교과서' 통합이다. 이렇게 본 이유는 통합교육과정 없이 몇 개의 교과를 통합하여 교과서를 만들었기 때문이다. 이 점에 대해 '통합성' '통합교과의 성격' '통합이론'에 대한 연구(강충열, 2008; 김승호, 1999; 서명석, 2000; 오경종, 1991; 유한구, 1988)에서는 통합교과가 이렇게 교과서를 통합한 형태였다는 점을 비판적 혹은 부정적으로 거론하고, 또 이 때문에 통합교과는 출발부터 지금까지 통합적일 수 없었다고 평한다.

통합교육과정 관련 연구 분야에서는 '교과서 통합'에 대한 이런 비판적인 지적을 상당히 인식하고 있다. 그러나 '교과서 통합'의 문제를 현실적으로 접근해서 보면 그 의미를 다르게 읽을 수 있다.

교육과정 개정 관련 연구 보고서들(곽병선 외, 1986; 구자억 외, 1997; 김재복 외, 1992; 신세호 외, 1980; 오은순 외, 2006)이 해설하는 '통합교과'의 교육적 의미를 보면 크게 두 가지로 대변할 수 있다. 하나는 통합교과가 초등학교 1~2학년(저학년) 교육에 '적절하다'는 것과 다른 하나는 '현장의 지지'를 받는다는 것이다. 특히 통합교과를 도입한 1983년 당시의 '통합'에 대한 연구나 이해가 미미했던 상황이라는 점을 감안할 때, 통합교과는 후자인 '현장의 지지'로 불리는 현실적이고 상황적인 것이 영향을 미쳤을 것으로 보인다. 이런 해석의 여지는 제4차 교육과정 개정 연구 보고서와 제5차 교육과정 개정을 위한 연구 보고서들이 함의하고 있다. 제4차 교육과정 개정 연구 보고서(한국교육개발원, 1979: 45)는 이 '현장의 지지'를 통합교과에 대해 "교사, 학부모는 찬성하는 편이다"라고 진술하고 있으며, 제5차 통합 교육과정 개정 연구 보고서(김두정 외, 1986: 13)는 초등학교 통합교과서가 처음 실시된 제4차 교육과정에서의 통합교과서에 대한 교사들의 지지는 적게는 70%, 많게는 99%에 이르렀으며, 특히 즐거운 생활에 대한 만족도가 1위였다고 진술하고 있기 때문이다. 이런 지지는 통합이 지향하는 교육에 대한 이해로부터 나온 것이라고 보기는 힘들다. 그렇다면 1980대를 전후로 한 그때, 통합교과에 대한 이런 '현장의 지지'는 왜 나온 것일까? 어디에서 누구로부터 나온 것일까?

> 통합과 분과 중 어느 방법을 취하여야 하는가를 한마디로 단정하기는 어렵다. …… 그럼에도 불구하고 개정되는 교육과정에서는 교과별로 시간을 제시하지 않고 두세 교과를 묶어 표시하였다. 이 안에 대하여 대부분의 교사, 학부모들은 찬성하는 입장을 취하고 있다. 그러나 일부 교과 전문가들에게서는 이에 대한 이론이 제기되고 있다(김재복, 1980: 97).

즉, 통합교과에 대한 지지는 '현장'으로부터, 교과 전문가보다는 '교사, 학부모'로부터 나온다. 통합교과 도입에 대한 '현장의 지지' 세력이 교과 전문가들보다는 교사였음을 알 수 있다. 2009년 개정 교육과정 1차 총론 시안(2009년 9월 29일 발표)에 '교과군' 개념을 도입한다고 발표했을 때, 교과 전문가들은 '교과군'의 문제를 '교과의 존폐' 문제로 인식하는 경향을 목격할 수 있었다. 기존의 교과체제에 변화를 주는 것에 대해 교과 전문가들의 이런 상황 인식은 빠르게 우리 교육 사회 주변을 압도하는 이슈가 되었다. 이런 맥락을 고려해 볼 때, 제4차 교육과정 개정 당시의 통합교과의 문제도 비록 초등학교 1~2학년에 국한된 문제이기는 하지만, 교과 전문가들 사이에서는 '교과의 존폐' 문제로 인식되었고, 이 논란에 대응한 것이 바로 통합교과에 대한 교사와 학부모들의 찬성이었고, 개정 연구 보고서는 이를 '현장의 지지'로 진술하고 있다(김재복, 1980, 1992, 2007). 그럼 이 현장의 지지는 왜, 무엇 때문이었을까? 즉, 교사들은 무엇 때문에 통합교과 도입을 찬성한 것일까?

국가 수준에서 교육과정을 개정할 때마다 교육과정 총론 연구 보고서 및 각 교과교육과정 시안을 개발하는 연구들은 당시 실행 중인 '현행' 교육과정의 실태를 파악하여 반영한다. 여기에 학교 및 교사의 현장 요구 조사는 공식적 · 비공식적으로 늘 실시하였고, 그 결과를 새로 개발하는 교육과정에 반영해 왔다. 가령, 모든 교육과정 개정 연구 보고서들(곽병선 외, 1986; 김기석 외, 1996; 오은순 외, 2005; 한명희 외, 1991)은 '현장의 요구'를 반영하여 '교육과정 내용을 양적 · 질적으로 적정화할 필요'가 있음을 기술하고 있고, 개정 · 고시한 새 교육과정을 해설 연구한 교육과정 해설서들은 모두 '현장의 요구'를 반영하여 '교육과정 내용을 양 · 질적으로 적정화했'고 기술하고 있다(교육부, 1992, 1997a; 교육인적자원부, 2007a; 문교부, 1987). 다시 말해서, 교수요목기 이후 꾸준히 현장으로부터 나온 요구는 '교육과정 내용을 양적 · 질적으로 적당하고 적절하게 해 달라는 것'이었음을 알 수 있다.

교과교육을 실행하는 교사나 학생의 현실적 어려움으로 '가르치고 배울 것이 너무 많아서 힘들고 버겁다'는 의견을 교육과정 개정 및 교과서 개발 때마다 꾸준히 개진해 왔다는 것이다. 이것이 시대와 공간, 사람들을 초월해서 새 교육과정 및 새 교과서가 해결해 주기를 늘 바라고 요청했던 현장의 목소리였다.

현장이 원하는 대로 양을 줄여 적정화해 주면 될 일을 왜 못해 주는 것일까? 교육과정 개정 때마다 이런 요청이 나온다는 것은 매번 이를 요청하는 교사들을 만족시키지 못했다는 것을 의미한다.

왜 못 줄일까? 이 질문을 접하는 사람이라면 누구나 통념의 수준에서 '교과 이기주의', '자기 교과에 대한 욕심' 같은 이유들을 떠올릴 것이다. 또 통합을 주장하는 적지 않은 연구들이 이 점을 시사해 왔다(구자억 외, 1997; 김기석 외, 1996; 김두정 외, 1986; 김재복, 1980; 김재복 외, 1992; 박상철, 2006; 오은순 외, 2005; 이미숙, 2009; 조덕주, 1985). 그러나 이것은 교과 이기주의라기보다는 현대 사회의 특징인 지식의 폭발적인 증가가 더 크게 영향을 미치기 때문이다(강충열, 2007; 김재복, 2007; Beane, 1997; Ingram, 1979; Jacobs, 1989). 20세기 과학의 발달과 학문의 전문화로 엄청난 양의 지식을 축적하였고, 이를 기반으로 하여 지식 기반 사회를 열었다. 이에 줄이고자 하는 노력에 비해 지식이 늘어나는 속도가 더 빠르기 때문이다. 교육과정 개정 때마다 교과 내 세부 전공 영역에 대한 치열한 정당화 논쟁을 두고 '교과 이기주의'라고 단언하지만, 이런 비난 중에도 교과교육과정 개발에 참여하는 인사들은 기꺼이 '내용'을 줄인다. 하지만 이전 교육과정과 개정 교육과정 사이의 시간 동안 늘어난 지식의 양을 아무리 잘 압축하고 줄이더라도 새 교육과정 내용의 양은 잘해야 이전 교육과정 내용의 양을 유지하는 정도이다.

또 교육과정 내용이 줄었다 혹은 늘었다는 것에 대한 교과 전문가와 교사의 인식방식이 다르기 때문이다. 교과 전문가는 그동안 늘어난 지식을 포함하여 교과 관련 지식의 총량을 기준으로 현행 교육과정 내용을 줄이기 때문에 그들은 최선을 다해서 적정한 양으로 줄였다고 인식하지만, 교사나 학생들은 교과서의 총 쪽수를 기준으로 가르칠 혹은 배울 내용이 줄었다 혹은 늘었다라고 인식하는 경향이 있다. 그래서 교육과정 개정 때마다 각 교과는 엄청난 수고로 자기 교과 관련 지식 및 내용을 줄여 놓아도 현장 교사들에게 보급된 새 교육과정이나 교과서는 이전과 비슷한 교과서 쪽수인 것을 확인한다. 이런 면에서 교사들은 내용의 축소를 실감하기 힘들며, 고시된 새 교육과정이나 해설서에 기술하고 있는 '줄였다'는 표현이 명분뿐이라고 오해하기 쉽다. 따라서 현대라는 우리 시대의 상황에서 교과별로 내용을 교사들이 인식할 정도로 대폭 줄이는 것은 사실상 실현하기 불가능하다.

그렇다고 하더라도 교사나 학생의 입장에서는 가르칠 혹은 배울 내용의 양이 적절해야 한다는 것은 그 어떤 것보다 먼저 해결되어야 하는 문제이다. '많은 것은 모자라는 것만 못하다'는 격언처럼 아무리 중요하다고 하더라도 교수학습 상황에서 교사와 학생들이 가르치고 배울 여유를 보장하지 못하면 소용없는 일이기 때문이다. 이런 이유에서 교사는 이유여하를 막론하고 수업 상황이 교육적일 만큼의 적정량을 요청하는 것이다.

그럼 어떻게 교수학습 현장에서 적당하다고 느낄 만큼의 내용을 줄일 수 있겠는가? 기존의 방식처럼 교과별로 원하는 만큼 줄이고자 하는 접근방식은 시대적으로 그리고 교과 이기주의라는 현실적인 영향을 고려할 때 거의 불가능하다. 결국 1981년 제4차 교육과정 개정 당시에는 이 문제, 즉 교육과정 내용의 적정화 문제를 '양'에서 '수'로 전환하여 해결한다.

　　제4차 교육과정 개발 연구를 개발원에서 위탁받아 수행하면서 대규모의 대국민 공청회 및 전문가 협의를 기획 추진하였다.[1] 이 과정에서 특히 인간 중심 교육과정, 전인교육과 같

---

1) 교육과정 개정의 방향을 탐색하고 교육과정 총론안을 작성, 검토하기 위해서 전국 수준의 세미나 1회, 교육과정 연구위원회 협의회 2회, 실무진 협의회 5회를 실시하였다. 교육과정, 행정, 심리, 철학, 사회학 전문가, 각 교과교

은 용어들이 자주 등장하였고, 이것이 교과를 기준으로 분과화하여 교육하는 학교의 교과교육 실태를 반성하는 분위기를 만들었다. 이런 일련의 반성 과정에서 교과서 수가 너무 많다는 문제로 구체화되었고, 그 조처로서 '통합'이라는 이야기가 등장하였다(신세호 외, 1980: 13).

제4차 교육과정 개정 연구 보고서에 진술된 초등학교 1~2학년의 통합교과 도입에 대한 논의 과정을 설명한 것인데, 당시 교육과정학계를 중심으로 학교 교육의 궁극적인 이상인 인간교육, 전인교육 실현에 대한 반성을 하였다. 이 과정에서 시스템적으로는 관심의 초점이 학교의 분과화된 교과교육 제도에 집중되었고, 현안적으로는 1~2학년에게 교과서 수가 너무 많다는 것에 모아졌고, 대안으로 '통합교과'의 도입이 고려되었다고 밝히고 있다. 따라서 제4차 이후 통합교과 교육과정 개정 관련 연구 보고서들(김기석 외, 1996; 김두정 외, 1986; 김재복, 1980; 김재복 외, 1992; 오은순 외, 2005)이 꾸준히 서술하고 있는 '현장의 지지'는 당시 상황에서 '교과서 수'의 축소와 관련 있다. 즉, 통합교과의 도입은 확실히 교과서 수의 축소를 현실화할 수 있는 것이었고, 교사나 학생에게 교과서 수의 축소는 바로 교수학습 내용의 양적·질적 적정화와 직결되어 있는 현실태이다. 당시 초등학교 교사나 학생에게 통합교과 도입은 그들이 이제는 '8개 교과서가 아니라 3개의 교과서'로 가르치거나 혹은 배운다는 것이었다. 이것이 당시 교사나 학부모들이 통합교과 도입을 지지했던 이유이고, 당시 교육과정 개정 연구 보고서들이 진술하고 있는 '현장의 지지'의 상황 맥락적인 의미이다.

통합교과 도입으로 현장은 8개 교과서가 3개로 보급된다는 변화를 예상했고, 이 변화로 매 차시 이 교과 저 교과로 헤매느라 바빴던 수업 혹은 교과서 가르치고 배우는 것밖에 할 수 없거나 그것만 해도 버거웠던 수업이 인간교육이나 전인교육을 하는 데 필요한 최소한의 여유를 갖게 될 것이라는 가능성을 기대한 것이었다. 이것이 통합교과를 도입하게 한 에너지였고, '통합'의 본질이나 방향, 방식 등 여러 측면에서 아직 이렇다 할 합의점을 구축하지 못한 상태에서도 통합교과를 도입할 수 있었던 이유이다. 나아가서 지난 30년 동안 초등 통합교과에 대한 수많은 비판과 제대로 된 통합에 대한 의구심에도 불구하고 통합교과가 유지되는 데 작용하고 있는 보이지 않는 현장으로부터의 지지, 그 실체였다.

특히 통합교과는 초등학교 1~2학년 학생이나 담임교사의 입장에서 교과서가 3권이라

육 전문가, 문교부의 장학실 및 편수국의 관련행정 담당관 및 연구 담당관, 각급 학교 행정가 및 교사 등 연인원 430명에 달한다(신세호 외, 1980: 13).

는 것의 의미가 강했고(정광순, 2006), 바른 생활, 슬기로운 생활, 즐거운 생활 3권의 교과
서는 그들이 교육과정 개정 때마다 교육과정 내용을 줄여 달라는 요청, 교과보다는 학생
과 학생의 삶에 좀 더 적절한 내용을 넣어 달라는 요청을 어느 정도 현실적으로 들어주는
것이었다.

　　결국 통합교육과정 분야의 연구 부재라고 할 만한 시기였던 1980년대 초반에 초등학교
에 통합교과가 전격 도입될 수 있었던 것은 '교과서 통합'의 형태였기 때문이었고, 교과서
통합은 한편으로는 기존의 학교 교과교육의 질서를 인정하고 유지하는 방식을 취하고, 다
른 한편으로 가르치고 배우는 내용을 줄여 달라는 교사와 학생들의 오랜 시간의 요청을
들어주는 현실적인 대안이 되었기 때문이다. 나아가서 통합 자체의 개념이 모호하고, 가
능성 및 정당성에 대한 논의의 부족, 이론의 부재, 진정한 통합에 대한 회의에도 불구하
고, 지금까지 초등학교에 통합교과가 유지되는 이유이다. 교사들은 통합교과가 아니라면,
다시 제4차 이전의 7~10개 교과 및 교과서 체제로 돌아가는 것이라는 사실을 알고 있고,
10여 개의 교과 및 교과서 체제가 동반할 내용의 적정화 및 교과 중심의 교육내용 선정을
예상하기 때문일 것이다.

2. 교과와 생활의 통합

　　제5차 교육과정(문교부 고시 제87-9호)을 개정하면서 제4차 교육과정기의 통합교과서
운영에 대한 반성과 평가를 하게 되었다. 그 결과, 통합교과 도입으로 '기초학습이 약화되
었다'는 반성과 그래도 '초등학교 1~2학년 학생의 학습에 부합한다'는 평가가 나왔다(김
두정 외, 1986).

　　이에 제5차 교육과정은 통합교과에 대한 이 두 가지 평가를 반영하여 개정하게 되었다.
하나는 기초학습을 강화하기 위해 국어와 산수를 분리하여 분과화하였다. 초등학교 1~2학
년 학생의 학업 성취에 대한 표준화 평가 결과, 교과를 통합하면서 초등학교 1~2학년 학
생들의 기초학력이 저하되었고, 이를 계기로 초등학교가 전통적으로 강조해 온 3R's를 체
계적으로 가르쳐야 한다는 목소리가 명분을 얻었다. 즉, 초등학교 1~2학년의 기초학력
부진은 문해력과 수리력에 대한 것이었고, 기초학습과 직접적으로 관계하고 있는 국어와
산수를 독립시킴으로써 기초학력 부진에 대한 지적을 수용한다. 또 하나는 국어와 산수를
분리하지만, 나머지 교과를 통합한 통합교과를 유지하였다.

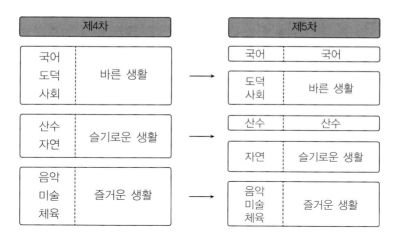

[그림 9-2] 제5차 교육과정기

제5차에서 통합교과를 조정하는 것과 함께 의미 있는 변화는 초등 통합교육과정을 개발하였다는 점이다. 처음 탄생한 통합교육과정은 각 통합교과의 목표, 내용, 지도 및 평가상의 유의점을 제시하였다. 이를 계기로 통합에 대한 논의는 교과서를 넘어 통합교육과정으로 점점 확대되었다(강충열, 2008; 김경애, 2004; 김경희, 2001; 김대현, 1993; 민용성, 2005; 안상희, 2006; 조연순, 김경자, 1996). 이런 확장된 논의는 세 가지 경향으로 나타났다.

첫째, 교과서 통합을 넘어 초등학교 교육과정(초등학교에서 가르치는 것)에 대한 통합적 접근으로 확대되었다(김경애, 2004; 김경희, 2001; 안상희, 2006). 1~2학년에 통합교과가 있지만, 3학년 이후 과정에 대한 교과통합으로 연구들이 확산되어야 한다는 점을 지적하면서 이후 교과를 통합하는 방식들이 좀 더 본격적으로 소개되기 시작했다.

둘째, 통합교과에 통합할 교과들을 좀 더 적절한 쪽으로 조정하면서 통합으로 묶이는 교과들이 공유하는 '공통점'에 집중하기 시작했다. 즉, 두세 교과가 공통으로 가지고 있는 개념, 원리, 방법에 관심을 두기 시작하였다. 이런 면에서 통합은 Pigdon과 Woolley(1995) 또는 Drake와 Clausen(2010)이 말하는 낱낱의 교과 내용을 아우르는 보다 포괄적인 것(big picture or big idea)을 추구하기 시작한다.

셋째, 각 통합교과의 성격에 대한 탐구가 시작되었다(김승호, 1999; 유한구, 1990; 이원희, 이종원, 1991). 이런 연구는 주로 단독교과를 원천으로 한 슬기로운 생활과 바른 생활을 중심으로 일어났다. 제5차 교육과정 개정으로 국어와 산수를 분리함으로써 특히 기존의 자연이 단독으로 슬기로운 생활이 됨으로써, 슬기로운 생활과 자연과의 교육과정 개발에 참여한 사람들은 두 교과를 어떻게 차별화할 것인가 하는 문제에 직면한다. 그 결과, 통합교과로서 슬기로운 생활이 어떤 교과여야 하는지에 대한 논의를 증가시켰다. 이에 슬기로운 생활은 다음과 같은 지향을 정한다. 슬기로운 생활을 통해 자신과 주변에서 일어나는 여러 현상들을 탐구해 봄으로써, 자신과 주변 세계에 대해 초보적으로 이해하게 하고, 문제를 해결하는 힘을 길러 이를 실생활에 적용시키도록 한다(곽병선 외, 1986: 19).

• 자신과 주변 현상에 대한 초보적인 이해를 하게 한다.
• 주변 현상 및 문제를 탐구하는 데 필요한 기본 능력을 습득하게 하여 이를 실생활에 적용시키도록 한다.
• 주변 현상 및 문제를 흥미와 호기심, 끈기를 가지고 계속 탐구해 보려는 태도를 기른다.

즉, 교육과정 내용 선정의 원천을 자연과는 '자연현상'으로 규정하는 데 비해 슬기로운 생활과는 초등학교 1~2학년 학생들이 일상생활을 하는 '주변'을 대상으로 하였고, 교과 탐구의 방식을 자연과가 '설명'과 '실험과 실습'으로, 슬기로운 생활은 '이해'와 '탐구'와 같은 용어를 핵심어로 접근하게 된다.

인문학과 자연과학 간의 대통합의 경향이 높았던 1990년대 초반 우리나라도 제6차 교육과정(1992년, 교육부 고시 제1992-16호)을 개정한다. 초등 통합교육과정 또한 이런 경향을 반영하여 제5차까지 '자연' 단독 교과로 구성하였던 슬기로운 생활에 사회과를 통합하게 되었다. 슬기로운 생활의 사회와 자연이 초등학교 1~2학년 학생들이 탐색할 '주변' 개

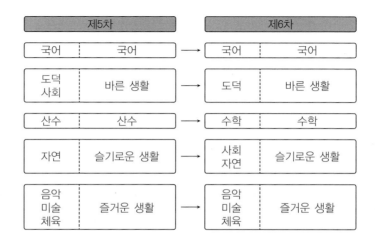

[그림 9-3] 제6차 교육과정기

넘으로 규정되었고, 바른 생활은 '도덕' 단독교과의 모습으로 조정되었다.

제6차 교육과정을 개정하면서 통합교과는 5차에 이어 각 통합교과의 통합되기 전의 교과를 다시 조정하면서 바른 생활에 통합되어 있던 사회 영역을 슬기로운 생활에 통합함으로써 바른 생활도 같은 상황을 맞이하게 되는데, 이 시기 바른 생활과 개정 연구들(유균상 외, 1993; 한명희 외, 1991)은 도덕과와 구분 및 연계 문제를 중점적으로 다루었다. 그 결과, 바른 생활은 '기본 생활 습관 형성'을 위한 교과로, 도덕은 '도덕적 사고, 판단, 실천'을 위한 교과로, 윤리는 '인생관과 세계관, 윤리 사상과 이론 습득'을 위한 교과로 정리한다(유균상 외, 1993: 171). 이를 기초로 제6차 교육과정안에서는 바른 생활은 도덕과와 차별화된 기본 생활 습관, 예절, 공중도덕을 중시하는 생활예절(한명희 외, 1991: 57) 교과로서 독립적인 성격을 공론화한다.

> 바른 생활은 도덕과는 전혀 다른 새로운 교과로서 도덕적인 사고나 안목을 길러 주기보다는 우리 '사회에서 요구되는 기본적인 예절과 도덕규범들을 전달하고 습관화'시키는 데 주로 초점을 두어야 한다. …… 그러므로 바른 생활에서는 때로 도덕적인지 아닌지를 따지기 전에 우선 우리 사회의 '관례'를 따르도록 가르쳐야 한다(유균상 외, 1993: 48).

따라서 바른 생활은 기본 생활 습관, 예절, 공중도덕을 대상으로 한 '생활교과'로서의 성격을 드러내게 되었다.

제5차와 제6차 교육과정기를 거치면서 통합교과는 한편으로는 초등학교에서 하나의 독립된 교과로서 위치를 강화했고, 다른 한편으로는 원교과와 차별화를 끊임없이 시도하면서 통합교과명 자체에 초점화된 교과의 성격, 목표, 내용 규명에 더 적극성을 띠게 된다(김승호, 1999; 정광순, 2006; 조덕주, 1998). 제5차와 제6차에서 초등 통합교과 교육과정은 한편으로는 교과와 생활의 통합을 보다 강조하였고, 다른 한편으로는 원교과들 간의 공통 영역에 관심을 두고 실제로 이 영역을 중심으로 통합교과의 교육과정 영역과 내용들을 개발하였다. 이런 의미에서 제4차 초등 통합교과 교육과정을 다학문적 접근이었다고 명명한다면, 제5차와 제6차를 간학문적(interdisciplinary) 통합으로 규정한다(강충열, 2007).

제5차와 제6차 교육과정 개정 과정에서 논의된 바른 생활과 슬기로운 생활과의 성격 탐색은 이들이 모두 '통합교과'라는 점에서 출발하였다. 그리고 통합교과로서 바른 생활, 슬기로운 생활, 즐거운 생활은 모두 초등학생들의 일상적인 '생활'을 반영한다는 공통의 지향을 갖게 되었다. 이런 맥락에서 통합교과는 좀 더 공공연하게 학교 학습 및 교과 학습을

'생활'과 더 밀접하게 관련시켜 초등학교 1~2학년 학생들이 초보적인 차원에서 교과에 접근하도록 배려하게 된다. 결국 초등학교 교육과정에서 통합하고자 한 것은 바로 '교과에 생활을 통합하는 것', 즉 이 둘을 보다 잘 연계하고자 하였음을 드러내고 있다.

국가 수준의 교육과정 개정 연구 보고서들(곽병선 외, 1986; 구자억 외, 1997; 김재복, 1992; 신세호 외, 1980)은 통합교과에 대해 '현장의 지지'보다 초등학교 1~2학년(저학년)에게 통합교과가 비교적 '적절하다'는 것을 더 표면화하고 있다. 이런 '적절하다'는 관점은 제5차 교육과정 개정으로 통합교육과정을 개발하면서 고시문, 해설서, 개정 연구 보고서 어디서나 쉽게 볼 수 있다.

'적절하다'는 이 관점은 특히 교육적 · 심리적 이유에 근거하는데, 교육 철학적으로는 인간 중심 교육과정 사조의 영향에 그리고 발달 심리학계의 아동 발달에 대한 연구 결과에 기초한다. 가령, Piaget의 발달 이론으로 볼 때 초등학교 저학년은 전조작기에서 구체적 조작기로 이행 중인 아동 발달상의 특징인 미분화 특징이 있는데, 이런 발달적 특성을 고려할 때, 경험, 활동, 생활 중심의 학습이 적절한 학습 방식이라는 것이다(김재복, 1980: 99).

이런 측면에서 볼 때 통합교과를 통한 교육의 이상은 학교 교육이 보다 전인이나 인간 교육을 목적으로 해야 한다는 것, 학교 교육이 학생의 학습에 더 맞추자는 것이다. 이런 주장이 제기되는 것은 어느 순간부터 (학교) 교육이 '전인이나 인간 교육'을 구현하기 힘든 체제가 되어 가고 있다는 인식을 내포하고 있다. 따라서 통합은 교과로 분과화된 학교 교육이 잃어 가고 있는 교육의 목적을 회복하는 것을 지향하게 되었다. 폭발적인 지식의 증가와 가변성에 유연하게 대처하고, 분절되고 단절되고 있는 교과교육의 문제를 관련성(relevance)으로 보완하며, 지식 자체의 습득으로 그치고 있는 교육활동에 지식의 활용으로 살아 있는 지식교육을 추구하게 되었다(Beane, 1992, 1997; Etim, 2005; Haigh, 1975; Ingram, 1979; Jacobs, 1989; Nesin & Lounsbury, 1999; Young & Gehrke, 1992).

제5차와 제6차 교육과정기에 통합교과는 어느 시기보다 '어떤 교과와 어떤 교과를 묶는 것이 더 적절한가' 하는 문제를 다루면서 통합교과에 통합되기 이전 교과들을 서로 조정하였다. 그리고 이 조정과정은 슬기로운 생활, 바른 생활, 즐거운 생활이 어떤 교과인지를 논의하도록 하였고, 결국 세 교과는 '통합교과'라는 점에서 기존의 교과와 차별적인 성격을 드러내기 시작하였다. 이런 접근을 기초로 통합교과는 초등학교 1~2학년들의 '일상생활'을 원천으로, '교과와 생활'을 연계한다는 점을 부각시켰다. 즉, 통합교과는 초등학교 교육에서 교과 간의 통합보다는 교과와 생활의 통합을 지향하게 되었다. 학교 교육을 통해서 '무엇을 배워야 하는가', 즉 교육내용의 적합성에 대한 문제가 특히 초등학교 저학년을 대상으로 제기되기 시작한 것이다.

국가 수준의 교육과정 개정 연구 보고서들(곽병선 외, 1986; 김기석 외, 1996; 오은순 외, 2005; 한명희 외, 1991)은 교육과정 내용을 양적 적절성뿐만 아니라 질적 적합성에 대한 문제를 반영해야 한다고 진술하고, 개정 고시되는 교육과정 문서들은 '교육과정 내용을 질적으로 적합하게 했다'고 기술해 왔다(교육부, 1992, 1997a; 교육인적자원부, 2007a; 문교부, 1987). 다시 말해, 교수요목기 이후 꾸준히 현장으로부터 '교육과정 내용의 질적 적합성' 문제를 제기해 왔다는 것을 알 수 있다. 교사나 학생은 현실적 어려움 때문에 사실 '가르치고 배우는 것이 너무 어려워서, 일상의 삶과 동떨어져서 가르치기 혹은 배우기 힘들고 버겁다'는 의견을 교육과정 개정 및 교과서 개발 때마다 꾸준히 요구해 왔다. 이것은 지금까지 '교과' 일변도로 치우친 내용 선정에 대한 문제 제기이기도 했다.

특히 초등학교 저학년에게는 학교 적응 및 학교생활 자체에 대한 교육, 학습 습관에 대한 교육, 독서를 통한 범교과적인 내용들이 필요하지만, 이런 내용들은 딱히 어떤 '교과'에만 해당하는 것이 아니어서 모든 교과들은 이런 내용을 선정하는 데 소극적인 태도를 취해 왔다. 즉, 범교과적인 내용이 더 중요한 내용임에도 불구하고, 교과는 범교과적인 내용보다는 자기 교과의 것만 선정하려는 경향이 있다. 이런 측면에서 통합교과는 '생활'을 전제로 학교생활 및 학습 습관 형성에 절대적으로 필요한 내용들, 모든 교과에 해당하는 내용들을 선정하기 시작함으로써 교육내용의 적합성에 부응하게 되었다(정광순, 2006).

3. 주제 중심의 통합

1997년 개정·고시한 제7차 교육과정(교육부 고시 제1997-15호)은 통합교과, 바른 생활, 슬기로운 생활, 즐거운 생활을 '어떤 교과로 묶을 것인가' 하는 문제보다는 제4차의 출범, 제5차와 제6차의 통합교과의 성격을 규명해 온 성과를 기반으로 초등 통합교육과정 내용 선정을 위한 포괄적인 기준을 찾는 데 더 관심을 갖게 된다.

이에 제7차 교육과정에서는 제6차에서 통합한 교과를 그대로 유지하면서 각 통합교과의 교육과정을 개발하는 준거로서 '활동 주제'를 정한다. 즉, 학생들의 흥미를 반영하고, 그들에게 친숙한 일상생활에서 이루어지는 활동의 주제들을 초등 통합교과 교육과정 내용으로 선정할 수 있는 준거를 설정한 것이다.

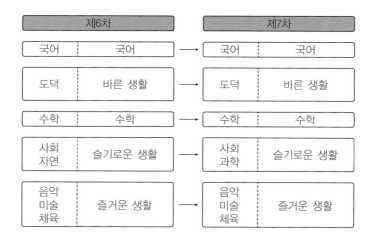

[그림 9-4] 제7차 교육과정기

　통합교과를 만들기 위해 개념 지식 중심의 주제를 지양하고 활동 중심의 주제를 선정하
여 내용을 구성하고자 한다. …… 교육과정 수준에서 활동 중심으로 주제를 설정하여 내용
을 구성함으로써 교육과정과 교과서가 유리되지 않도록 하고자 한다(교육부, 1997a: 93).

　활동 주제를 찾아 통합교과의 교육과정 내용을 선정하는 기준을 마련함으로써 이제 통
합교과를 '어떤 교과와 어떤 교과를 통합하는 것이 더 정당한가'와 같은 논의를 넘어서 국
가 수준의 교육과정에서는 통합교과를 통합되기 이전의 교과들의 경계를 넘어서 1~2학
년 학생들의 활동 중에서 나오는 주제를 선정한다는 권고안을 제시하였다.

　둘 이상의 교과를 통합하기 위해서는 기존 교과를 재구성하기 위한 인위적인 초점이
필요하다. 즉, 새로운 교과로서 통합교과의 내용을 선정하는 기준, 즉 교과 간의 통합이
나 교과와 생활을 일관성 있게 통합하기 위한 통합의 실(threads)이 필요한데(Tyler, 1949;
Ward, 1960), 제7차 교육과정은 이것을 '활동 주제'라고 제시하였다.

　2007년 개정 교육과정은 국가교육과정에 대한 부분·수시 개정 방침에 의거, 교육과정
개정 시안 개발, 교육과정 개정 시안 수정·보완을 거쳐 고시되었다(교육인적자원부 고시
제2007-79호). 2007년 개정 교육과정은 현실적으로 학교 교육이 주 5일제를 전면 실시하
게 된 학교 교육 환경의 변화를 현실적으로 반영해야 하는 데서 보다 필요했기 때문에 제
7차 교육과정의 정신을 유지하면서 내용을 조정하는 방식으로 부분 개정을 하게 된다.

　이런 측면에서 초등 통합교과, 즉 우리들은 1학년, 바른 생활, 슬기로운 생활, 즐거운 생
활의 교육과정 개정 또한 2007년 개정 교육과정의 개정 방향에 의거 조정되었고, 따라서

[그림 9-5] 2007년 개정 교육과정 체제

7차의 것에서 근본적인 기저는 유지하고, 조정 및 변화를 필요로 하는 것들을 중심으로 수정하는 방식으로 개정하였다([그림 9-5] 참조).

2007년 개정 통합교과 교육과정에서 통합교과의 성격은 한편으로는 제7차에서 규정한 대로 그 성격을 유지하면서, 다른 한편으로는 더 강조하여 다음과 같이 진술하였다(교육 인적자원부, 2007a: 1).

- 초등학교 저학년의 발달 특성을 기초로 한 통합교육과정이다.
- 학생들의 생활 경험을 바탕으로 하는 교육과정이다.
- 한 주제 아래 다양한 활동과 경험들이 통합되고 탄력적으로 운영되는 교육과정이다.

여기서 '통합'은 교과를 통합하는 것이라기보다 초등학교 1~2학년 학생들의 발달 특성에 부합하도록 한다는 의미 그리고 그들의 생활을 반영한다는 의미이다. 이런 관점에서 하나의 주제를 중심으로 통합하는 주제 중심 통합의 관점을 취하고 있다.

통합교과 교육과정에서 밝히고 있는 이런 성격이 실제로 초등학교 4개의 통합교과로 적용되어, 우리들은 1학년은 '생활' 중심의, 바른 생활은 '실천' 중심의, 슬기로운 생활은 '탐구' 중심의, 즐거운 생활은 '활동' 중심의 교과라는 각 통합교과의 특수성을 구체화하여 강조하고 있다.

'우리들은 1학년'은 입학 초기의 한 달 동안 새로운 학교생활에 적응하는 것을 돕기 위해 생활 중심으로 구성된 통합교과이다. '바른 생활'과는 개인생활과 사회생활을 하는 데 필요한 기본적인 생활 습관, 예절, 규범을 알고 익히도록 하는 체험과 실천을 중심으로 구성된 통합교과이다. '슬기로운 생활'과는 자신과 주위의 구체적인 사회 현상 및 자연 현상을 서로 관련지어 이해하고, 일상생활에서 부딪히는 문제를 여러 가지 방법으로 해결하도록 하는 탐구 활동 중심의 통합교과이다. '즐거운 생활'과는 건강한 몸과 마음을 기르며, 창의적인 표현 능력과 감상 능력, 심미적인 태도를 함양하기 위해 다양하고 즐거운 놀이와 활동을 중심으로 구성된 통합교과이다(교육인적자원부, 2007a: 1).

초등 통합교과 교육과정은 제4차 교과서 통합에서 출발한 이후, 점차 통합교과의 원천이 된 교과들이 갖는 공통점 혹은 연계 가능한 것들을 다학문적(multidisciplinary) 혹은 간학문적(interdisciplinary)으로 통합하는 방식을 거쳐, 제7차부터는 학생들의 생활 경험에서 나오는 주제를 중심으로 한 초등학교의 하나의 독립된 교과로 고시되어 왔다.

여기서 국가교육과정 수준에서 통합교과를 규정하는 데 있어, 첫째, 통합교과는 초등학교의 여러 교과들처럼 하나의 독립적인 교과이며, 교과로서 독자적인 목표와 내용 체계를 갖는다 보고, 둘째, 통합의 관점이 교과 간의(intersubjects) 통합보다는 교과에 학생 요소와 삶의 요소의 통합이라는 관점을 취하며, 셋째, '통합한다'는 술어를 '반영한다'는 의미로 사용하고 있다.

1) 목표

2007년 개정 초등 통합교과 교육과정에서는 제7차의 진술에서 용어를 통일하고, 문장을 다듬어 교과 목표를 진술하였다.

다양한 생활 경험과 흥미로운 활동을 통하여 학교 환경에 적응하고, 기본 생활 습관과 규범을 익히며, 자신과 주위 현상의 관계를 이해하고, 건강한 몸과 마음을 기른다(교육인적자원부, 2007a: 2).

첫째, 새로운 학교 환경에 적응하여 즐겁고 건강하게 학교생활을 한다.

둘째, 개인생활과 사회생활을 하는 데 필요한 기본적인 생활 습관, 예절, 규범을 알고 꾸준히 실천하여 민주 시민의 자질을 형성한다.

셋째, 사회 현상과 자연 현상에 대한 경험과 탐구 활동을 통하여 자신과의 상호 관계를 이해하며 슬기롭게 사고하고 행동할 수 있는 능력과 태도를 기른다.

　넷째, 다양하고 즐거운 놀이와 활동을 통하여 몸과 마음을 건강하게 하고 창의적인 표현 능력과 감상 능력, 심미적인 태도를 기른다.

2) 내용 체계 및 내용

　2007년 개정 통합교과 교육과정의 가장 큰 변화는 각 통합교과의 내용 체계를 영역/내용/제재에서 대주제/활동 주제/제재 요소 체계로 바꾼 것이다. 그리고 한편으로는 이 체계에 맞추어 요소를 조정하였고, 다른 한편으로는 네 교과에서 중복되는 제재들을 분석ㆍ조정하였다. 이는, 첫째, 통합의 성격을 살리는 교육과정 개발, 둘째, 주 5일제 학교 교육 전면 실시를 반영한 내용 축소, 셋째, 현장 교사들의 중복에 대한 지적을 교육과정 개발 차원에서 수용한 것으로 보인다.

3) 교수학습 방법

　제7차의 '교수학습 방법' 항목과 '교수학습 계획과 지도' 항목을 통합하여 '교수학습 방법'으로 하고, 3개의 하위 항목, 계획/방법/자료로 병합하여 다듬었다.

4) 평가

　제7차에서 포괄적으로 제시하였으나, 2007 개정 교육과정에서는 4개의 하위 항목, 즉 평가 계획, 평가 목표와 내용, 평가 방법, 평가 결과의 활용으로 구분하여 상세화하였다.

　2007 개정 교육과정에서 초등 통합교육과정은 통합교과의 교육과정 내용 개발 및 선정의 기준, 즉 통합의 기준을 제7차의 '활동 중심의 주제'에서 '주제' 중심으로 명료화하고, 각 통합교과의 내용 구성 및 제시 방식을 제7차의 '영역/내용'을 '대주제/활동 주제'로 정함으로써 성격, 목표, 내용 모두 '주제'를 중심으로 일관성 있게 정리한다(정광순, 2007). 즉, 주제 중심이라는 통합의 성격과 기본 생활 습관 형성(바른 생활), 주변 이해(슬기로운 생활), 즐거움과 심미(즐거운 생활)를 지향하는 각 통합교과의 목표와 교수학습 내용을 모두 '주제'를 중심으로 일관성 있게 한다.

초등학교 1~2학년 학생들의 발달적 특성과 교육적 필요를 고려하여 생활 경험 중심으로 통합이 이루어지도록 함으로써 통합교육과정의 근본정신을 구현하고자 하였다. 이에 교과 간의 통합적 접근에서 벗어나 주제 중심의 통합적 운영이 가능하도록 통합교과별 내용 체계표를 대주제와 활동 주제를 중심으로 구성하였다(교육인적자원부, 2007a: 4). …… 4개 교과체제를 유지하면서 심리적·사회적 접근을 추구하는 절충 형태로 …… 학생의 생활 경험을 주제로 한 접근이 가능하도록 한 것이다(교육인적자원부, 2007a: 14).

제7차와 2007년 개정 교육과정 시기의 통합교과는 '어떤 교과와 어떤 교과를 통합하는 것이 더 적합한가'라는 문제보다는 각 통합교과의 교육과정 내용을 개발·선정하는 기준을 설정하는 데 더 관심을 두었다. 그 결과, 제7차 교육과정에서는 '활동 주제'를 중심으로, 2007년 개정 교육과정에서는 '주제'를 중심으로 통합하는 방법을 취했다. 이로써 통합교과는 '주제'를 가르치고 배우는 교과를 의미하게 되었다. 지금까지의 고찰을 요약하면 〈표 9-1〉과 같다.

〈표 9-1〉 교육과정 개정 시기별 통합의 의미 및 형태 변화

구분	통합교과의 변화			통합형태	통합의 유형		특징
	바른 생활	슬기로운 생활	즐거운 생활		Drake	Ingram	
제4차	• 도덕 • 사회 • 국어	• 산수 • 자연	• 음악 • 미술 • 체육	교과서 통합	다 학 문 ↓ 간 학 문 ↓ 탈 학 문 ↓	구 조 형 ↓ 기 능 형 ↓	• 8개 교과를 3개의 교과서로 묶음
제5차	• 도덕 • 사회 *국어 독립	• 자연 *산수 독립	• 음악 • 미술 • 체육	교과와 생활의 통합			• 기초학력 부진 극복: 국어, 산수 분과화 • 통합교육과정 개발: 각 교과의 공통점 중심으로 통합 • 초등학교의 교육과정에 대한 통합적 접근 시작
제6차	• 도덕	• 사회 • 과학	• 음악 • 미술 • 체육				• 통합교과 조정 • 원교과와 차별화 과정에서 통합교과 성격 규명 • 통합교과의 원천: '일상생활' 표명 • 교과와 생활의 연계 지향
제7차 2007 개정 2009 개정 2015 개정	• 도덕	• 사회 • 과학	• 음악 • 미술 • 체육	(활동) 주제 중심의 통합			• 통합 기준 설정: 학생의 '활동 주제' 중심
							• 통합 기준 설정: '주제' 중심

3. 주제 중심의 통합

결국 제4차 교육과정 이후 2007년 개정 교육과정까지 초등학교에서 통합교과의 행보는 다음과 같다. 첫째, '교과서 통합'의 형태를 취함으로써 초등학교에 통합교과를 도입하였고, 여기에는 학교 교육의 이상인 인간 및 전인교육을 구현하기 위해서 교육내용의 양적 적정화를 확보한다는 현실적인 요인이 작용하였다. 둘째, 이후 통합교과는 초등학교 1~2학년 학생들의 일상 '생활과 교과'를 통합하는 것을 지향하는데, 이는 초등학교 1~2학년에게 적합한 교육내용, 즉, 교육내용의 질적 적정화를 확보하는 과정에서 나왔다. 셋째, 통합교과를 통해서 가르치고 배울 내용을 선정하는 기준을 정하는 데 관심을 가지면서 '활동 주제' 혹은 '주제' 중심 통합을 설정하였고, 이를 통해서 통합교과는 초등학교에서의 교수 학습을 통해서 교사와 학생들이 '주제'를 가르치고 배우는 교과라는 의미를 구체화하게 되었다. 이런 일련의 과정을 거치면서 '통합'은 초등학생, 특히 저학년 학생에게 적절하다는 보편적인 이해가 형성되었다.

제4차 이후부터 초등 통합교과 교육과정은 꾸준히 탈교과적(Drake, 1993) 혹은 기능적 통합(Ingram, 1979)의 방향으로 변화를 시도해 왔다. 특히 제7차 교육과정에 와서는 '활동 주제를 가르치고 배우는 것이 초등 통합교과 교육이다'라는 현실적인 의미를 함의하고 있다. 다시 말해서, 1983년 초등학교 1~2학년 교실에 바른 생활, 슬기로운 생활, 즐거운 생활 교과서가 등장한 이후 초등 통합교과 교육은 그동안 꾸준히 '주제'를 중심으로 가르치고 배운다는 현실적인 의미를 형성해 왔다. 이런 관점에서 통합교과가 초등학교 교실에서 하고자 하는 것을 단적으로 표현하자면 주제 중심, 다시 말해서 주제가 있는 수업, 즉 교사는 주제를 가르친다고 여기고, 학생은 주제를 배운다고 느낄 수 있도록 하고자 한 것이라고 볼 수 있다.

그러나 국가 수준에서 개정한 4번의 초등 통합교과 교육과정과 교과서를 분석·연구한 강충열(2007), 김경애(2004), 김승호(1999), 김종건 등(1996), 조덕주(1998)의 선행 연구들은 이구동성(異口同聲)으로 총론의 획기적인 변화만큼 각론의 변화는 극히 미비했음을 지적하고 있다. 즉, 통합교과는 4차 이후 꾸준히 초등학교에서 가르치고 배우는 내용을 '주제'를 중심으로 통합·제공하고자 해 왔지만, 이런 변화가 바른 생활, 슬기로운 생활, 즐거운 생활 교과서에 온전히 반영되지 못한 한계에 대한 지적이다. 이런 한계는 앞으로 초등 통합교과 교육과정이 해결해야 하는 과제일 것이다.

제4차 국가 수준의 교육과정을 개정하면서부터 초등학교 1~2학년을 대상으로 통합교과, 우리들은 1학년, 바른 생활, 슬기로운 생활, 즐거운 생활이 보급되면서 초등학교의 일상적인 교실 수업을 중심으로 '통합'이라는 용어가 공론화되기 시작했다. 그러나 학계나 학교 현장 모두 '통합'에 대해서는 생소하고 낯설었다. 결국 교사들은 '통합교과서'로 인해서 통합을 구현하기보다는, 기존의 교과교육 방식대로 통합교과 교육을 실행하기 시작했다. 교사들은 그들이 해 오던 대로 교실 시간표에 바른 생활, 슬기로운 생활, 즐거운 생활을 넣고 교과서를 가르치면서 교실 수업에 통합은 적용되기 시작했다.

그동안 이 분야 연구 및 학계에서도 통합을 연구의 대상으로 삼아 연구 결과들을 축적해 왔다. 한편으로는 '통합'이 개념적으로 모호하고, 성격 규명이 힘들며, 통합의 가능성과 정당성에 의문을 제기하고(김대현, 1993; 박천환, 1989; 유한구, 1988, 1990), 또 다른 한편으로는 현장 중심의 연구들이 학교의 여건 개선과 교사의 인식 및 이해 부족, 전문성 부족을 들면서 초등학교 통합교과 실행 여건의 척박함을 호소했다(나장함, 2004; 박한숙, 2005; 심미옥, 1989; 오경종, 1988; 이미숙, 1999; 정정희, 강혜숙, 2001; 조연순, 김경자, 1996; 조연순, 1986). 결국 이런 연구는 '통합'이 실체가 밝혀지지 않는 모호한 것이라는 인식을 보편화했고, 점점 통합에 대한 공격적인 비판을 야기했다. 모두가 진정한 통합을 찾고 있지만, 무엇이 진정한 통합인지 판단하기 힘들다. 그것을 가름하는 관점이 다양하고, 그래서 어느 하나를 취해도 완전하지 못하기 때문이다. 결과적으로 통합에 대해서는 무수한 설왕설래만 남겼다.

이론이든 실제든 모두들 '통합'을 위해서는 선결과제, 선행조건을 갖추어야 한다고 토로하는 이런 현실을 놓고 볼 때, 교실에서 통합의 실행 여부 혹은 성공 여부는 교실 외부적 요인에 기인하는 것으로 볼 수 있다. 통합교과 도입으로 초등학교 1~2학년에서는 교과 및 교과서 수가 줄었고, 이는 통합교과가 큰 무리 없이 현장에 정착하도록 돕는 중요한 원동력으로 작용했다. 그러나 이는 동시에 '통합' 자체에 대한 심리적 불편함으로도 작용했다. 교사들은 통합교과를 가르치는 과정에서 아이러니하게도 통합교과의 본질인 통합의 문제를 교과교육의 양상으로 접근하게 됨으로써 통합교과 간 내용 중복 문제를 당면하게 되었다. 이로 인해 적지 않은 교사들이 통합교과를 통해서 가르치는 이것이 '진정한 통합인가' 하는 의구심이나 회의를 갖기 시작했다.

제4차 교육과정 시기에 통합교과가 생성된 이후 지금까지 통합교과는 여러 번의 변화를 거쳐 왔다. 이러한 변화 속에서 통합교과가 초등학교 교육 현장인 교실 수업에 궁극적으로 하고자 하는 것, 바라는 것, 지향하는 것이 무엇인가?

제4차에서 기존의 8개 교과를 3개의 교과서로 묶을 당시 통합의 대상은 '교과'였다고 할 수 있으며, 당시 교사들은 아마도 '교과와 교과'를 통합하고자 했을 것이다. 제5, 6차 교육과정을 개정하면서 통합교과는 통합되기 이전 교과와의 차별화를 시도하는 과정에서 통합교과의 성격을 규명했고, 바른 생활, 슬기로운 생활, 즐거운 생활 모두 초등학교 1~2학년 학생들의 일상생활을 반영한다는 것을 좀 더 보편화시켰다. 따라서 이 시기는 '교과에 일상'을 통합하는 형태를 지향했고, 통합교과는 어떤 교과보다 초등학교 1~2학년 학생들의 일상생활과의 밀접성, 관련성을 확보하는 것을 통합으로 인식했다. 그리고 제7차 교육과정 시기를 지나면서 통합에 대한 논의 방식을 전환하고, 통합교과를 '어떤 교과를 어떤 교과와 통합하는 것이 더 정당한가' 하는 문제보다 '통합의 준거를 설정'하고자 하였다. 결국 '활동 주제' 혹은 '주제' 중심을 표방하였고, 현재 통합이 지향하는 것은 '주제' 중심 통합에 대한 인식의 일반화이다. 이런 맥락에서 볼 때, 현재 통합교과가 초등학교 교육과정에서 하고자 하는 것은 '주제' 중심의 수업, 즉 초등학교 일상적인 교실에서 학생과 교사들이 주제를 중심으로 가르치고 배우는 상황을 연출하고자 하는 지향점을 상정하고 있다.

즉, 초등학교 교실에서 초등 통합교육과정이 지향하는 것은 일정한 기간 동안 학생의 학교 학습을 지속시켜 주고, 일관성 있게 연계해 주는 학습의 지속성을 확보하고 학생들을 학습에 몰입시키려는 것이다. 이런 학교 학습, 교실 수업의 풍경이 선진화된 초등학교 교실 학습에서 나타나는 보편적인 현상이기 때문이다. 이런 것을 우리나라 초등학교 교실에서는 '주제' 중심 수업으로 구현하고자 하는 것이다. 교실 학습에 주제가 흐르는 풍경을 만들고자 하는 것이다.

이렇게 주제가 흐르는 교실 학습의 맥락에서 초등 통합교육과정의 지향점은 궁극적으로 교과분과식의 운영으로 파편화된 학습들을 다시 연결하고자 하는 것이다. 이를 위해서 지난 30년간 통합교과는 꾸준히 도입-정착-발전해 오면서 '주제' 중심의 통합을 비전으로 제시하고 있다. 즉, 교실 수업의 풍경을 '교과'에서 '주제'로 바꿀 것을 요청한다. 그러나 우리나라 초등학교에서는 통합수업은 있지만, 교실에 주제가 보이지는 않는다. 적지 않은 교사들에게 수업의 풍경을 '교과'에서 '주제'로 바꾸는 것은 한 번도 해 본 적인 없는 수업일 것이다. 그들에게 '주제' 중심의 수업은 새로운 수업이고 생소한 수업일 것이다. 그래서 그들이 이런 수업을 실제로 교실에서 일상적으로 하는 데까지는 시간이 많이 걸릴 것이다. 따라서 한편에서는 장기적으로 교실 수업을 '주제' 중심으로 운영할 수 있는 여건과 현실을 개선하는 노력을 꾸준히 해야 한다. 또 다른 한편에서는 지금의 여건과 현실에도 불구하고 교사들이 지금 바로 경험을 시작할 수 있도록 도와주는 것도 중요하다.

제10장

2015 개정 초등 통합교과 교육과정

1. 2015 개정 교육과정의 배경

이 장에서는 2015 개정 교육과정의 총론을 중심으로 이 교육과정의 성격과 교육과정의 구성방향, 교육과정 구성의 중점, 초등학교 교육목표, 편제와 시간 배당 기준, 학교 교육과정 편성·운영 등을 알아보고, 2015 개정 초등 통합교과 교육과정('바른 생활' '슬기로운 생활' '즐거운 생활')을 살펴보고자 한다.

2015 개정 교육과정 총론과 각론은 2015년 9월 23일 그 당시 정부의 '6대 교육개혁 과제'의 하나인 '공교육 정상화'를 위한 핵심과제로 창의융합형 인재 양성을 목표로 '2015 개정 교육과정'을 확정·발표하였다.[1] 주요 특징은, 첫째, 학교 교육 전 과정에서 학생들에게 중점적으로 길러 주고자 하는 핵심역량을 설정하고, 둘째, 통합사회·통합과학 등 문·이과 공통 과목 신설, 연극·소프트웨어 교육 등 인문·사회·과학기술에 대한 기초 소양 교육을 강화하며, 셋째, 교과별 핵심 개념과 원리를 중심으로 학습내용을 적정화하고, 교실 수업을 교사 중심에서 학생 활동 중심으로 전환하기 위한 교수학습 및 평가 방법을 제시하였다.

---

1) 이 내용은 교육부 홍보담당관실 교육부 보도자료(2015. 9. 23.)를 중심으로 서술하였다.

- '지식 위주의 암기식 교육'에서 '배움을 즐기는 행복교육'으로 전환
- 핵심 개념 · 원리 중심으로 학습내용 적정화, 학생 중심 교실 수업 개선
- 통합사회 · 통합과학 등 공통 과목 신설을 통해 문 · 이과 통합교육 기반 마련
- 국가직무능력표준(NCS) 토대로 산업현장 직무 중심의 직업교육 체제 구축

이 교육과정이 만들어지기까지의 경과를 살펴보면, 2015 개정은 문 · 이과 구분에 따른 지식편식 현상을 개선하고 융합형 인재 양성에 대한 사회적 요구에 부응하고자, 초 · 중등 교육과정과 대학수학능력시험 제도를 연계하여 개편할 계획임을 발표하였다(교육부 2017년 대입제도 발표, 2013. 10. 25.). 교육부는 이를 위해, 첫째, 2012년 '미래사회 대비 국가 수준 교육과정 방향 탐색 연구'를 바탕으로 2013년 10월 개정에 대한 구체적인 논의를 거쳐 총론 및 교과교육과정 개발을 위한 정책 연구를 추진하였으며, 둘째, 2014년 9월 '2015 문 · 이과 통합형 교육과정 총론 주요사항'을 발표하였고, 이어 '창의융합형 인재 양성'이라는 총론의 기본 방향을 토대로 교과별 교육과정을 개발하였다.

> (2013년) 문 · 이과 통합형 교육과정 개발을 위한 기초 연구 → (2014년) 문 · 이과 통합형 교육과정 시안 개발 연구 및 6개 교과교육과정 재구조화 연구 → (2014년) 교과교육과정 및 총론 시안 개발 연구 → (2015년) 교과별 교수학습 및 평가 방법 개발

특히 2015 개정 교육과정에서는 교과별 내용 중복 해소, 교과 간의 이해관계 조정 등을 위해 각계 인사와 교육과정 전문가, 현장 교원(인문 · 사회, 과학기술, 체육 · 예술 등 3개 분과 22명으로 구성) 등이 참여하는 '국가교육과정각론조정위원회'를 구성 · 운영하였다(2015. 3.~). 또한 교육현장과 소통하는 교육과정 개발을 위해 연구진에 현장 교원을 40% 이상 참여하도록 하였으며, 현장 교원 및 학계 중심의 '교육과정 포럼'을 개최(14회)하고, 시 · 도 전문직, 핵심교원을 대상으로 지속적인 의견 수렴을 추진(2014년 1,200여 명, 2015년 1,200여 명)하였다.

총론의 주요 개정 내용을 살펴보면 다음과 같다. 2015 개정 교육과정은 현행 교육과정(2009 개정 교육과정)이 추구하는 인간상을 기초로 창조경제 사회가 요구하는 핵심역량을 갖춘 '창의융합형 인재'상을 제시하였다.

> 창의융합형 인재란 인문학적 상상력, 과학기술 창조력을 갖추고 바른 인성을 겸비하여

새로운 지식을 창조하고 다양한 지식을 융합하여 새로운 가치를 창출할 수 있는 사람을 말한다.

또한 이를 구체적으로 구현하기 위해 추구하는 인간상(자주적인 사람, 창의적인 사람, 교양 있는 사람, 더불어 사는 사람)과 창의융합형 인재가 갖추어야 할 핵심역량으로 자기관리 역량, 지식정보처리 역량, 창의적 사고 역량, 심미적 감성 역량, 의사소통 역량, 공동체 역량을 제시하였다.

주요 개정 방향은 다음과 같다.

첫째, 인문·사회·과학기술에 관한 기초 소양 교육을 강화한다. 이를 위해 초·중등 교과교육과정을 개편하여 인문학적 소양을 비롯한 기초 소양 함양 교육을 전반적으로 강화하고, 특히 고등학교에 기초 소양 함양을 위해 문·이과 구분 없이 모든 학생이 배우는 공통 과목(국어, 수학, 영어, 한국사, 통합사회, 통합과학, 과학탐구실험)을 도입하고, 통합적 사고력을 키우는 '통합사회' 및 '통합과학' 과목을 신설하였다.

둘째, 학생들의 '꿈과 끼'를 키울 수 있는 교육과정을 마련한다. 단위학교의 교육과정 편성·운영의 자율성을 확대하여 학생의 진로와 적성을 고려한 다양한 선택 과목 개설이 가능하도록 하고, 2016년 자유학기제 전면 실시에 대비하여, 중학교 한 학기를 '자유학기'로 운영할 수 있는 근거를 마련하였다.

셋째, 미래 사회가 요구하는 핵심역량의 함양이 가능한 교육과정을 마련한다. 교과별로 꼭 배워야 할 핵심 개념과 원리 중심으로 학습내용을 정선하여 감축하고, 교수학습 및 평가 방법을 개선하여 학생들의 학습 부담을 줄이고 진정한 배움의 즐거움을 느낄 수 있도록 한다.

교과교육에 관한 국제적 경향을 살펴보면, 싱가포르를 비롯한 선진국의 교과교육과정은 적은 양을 깊이 있게(less is more) 가르쳐 학습의 전이를 높이고 심층적인 학습이 이루어지도록 하여 학습의 질을 중시하고 있다.

학교 급별 주요 개정 사항은 다음과 같다.

첫째, 초등학교의 경우, 1~2학년(군)에 한글교육을 강조하는 등 유아교육과정(누리과정)과 연계를 강화하였다. 초등 1~2학년 수업 시수를 주당 1시간 늘리되, 학생들의 추가적인 학습 부담이 생기지 않도록 창의적 체험활동 시간을 활용해 체험 중심의 '안전한 생활'을 편성·운영하도록 하였다.

안전한 생활은 생활안전/교통안전/신변안전/재난안전 4개 영역으로 설정하여 지식보다는 체험 중심 학습으로 자연스럽게 안전한 생활 습관과 의식을 습득하게 한다.

둘째, 중학교는 한 학기를 '자유학기'로 운영할 수 있는 근거를 마련함으로써, 학생들이 중간·기말고사에 대한 부담에서 벗어나 체험 중심의 교과 활동과 함께 장래 진로에 대해 마음껏 탐색할 수 있도록 하였다. 또한 학생들이 소프트웨어에 대한 기초 소양을 충실히 갖추어 나갈 수 있도록 소프트웨어 교육 중심의 정보 교과를 필수 과목으로 지정하여 재미있고 흥미로운 교육과정을 개발하였다.

셋째, 고등학교는 학생들이 '공통 과목'을 통해 기초 소양을 함양한 후 학생 각자의 적성과 진로에 따라 맞춤형으로 교육받을 수 있도록 '선택 과목'(일반선택/진로선택)을 개설하도록 하고, 학생의 진로에 따른 선택권을 확대하기 위해 진로선택 과목을 3개 이상 이수하도록 하는 지침을 마련하였다. 아울러, 기초교과 영역(국어, 수학, 영어, 한국사) 이수단위를 교과 총 이수단위의 50%를 넘을 수 없도록 하여 균형학습을 유도하였다. 특성화고 교육과정은 전문교과를 공통 과목, 기초 과목, 실무 과목으로 개편하여 국가직무능력표준과 연계를 강화하였다.

교과교육과정 주요 개정 내용을 요약하면 [그림 10-1]과 같다.

현재의 교육 모습	앞으로의 교육 모습
• 과다한 학습량으로 진도 맞추기 수업 • 어려운 시험 문제로 수포자 양산, 높은 학업 성취도에 비해 학습 흥미도 저하 • 지식 암기식 수업으로 추격형 모방 경제에 적합한 인간	• 핵심 개념 중심의 학습 내용 구성 • 진도에 급급하지 않고 학생 참여 중심 수업을 통한 학습 흥미도 제고 • 창의적 사고 과정을 통한 선도형 창조 경제를 이끌 창의융합형 인재 양성

[그림 10-1] 교과교육과정 주요 개정 내용

교과별 주요 개정 사항은 다음과 같다.

첫째, 국어의 경우, 초등 저학년(1~2학년)의 한글교육을 체계화·강화하여 학생들이 입학 후 최소 45차시 이상 꾸준히 배울 수 있도록 하고, 체험 중심의 연극수업을 강화하였다(초등 5~6학년군 국어 연극 대단원 개설, 중등 국어 연극 소단원 신설). 또한 1학기 1권 독서 후 듣기·말하기, 읽기, 쓰기가 통합된 수업활동을 통해 인문학적 소양을 갖출 수 있도록 하였다.

둘째, 수학의 경우, 초등학교 1학년에서 고교 공통 과목까지는 모든 학생들이 수학에 흥미와 자신감을 잃지 않도록 학생의 발달 단계와 국제적 기준(global standards)을 고려하여 학습내용의 수준과 범위를 적정화(성취기준 이수 시기 이동, 내용 삭제 · 추가 · 통합 등)하였으며, 이후에는 학생의 진로와 적성에 따른 맞춤형 교육과 수월성 추구가 이루어질 수 있도록 '실용 수학' '경제 수학' '수학과제 탐구' '심화 수학Ⅰ,Ⅱ' 등을 신설함으로써 선택 과목을 재구조화하였다.

성취기준의 재조정 원칙

- 이동: 학습자의 발달 수준에 적절하지 않은 학습내용을 선별하여, 상급학년 · 학교 급으로 상향 조정하거나, 하급학년 · 학교 급으로 하향 조정
  예: 정비례 · 반비례(초6 → 중1), 이차함수의 최대 · 최소(중3 → 고1), 피타고라스 정리(중3 → 중2)
- 삭제: 실생활에서 활용도가 현저하게 낮거나, 현 시대 상황에 적절하지 않은 내용, 학교에서 학습하지 않더라도 실생활에서 자연스럽게 경험하고 체득할 수 있는 내용 등은 삭제
  예: 아르(a), 헥타르(ha) 단위(초5)
- 추가: 사회의 발달에 따라 새롭게 정립된 내용, 국가 · 사회적 요구에 따라 새롭게 반영될 필요가 있는 내용, 교과 학습에서 보다 강조하여 다뤄져야 할 내용 등은 추가
  예: 산점도와 상관계수(중3), 사인법칙과 코사인법칙(수학Ⅰ)
- 통합: 교과 간, 교과 내 유사한 학습내용, 함께 학습해야 학습효과가 높은 내용 등은 통합하여 조정
  예: 곱셈공식(중2) → 인수분해(중3)와 통합

또한 수학적인 논리적 사고력을 기르고 수학에 대한 흥미를 높이기 위해 활동과 탐구 중심으로 교수학습 방법을 제시하고, 수업 내용과 실제 평가와의 괴리가 발생하지 않도록 '평가방법 및 유의사항'을 신설하여, 교육과정을 벗어난 내용을 평가하지 않도록 안내함으로써 실질적인 학습 부담 경감을 실현하고자 하였다.

평가 방법 및 유의사항의 예

- 초: 무게 단위 사이의 관계에 대해 평가할 때, 1g과 1t 사이의 단위 환산은 다루지 않는다.
- 중: 경우의 수는 두 경우의 수를 합하거나 곱하는 경우 정도로만 다룬다.
- 고: 집합의 개념이나 집합의 포함관계는 개념을 이해하는 수준에서 간단히 평가한다.

셋째, 영어의 경우, 초·중학교에서는 '듣기'와 '말하기'에 중점을 두고 고등학교에서 '읽기' '쓰기' 학습을 강조하는 등, 언어발달 단계와 학생의 발달 수준을 고려하여 의사소통 중심 교육을 강화하였다. 또한 국제경쟁력 차원에서 기본적으로 학습해야 할 어휘 수(3천 개)는 유지하되, 어휘 목록과 언어 형식을 학교 급별로 구분 제시함으로써 학생의 발달 수준에 따른 체계적인 교육이 가능하도록 하였다.

언어발달 단계 및 학생발달 단계를 고려하여 성취기준 조정
- 듣기 비율: (초등) 31% → (중학교) 26% → (고등학교) 24% [점진적 감소]
- 말하기 비율: (초등) 31% → (중학교) 30% → (고등학교) 19% [점진적 감소]
- 읽기 비율: (초등) 20% → (중학교) 26% → (고등학교) 28.5% [점진적 증가]
- 쓰기 비율: (초등) 18% → (중학교) 18% → (고등학교) 28.5% [점진적 증가]

넷째, 사회교과는 지식의 단순 나열이 아니라 초·중·고의 계열성을 고려하여 사회과 학적 핵심 개념과 일반화된 지식을 중심으로 교육과정의 내용구조를 체계화하였다. 고등 학교 문·이과 공통으로 신설되는 '통합사회'는 인간을 둘러싼 자연과 사회 현상에 대해 시간적·공간적·사회적·윤리적 관점을 적용하여 사회 현상을 종합적으로 이해하는 과 목으로 개발하였다. 특히 협력학습, 프로젝트 수업 등 학생 활동 중심의 수업을 통해 문제 해결력, 의사결정력 등 핵심역량을 함양할 수 있도록 학습량을 적정화하고, 탐구활동의 예시를 제시함으로써 하나의 정답을 찾기보다는 '다양한 답이 가능한 수업'을 할 수 있도 록 안내하였다.

다섯째, 과학의 경우 '모두를 위한 과학(science for all) 교육'을 목표로, 초등 '슬기로운 생활', 초·중학교 '과학', 고1 '통합과학'까지는 주위의 자연현상에 대한 궁금증을 과학적 인 기초 개념과 연결시켜 이해함으로써 앎의 즐거움을 경험하도록 재미있고 쉽게 구성하 였다. 고2 이후에는 자신의 진로를 고려하여 진로선택 과목 및 심화 과목 이수가 가능하 도록 유기적으로 과목을 구성하였다.

초·중학교 '과학'에 물의 여행, 에너지와 생활, 과학과 나의 미래, 재해·재난과 안전, 과학기술과 인류문명 등 통합단원을 신설하고, 고등학교 문·이과 공통 과목으로 '과학탐 구실험'을 개설하는 등 탐구활동과 체험 중심의 학습을 강화하였다. 고등학교 학생들이 자연 현상을 통합적으로 이해할 수 있도록 신설한 '통합과학'의 경우 이론적 지식들을 학 습자의 선행 경험과 연계하여 친근한 상황 속에서 학습할 수 있도록 학교 밖 현장 체험,

실생활 학습 등을 통해 흥미롭고 재미있게 구성하였다.

　　초등 5~6학년 실과에 도입되는 소프트웨어 교육은 놀이 중심의 알고리즘 체험과 교육용 도구를 활용한 프로그래밍 체험을 통해 쉽고 재미있게 배움으로써 학생들의 학습 부담이 늘지 않도록 하고, 중·고등학교에서는 실생활의 문제들을 컴퓨터 과학의 원리를 활용하여 효율적으로 해결하는 능력을 함양하도록 구성하였다. 특히 창조경제 사회의 구성원으로서 학생들이 정보윤리 의식을 함양할 수 있도록 소프트웨어 저작권에 대한 이해와 정보기술의 올바른 사용법을 실천할 수 있도록 하였다. 2009 개정 교육과정과 2015 개정 교육과정을 비교하면 〈표 10-1〉과 같이 요약된다.

〈표 10-1〉 현행 교육과정 대비 신구 대조표

구분			주요 내용	
			2009 개정	2015 개정
교육과정 개정 방향			• 창의적인 인재 양성 • 전인적 성장을 위한 창의적 체험활동 강화 • 국민공통교육과정 조정 및 학교 교육과정 편성·운영의 자율성 강화 • 교육과정 개편을 통한 대학수능시험 제도 개혁 유도	• 창의융합형 인재 양성 • 모든 학생이 인문·사회·과학기술에 대한 기초 소양 함양 • 학습량 적정화, 교수학습 및 평가 방법 개선을 통한 핵심역량 함양 교육 • 교육과정과 수능·대입제도 연계, 교원 연수 등 교육 전반 개선
총론	공통사항	핵심역량 반영	• 명시적인 규정 없이 일부 교육과정 개발에서 고려	• 총론 '추구하는 인간상' 부문에 6개 핵심역량 제시 • 교과별 교과 역량을 제시하고 역량 함양을 위한 성취기준 개발
		인문학적 소양 함양	• 예술고 심화선택 '연극' 개설	• 연극교육 활성화 　- (초·중) 국어 연극 단원 신설 　- (고) '연극' 과목 일반선택으로 개설 • 독서교육 활성화
		소프트웨어 교육 강화	• (초) 교과(실과)에 ICT 활용 교육 단원 포함 • (중) 선택교과 '정보' • (고) 심화선택 '정보'	• (초) 교과(실과) 내용을 SW 기초 소양 교육으로 개편 • (중) 과학/기술·가정/정보 교과 신설 • (고) '정보' 과목을 심화선택에서 일반선택 전환, SW 중심 개편
		안전교육 강화	• 교과 및 창의적 체험활동에 안전 내용 포함	• 안전 교과 또는 단원 신설 　- (초1~2) '안전한 생활' 신설(64시간) 　- (초3~고3) 관련 교과에 단원 신설

	범교과 학습 주제 개선	• 39개의 범교과 학습 주제 제시	• 10개 내외 범교과 학습 주제로 재구조화
	NCS 직업 교육과정 연계	〈신설〉	• 교육과정 구성의 중점 등에 반영
고등학교	공통 과목 신설 및 이수 단위	• 공통 과목 없이 전 학년 선택 과목으로 구성	• 공통 과목 및 선택 과목으로 구성 • 선택 과목은 일반선택과 진로선택으로 구분 - 진로선택 및 전문교과를 통한 맞춤형 교육, 수월성 교육 실시
고등학교	특목고 과목	• 보통교과 심화 과목으로 편성	• 보통교과에서 분리하여 전문교과로 제시
고등학교	국·수·영 비중 적정화	• 교과 총 이수단위의 50%를 초과할 수 없음	• 기초교과(국·수·영·한국사) 이수단위 제한 규정(50%) 유지(국·수·영 90단위 → 84단위)
고등학교	특성화고 교육과정	• 특성화고 전문교과로 제시	• 총론(보통교과)과 NCS 교과의 연계
중학교	자유학기제 편제 방안	〈신설〉	• 중학교 '교육과정 편성·운영의 중점'에 자유학기제 교육과정 운영 지침 제시
초등학교	초 1, 2 수업 시수 증배	〈개선〉	• 주당 1시간 증배, '안전한 생활' 신설 - 창의적 체험활동에서 체험 중심 교육으로 실시
초등학교	누리과정 연계 강화	〈신설〉	• 초등학교 교육과정과 누리과정의 연계 강화 (한글교육 강화)
교과교육과정 개정 방향		〈개선〉	• 총론과 교과교육과정의 유기적 연계 강화
교과교육과정 개정 방향		〈개선〉	• 교과교육과정 개정 기본 방향 제시 - 핵심 개념 중심의 학습량 적정화 - 핵심역량을 반영 - 학생참여 중심 교수학습 방법 개선 - 과정 중심 평가 확대
지원 체제	교과서	〈개선〉	• 흥미롭고 재미있는 질 높은 교과서 개발
지원 체제	대입 제도 및 교원	〈개선〉	• 교육과정에 부합하는 수능 및 대입 제도 도입 검토 - 수능 3년 예고제에 따라 2017년까지 2021학년도 수능 제도 확정 • 교원양성기관 질 제고, 연수 확대

2. 2015 개정 교육과정 개관

이 장에서는 2015 개정 교육과정의 성격과 구성 방향, 학교 급별 교육과정 편성·운영의 기준 등을 초등학교를 중심으로 살펴보고자 한다. 2015 개정 교육과정은 「초·중등교육법」 제23조 제2항에 의거하여 초·중등학교 교육과정(교육부 고시 제2015-74호, 2015. 9. 23.)이 개정되었다. 총론의 부칙 중 일부 과목의 적용 시기는 다음과 같이 고시되었다.[2]

> **부칙**
> 1. 이 교육과정은 학교 급별, 학년별로 다음과 같이 시행
> 가. 2017년 3월 1일: 초등학교 1, 2학년
> 나. 2018년 3월 1일: 초등학교 3, 4학년, 중학교 1학년, 고등학교 1학년
> 다. 2019년 3월 1일: 초등학교 5, 6학년, 중학교 2학년, 고등학교 2학년
> 라. 2020년 3월 1일: 중학교 3학년, 고등학교 3학년
> 　단, 중학교 사회교과(군)의 '역사' 및 고등학교 기초교과 영역의 '한국사' 과목은 2017년 3월 1일부터 적용

1) 2015 개정 교육과정의 성격

이 교육과정은 「초·중등교육법」 제23조 제2항에 의거하여 고시한 것으로, 초·중등학교의 교육 목적과 교육 목표를 달성하기 위한 국가 수준의 교육과정이며, 초·중등학교에서 편성·운영하여야 할 학교 교육과정의 공통적이고 일반적인 기준을 제시한 것이다.

이 교육과정의 성격은 다음과 같다.

- 국가 수준의 공통성과 지역, 학교, 개인 수준의 다양성을 동시에 추구하는 교육과정이다.
- 학습자의 자율성과 창의성을 신장하기 위한 학생 중심의 교육과정이다.
- 학교와 교육청, 지역사회, 교원·학생·학부모가 함께 실현해 가는 교육과정이다.
- 학교 교육 체제를 교육과정 중심으로 구현하기 위한 교육과정이다.

---

2) 이 내용은 교육부(2015b)의 내용을 중심으로 기술되었다.

- 학교 교육의 질적 수준을 관리하고 개선하기 위한 교육과정이다.

2) 교육과정 구성의 방향

(1) 추구하는 인간상

우리나라의 교육은 홍익인간의 이념 아래 모든 국민으로 하여금 인격을 도야하고, 자주적 생활 능력과 민주 시민으로서 필요한 자질을 갖추게 함으로써 인간다운 삶을 영위하게 하고, 민주 국가의 발전과 인류 공영의 이상을 실현하는 데에 이바지하게 함을 목적으로 하고 있다.

이러한 교육 이념과 교육 목적을 바탕으로, 이 교육과정이 추구하는 인간상은 다음과 같다.

- 전인적 성장을 바탕으로 자아정체성을 확립하고 자신의 진로와 삶을 개척하는 자주적인 사람
- 기초 능력의 바탕 위에 다양한 발상과 도전으로 새로운 것을 창출하는 창의적인 사람
- 문화적 소양과 다원적 가치에 대한 이해를 바탕으로 인류 문화를 향유하고 발전시키는 교양 있는 사람
- 공동체 의식을 가지고 세계와 소통하는 민주 시민으로서 배려와 나눔을 실천하는 더불어 사는 사람

이 교육과정이 추구하는 인간상을 구현하기 위해 교과교육을 포함한 학교 교육 전 과정을 통해 중점적으로 기르고자 하는 핵심역량은 다음과 같다.

- 자아정체성과 자신감을 가지고 자신의 삶과 진로에 필요한 기초 능력과 자질을 갖추어 자기주도적으로 살아갈 수 있는 자기관리 역량
- 문제를 합리적으로 해결하기 위하여 다양한 영역의 지식과 정보를 처리하고 활용할 수 있는 지식정보처리 역량
- 폭넓은 기초 지식을 바탕으로 다양한 전문 분야의 지식, 기술, 경험을 융합적으로 활용하여 새로운 것을 창출하는 창의적 사고 역량

- 인간에 대한 공감적 이해와 문화적 감수성을 바탕으로 삶의 의미와 가치를 발견하고 향유하는 심미적 감성 역량
- 다양한 상황에서 자신의 생각과 감정을 효과적으로 표현하고 다른 사람의 의견을 경청하며 존중하는 의사소통 역량
- 지역·국가·세계 공동체의 구성원에게 요구되는 가치와 태도를 가지고 공동체 발전에 적극적으로 참여하는 공동체 역량

(2) 교육과정 구성의 중점

이 교육과정은 우리나라 교육과정이 추구해 온 교육 이념과 인간상을 바탕으로, 미래 사회가 요구하는 핵심역량을 함양하여 바른 인성을 갖춘 창의융합형 인재를 양성하는 데에 중점을 둔다. 이를 위한 교육과정 구성의 중점은 다음과 같다.

- 인문·사회·과학기술 기초 소양을 균형 있게 함양하고, 학생의 적성과 진로에 따른 선택학습을 강화한다.
- 교과의 핵심 개념을 중심으로 학습 내용을 구조화하고 학습량을 적정화하여 학습의 질을 개선한다.
- 교과 특성에 맞는 다양한 학생 참여형 수업을 활성화하여 자기주도적 학습능력을 기르고 학습의 즐거움을 경험하도록 한다.
- 학습의 과정을 중시하는 평가를 강화하여 학생이 자신의 학습을 성찰하도록 하고, 평가 결과를 활용하여 교수학습의 질을 개선한다.
- 교과의 교육 목표, 교육내용, 교수학습 및 평가의 일관성을 강화한다.
- 특성화 고등학교와 산업수요 맞춤형 고등학교에서는 국가직무능력표준을 활용하여 산업사회가 필요로 하는 기초 역량과 직무 능력을 함양한다.

(3) 초등학교 교육 목표

초등학교 교육은 학생의 일상생활과 학습에 필요한 기본 습관 및 기초 능력을 기르고 바른 인성을 함양하는 데에 중점을 둔다. 다음은 그 구체적인 내용이다.

- 자신의 소중함을 알고 건강한 생활 습관을 기르며, 풍부한 학습 경험을 통해 자신의 꿈을 키운다.

- 학습과 생활에서 문제를 발견하고 해결하는 기초 능력을 기르고, 이를 새롭게 경험할 수 있는 상상력을 키운다.
- 다양한 문화 활동을 즐기고 자연과 생활 속에서 아름다움과 행복을 느낄 수 있는 심성을 기른다.
- 규칙과 질서를 지키고 협동정신을 바탕으로 서로 돕고 배려하는 태도를 기른다.

3) 학교 급별 교육과정 편성·운영의 기준

(1) 기본 사항

- 초등학교 1학년부터 중학교 3학년까지의 공통 교육과정과 고등학교 1학년부터 3학년까지의 선택 중심 교육과정으로 편성·운영한다.
- 학년 간 상호 연계와 협력을 통해 학교 교육과정을 유연하게 편성·운영할 수 있도록 학년군을 설정한다.
- 공통 교육과정의 교과는 교육 목적상의 근접성, 학문 탐구 대상 또는 방법상의 인접성, 생활양식에서의 연관성 등을 고려하여 교과군으로 재분류한다.
- 선택 중심 교육과정에서는 학생들의 기초 영역 학습을 강화하고 진로 및 적성에 맞는 학습이 가능하도록 4개의 교과 영역으로 구분하고 교과(군)별 필수 이수 단위를 제시한다. 특성화 고등학교와 산업수요 맞춤형 고등학교는 보통교과의 4개 교과 영역과 전문교과로 구분하고 필수 이수 단위를 제시한다.
- 고등학교 교과는 보통교과와 전문교과로 구분하며, 학생들의 기초 소양 함양과 기본 학력을 보장하기 위하여 보통교과에 공통 과목을 개설하여 모든 학생이 이수하도록 한다.
- 학습 부담을 적정화하고 의미 있는 학습 활동이 이루어질 수 있도록 학기당 이수 교과목 수를 조정하여 집중이수를 실시할 수 있다.
- 창의적 체험활동은 학생의 소질과 잠재력을 계발하고 공동체 의식을 기르는 데에 중점을 둔다.
- 범교과 학습 주제는 교과와 창의적 체험활동 등 교육활동 전반에 걸쳐 통합적으로 다루도록 하고, 지역사회 및 가정과 연계하여 지도한다.
  - 범교과 학습 주제는 안전·건강 교육, 인성 교육, 진로 교육, 민주 시민 교육, 인권 교육, 다문화 교육, 통일 교육, 독도 교육, 경제·금융 교육, 환경·지속가능 발전

교육 등을 포함한다.

- 학교는 필요에 따라 계기 교육을 실시할 수 있으며, 이 경우 계기 교육 지침에 따른다.

(2) 초등학교 편제와 시간 배당 기준

① 편제

- 초등학교 교육과정은 교과(군)와 창의적 체험활동으로 편성한다.
- 교과(군)는 국어, 사회/도덕, 수학, 과학/실과, 체육, 예술(음악/미술), 영어로 한다. 다만, 1~2학년의 교과는 국어, 수학, 바른 생활, 슬기로운 생활, 즐거운 생활로 한다.
- 창의적 체험활동은 자율 활동, 동아리 활동, 봉사 활동, 진로 활동으로 한다. 다만, 1~2학년은 체험활동 중심의 '안전한 생활'을 포함하여 편성·운영한다.

② 시간 배당 기준

〈표 10-2〉 초등학교 시간 배당

구분		1~2학년	3~4학년	5~6학년
교과(군)	국어	국어 448	408	408
	사회/도덕		272	272
	수학	수학 256	272	272
	과학/실과	바른 생활 128	204	340
	체육	슬기로운 생활 192	204	204
	예술(음악/미술)	즐거운 생활 384	272	272
	영어		136	204
	소계	1,408	1,768	1,972
창의적 체험활동		336 / 안전한 생활 64	204	204
학년군별 총 수업시간 수		1,744	1,972	2,176

주: ① 이 표에서 1시간 수업은 40분을 원칙으로 하되, 기후 및 계절, 학생의 발달 정도, 학습 내용의 성격, 학교 실정 등을 고려하여 탄력적으로 편성·운영할 수 있다.
② 학년군 및 교과(군)별 시간 배당은 연간 34주를 기준으로 한 2년간의 기준 수업 시수를 나타낸 것이다.
③ 학년군별 총 수업시간 수는 최소 수업 시수를 나타낸 것이다.
④ 실과의 수업시간은 5~6학년 과학/실과의 수업 시수에만 포함된 것이다.

3. 2015 개정 통합교과(바슬즐) 교육과정

1) 2015 개정 통합교과 교육과정 개발 방향[3]

정부에서는 미래 사회가 요구되는 역량 중심의 교육과정 개정을 통해 학생들이 배움을 즐기며 개인의 꿈과 끼를 키울 수 있도록 하는 방향으로 교육의 근본적 개혁을 추진하기 위해 다음과 같이 2015 개정 국가교육과정 개정 방향을 설정하였다.

첫째, 많이 가르치는 교육에서 배움을 즐기는 '행복 교육'으로 교육 패러다임을 변화시킨다.

둘째, 미래 사회에서 요구되는 역량 함양을 위한 교육과정 및 교실 수업 개선이 필요하며 이를 위해 총론과 교과교육과정에 학생들이 함양해야 할 역량을 제시하고 학생 참여 수업으로의 전환을 추구해야 한다(교육부, 한국교육과정평가원, 한국과학창의재단, 2015: 2).

역량을 고려하여 국가교육과정을 개정한다는 것은 학생들이 배워야 할 것뿐 아니라 학습의 결과 '학생들이 어떻게 되어야 하는지'의 관점에서 교과교육과정을 개발해야 함을 의미한다. 이를 반영하여 2015 개정 초등 통합교과 교육과정 개발에서는 「2015 개정 교과 교육과정 시안 개발 연구 I: 초등 통합교과 교육과정」을 통해 도출된 교과 역량을 반영하여 통합교과의 교육과정을 개발하였다. 구체적으로 초등학교 1~2학년 학생들이 학습하는 '바른 생활'과와 '슬기로운 생활'과, '즐거운 생활'과의 성격과 목표를 수정 및 보완하고 내용 체계를 확정하여 그에 따른 성취기준을 적정화하는 데 초점을 두었으며, 국가교육과정 개정을 통해 변화된 내용이 교실 수업의 변화로 이어질 수 있도록 하기 위해 교수학습 방법 및 평가지침을 개발하는 작업을 하였다.

또한 2015 개정 초등 통합교과 교육과정 및 '안전한 생활' 교육과정의 방향에 부합되는 교수학습 방법 및 평가 예시 자료를 제시함으로써 국가교육과정 변화의 방향이 교실에서 구현되도록 하는 데 도움이 되는 기초 자료를 산출하였다. 공교육의 출발인 1~2학년 교육과정에서 매우 중요한 부분을 차지하는 초등 통합교과 교육과정을 정련하고 2015 개정 교육과정의 방향을 견지하는 과정에서 2009 개정 초등 통합교과 교육과정의 기본적 틀을 유지하면서 부분적으로 보완하는 접근방식이 채택되었다. 이러한 접근방식의 채택은

---

3) 이 절은 이미숙 등(2015a, 2015b)의 글에서 발췌하고 해석하였다.

1~2학년 학생들의 발달 수준을 고려할 때 현행 초등 통합교과 교육과정의 내용과 수준이 대체로 적절하다는 현장 교원의 의견과 수업 시수 증대 등이 종합적이고도 현실적으로 고려된 결과이다. 또한 '바른 생활'과와 '슬기로운 생활'과, '즐거운 생활'과의 연계성을 제고하고 학습자 중심의 수업 방법과 평가 방법을 강조함으로써 행복 교육의 실현이라는 국가적 방향성이 초등학교 1~2학년 수업에서부터 이루어질 수 있게 하는 데 초점을 두었다.

2015 개정 초등 통합교과 교육과정 개발에 있어 질 높고 학교 현장에 적합한 교과교육과정을 개발하기 위해 두 차례의 공청회를 개최하여 많은 교육 전문가들의 의견을 수렴하였다. 2015년 8월 6일에 '2015 개정 초등 통합교과 교육과정 시안 검토 공청회'가 개최되었고, 2015년 8월 31일에는 '2015 개정 교과교육과정 시안 검토 2차 공청회-초등 통합교과 및 안전 생활, 국어, 한문'이 개최되었으며, 이러한 공론화 과정을 거치면서 국가교육과정 개정안을 수정 및 보완하는 작업이 수행되었다.

참고로 2014년 9월에 '2015 문·이과 통합형 교육과정 총론 주요사항'이 발표되면서, 초등 1~2학년 학생들의 안전교육을 교과 신설을 통해 강화하는 방안이 언급되었으나 공청회 등의 절차를 통해 여러 관계자들의 의견을 수렴하는 과정에서 교과 신설에 대해 지속적인 문제 제기가 있었고, 총론적 차원에서 1, 2학년은 체험활동 중심의 '안전한 생활'을 창의적 체험활동에 포함시켜 편성·운영하는 것으로 결정되었다.

2) 개정의 방향 및 중점[4]

(1) 교과 역량의 선정 및 반영

2015 개정 교육과정의 주요 개정 방향 중 하나는 미래 사회에서 요구되는 역량 중심의 교육과정 개정을 통해 학생들이 배움을 즐기며 개인의 꿈과 끼를 키울 수 있도록 교육의 근본적 개혁을 추진한다는 것이었으며, 이러한 근본적 개혁을 위해 많이 가르치는 교육에서 배움을 즐기는 '행복 교육'으로 교육 패러다임을 전환하고 미래 사회에서 요구되는 역량 함양을 위한 교육과정 및 교실 수업 개선이 필요하다는 인식이 모든 교과교육과정 개발 과정에서 중시되었다. 이러한 맥락에서 국가교육과정 총론에는 교과교육을 포함한 학교 교육 전 과정을 통해 중점적으로 기르고자 하는 핵심역량을 제시하고, 교과교육과정에는 그러한 핵심역량에 기반을 둔 교과 역량을 선정하고 의미를 규명하여 성격 및 목표,

---

4) 이 절은 2015년 8월 6일에 개최된 '2015 개정 초등 통합교과 교육과정 시안 검토 공청회'에서 발표한 이미숙(2015)의 글을 보완하여 작성한 것이다.

내용 체계 등에 반영하였다. 2015 개정 교육과정을 통해 추구하는 인간상을 구현하기 위해 교과교육을 포함한 학교 교육 전 과정을 통해 기르고자 하는 핵심역량은 〈표 10-3〉과 같다.

〈표 10-3〉 2015 개정 교육과정 총론에 명시된 핵심역량

역량	추구하는 인간상에 제시된 의미
자기관리 역량	자아정체성과 자신감을 가지고, 자신의 삶과 진로에 필요한 기초 능력과 자질을 갖추어 자기주도적으로 살아갈 수 있는 능력
지식정보처리 역량	문제를 합리적으로 해결하기 위하여 다양한 영역의 지식과 정보를 처리하고 활용할 수 있는 능력
창의적 사고 역량	폭넓은 기초 지식을 바탕으로 다양한 전문 분야의 지식, 기술, 경험을 융합적으로 활용하여 새로운 것을 창출하는 능력
심미적 감성 역량	인간에 대한 공감적 이해와 문화적 감수성을 바탕으로 삶의 의미와 가치를 발견하고 향유하는 능력
의사소통 역량	다양한 상황에서 자신의 생각과 감정을 효과적으로 표현하고 다른 사람의 의견을 경청하며 존중하는 능력
공동체 역량	지역·국가·세계 공동체의 구성원에게 요구되는 가치와 태도를 가지고 공동체 발전에 적극적으로 참여하는 능력

출처: 초·중등학교 교육과정 총론(http://www.ncic.re.kr/mobile.dwn.ogf.inventory).

초등 통합교과 교육과정 개발을 위한 교과 역량은 I 단계 연구 과정에서 전국의 686개 초등학교 교원 총 873명의 의견 분석 등의 과정을 통해 구체화되었고, II단계 연구 과정에서 지속적으로 수정·보완되었다. 2015 개정 '바른 생활'과, '슬기로운 생활'과, '즐거운 생활'과 교육과정에서의 교과 역량 및 그 구체적 의미를 제시하면 〈표 10-4〉와 같다.

〈표 10-4〉에 제시한 바와 같은 교과 역량을 반영하여 초등 통합교과의 내용 체계를 수정·보완하고 성취기준을 선정하였으며 학생 참여를 활성화하는 수업의 출발점이 되는 교과교육과정을 개발하였다. 각론조정위원회에서 제시한 교과 역량 반영 방식을 적용하여 초등 통합교과 교육과정을 개발하였는데, 각론조정위원회에서 제시한 교과 역량 반영 방식은 다음과 같다(교육부, 한국교육과정평가원, 한국과학창의재단, 2015: 9). 첫째, 교과교육과정 전반에 걸쳐 역량을 다루어야 함을 명시한다. 둘째, 필요한 경우와 가능한 경우 핵심역량과 연계하여 목표를 진술한다. 셋째, 교과의 논리적 구조나 기본 계열을 존중하되 '내용 체계'에 관련된 핵심역량이 있는 경우 해당 역량을 제시한다. 넷째, 교수학습 방법에

〈표 10-4〉'바른 생활' '슬기로운 생활' '즐거운 생활'의 교과 역량 및 의미

교과	교과 역량	의미
바른 생활	공동체 역량	가족, 학교, 지역사회, 국가의 구성원으로서 요구되는 가치와 태도를 받아들이고 공동체의 일원으로 주변 사람들과 원만한 관계를 형성·유지하고, 상호작용할 수 있는 능력
	자기관리 역량	일상생활을 하는 데 필요한 기본적 생활 습관 및 기본 학습 습관을 형성함으로써 변화하는 사회에 유연하게 적응하며 살아갈 수 있는 능력
	의사소통 역량	가족, 학교, 지역사회 구성원들의 의사를 이해하고 소통하며, 자신의 생각을 알고 상황에 맞게 효과적으로 표현할 수 있는 능력
슬기로운 생활	창의적 사고 역량	주변에 관심을 갖고 다양한 현상과 관련지어 창의적으로 생각할 수 있는 능력
	지식정보처리 역량	주변에 관심을 갖고 여러 가지 자료를 수집, 분류, 이해할 수 있는 능력
	의사소통 역량	주변을 탐구하는 과정에서 다른 사람들과 의견을 나누고, 그 결과를 공유할 수 있는 능력
즐거운 생활	심미적 감성 역량	일상생활에서 아름다움과 즐거움을 느끼고, 여러 가지 자료와 매체, 도구 등을 사용하여 소리와 이미지, 움직임 등에 대해 다양한 감각을 발달시키는 능력
	창의적 사고 역량	주변의 대상과 현상 및 문화 등에 대해 창의적으로 생각하고 소리, 이미지, 움직임 등에 대한 자신의 생각과 느낌을 새롭고 융합적으로 표현할 수 있는 능력
	의사소통 역량	소리, 이미지, 움직임 등을 활용하여 자신의 생각과 느낌을 표현하고, 타인의 표현을 이해하며, 서로 소통할 수 있는 능력

역량의 계발에 도움이 되는 협력적·문제해결적 수업 방법과 다양한 체험을 기반으로 하는 실천적 수업 방법 등을 제시한다. 다섯째, 평가에서 역량의 성취를 가늠할 수 있는 평가 방법과 질적 평가 등에 대해 안내한다. 이러한 방식을 준용하여 '바른 생활'과 교육과정 및 '슬기로운 생활'과, '즐거운 생활'과에 교과 역량을 반영하였다.

(2) 2009 개정 초등 통합교과 교육과정의 소폭 수정

교육과정의 내용 선정에 있어 초등학생들이 생활 속에서 계절의 흐름을 느끼면서 자연스럽게 통합교과를 학습하도록 하는 것이 적합성을 가질 수 있다고 보았다. 이와 같은 판단의 주요 근거는 이 연구에서 실시한 초등교원 대상 설문 조사 결과, 현행 2009 개정 초등 통합교과 교육과정의 대주제에 대한 현장 만족도가 93% 정도로 높게 나타났다는 점이다. 설문 조사 결과를 구체적으로 제시하면 〈표 10-5〉와 같다.

〈표 10-5〉 2009 개정 초등 통합교과 교육과정의 대주제에 대한 만족도 조사 결과

구분	전혀 적절치 못함	적절치 못함	보통	적절함	매우 적절함	평균	표준편차
학교와 나	2 (0.23)	9 (1.03)	91 (10.42)	448 (51.32)	323 (37.00)	4.24	0.69
봄	1 (0.11)	6 (0.69)	67 (7.67)	447 (51.20)	352 (40.32)	4.31	0.65
가족	1 (0.11)	17 (1.95)	103 (11.80)	417 (47.77)	335 (38.37)	4.22	0.74
여름	1 (0.11)	6 (0.69)	69 (7.90)	442 (50.63)	355 (40.66)	4.31	0.65
이웃	7 (0.80)	34 (3.89)	149 (17.07)	408 (46.74)	275 (31.50)	4.04	0.84
가을	1 (0.11)	6 (0.69)	85 (9.74)	436 (49.94)	345 (39.52)	4.28	0.67
우리나라	2 (0.23)	35 (4.01)	137 (15.69)	415 (47.54)	284 (32.53)	4.08	0.81
겨울	2 (0.23)	10 (1.15)	99 (11.34)	429 (49.14)	333 (38.14)	4.24	0.71

출처: 이미숙(2015: 27).

또한 2009 개정 교육과정의 내용 수준에 관한 초등교원의 의견을 조사·분석한 결과에서도 긍정적으로 인식하는 비율이 높게 나타났는데, 구체적인 조사 결과를 제시하면 〈표 10-6〉과 같다.

〈표 10-6〉 현행 초등 통합교과 교육과정의 내용 수준에 관한 교원의 의견

구분	전혀 적절하지 않음	적절하지 않음	보통	적절함	매우 적절함	전체	평균	표준 편차
바른 생활 교육과정 내용 수준의 적절성	8 (0.9)	50 (5.7)	161 (18.4)	452 (51.8)	202 (23.1)	873 (100)	3.91	0.85
슬기로운 생활 교육과정 내용 수준의 적절성	2 (0.2)	45 (5.2)	158 (18.1)	449 (51.4)	219 (25.1)	873 (100)	3.96	0.81
즐거운 생활 교육과정 내용 수준의 적절성	5 (0.6)	40 (4.6)	144 (16.5)	433 (49.6)	251 (28.8)	873 (100)	4.01	0.83

〈표 10-6〉에 제시하였듯이 '즐거운 생활'과 교육과정의 내용 수준이 적절하다고 보는 경우와 매우 적절하다고 보는 경우를 합하면 약 78%에 달하는 것으로 나타났고, '바른 생활'과와 '슬기로운 생활'과에 대해서도 유사함을 알 수 있다. 2009 개정 초등 통합교과 교육과정의 대주제 및 내용 수준에 대해 교원들이 긍정적 인식을 갖고 있으며, 2015 개정 교육과정 총론 차원에서 1~2학년 수업 시수가 증대됨에 따라 초등교원의 업무가 증대된 현실 등을 종합적으로 고려할 때 초등 통합교과 교육과정의 영역(대주제)을 변경하기보다는 승계하면서 소폭으로 수정·보완하는 것이 적합하다고 보았다. 이에 따라 초등 통합교과의 성격과 목표, 내용 체계 및 성취기준 등을 전반적으로 정련하고 기본 골격은 2009 개정 교육과정의 내용 체계를 유지하였으며, 핵심 개념(소주제)은 2009 개정 초등 통합교과 교육과정의 소주제를 부분적으로 수정·보완하여 명료화하였다.

(3) 내용 체계의 제시 방식 개선

2015 개정 교육과정에서의 교과 내용 체계는 '영역' '핵심 개념' '일반화된 지식' '내용 요소' '기능'으로 구성되도록 변화되었다. 초등 통합교과 교육과정의 고유한 특징을 보다 명확하게 제시하기 위해 '영역(대주제)' '핵심 개념(소주제)'로 표기하였다. 즉, 2015 개정 초등 통합교과 교육과정에서는 '영역'이 2009 개정 초등 통합교과에서의 대주제를 승계한 것이고, '핵심 개념'은 현행 교육과정의 소주제에 긴밀하게 관련됨을 현장에서 쉽게 파악할 수 있도록 하기 위해 괄호 안에 2009 개정 초등 통합교과에 사용된 용어를 제시하였다. 초등학교 1~2학년 학생들이 통합교과의 핵심 개념(소주제)을 중심으로 배워야 할 교과 공통의 지식을 '일반화된 지식'에 제시함으로써 2015 개정 교과교육과정의 전체적 방향과 문서 체제의 변화를 수용하면서 초등 통합교과의 특성을 파악할 수 있게 하였다.

(4) 유치원 교육과정 및 3~4학년군 교육과정과의 연계성 강화

유치원 교육에서 다루어지는 생활 주제는 2009 개정 초등 통합교과 교육과정의 대주제와 중복되는 부분이 있기 때문에 2015 개정 초등 통합교과 교육과정 및 교과서를 통해 학생의 흥미를 유발하는 것은 중요한 과제가 된다. 먼저, 누리과정 지도서에 명시되어 있는 생활 주제 체계는 〈표 10-7〉과 같다.

〈표 10-7〉 누리과정 지도서 생활 주제 체계

생활 주제	주제
(1) 유치원과 친구	(가) 유치원의 환경 (나) 유치원에서의 하루 (다) 유치원에서 만난 친구 (라) 함께 만드는 유치원
(2) 나와 가족	(가) 나의 몸과 마음 (나) 소중한 나 (다) 소중한 가족 (라) 가족의 생활과 문화
(3) 우리 동네	(가) 우리 동네 모습 (나) 우리 동네 생활 (다) 우리 동네 사람들 (라) 우리 동네 전통과 문화
(4) 동식물과 자연	(가) 궁금한 동식물 (나) 동물과 우리의 생활 (다) 식물과 우리의 생활 (라) 자연과 더불어 사는 우리
(5) 건강과 안전	(가) 즐거운 운동과 휴식 (나) 깨끗한 나와 환경 (다) 맛있는 음식과 영양 (라) 안전한 놀이와 생활
(6) 생활 도구	(가) 다양한 생활 도구 (나) 생활 도구를 움직이는 힘 (다) 생활 도구로서의 미디어 (라) 미래의 생활 도구
(7) 교통 기관	(가) 교통 기관의 종류 (나) 고마운 교통 기관 (다) 교통 기관의 변천 과정과 구조 (라) 교통 통신과 교통 생활

(8) 우리나라	(가) 우리나라 사람들의 생활 (나) 우리나라의 놀이와 예술 (다) 우리나라의 역사 (라) 우리나라의 자랑거리
(9) 세계 여러 나라	(가) 세계 여러 나라 사람들의 생활 (나) 세계 여러 나라의 문화유산 (다) 세계 여러 나라와의 교류 (라) 세계의 자연과 사회 현상
(10) 환경과 생활	(가) 물과 우리 생활 (나) 돌·흙과 우리 생활 (다) 바람·공기와 우리 생활 (라) 빛과 우리 생활
(11) 봄·여름·가을·겨울	(가) 봄 (나) 여름 (다) 가을 (라) 겨울

출처: 교육과학기술부(2012, 2013a, 2013b).

2015 개정 '바른 생활'과 교육과정 및 '슬기로운 생활'과, '즐거운 생활'과의 '교수학습 방향'에 유치원의 5세 누리과정의 유관 영역 및 3학년 이후의 교과 내용과 연계되도록 지도해야 한다는 지침을 제시하였다. 구체적으로 언급하면, '바른 생활'과의 경우 "5세 누리과정의 사회관계, 신체운동건강 등의 내용 영역과 연계하여 지도하고, 초등학교 3학년 도덕과 교육과정의 기본 방향과 연계되도록 수업을 계획한다"는 지침을 제시하였고, '슬기로운 생활'과 및 '즐거운 생활'과에도 이에 상응하는 지침을 제시하였다. 또한 교과서 개발 방향에 학습자가 이미 경험한 누리과정과 향후 경험하게 될 3~4학년군의 관련성에 대한 종합적 검토를 통해 연계성을 충실히 담보한 교과서를 개발해야 함을 강조하였다.

(5) 시간 배당 기준을 고려한 성취기준 적정화

2015 초등 통합교과 교육과정 개정에서는 1~2학년 바른 생활이 128시간, 슬기로운 생활이 192시간, 즐거운 생활이 384시간으로 시간 배당이 다르게 되어 있음을 고려하여 '바른 생활'과 성취기준의 분량을 조정하였다. 2009 개정 초등 통합교과 교육과정과 2015 개정 초등 통합교과 교육과정의 성취기준 수가 조정된 현황은 〈표 10-8〉과 같다.

〈표 10-8〉 2009 개정 초등 통합교과 교육과정 대비 성취기준 수 조정 현황

구분	성취기준 수		성취기준 변화량
	2009 개정	2015 개정	
바른 생활	33	17	△16
슬기로운 생활	33	32	△1
즐거운 생활	33	32	△1

출처: 이미숙(2015: 4).

(6) 기능에 대한 강조

2015 개정 초등 통합교과 교육과정 개정에서는 내용 체계표에 기능을 명시하여, 교과교육을 통해 학생들이 수행하기를 기대하는 바가 무엇인지를 명시하였다. 2015 개정 초등 통합교과 교육과정에서 주목한 기능을 도표로 제시하면 〈표 10-9〉과 같다.

〈표 10-9〉 초등 통합교과 교육과정의 기능

교과	기능
바른 생활	되돌아보기, 스스로 하기, 내면화하기, 관계 맺기, 습관화하기
슬기로운 생활	관찰하기, 무리 짓기, 조사하기, 예상하기, 관계망 그리기
즐거운 생활	놀이하기, 표현하기, 감상하기

2015 개정 초등 통합교과 교육과정의 내용 체계표에는 〈표 10-9〉에 제시한 기능을 명시함으로써 교과교육을 통해 학생들이 수행하기를 기대하는 바를 보다 전체적인 관점에서 파악할 수 있게 하였다.

이 밖에도 2015 개정 초등 통합교과 교육과정에서는 학생 참여 수업으로의 전환을 위한 활동 중심 수업 방법이 강조되었다. 또한 자기평가, 관찰 평가, 형성 평가 등을 적용하여 학습의 성취 정도를 수시로 환류하는 데 대한 지침을 제시하였다.

3) 바른 생활 개정의 주요 내용

(1) 바른 생활 개요[5]

2015 개정 바른 생활과 교육과정은 2009 개정 바른 생활과 교육과정의 기본적 틀을 유

---

5) 이 내용은 유위준(2015: 19-38)의 내용에서 발췌한 내용으로 문맥에 따라 수정하였다.

지하면서 부분적으로 수정, 보완하는 방향으로 접근하였다. 바른 생활의 성격, 목표, 내용 체계 및 성취기준 등을 전반적으로 수정하였지만 기본 골격은 2009 바른 생활과 교육과정을 유지하였다. 이것은 이전 교육과정과의 연속성을 고려하여 학교 현장에 미치는 충격을 최소화함과 동시에 교육과정 변화에 대한 요구와 필요성을 동시에 충족시키기 위한 것이라 할 수 있다. 2015 바른 생활과 교육과정에서 달라진 점을 정리하면 다음과 같다.

첫째, 2009 개정 바른 생활과 교육과정의 성취기준에 비해 성취기준이 대폭 감소되었다. 2009 개정 바른 생활과에서는 1개의 대주제당 4개의 소주제, 4개의 활동 주제를 설정하고 그에 따라 4개의 성취기준이 제시되었다. 따라서 8개의 대주제에 33개[6]의 성취기준이 제시되었다. 이에 비해 2015 개정 바른 생활과에서는 소주제 및 성취기준을 반으로 감축하여 모두 17개[7]의 성취기준을 제시하였다.

바른 생활의 성취기준을 감축한 것은 2015 개정 교육과정의 기본 방향 중에 하나인 학습량 감축에 부응함과 동시에 세 통합교과의 수업 시수를 고려한 결과이다. 이전의 통합교과 교육과정의 수업 시수가 '바른 생활' 2시간, '슬기로운 생활' 3시간, '즐거운 생활' 6시간으로 교과별로 차이가 있음에도 불구하고 세 통합교과의 성취기준의 수가 동일하여 바른 생활의 학습 부담이 있었다. 바른 생활의 성취기준은 감축하였지만 바른 생활의 전체 시수 변동은 없기 때문에 하나의 주제를 보다 깊이 있게 다루어 심화학습이 가능하게 되었다. 또한 바른 생활에서 비교적 크게 다루어지던 안전 관련 내용이 창의적 체험활동의 안전한 생활 영역으로 분리된 점도 고려되었다.

둘째, 비록 소주제 및 성취기준을 감축하였지만 2009 개정 바른 생활과 교육과정에서 다루어지고 있던 교육내용이나 덕목은 통합하거나 정선하여 초등학교 1~2학년 학생들이 바른 생활에서 학습해야 할 필수적인 요소가 배제되지 않도록 유의하였다.

2015 바른 생활과 교육과정에서 다루고 있는 덕목은 질서와 규칙, 건강과 청결, 예절, 배려와 존중, 절약, 공중도덕, 일의 소중함, 감사, 통일, 다문화 존중, 공감, 나눔과 봉사, 생명존중 등으로 2009 개정 바른 생활과 교육과정과 비교하여 큰 차이가 없다.

---

6) 대주제 '겨울'의 경우, 2월 학습을 위해 총 5개의 활동 주제가 제시되고 그에 따른 5개의 성취기준이 제시되어 있다. 따라서 8개 대주제 ×4개 성취기준=32개에 '겨울'의 경우 성취기준이 5개이기 때문에 하나가 더해져 총 33개이다.

7) 2015 개정 바른 생활과 대주제 '겨울'의 소주제인 '겨울 나기'에 내용 요소가 '동식물 보호'와 '겨울 생활 및 학습 계획' 2개가 배치되어 있어 이에 따른 성취기준이 총 17개가 됨. 참고로 성취기준은 내용 요소당 1개씩 제시되어 있다.

(2) 성격

바른 생활은 일상생활과 학습에 필요한 기본적인 습관을 형성하고 실천할 수 있는 능력과 태도를 길러 건전한 인성을 지닌 사람으로 성장하도록 하는 데 초점이 있는 교과이다. 바른 생활에서는 공동체 역량, 자기관리 역량, 의사소통 역량을 교과의 중요한 역량으로 삼고 있다. 공동체 역량은 가족, 학교, 지역사회, 국가의 구성원으로서 요구되는 가치와 태도를 받아들이고 공동체의 일원으로 주변 사람들과 원만한 관계를 형성·유지하고, 상호작용할 수 있는 능력이다. 자기관리 역량은 일상생활을 하는 데 필요한 기본 생활 습관 및 기본 학습 습관을 형성함으로써 변화하는 사회에 유연하게 적응하며 살아갈 수 있는 능력이다. 의사소통 역량은 가족, 학교, 지역사회 구성원들의 의사를 이해하고 소통하며, 자신의 생각을 알고 상황에 맞게 효과적으로 표현할 수 있는 능력이다.

바른 생활에서는 교과 역량과 더불어 되돌아보기, 스스로 하기, 내면화하기, 관계 맺기, 습관화하기로 대표되는 실천 기능을 익히는 데 중점을 둔다. 이를 구현하기 위해 '학교' '봄' '가족' '여름' '마을' '가을' '나라' '겨울'의 8개 영역(대주제)으로 내용을 선정하였고, 이는 '슬기로운 생활'과와 '즐거운 생활'과의 통합을 고려한 것이다.

(3) 목표

일상생활에 필요한 기본 생활 습관과 학습 습관을 길러 공동체의 구성원으로서 기본 소양과 인성을 갖춘 바른 사람으로 성장한다.

- 가정, 학교, 사회에서 생활하는 데 필요한 기본 생활 습관과 학습에 필요한 기본 학습 습관을 기른다.
- 바른 생활을 실천하는 과정에서 가치와 태도를 내면화하고, 다양한 실천 기능을 익힌다.
- 더불어 사는 데 필요한 공동체 의식을 함양하고, 자기 관리 능력과 의사소통 능력을 기른다.

(4) 내용 체계 및 성취기준

① 내용 체계

〈표 10-10〉 바른 생활 내용 체계

영역 (대주제)	핵심 개념 (소주제)	일반화된 지식	내용 요소			기능
			바른 생활	슬기로운 생활	즐거운 생활	
1. 학교	1.1 학교와 친구	학교는 여러 친구와 함께 생활하는 곳이다.	• 학교생활과 규칙	• 학교 둘러보기 • 친구 관계	• 친구와의 놀이 • 교실 꾸미기	[바른 생활] 되돌아보기 스스로 하기 내면화하기 관계 맺기 습관화하기 [슬기로운 생활] 관찰하기 무리 짓기 조사하기 예상하기 관계망 그리기 [즐거운 생활] 놀이하기 표현하기 감상하기
	1.2 나	나는 몸과 마음으로 이루어져 있다.	• 몸과 마음의 건강	• 몸의 각 부분 알기 • 나의 재능, 흥미 탐색	• 나의 몸, 감각, 느낌 표현 • 나에 대한 공연, 전시	
2. 봄	2.1 봄맞이	사람들은 봄의 자연 환경에 어울리는 생활을 한다.	• 건강 수칙과 위생	• 봄 날씨와 생활 이해 • 봄철 생활 도구	• 봄 느낌 표현 • 집 꾸미기	
	2.2 봄 동산	봄에 볼 수 있는 동식물은 다양하며 봄에 할 수 있는 활동과 놀이가 있다.	• 생명 존중	• 봄 동산 • 식물의 자람	• 동식물 표현 • 봄나들이	
3. 가족	3.1 가족과 친척	사람들은 가족과 친척의 관계 속에서 살아간다.	• 가정 예절	• 가족의 특징 • 가족·친척의 관계, 가족 행사	• 가족에 대한 마음 표현 • 가족 활동 및 행사 표현	
	3.2 다양한 가족	가족의 형태는 다양하며, 구성원마다 역할이 있다.	• 배려와 존중	• 다양한 형태의 가족 • 가족 구성원의 역할	• 집의 모습 표현 • 가족 역할 놀이	
4. 여름	4.1 여름 맞이	사람들은 여름의 자연 환경에 어울리는 생활을 한다.	• 절약	• 여름 날씨와 생활 이해 • 여름철 생활 도구	• 여름 느낌 표현 • 생활 도구 장식·제작	
	4.2 여름 생활	여름에 볼 수 있는 동식물은 다양하며 여름에 할 수 있는 활동과 놀이가 있다.	• 여름 생활 및 학습 계획	• 여름 동식물 • 여름방학 동안 하는 일	• 여름 동식물 표현 • 여름철 놀이	

5. 마을	5.1 우리 이웃	이웃은 서로의 생활에 영향을 미친다.	• 공중도덕	• 이웃의 생활 모습 • 공공장소, 시설물	• 이웃 모습과 생활 표현 • 공공장소 시설물 활용 놀이
	5.2 우리 동네	내가 생활하는 동네에는 서로 다른 일을 하는 사람들이 있다.	• 일의 소중함	• 동네에 있는 것들 • 동네 사람들이 하는 일, 직업	• 동네 모습 표현 • 직업 놀이
6. 가을	6.1 가을맞이	사람들은 가을의 자연 환경에 어울리는 생활을 한다.	• 질서	• 가을 날씨와 생활 이해 • 가을의 특징 알기	• 가을의 모습과 느낌 표현 • 가을 놀이
	6.2 가을 모습	명절은 사람들의 생활과 관계가 있다.	• 감사	• 추석, 세시 풍속 • 낙엽, 열매	• 민속놀이 • 낙엽, 열매 표현
7. 나라	7.1 우리나라	우리나라에는 아름다운 전통이 있고 우리나라만의 특별한 상황이 있다.	• 나라 사랑	• 우리나라의 상징과 문화 • 남북한의 생활 모습과 문화	• 우리나라의 상징 표현 • 남북한의 놀이, 통일에 대한 관심 표현
	7.2 다른 나라	각 나라는 독특한 문화를 가지고 있다.	• 타문화 공감	• 다른 나라 문화 • 다른 나라 노래, 춤, 놀이	• 다른 나라의 노래, 춤, 놀이 즐기기 • 문학 작품, 공연 감상
8. 겨울	8.1 겨울맞이	사람들은 겨울의 자연 환경에 어울리는 생활을 한다.	• 나눔과 봉사	• 겨울 날씨와 생활 이해 • 겨울철 생활 도구	• 겨울 느낌 표현 • 놀이 도구 제작
	8.2 겨울나기	사람과 동식물은 겨울 환경에 적응하며 생활한다.	• 동식물 보호 • 겨울 생활 및 학습 계획	• 동식물 탐구 • 겨울에 하는 일	• 동물 흉내내기 • 겨울철 신체 활동

② **성취기준**

바른 생활의 성취기준은 소주제당 하나씩 제시되어 있다. 대주제 '학교'와 '봄'을 중심으로 성취기준과 이에 따른 학습 요소 등을 살펴보면 다음과 같다.

가) 학교

대주제 '학교'에 대한 설명이다. "이 영역(대주제)은 초등학교 저학년 학생들이 학년 초기에 학교에서 생활하고 적응하는 데 필요한 기본 생활 습관과 기본 학습 습관을 형성하도록 돕기 위한 것이다. 학교에서 친구들과 서로 도우며 생활하고 공부하는 데 필요한 규칙과 약속을 지키고, 자신의 몸과 마음을 건강하게 유지하고 깨끗하게 하는 생활 습관을 기른다."

> 1.1 학교와 친구
> [2바01-01] 학교생활에 필요한 규칙과 약속을 정해서 지킨다.
> 1.2 나
> [2바01-02] 몸과 마음을 건강하게 유지한다.

(가) 학습 요소

규칙, 건강 및 청결, 협력

(나) 교수학습 방법 및 유의사항

• 공동체 생활의 규칙과 약속을 정할 때 먼저 모둠 토의, 발표 등을 통해 규칙의 필요성을 깨닫게 하고, 스스로 필요한 규칙을 정한 후, 함께 협력하여 실천하는 연습을 하게 한다.

• 새로운 친구를 사귀기 위해서 필요한 다양한 짝 활동, 모둠 활동, 전체 학급활동을 통해 모든 학생이 참여하여 교실 공동체를 형성할 수 있는 기회를 제공한다.

• 몸과 마음을 건강하게 유지하는 것뿐만 아니라 자신을 사랑하고 바른 마음을 가지는 것이 바른 생활의 출발점임을 인지하게 한다.

• 자기 정체감과 자존감의 기초를 형성할 수 있도록 학생들에게 익숙하거나 직접 경험한 것을 학습의 소재로 이끌어 내고, 이를 통해 실생활의 문제를 해결할 수 있게 한다.

(다) 평가 방법 및 유의사항

- 학교생활 규칙, 몸과 마음의 청결 등과 관련된 기본 생활 습관 및 기본 학습 습관의 형성을 평가한다. 특히 친구와 서로 도우며 공부하기, 몸을 건강하고 청결하게 하기 등 구체적인 실천 사항을 평가한다.
- 평가와 교수학습 활동이 분리되지 않도록 하고, 점수화하거나 비교하기 위한 평가 방법은 지양하며, 자기평가, 동료 평가, 관찰 평가, 체크리스트 등을 통해 기본 생활 습관을 점검하고 기술하여, 학생 자신의 행동을 되돌아볼 수 있는 실천적인 평가 방법을 활용한다.
- 기본 생활 습관과 학습 습관을 연계하여 바른 생활의 실천 기능과 함께 공동체 역량, 자기관리 역량을 세분화하여 평가할 수 있는 기준을 마련한다.

나) 봄

대주제 '봄'에 대한 설명이다. "이 영역(대주제)은 봄철의 건강 수칙을 알고, 생명의 소중함을 일깨우기 위한 것이다. 계절의 변화와 날씨에 건강하게 잘 적응할 수 있도록 봄철 건강 수칙을 실천하며, 동식물을 소중히 여기고 보살피는 태도를 기른다."

2.1 봄맞이
  [2바02-01] 봄철 날씨 변화를 알고 건강 수칙을 스스로 지키는 습관을 기른다.
2.2 봄 동산
  [2바02-02] 봄에 볼 수 있는 동식물을 소중히 여기고 보살핀다.

(가) 학습 요소

날씨 변화, 건강 관리, 자연 보호, 생명 존중

(나) 교수학습 방법 및 유의사항

- 건조하고 일교차가 큰 봄 날씨에 대비하는 법을 익히는 데 중점을 두고, 적절한 옷차림에 대한 지도를 위하여 인형 놀이, 역할 놀이 등 다양한 방법을 활용한다.
- 봄나들이에서 지킬 일에 대하여 구체적인 경험을 공유하고, 실생활에서의 실천을 통해 공동체 의식을 함양하도록 지도한다.
- 손을 깨끗이 하기, 함부로 눈을 비비지 않기, 황사 마스크 착용하기 등 황사나 미세먼

지가 많은 봄철에 지킬 건강 수칙에 대해 영상 매체, 사진 자료 등을 활용하여 지도한다.
- 교실이나 학교 화단에서 직접 기르거나 관찰해 보는 활동을 통해 학교 주변에서 관찰할 수 있는 동식물을 보호하는 방법을 알고 이들을 보호하려는 마음을 기르도록 지도한다.

(다) 평가 방법 및 유의사항
- 관찰 평가, 체크리스트 등을 통해 학생들이 봄철 건강 관리를 잘하고 있는지 누가 기록하여 평가에 활용한다.
- 단편적인 지식을 평가하기보다는 상황에 맞는 옷차림을 실연 혹은 재연해 보도록 하여 실천 중심의 평가가 되도록 한다.
- 동식물을 보호하는 마음과 태도를 관찰일지, 포트폴리오 등을 활용하여 평가한다. 예를 들어, 교실에서 작은 식물이나 동물을 기르도록 하여 이들을 어떠한 마음과 태도를 가지고 관리를 하는지, 친구들과 어떻게 협력하는지 등을 평가한다.
- 봄철에 볼 수 있는 작은 생명들을 보호하는 활동을 통해 생명의 소중함 알기, 봄 날씨에 적절한 건강 관리하기, 야외 환경 보호 활동 등에 주안점을 두고 평가하되, 학생이 스스로를 되돌아볼 수 있게 한다.

③ 교수학습 및 평가 방향
가) 교수학습 방향
- '바른 생활'과는 영역(대주제)을 중심으로 '슬기로운 생활'과와 '즐거운 생활'과를 통합하거나 국어과, 수학과와도 통합하여 주제 중심 학습의 효율성을 높인다.
- '바른 생활'과의 교과 역량인 공동체 역량, 자기관리 역량, 의사소통 역량을 향상시킬 수 있도록 공감 및 배려, 규범과 규칙 준수, 자기 생활 관리, 자기 학습 관리, 상황 파악 능력, 조사 및 발표 능력에 교수학습 활동의 초점을 두어 지도한다.
- '바른 생활'과의 기본 교과 기능인 되돌아보기, 스스로 하기, 내면화하기, 관계 맺기, 습관화하기 등을 통해 '바른 생활'과의 목표를 성취할 수 있도록 학습 활동을 계획한다.
- 5세 누리과정의 사회관계, 신체운동건강 등의 내용 영역과 연계하여 지도하고, 초등학교 3학년 도덕과 교육과정의 기본 방향과 연계되도록 수업을 계획한다.

- '바른 생활'과는 초등학생의 바른 인성을 함양하도록 지도하는 데 역점을 두어 지도한다.
- 체크리스트와 반성 활동 등을 통해 기본 습관을 형성하고 자기 관리 능력을 기를 수 있도록 지도한다.
- 학생들의 경험을 중심으로 흥미와 참여를 이끌어 내고 의미 있는 '바른 생활' 교과 수업을 구성하기 위해서 토의, 발표, 협력학습, 역할 놀이, 체험활동 등의 다양한 교수학습 방법을 적용한다.
- 다양한 시청각 자료, 미디어 자료 등을 활용하여 학생들의 관심과 흥미를 이끈다.
- 학생 중심의 교육과정을 운영하기 위해서 학생들의 일상생활에서 학습 소재와 주제를 찾고, 배운 것을 실천할 수 있는 기회를 제공한다. 그 주제를 왜 배워야 하는지에 대한 이유를 함께 공유하는 수업을 설계한다. 서로 이야기를 경청하고 공감할 수 있는 공동체 분위기를 형성한다.

나) 평가 방향

- 평가는 교육과정에서 강조하고 있는 교과 역량, 기능, 영역(대주제) 간의 일관성을 유지하는 방향에서 실시하되, 최종적으로는 교과 역량의 획득을 확인할 수 있도록 한다.
- 영역(대주제), 핵심 개념(소주제)에서 강조하고 있는 기본 생활 습관이나 예절 및 규범과 관련된 자기관리 역량, 공동체 역량, 의사소통 역량을 종합적으로 평가한다.
- 평가는 수업의 전개 과정 중에 자연스럽게 이루어지게 함으로써 학생들이 평가를 크게 의식하지 않도록 하며, 학생들의 과제에 대한 평가는 결과물 중심이 아니라 실천 중심이 되도록 경험과 활동을 대상으로 평가한다.
- 학생들의 평가는 매우 잘함, 잘함, 보통과 같은 서열화보다는 인격적 성장이 어느 정도 이루어졌는지를 기술하는 방식으로 실시한다.
- 학생들의 수준과 능력을 고려하여 평가의 기준을 설정하고 평가의 내용에 따라 관찰 평가, 체크리스트, 자기평가, 동료 평가, 포트폴리오 평가, 면담 평가 등 다양한 형태의 양적·질적 평가를 실시한다.
- 평가는 학생들의 능력에 대한 평가보다는 학생들의 지속적인 실천과 꾸준한 인성 함양에 지향점을 두고 실시한다. 특히 자기 성찰 방식의 수행평가는 일주일 정도 혹은 그 이상 지속적으로 실시함으로써 자신의 행동을 수정할 수 있는 기회를 제공한다.

가) 가족

대주제 '가족'에 대한 설명이다. "이 영역(대주제)은 가족과 친척의 역할, 관계 등을 이해하고, 주변에는 다양한 형태의 가족이 있음을 알도록 하기 위한 것이다. 자신의 집, 집안일, 가족 구성원, 친척, 나아가서 주변의 다양한 가정이나 가족 문화를 접하면서 가족에 대한 이해를 높이고, 사람들이 사는 집의 특징을 탐색한다."

3.1 가족과 친척
  [2슬03-01] 우리 가족의 특징을 조사하여 소개한다.
  [2슬03-02] 나와 가족, 친척의 관계를 알고 친척과 함께 하는 행사나 활동을 조사한다.
3.2 다양한 가족
  [2슬03-03] 주변에서 볼 수 있는 여러 형태의 가족을 살펴본다.
  [2슬03-04] 가족의 형태에 따른 구성원의 다양한 역할을 알아본다.

(가) 학습 요소

가족의 특징, 나와 가족 및 친척의 관계, 다양한 형태의 가족, 가족 구성원의 역할

(나) 교수학습 방법 및 유의사항

- 가훈, 가족 구성원 등과 같은 가족의 특징을 조사하여 학생이 발표하고 싶은 점을 중심으로 소개하도록 하며, 이를 통해 가족의 특징이 다양함을 이해하도록 지도한다.
- 소개할 내용, 조사하는 방법, 소개하는 방식 등을 자세하게 안내해 주고 다양한 형태의 가족이 등장하는 동화책 또는 TV 프로그램 등을 조사하여 소개하게 한다.
- 자신과 가족, 친척에 대해 조사하여 관계도를 그릴 때, 자신을 중심으로 한 친척의 관계 및 호칭을 사촌 이내로 한정하며, 학생 경험을 통해 친척과 함께하는 행사나 활동을 조사 · 발표해 보게 한다.
- 친구와 함께 다양한 형태의 가족에 대한 특징을 조사하면서 가족 문화의 다양성을 알도록 지도한다.
- 가족 구성원의 역할을 이해하고 가족을 위해 자신이 할 수 있는 일을 찾아보게 한다.
- 전형적인 가족의 형태를 규준화하여 제시하는 것을 지양하고, 다양한 가족의 형태를 자연스럽게 예화나 그림, 설명 등을 통해 제시한다.

(다) 평가 방법 및 유의사항

- 가족과 친척에 대해 조사하여 발표하기, 관계망 그리기 등의 과정을 통해 나와 친척의 관계에 대해 폭넓게 이해하는지 평가한다.
- 주변에서 볼 수 있는 다양한 형태의 가족과 그들의 생활 모습을 살펴보는 과정을 통해 다양한 가족의 문화에 대해 이해하는지 평가한다.

나) 여름

대주제 '여름'에 대한 설명이다. "이 영역(대주제)은 여름을 소재로 날씨와 생활, 그로 인한 변화나 관계들을 살펴보면서 주변에 대한 관심과 이해를 높이기 위한 것이다. 여름 날씨의 특징과 주변의 생활 모습을 관련짓고 여름철 생활 도구를 알아본다. 또한 여름철 동식물을 탐구하고 여름방학을 계획해 본다."

4.1 여름 맞이
  [2슬04-01] 여름 날씨의 특징과 주변의 생활 모습을 관련짓는다.
  [2슬04-02] 여름에 사용하는 생활 도구의 종류와 쓰임을 조사한다.
4.2 여름 생활
  [2슬04-03] 여름에 볼 수 있는 동식물을 살펴보고 그 특징을 탐구한다.
  [2슬04-04] 여름방학 동안 하고 싶은 일과 해야 할 일을 계획한다.

(가) 학습 요소

여름 날씨와 생활, 생활 도구의 종류와 쓰임, 동식물 탐구, 여름방학 계획

(나) 교수학습 방법 및 유의사항

- 학생의 생활 경험으로부터 여름 날씨의 특징과 주변의 생활 모습을 관련지어 생각해 보게 하고, 여름철 주변 생활 모습의 변화를 조사·발표하게 한다.
- 여름에 사용하는 생활 도구를 여름 날씨와 관련지어 조사하고, 친구와 함께 다양한 기준에 따라 무리 짓기 활동을 해 보도록 지도한다.
- 여름철에 볼 수 있는 곤충, 과일과 채소를 중심으로 동식물의 특징을 관찰하고 정리하도록 지도한다.
- 여름방학에 하고 싶은 일과 해야 할 일을 계획하여 발표하게 한다.

(다) 평가 방법 및 유의사항

- 살펴보기, 조사·발표하기 등의 과정을 통해 여름 날씨와 사람들의 생활 모습을 관련지어 이해하는지 평가한다.
- 여름에 사용하는 생활 도구를 종류와 쓰임에 따라 무리 짓는 과정을 평가한다.
- 여름에 볼 수 있는 동식물을 대상으로 살펴보기, 관찰하기, 모형 만들기, 무리 짓기 등이 적절하게 이루어졌는지 평가한다.
- 여름방학 동안 자신이 하고 싶은 일과 해야 할 일에 대해 발표하는 과정을 평가한다.

다) 마을

대주제 '마을'에 대한 설명이다. "이 영역(대주제)은 주변에서 함께 생활하는 이웃과 동네에 대한 관심 및 이해를 높이기 위한 것이다. 마을의 모습과 사람들의 생활 모습, 장소, 시설물의 종류와 쓰임을 살펴보고, 동네 사람들이 하는 일을 다양한 자료를 활용하여 탐색해 본다."

5.1 이웃
[2슬05-01] 이웃과 더불어 생활하는 모습을 조사하고 발표한다.
[2슬05-02] 이웃과 함께 쓰는 장소와 시설물의 종류와 쓰임을 탐색한다.
5.2 동네
[2슬05-03] 동네의 모습을 관찰하고, 그림으로 그려 설명한다.
[2슬05-04] 동네 사람들이 하는 일, 직업 등을 조사하여 발표한다.

(가) 학습 요소

이웃의 생활 모습, 공공장소와 시설물의 종류와 쓰임, 동네의 모습 관찰, 동네 사람들이 하는 일

(나) 교수학습 방법 및 유의사항

- 학생들의 일상생활 경험을 통해 더불어 생활하는 이웃의 모습을 알아보도록 지도한다.
- 자신이 살고 있는 공간에서 이웃과 함께 쓰는 공공시설에 대하여 살펴보고, 종류와 쓰임새에 따라 무리 짓기 활동을 하며, 각각의 사용 방법을 조사하여 발표한다.

- 자신의 집 또는 학교를 중심으로 동네의 모습을 살펴보고, 친구들과 함께 협력학습으로 건물의 위치 등을 그림으로 그려서 마을 모습을 설명하는 활동을 한다. 동네를 그림으로 그려 보는 이유는 동네 모습을 전체적으로 파악하는 데 있으므로 동네 그림 그리기 그 자체를 목적으로 하여 지나치게 강조하지 않도록 유의한다.
- 동네 사람들이 하는 일을 조사해 보고, 그 결과를 다양한 기준으로 무리 짓기를 해 보도록 지도한다.

(다) 평가 방법 및 유의사항

- 이웃과 더불어 생활하는 모습을 조사하여 발표할 수 있는지 평가한다.
- 이웃과 함께 사용하는 시설물의 종류와 쓰임에 대해 이해하는지 평가한다.
- 관찰하기, 조사·발표하기 등의 과정을 통해 동네의 모습을 관찰하여 그림으로 그려 설명할 수 있는지 평가한다.
- 다양한 기준에 따라 분류하기, 조사·발표하기, 무리 짓기 과정을 통해 동네 사람들이 하는 일과 직업을 관련지어 이해하는지 평가한다.

③ 교수학습 및 평가 방향

가) 교수학습 방향

- '슬기로운 생활'과는 '바른 생활'과, '즐거운 생활'과와 영역(대주제)별로 통합하여 지도하며, 국어과, 수학과도 통합하여 주제 중심 학습의 효율성을 높일 수 있도록 노력한다.
- '슬기로운 생활'과의 교과 역량인 창의적 사고 역량, 지식정보처리 역량, 의사소통 역량을 향상시킬 수 있도록 창의적 사고력, 통합적 사고력, 탐구 능력, 문제해결능력, 자료이해 능력, 도구활용 능력, 상황파악 능력, 조사 및 발표 능력에 교수학습 활동의 초점을 두어 지도한다.
- '슬기로운 생활'과의 교과 기능인 관찰하기, 무리 짓기, 조사하기, 예상하기, 관계망 그리기 등이 성취될 수 있도록 교수학습 활동을 계획한다.
- 5세 누리과정의 사회관계, 자연탐구 등의 내용 영역과 3학년 이상의 사회과, 과학과 등의 내용 영역과의 연계 지도가 이루어질 수 있도록 한다.
- 계획-실행-평가에 이르는 교수학습의 전 과정에서 학생의 능동적 참여와 협력적 문제해결을 유도한다.

- 탐구 중심의 교수학습 지도를 통하여 학생들의 학습 호기심을 촉진하고, 경험 및 체험을 통해 이해하게 한다.
- 주변의 모습, 관계, 변화와 관련된 구체적인 탐구 상황을 교수학습에 적용한다.
- 학생 스스로 탐구하는 데 필요한 교구, 자료 등을 사전에 준비하여 제공한다.
- '슬기로운 생활'과의 교수학습에서는 학습 내용에 따라 다양한 교수방법이 활용될 수 있으므로 개방적인 자세를 취하도록 한다.

나) 평가 방향

- 실제 수업 중에 평가 상황을 설정하여 평가하고 그 결과를 학생들에게 환류함으로써 평가의 과정이 수업의 촉진제로 작용하도록 한다.
- 평가는 포트폴리오, 자기평가, 동료 평가, 수행평가, 체크리스트, 일화 기록 등 다양한 방법을 활용한다.
- 탐구 활동 과정과 결과를 고려하여 기초 탐구 기능과 관련 역량을 평가한다.
- 주변의 모습, 관계, 변화에 대한 관심도와 이해도를 고려하여 평가한다.
- '슬기로운 생활'과에서는 관찰의 정확성, 탐구의 창의성, 현상의 관계 파악 능력, 변화에 대한 민감성 등을 종합적으로 고려하여 평가한다.
- 학생들이 탐구 과정에서 보이는 독창성, 다양성, 기발함 등이 평가에서 배제되지 않도록 개방적인 자세로 평가에 임하도록 한다.

5) 즐거운 생활 개정의 주요 내용

(1) 즐거운 생활 개요[9]

우리의 국가교육과정에서는 국어와 수학은 1학년부터 그 외 교과, 예를 들면 사회, 과학, 도덕, 영어, 체육, 미술은 3학년 이후에, 실과는 5학년부터 편성·운영하고 있다. 통합교과인 '바른 생활' '슬기로운 생활' '즐거운 생활'은 1~2학년군에 편성되어 있다. 통합교과는 초등학교 1, 2학년 학생이 3학년 이후의 교과의 세계에 보다 수월하게 적응할 수 있도록 교과에 대한 기본적인 태도와 기초적인 능력을 키워 주는 데 기본적인 목적이 있다.

'바른 생활' '슬기로운 생활'과 더불어 제4차 교육과정에 등장한 '즐거운 생활'은 '음악'

---

9) 이 내용은 홍영기(2015: 61-77)의 내용에서 발췌한 내용으로 문맥에 따라 수정하였다.

'체육' '미술'을 원천교과로, 교육과정은 각 교과가 분리된 형태로 존재하고 교과서로 묶는 형태로 편찬되어 운영되었다(이영만, 홍영기, 2006). 즉, 제4차 교육과정 문서에는 다른 통합교과와 마찬가지로 '즐거운 생활'과의 교육과정이 없었다. 제5차와 제6차 교육과정에서는 통합교과인 '바른 생활, 슬기로운 생활, 즐거운 생활'과의 교육과정이 개발되고 원천교과 구성 및 성격을 탐색하고 규명하는 시기였다(정광순, 2010b). '즐거운 생활'도 체육, 미술, 음악과의 차별성을 시도하였지만 미술, 체육, 음악과의 체계와 내용을 기반으로 교육과정과 교과서를 구성하였기 때문에 분과주의로부터 벗어나지 못하는 한계가 있었다. 제7차 교육과정기로부터 2009 개정 교육과정기는 통합교과의 교육과정 성격을 재정립하는 시기로 '분과기반의 통합에서 주제 중심의 통합으로 변화'(이희정, 2015)를 시도하였다. '즐거운 생활'도 다른 통합교과와 마찬가지로 제7차에서부터 음·미·체 원천교과의 내용 요소가 아닌 학생의 활동을 주제로 내용 영역을 제시하였다. 특히 2009 개정 교육과정에서는 통합교과 간 통합된 학습이 강화될 수 있도록 '바른 생활, 슬기로운 생활, 즐거운 생활'과의 공통주제를 대주제 8개, 소주제 33개로 통일하였다. 또한 각 교과의 활동 주제를 성취기준과 더불어 소주제당 교과별로 1개씩 배치하여 교과를 차별화하였다.

이러한 일련의 개정과정은 분과된 교과의 병렬적 통합(제4차)에서부터 범교과적 통합(제5차, 제6차), 학생의 흥미와 생활 영역을 바탕으로 하는 주제 중심의 통합(제7차, 2007 개정, 2009 개정)으로 교과의 내용에서 학생의 생활로 축이 이동되었음을 의미한다. '즐거운 생활'과도 '음악, 미술, 체육'의 병렬적 통합에서 학생의 실생활을 주제로 내용을 구성하는 통합의 형태로 바뀌게 되었다.

2015 개정 통합교과 교육과정은 국가교육과정에서 추구하는 교육의 목적 중 하나인 '역량의 함양'에 초점을 두고 창의융합형 인재의 양성을 위해 교육과정을 개정하였다. '즐거운 생활'과에서 강조하는 세 가지 역량은 '심미적 감성 역량' '창의융합사고 역량' '의사소통 역량'으로 8개의 영역/대주제와 16개의 핵심 개념/소주제를 통해 함양될 수 있도록 구성하였다. 8개의 영역/대주제는 시간적 흐름에 따른 4개의 영역/대주제 '봄' '여름' '가을' '겨울'과 공간적 확장을 고려한 4개의 영역/대주제 '학교' '가족' '마을' '나라'이다. 학생들의 학습 부담을 감축하고 교사의 재구성 능력의 함양을 위해 핵심 개념/소주제를 2009 개정의 33개에서 16개로 조정하였다.

(2) 성격

'즐거운 생활'과는 일상생활에 필요한 기초적인 표현 능력을 기르고, 아름다움에 대한 경험과 신체 표현 활동을 통해 문화적 소양을 지닌 사람을 기르는 데 초점이 있는 교과이다. '즐거운 생활'과에서는 심미적 감성 역량, 창의적 사고 역량, 의사소통 역량을 교과의 중요한 역량으로 삼고 있다. 심미적 감성 역량은 일상생활에서 아름다움과 즐거움을 느끼고, 여러 가지 자료와 매체, 도구 등을 사용하여 소리와 이미지, 움직임 등에 대해 다양한 감각을 발달시키는 능력이다. 창의적 사고 역량은 주변의 대상과 현상, 문화 등에 대해 창의적으로 생각하고 소리, 이미지, 움직임 등에 대한 자신의 생각과 느낌을 새롭고 융합적으로 표현할 수 있는 능력이다. 의사소통 역량은 소리, 이미지, 움직임 등을 활용하여 자신의 생각과 느낌을 표현하고 타인의 표현을 이해하며 서로 소통할 수 있는 능력이다.

'즐거운 생활'과에서는 교과 역량과 더불어 놀이하기, 표현하기, 감상하기로 대표되는 기능을 익히는 데 중점을 둔다. 이를 구현하기 위해 '학교' '봄' '가족' '여름' '마을' '가을' '나라' '겨울'의 8개 영역(대주제)으로 내용을 선정하였고, 이는 '바른 생활'과와 '슬기로운 생활'과의 통합을 고려한 것이다.

(3) 목표

건강한 몸과 창의적 표현 능력을 길러 일상생활을 즐겁게 영위하고 문화적 소양을 함양한다.

- 여러 가지 놀이와 표현 활동을 통해 감각을 발달시키고 건강한 신체를 기른다.
- 활동에 참여하는 과정에서 기초적인 표현 기능을 익힌다.
- 소리, 이미지, 움직임 등에 대한 심미적 감성 능력을 기르고 창의융합적으로 표현하면서 서로 소통하는 능력을 기른다.

(4) 내용 체계 및 성취기준
① 내용 체계

〈표 10-12〉 즐거운 생활 내용 체계

영역 (대주제)	핵심 개념 (소주제)	일반화된 지식	내용 요소			기능
			바른 생활	슬기로운 생활	즐거운 생활	
1. 학교	1.1 학교와 친구	학교는 여러 친구와 함께 생활하는 곳이다.	• 학교생활과 규칙	• 학교 둘러보기 • 친구 관계	• 친구와의 놀이 • 교실 꾸미기	[바른 생활] 되돌아보기 스스로 하기 내면화하기 관계 맺기 습관화하기 [슬기로운 생활] 관찰하기 무리 짓기 조사하기 예상하기 관계망 그리기 [즐거운 생활] 놀이하기 표현하기 감상하기
	1.2 나	나는 몸과 마음으로 이루어져 있다.	• 몸과 마음의 건강	• 몸의 각 부분 알기 • 나의 재능, 흥미 탐색	• 나의 몸, 감각, 느낌 표현 • 나에 대한 공연, 전시	
2. 봄	2.1 봄맞이	사람들은 봄의 자연 환경에 어울리는 생활을 한다.	• 건강 수칙과 위생	• 봄 날씨와 생활 이해 • 봄철 생활 도구	• 봄 느낌 표현 • 집 꾸미기	
	2.2 봄 동산	봄에 볼 수 있는 동식물은 다양하며 봄에 할 수 있는 활동과 놀이가 있다.	• 생명 존중	• 봄 동산 • 식물의 자람	• 동식물 표현 • 봄나들이	
3. 가족	3.1 가족과 친척	사람들은 가족과 친척의 관계 속에서 살아간다.	• 가정 예절	• 가족의 특징 • 가족 · 친척의 관계, 가족 행사	• 가족에 대한 마음 표현 • 가족 활동 및 행사 표현	
	3.2 다양한 가족	가족의 형태는 다양하며, 구성원마다 역할이 있다.	• 배려와 존중	• 다양한 형태의 가족 • 가족 구성원의 역할	• 집의 모습 표현 • 가족 역할 놀이	
4. 여름	4.1 여름 맞이	사람들은 여름의 자연 환경에 어울리는 생활을 한다.	• 절약	• 여름 날씨와 생활 이해 • 여름철 생활 도구	• 여름 느낌 표현 • 생활 도구 장식 · 제작	
	4.2 여름 생활	여름에 볼 수 있는 동식물은 다양하며 여름에 할 수 있는 활동과 놀이가 있다.	• 여름 생활 및 학습 계획	• 여름 동식물 • 여름방학 동안 하는 일	• 여름 동식물 표현 • 여름철 놀이	

5. 마을	5.1 우리 이웃	이웃은 서로의 생활에 영향을 미친다.	• 공중도덕	• 이웃의 생활 모습 • 공공장소, 시설물	• 이웃 모습과 생활 표현 • 공공장소 시설물 활용 놀이
	5.2 우리 동네	내가 생활하는 동네에는 서로 다른 일을 하는 사람들이 있다.	• 일의 소중함	• 동네에 있는 것들 • 동네 사람들이 하는 일, 직업	• 동네 모습 표현 • 직업 놀이
6. 가을	6.1 가을맞이	사람들은 가을의 자연 환경에 어울리는 생활을 한다.	• 질서	• 가을 날씨와 생활 이해 • 가을의 특징 알기	• 가을의 모습과 느낌 표현 • 가을 놀이
	6.2 가을 모습	명절은 사람들의 생활과 관계가 있다.	• 감사	• 추석, 세시풍속 • 낙엽, 열매	• 민속놀이 • 낙엽, 열매 표현
7. 나라	7.1 우리나라	우리나라에는 아름다운 전통이 있고 우리나라만의 특별한 상황이 있다.	• 나라 사랑	• 우리나라의 상징과 문화 • 남북한의 생활 모습과 문화	• 우리나라의 상징 표현 • 남북한의 놀이, 통일에 대한 관심 표현
	7.2 다른 나라	각 나라는 독특한 문화를 가지고 있다.	• 타문화 공감	• 다른 나라 문화 • 다른 나라 노래, 춤, 놀이	• 다른 나라의 노래, 춤, 놀이 즐기기 • 문학 작품, 공연 감상
8. 겨울	8.1 겨울맞이	사람들은 겨울의 자연 환경에 어울리는 생활을 한다.	• 나눔과 봉사	• 겨울 날씨와 생활 이해 • 겨울철 생활 도구	• 겨울 느낌 표현 • 놀이 도구 제작
	8.2 겨울나기	사람과 동식물은 겨울 환경에 적응하며 생활한다.	• 동식물 보호 • 겨울 생활 및 학습 계획	• 동식물 탐구 • 겨울에 하는 일	• 동물 흉내내기 • 겨울철 신체 활동

② **성취기준**

'즐거운 생활'의 성취기준은 소주제당 2개씩, 즉 내용 요소당 1개씩 총 16개가 배치되어 있다. 대주제 '가을' '나라' '겨울'을 중심으로 성취기준과 학습 요소 등을 살펴보면 다음과 같다.

가) 가을

대주제 '가을'에 대한 설명이다. "이 영역(대주제)은 가을맞이와 가을 모습을 소재로 놀이하거나 표현하기 위한 것이다. 다양한 방법으로 가을의 모습과 느낌, 낙엽이나 열매 등을 표현하고, 여러 가지 민속놀이를 체험하며, 정보 매체를 활용하여 풍요로운 가을을 느껴 본다."

> 6.1 가을맞이
>   [2즐06-01] 가을의 모습과 느낌을 창의적으로 표현한다.
>   [2즐06-02] 가을과 관련한 놀이를 한다.
> 6.2 가을 모습
>   [2즐06-03] 여러 가지 민속놀이를 한다.
>   [2즐06-04] 가을 낙엽, 열매 등을 소재로 다양하게 표현한다.

(가) 학습 요소

가을 느낌 표현, 가을 놀이, 민속놀이, 낙엽 및 열매 표현

(나) 교수학습 방법 및 유의사항

- 가을 모습이나 가을의 아름다움에 대한 느낌 등을 다양하게 탐색 및 표현하고, 친구들과 활발하게 소통하며 자신과 친구의 결과물을 공연, 전시, 감상한다.
- 민속놀이를 할 때 이기기 위한 경쟁보다는 함께 즐기는 분위기를 조성한다.
- 민속놀이를 할 때 학생들의 수준을 고려하여 다양하게 변형하여 지도할 수 있다. 정확한 동작보다는 전통 춤의 흥겨움을 충분히 느낄 수 있도록 하고, 장단을 쉽게 변형하여 전통 음악의 흥겨움을 느낄 수 있도록 지도할 수 있다.
- 협력학습, 모둠학습 등을 활용하여 실제 춤과 놀이에 적극적으로 참여하도록 지도한다.

- 소리, 이미지(사진/그림), 동영상, 애니메이션, 인터넷, 컴퓨터, 태블릿 PC 등 다양한 정보 매체 자료 및 기기를 활용할 수 있으며, 학생들의 흥미와 관심을 유도하는 교수학습이 이루어지게 한다.

(다) 평가 방법 및 유의사항

- 가을의 모습이나 느낌, 관련 소재들을 노래, 이미지, 움직임, 놀이 등 다양한 방법으로 표현할 수 있는지 평가한다.
- 민속놀이에 흥미를 느끼고 즐겨 참여하는지와 친구와 함께 협력하는지를 평가한다.
- 자기평가, 동료 평가, 관찰 평가 등의 다양한 방법을 활용하여 주어진 가을 관련 상황이나 내용에 적합하게 표현하는지 평가한다.

나) 나라

이 영역(대주제)은 우리나라, 다른 나라와 관련된 소재를 다양한 방법으로 표현하고 놀이로 즐기도록 돕기 위한 것이다. 우리나라의 상징, 남북한의 놀이, 통일에 대한 염원을 다양하고 창의적으로 표현하고, 다른 나라의 노래, 춤, 놀이를 경험하며 이를 소재로 문화 작품을 전시·공연 및 감상한다.

7.1 우리나라

　[2즐07-01] 우리나라의 상징을 여러 가지 방법으로 표현한다.

　[2즐07-02] 남북한에서 하는 놀이를 하고, 통일을 바라는 마음을 다양하게 표현한다.

7.2 다른 나라

　[2즐07-03] 다른 나라의 문화를 나타내는 작품을 전시·공연하고 감상한다.

　[2즐07-04] 다른 나라의 노래, 춤, 놀이를 즐기고 그 느낌을 다양하게 표현한다.

(가) 학습 요소

우리나라의 상징 표현, 남북한의 놀이, 작품 전시·공연, 다른 나라의 노래, 춤, 놀이

(나) 교수학습 방법 및 유의사항

- 우리나라를 상징하는 것들을 여러 가지 방법으로 표현하거나 남북한의 놀이를 하면서 자연스럽게 나라를 사랑하는 마음도 함께 다질 수 있도록 지도한다.

- 책이나 사진, 영상 등을 보거나 경험을 들음으로써 여러 나라 사람들의 생활 모습을 탐색한 후 다양한 활동을 해 본다.
- 작품을 전시하여 친구들과 함께 살펴보면서 사용한 재료와 표현상의 특징을 자유롭게 이야기해 본다.
- 남북한 놀이를 할 때 놀이 또는 신체 활동의 방법 및 규칙을 충분히 설명하고 경쟁보다는 서로를 배려하고 함께 어울리며 참여하는 데 주안점을 두고 지도한다.
- 다른 나라의 문화를 표현하는 과정에서 다른 문화에 대해 존중하는 마음을 가지도록 지도한다.
- 이 영역(대주제)에서 다루는 다른 나라는 학생들의 관심사를 반영하여 선정하도록 하고, 그 나라의 문화에 대해 이해할 수 있도록 한다.

(다) 평가 방법 및 유의사항

- 우리나라 혹은 다른 나라와 관련된 다양한 표현 놀이에 즐겁게 참여하는지 평가한다.
- 다른 나라의 노래, 춤, 놀이를 즐기는 과정에서 느낀 것을 다양하게 표현할 수 있는지 평가한다.
- 다른 나라의 노래, 춤, 놀이에 대한 정보에 익숙해지는 것과 동시에 놀이하기, 표현하기와 같은 표현 기능을 습득하는지에 대해서도 평가한다.

다) 겨울

대주제 '겨울'에 대한 설명이다. "이 영역(대주제)은 겨울을 맞이하는 모습과 겨울나기를 다양한 방법으로 표현하고 여러 가지 놀이를 하면서 건강한 겨울을 날 수 있도록 돕기 위한 것이다. 겨울을 소재로 사람과 동물의 생활 모습을 창의적으로 표현하며, 여러 가지 놀이 도구를 만들어 겨울철 놀이와 신체 활동에 참여한다."

8.1 겨울맞이
　　[2즐08-01] 겨울의 모습과 느낌을 창의적으로 표현한다.
　　[2즐08-02] 여러 가지 놀이 도구를 만들어 겨울 놀이를 한다.
8.2 겨울나기
　　[2즐08-03] 동물 흉내내기 놀이를 한다.
　　[2즐08-04] 건강한 겨울나기를 위해 규칙적으로 운동한다.

(가) 학습 요소

겨울 느낌 표현, 놀이 도구 제작, 동물 흉내내기, 겨울철 신체 활동

(나) 교수학습 방법 및 유의사항

- 겨울의 모습이나 느낌, 겨울철 동물들의 모습 등을 다양하게 표현해 보고, 이를 소재로 놀이와 신체 활동을 한다.
- 겨울철 실내외에서 할 수 있는 운동을 찾아 친구들과 재미있게 한다. 날씨 상황이 여의치 않을 경우 실내 놀이나 운동으로 변형하여 활동할 수 있다.
- 학급 실정에 맞게 활동을 선택하여 진행하되, 학생들이 놀이 도구를 다양한 방법으로 만들어 볼 수 있도록 격려한다.
- 학생들이 충분히 재미를 느끼며 적극적으로 참여하도록 유도하고, 지나친 경쟁심은 경계하여 승부에 집착하지 않도록 지도한다.
- 질서 있게 놀이가 진행되도록 사전에 경기 방법과 규칙에 대해 충분히 안내한다.
- 경기 또는 놀이 후에는 느낀 점에 대해 발표해 보고 자신의 경기 태도를 반성하는 시간을 갖는다.

(다) 평가 방법 및 유의사항

- 건강한 겨울을 나기 위해 스스로 세운 계획에 따라 규칙적으로 운동을 하는지 평가한다.
- 놀이의 방법과 규칙을 알고 친구와 함께 잘 어울려 겨울 놀이를 하는지 평가한다.
- 겨울 놀이에 대한 관심과 이해를 평가하는 동시에 표현하기, 놀이하기와 같은 기능에 대해 관심을 가지고 평가한다.
- 겨울 날씨에 따라 자연 환경을 이용한 놀이를 계획하고 즐길 수 있는지, 놀이를 통해 의사소통 역량이 함양되었는지 평가한다.

③ 교수학습 및 평가 방향

가) 교수학습 방향

- '즐거운 생활'과는 '바른 생활'과, '슬기로운 생활'과와 영역(대주제)별로 통합하여 지도하며 국어과 또는 수학과와도 연계하여 학습의 효율성을 극대화할 수 있다.
- '즐거운 생활'과의 교수학습에서는 학생들이 궁극적으로 심미적 감성 역량, 창의적

사고 역량, 의사소통 역량 등의 교과 역량을 함양할 수 있도록 지도한다.
- '즐거운 생활'과의 교수학습에서는 놀이하기, 표현하기, 공연·전시하기, 감상하기 등의 표현 기능을 습득하고 함양할 수 있도록 지도한다.
- 5세 누리과정의 신체운동, 건강, 예술 경험 등의 내용 영역과 3학년 이상의 체육과, 음악과, 미술과 등의 내용 영역과 연계가 되도록 지도한다.
- '즐거운 생활'과의 교수학습에서는 일상에서 찾을 수 있는 다양한 소재와 재료를 이용하여 놀이하고 표현하는 활동을 중심으로 지도한다. 즉, 학생들의 생활 소재가 수업 소재로 활용될 수 있도록 하는 데 초점을 둔다.
- '즐거운 생활'과의 교수학습에서는 사람, 대상, 현상 및 문화를 다양하게 표현하면서 몸과 마음이 건강한 사람으로 성장하는 데 초점을 둔다.
- 프로젝트 학습, 협력학습, 문제해결 학습, 탐구 학습, 온라인 활용 학습과 같은 다양한 교수학습 방법을 활용한다.
- 단위 시수의 시량은 융통성 있게 계획하여 탄력적으로 운영한다.
- 계획–실행–평가에 이르는 교수학습의 전 과정에 학생을 참여시켜 학생의 능동적인 수업 참여를 유도한다.

나) 평가 방향
- 교육과정에서 강조하고 있는 교과 역량, 기능, 영역(대주제) 간의 일관성을 유지하도록 하며 '즐거운 생활'과의 심미적 감성 역량, 창의적 사고 역량, 의사소통 역량 등의 세 가지 역량을 기를 수 있도록 평가한다.
- 학생들의 수준과 능력을 고려하여 교과 내용의 기준을 설정하고 평가의 내용에 따라 동료 평가, 관찰 평가, 면담 평가, 누가기록(체크리스트), 일화 기록, 포트폴리오 등 다양한 평가 방법을 활용한다.
- 각 영역(대주제)의 표현 활동에서 학생 개인의 노력과 진보 정도를 평가하기 위해 자기평가를 활용한다.
- 실제 교수학습 상황에서 '즐거운 생활'과의 기능인 놀이하기, 표현하기, 감상하기를 평가할 수 있는 상황을 설정하여 수업과 평가를 동시에 하며, 평가를 학습 촉진의 계기로 활용한다.

제11장
2015 개정 초등
통합교과 주제별
교과서

제4차 교육과정 시기의 우리나라 최초의 초등 통합교과서는 바른 생활, 슬기로운 생활, 즐거운 생활의 세 통합교과로 개발되었는데 이러한 형태는 2007 개정 교육과정 시기까지 유지되었다. 그러다가 초등 통합교과서는 2009 개정 교육과정 시기부터 교육과정 주제를 중심으로 바른 생활, 슬기로운 생활, 즐거운 생활 세 통합교과를 통합한 주제별 교과서로 개발되기 시작하여 현행 2015 개정 교육과정 시기까지 이어지고 있다.

제4차부터 제7차까지의 초등 통합교과 교육과정을 분석한 정광순(2009)은 우리나라 초등 통합교과 교육과정의 지향이 결국 교실에서 교사, 학생, 교육이 일어나는 상황적 특수성을 고려한 주제 중심 통합수업이 이루어지도록 하는 것임을 밝힌 바 있다. 초등 통합교과서는 개발 초기부터 지금까지 초등 통합교과 교육과정의 이러한 지향을 충실히 수행하는 자료의 역할을 하고자 했고, 개발자의 이러한 의도는 초등 통합교과 교사용 지도서에 가장 자세히 그리고 종합적으로 안내되어 있다.

이에 이 장에서는 주제별 교과서로 대표되는 2009 개정 시기부터 현행 2015 개정 시기까지 이어지는 초등 통합교과서의 구성과 그 구성에 담긴 개발자의 의도를 짚어 보고, 개발자가 의도한 초등 통합교과서의 활용 방법에 대해 알아볼 것이다.

1. 2015 개정 통합교과 주제별 교과서의 구성

1) 개발 방향

2015 개정 통합교과 교과서는 『봄』 『여름』 『가을』 『겨울』 네 권의 '주제별 교과서'로 개발 되었다. 주제별 교과서 각 권은 바른 생활, 슬기로운 생활, 즐거운 생활 세 교과의 성취기 준을 소주제 중심으로 통합한 단원이 둘씩 구성되어 있다. 주제별 교과서는 궁극적으로 학생들에게 보다 쉽게 다가갈 수 있는 주제 중심 통합학습을 통해서 바른 생활, 슬기로운 생활, 즐거운 생활의 교육과정에서 설정한 '성취기준'에 도달하도록 하였다. 이런 의미에 서 학생의 생활 경험 세계를 배경으로 국가 수준 교육과정을 이수할 수 있으면서 더불어 주제가 있는 초등학교 교실 수업 풍경을 만드는 데 기여하고자 하였다.

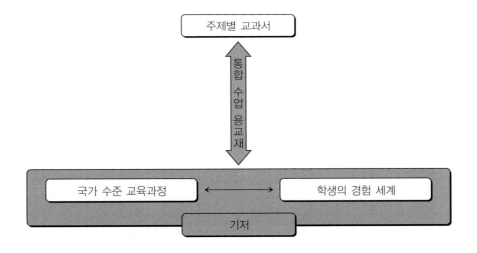

[그림 11-1] 2015 개정 통합교과서의 개발 방향

2) 특징

2015 개정 교육과정에 의해 개발된 통합교과 주제별 교과서의 특징은 다음과 같다.

〈표 11-1〉 통합교과 주제별 교과서의 특징

구분	특징
주제별 교과서	주제를 중심으로 세 교과의 성취기준을 통합해서 수업할 수 있도록 하였다.
구성 차시 도입	교사가 학생의 요구를 중심으로 성취기준을 이수하는 수업을 할 수 있도록 하였다.
교과 역량 함양	국가 수준에서 주도하는 핵심역량을 교과서 단원별로 하나씩 지도할 수 있도록 하였다.

(1) 주제별 교과서의 개발

2009 개정 교육과정에 의한 주제별 교과서의 도입으로 '주제가 있는 수업'으로 초등학교 수업 풍경이 변화하고 있다. 그리고 초등학교 1, 2학년의 발달적 특성과 생활 경험에 맞는, 탈학문적인 학습 주제를 중심으로 통합하여 수업하는 문화가 정착해 가고 있다. 또한 바른 생활, 슬기로운 생활, 즐거운 생활을 주제 중심으로 통합한 수업을 통해 학교 수업은 학생들에게 일관성 있고 지속성 있는 유의미한 수업으로 변하고 있다.

2009 개정에 이어 주제별 교과서라는 동일한 형태로 개발되는 2015 개정 주제별 교과서는 주제 중심 통합학습의 호흡을 좀 더 확대할 필요가 있었다. 이에 교육과정 주제를 중심으로 한 주제 학습 시간을 2주에서 4주로 확대하였다. 그리고 교과를 통합하면서 발생하는 사전·사후 활동 시간을 확대하여 교사와 학생이 통합학습을 운영하는 데 필요한 융통성을 더 폭넓게 발휘할 수 있도록 할 필요가 있었다. 이에 주제 만나기와 주제 학습 마무리 차시 시수를 80분에서 120분으로 늘려, 교사와 학생이 좀 더 여유를 가지고 함께 수업을 계획하고 실행하며 마무리할 수 있도록 하였다. 또한 바른 생활, 슬기로운 생활, 즐거운 생활은 기본적으로 학생이 활동을 통해서 주제 및 교과 내용을 체험하고 경험하게 해야 한다. 따라서 수업에 있어 학생 활동을 보장하기 위해서 차시 수업을 40분 단위에서 80분 단위의 블록 차시 위주로 개발하였다. 주제별 교과서는 다음과 같은 의미가 있다.

첫째, 초등학교 1, 2학년 학생의 발달 단계적 특성과 배움 방식에 맞다. 이 시기 학생은 자신이 알고 있는 것, 경험한 것, 친숙한 것에서 출발해서 모르는 것, 경험하지 못한 것, 낯선 것을 학습하기 때문이다. 또한 이 시기 학생은 주관적인 것에서 객관적인 것으로, 심리적인 것에서 논리적인 것으로, 개인적인 것에서 사회적인 것으로 앎의 세계를 형성하기 때문이다. 이에 경험의 세계에서 교과의 세계에 입문하기 위해서는 교과분과적으로 접하기보다는 그들이 삶에서 이미 익숙해져 있는 교과통합적으로 학습하는 것이 적절하다. 이에 주제별 교과서는 주제 적합성을 일차적으로 반영하기 때문에 교과의 내용 자체의 위계

보다 학생의 보편적인 흥미 위계에 맞춰서 개발하였다.

둘째, 주제별 교과서에서는 학교 수업의 구심점을 교과보다 학생에게 두고, 교과 내용의 일관성보다 학생의 학습 일관성을 회복하고자 하였다. 전통적으로 학교 수업은 교과를 중심으로 종적인 계열을 따르는 일관성을 중시해 왔다. 그러나 학생은 모든 교과 수업을 동시다발적으로 수행하고 시간표에 의해 교과를 분절적으로 만난다. 이렇게 분절된 학생의 경험은 하루, 일주일, 한 달을 단위로 학습 일관성을 회복해 주어야 한다. 이에 주제별 교과서는 초등학교 1, 2학년에 주어진 3개의 교과를 횡적으로 연계하여 하나의 주제를 한 달 동안 지속시키고자 하였다. 동시에 국어와 수학에서 배운 교과 내용과 기능들을 주제 학습에서 활용할 수 있기 때문에 국어와 수학도 기능적으로 연계·통합할 수 있다. 이런 점에서 주제별 교과서는 한편으로는 학생의 입장에서 하루, 일주일, 한 달 동안의 학교 수업을 보다 일관성 있게 만들어 준다. 다른 한편으로는 교과서와 시간표에 의한 학교 학습의 분절 문제를 완화·해소한다.

셋째, 주제별 교과서의 실용성은 현재 다루는 교과와 교과서 수의 축소로 여러 가지 운영상의 편리성을 도모한다. 바른 생활, 슬기로운 생활, 즐거운 생활 3개의 교과를 마치 하나의 교과처럼 운영할 수 있기 때문에 교과 수를 줄이는 효과가 있고, 학생이 들고 다니는 교과서 개수를 실질적으로 줄여 책가방 무게를 줄여 준다. 더불어 주제별 교과서의 책명은 학생에게 친숙하여 학생들이 선호하며, 학기 중 새 책을 받아 보는 작은 변화로 학생들에게 소소한 기쁨을 줄 수 있다.

(2) 구성 차시의 도입

학교 수업은 학생이 참여하는 활동 중심 수업으로 상당히 변했다. 이에 수업 계획에서부터 학생의 참여를 보장하여 수업에 학생이 참여하는 방식을 확대할 필요가 있다. 그리고 2009 개정 교육과정에 의한 주제별 교과서에서 동화 읽기는 동화를 활용하여 학습할 주제를 만나거나 학습 동기를 유발하는 데 효과적이었지만, 동화의 내용을 교과 내용으로 오인하게 하는 여지가 있었다. 또한 초등학교 1, 2학년 학생이 단원 내 차시 전체를 대상으로 차시 활동 순서를 정하는 것은 발달적으로 무리가 있었다.

학생 활동 중심 수업으로의 지향 외에 교사가 수업에 학생을 참여시키는 방안은 다양하지만, 교사의 경험이 그리 다양하지 못하기 때문에 교과서에서 학생이 수업에 참여할 수 있는 방안을 구조적으로 제시하여 이를 일반화해야 한다. 이에 새 교과서는 차시 수업을 학생 활동 중심으로 전환을 도모하는 일반적인 안내와 차시 순서 정하기에 머물렀던 학생의 수업 참여 방식에서 한 발 더 나아가 학생이 원하는 활동을 수업으로 만들어서 할 수 있는 구성 차시를 도입하였다. 또한 한편으로는 '주제 만나기'에서 제공하던 동화를 교사용 전자 저작물 CD로 옮겨 교수학습 자료로 활용하도록 하였다. 다른 한편으로는 새로 도입한 구성 차시를 동화의 형태로 제시하여 수업을 만들 때 아이디어를 얻도록 하였다. 구성 차시는 실행을 돕기 위한 장치가 필요하다. 전체 차시를 대상으로 차시의 순서를 정하던 방식에서 새 교과서는 하위 주제별로 차시의 순서를 조정하거나 차시를 추가할 수 있도록 하였다. 이에 구성 차시도 하위 주제를 기준으로 차시들을 추가할 수 있도록 하였다. 교사는 '주제 만나기'에서 학생이 원하는 활동에 대한 의견을 수렴하여 '주제 학습하기'에서 만나는 구성 차시에 추가할 수 있다.

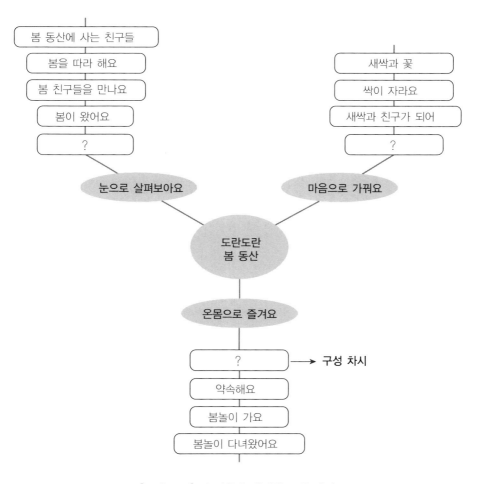

[그림 11-2] 각 단원별 배정된 구성 차시

주제별 교과서 각 단원 첫 차시인 '주제 만나기'에서 교사는 학습할 주제와 관련하여 학생들이 더 하고 싶어 하는 것들을 제안하도록 유도하여 수업 계획에 학생을 참여시킬 수 있다. 다음은 구성 차시 활용의 예시이다.

① 예시 1: '주제 만나기'에서 구성 차시 활용하기

교사는 학생들이 하고 싶어 하는 차시 목록을 만들 수 있다. 이 목록은 구성 차시로 사용할 수 있는 후보 차시들이다. 구성 차시는 주제 만나기 차시의 단원 학습 주제망 작성 과정 중 '공부 게시판 만들기'에서부터 반영할 수 있다. 또 수업이 진행되는 과정에서 적절한 곳에 임의로 반영할 수 있다.

② 예시 2: '구성 차시' 페이지에서 차시 추가하기

주제별 교과서는 각 단원에 주어진 주제 학습을 위해서 하위 주제를 설정하여 학습 주제망을 제시하고 있다. 그리고 하위 학습 주제별로 학생들이 하고 싶어 하는 차시들을 추가할 수 있도록 '구성 차시'를 두고 있다. 즉, 교사는 단원 내 하위 주제별로 차시를 재구성할 수 있고, 이 재구성 과정에서 학생들이 하고 싶어 하는 수업을 추가할 수 있다. 구성 차시는 차시명을 비워 두었다. 교사는 학생이 원하는 수업으로 차시명을 만들고, 구성 차시의 시량도 최소 1차시에서 최대 4차시까지 융통성 있게 만들 수 있다. 그리고 구성 차시를 나타내는 교과서 해당 페이지에서는 동화나 그림을 넣어서 교실에서 학생들과 함께 구성 차시를 만드는 데 도움을 받을 수 있도록 하였다.

③ 예시 3: 단원 내 모든 구성 차시를 한데 묶어 새로운 하위 주제를 하나 만들어서 교육과정을 실행하기

2015 개정 통합교과서에서 새롭게 도입된 구성 차시는 다음과 같은 의미가 있다.

첫째, 구성 차시를 활용하여 교사와 학생은 '교과서가 하나의 자료'임을 실제로 체험할 수 있다. 교과서에는 교육과정 성취기준을 보고 만든 차시들이 들어 있다. 이에 교과서는 교육과정을 보고 만드는 여러 종류의 교육과정 자료 중 가장 널리 사용하는 수업 자료이다. 교과서 개발자는 성취기준을 통해 이수하는 단원과 차시를 만드는 데 일차적인 초점을 두지만, 더불어 수업이 일어나는 여건을 고려하고, 학생의 발달을 고려하여 학생에게 최적화된 학습을 할 수 있는 교과서를 만들고자 노력한다. 그렇다고 하더라도 교과서는 여전히 표준화한 자료이기 때문에 구체적인 교실에서 사용하기 좋은 교재로서는 한계를 가지고 있다. 이것이 교과서의 재구성을 요청하고, 재구성의 당위성을 부여한다. 구성 차시는 표준화한 교과서가 갖는 단점을 보완하고자 한 교과서와, 재구성을 넘어서서 특정한 학생, 특정한 학교, 특정한 교실, 특정한 상황에서 구현할 수업을 부분적으로 만들 수 있도록 해 준다. 교사와 학생이 스스로의 수업을 만들어서 하는 경험을 통해서 교과서가 하나의 자료임을 실감케 할 수 있고, 나아가서 학교 및 교실마다 최적화된 다양한 교육과정 자료들을 만들어 내는 능력을 키우도록 도울 것이다.

둘째, 구성 차시는 교사가 교과서에 지나치게 의존하는 우리나라의 교육과정 실행 문화를 점진적으로 해소할 수 있다. 최근 교사에게 '교육과정 재구성'을 강권하고 있지만, 대부분의 교사는 '교과서 재구성'으로 대응하고 있다. 즉, 교사는 학생에게 맞는 수업을 만드는 데 성취기준을 사용하기보다는 교과서에 만들어 놓은 수업을 변형하는 데 그치고 있다. 따라서 대부분의 교사에게는 교과서 재구성을 넘어 성취기준으로 수업을 만드는 연습, 학생이 원하는 것과 성취기준을 동시에 반영하여 각 교실에 최적화된 수업을 스스로 만들어서 하는 연습의 기회가 필요하다. 교과서 진도 나가기로 고착된 우리나라 교육과정 실행 관행으로 교사와 학생 모두 교육과정 이상의 상상력을 발휘하지 못하고 있다. 이에 새 교과서에서는 주제 학습의 하위 주제마다 구성 차시를 만들어서 추가할 수 있는 구조적인 안내를 하고 있다. 이는 매 단원 구성 차시를 운영하는 과정에서 교사 스스로 교과서에 의존적인 교육과정 실행 문화를 극복하고 교육과정을 학생 중심으로 실행해 보는 연습을 할 수 있도록 도울 것이다. 이에 구성 차시 도입은 국정 교과서가 할 수 있는 기능 중 하나로서 교사 교육 기능을 병행할 수 있다.

셋째, 구성 차시는 학교 수업에서 학생을 수동적인 위치에서 능동적인 위치로 전환하여 학생의 참여 정도와 참여 방식의 전환을 도모한다. 우리나라는 지금까지 학생의 학업 성취 향상을 위해서 보류했던 학생의 배움 만족도, 학교 학습 행복도를 회복하고자 하고 있다. 이런 움직임은 학교 교육 선진국들에서도 보편적으로 나타나는 현상이다. 학생이 학교 수업을 좋아하도록 하려면 학생이 원하는 것을, 원하는 방식으로, 원하는 만큼 할 수 있는 길을 만들어야 하는데, 이는 교사와 학생이 스스로의 수업을 만들어서 해 보는 경험을 통해서 가능하다. 구성 차시는 이런 경험 기반을 마련하는 데 기여할 것이다. 또한 최근 우리나라가 국가 수준에서 지향하는 학생 참여형 학교 교육을 보다 확대하게 하는 데 기여할 것이다. 즉, 지금까지 학교 수업을 교사 강의 중심 수업에서 학생이 참여하는 활동 중심, 토의 토론 중심, 협동학습 등으로의 전환을 넘어서서, 교사와 학생이 직접 수업을 계획하고 실행함으로써 학교 수업에서의 학생 참여 정도와 참여 방식까지 전환하게 하는 동기를 제공할 수 있을 것이다.

(3) 교과 역량 함양

학교에서 다루는 내용이 사회 변화를 따라가지 못하는 지식 지연 현상에 대해 우려가 많다. 이에 교과의 기본 지식에 충실한 방식으로 해결책을 모색하자는 주장이 있는가 하면, 새로운 것을 도입하여 학교에서 가르치자는 주장도 있다. 이에 교과서는 교과에서 알아야 하는 기본 교육내용에 충실하면서 동시에 새로운 능력 및 태도도 함께 다루어 사회의 변화에 대응해야 한다.

이에 2015 개정 교육과정이 도입한 '핵심 개념'은 교과의 기본 교육에 상응할 것이고, '핵심역량' 도입은 변화하는 지식을 학교로 수용하는 방향에 상응할 것이다. 이에 바른 생활, 슬기로운 생활, 즐거운 생활 각 통합교과에서는 이들 핵심역량을 교과 역량으로 반영하였다. 구체적으로 바른 생활, 슬기로운 생활, 즐거운 생활의 역량은 2015 개정 총론의 핵심역량 6개를 그대로 가져와서 바른 생활, 슬기로운 생활, 즐거운 생활의 성격을 고려하여 〈표 11-2〉에서 제시한 바와 같이 반영하였다.

〈표 11-2〉 2015 개정 통합교과 교과 역량의 교과서 반영

역량명	의미	관련성 분석 결과	교과서 반영
자기관리 역량	• 바른 생활: 일상생활을 하는 데 필요한 기본적 생활 습관 및 기본 학습 습관을 형성함으로써 변화하는 사회에 유연하게 적응하며 살아갈 수 있는 능력	학교, 가족, 여름, 겨울	• 봄 2-1 1. 알쏭달쏭 나
지식정보 처리 역량	• 슬기로운 생활: 자신의 주변에 관심을 갖고 탐구하는 과정에서 여러 가지 자료를 수집, 분석, 해석하여 의미 있는 지식과 정보를 얻을 수 있는 능력	봄, 마을	• 봄 1-1 2. 도란도란 봄 동산 • 가을 1-2 2. 초언이의 추석 • 가을 2-2 1. 동네 한 바퀴
창의적 사고 역량	• 슬기로운 생활: 자신의 주변에 관심을 갖고 다양한 현상을 관련지어 사고하면서 의미 있는 지식을 구성하고, 창의적인 아이디어와 결과를 산출할 수 있는 능력 • 즐거운 생활: 주변의 대상과 현상 및 문화에 창의적으로 접근하여 생각하고 소리, 이미지, 움직임 등에 대한 자신의 생각과 느낌을 새롭고 다양하게 표현할 수 있는 능력	학교, 가족, 가을	• 여름 1-1 1. 우리는 가족입니다 • 봄 2-1 2. 봄이 오면 • 겨울 1-2 2. 우리의 겨울은 • 겨울 2-2 2. 겨울 탐정대의 친구 찾기

심미적 감성 역량	• 즐거운 생활: 일상생활을 하면서 체험하는 것에 대한 아름다움과 즐거움을 느끼고, 여러 가지 자료와 매체, 도구 등을 사용하여 소리와 이미지, 움직임 등에 대해 다양한 감각을 발달시키는 능력	나라	• 여름 1-1 2. 여름 나라 • 여름 2-1 2. 초록이의 여름 여행 • 가을 2-2 2. 가을아 어디 있니
의사소통 역량	• 바른 생활: 가족, 학교, 지역사회 구성원들의 의사를 이해하고 소통하며, 자신의 생각을 알고 상황에 맞게 효과적으로 표현할 수 있는 능력 • 슬기로운 생활: 자신의 주변을 탐구하는 과정에서 다른 사람들과 의견을 교환하며 상호작용하고, 탐구한 결과를 정확하고 효율적으로 소통하고 공유할 수 있는 능력 • 즐거운 생활: 소리와 이미지, 움직임 등을 활용하여 대상화 현상 및 문화에 대한 자신의 생각과 느낌을 표현하고, 타인의 표현을 이해하며, 서로 소통할 수 있는 능력	가족, 나라	• 봄 1-1 1. 학교에 가면 • 겨울 1-2 1. 여기는 우리나라 • 겨울 2-2 1. 두근두근 세계 여행
공동체 역량	• 바른 생활: 가족, 학교, 지역사회, 국가의 구성원에게 요구되는 가치와 태도를 받아들이고 실천함으로써 공동체의 일원으로 주변 사람들과 원만한 관계를 형성·유지하고, 상호작용할 수 있는 능력	학교, 가족, 여름, 겨울	• 가을 1-2 1. 내 이웃 이야기 • 여름 2-1 1. 이런 집 저런 집

이들 교과 역량의 지도 방안은 다음과 같다.

첫째, 각 단원에 반영한 교과 역량은 바른 생활, 슬기로운 생활, 즐거운 생활과가 서로 통합·연계하여 지도할 수 있다. 이때 교사는 한 달 동안 학생에게 해당 단원에 주어진 교과 역량을 세 통합교과의 구분 없이 반복 지도한다.

둘째, 단원의 구성에서는 교과 역량과 직접적인 관련이 있는 차시와 간접적으로 연계해 지도할 수 있는 차시가 구분·제시되어 있다. 따라서 교사는 각 차시를 다룰 때, 학생이 해당 교과 역량을 함양하도록 직간접적으로 지도할 수 있다.

셋째, 각 단원의 마무리 차시에 해당 교과 역량을 사용하여 단원의 주제 학습을 마무리하도록 교과서를 개발하였다. 교사는 단원에 배정한 교과 역량을 학생이 함양했는지를 이 시간을 활용하여 보완·심화·확인·평가한다.

3) 교과서와 지도서의 역할

2015 개정 통합교과 주제별 교과용 도서에서는 교과서와 지도서의 역할을 다음과 같이 설정하였다.

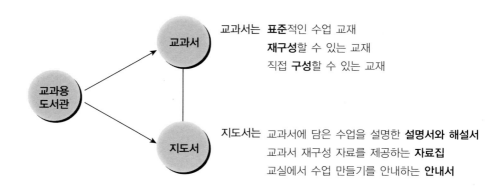

교과서는 **표준**적인 수업 교재
재구성할 수 있는 교재
직접 **구성**할 수 있는 교재

지도서는 교과서에 담은 수업을 설명한 **설명서와 해설서**
교과서 재구성 자료를 제공하는 **자료집**
교실에서 수업 만들기를 안내하는 **안내서**

[그림 11-3] 2015 개정 통합교과 교과용 도서의 역할

(1) 교과서

주제별 교과서는 학교에서 바른 생활, 슬기로운 생활, 즐거운 생활과 수업에 사용하는 교수학습 자료로서 교과서가 해 온 고유한 역할뿐만 아니라, 수업 여건에 맞춰 재구성하는 교과서, 시대적 요청에 맞추어 재구성이 가능한 교과서, 나아가 교사와 학생이 원하는 수업을 직접 만들어서 사용할 수 있는 교과서로 개발되었다. 이에 2015 개정 통합교과 주제별 교과서의 역할은 다음과 같다.

첫째, 교과서는 성취기준을 수업으로 구현해 놓은 표준 차시를 담고 있다. 교육과정 성취기준을 표준적인 차시 수업으로 만들어 제공하였다. 이를 통해서 학교에서 국가교육과정을 일관성 있게 구현하는 데 기여할 것이다.

둘째, 교과서의 차시를 여건에 맞춰 재구성할 수 있다. 교과서에 담은 표준 차시는 수업을 하는 구체적인 지역, 학교 및 교실의 여건과 학생이 처한 상황에 맞추어 조정할 수 있다. 이에 주제별 교과서는 '주제 만나기'에서 차시의 순서를 조정하고, 활동을 수정하고, 소재를 대체할 수 있는 체제로 개발하였다.

셋째, 교실에서 교사가 학생과 함께 차시를 만들어 수업할 수 있다. 교과서 차시의 재구성을 넘어 교사는 수업 만들기 자체에 학생을 참여시킴으로써 학교 및 교실에 최적화된 수업을 실행할 수 있다. 이에 새 교과서 단원에서 하위 주제별로 '구성 차시'를 두었다. 교사는 학생이 요구하는 수업을 1차적으로 반영하고, 교육과정의 소주제와 성취기준의 범위를 고려하여 교실에서 만들어서 수업할 수 있도록 하였다.

(2) 지도서

교사용 지도서는 전통적으로 교과서에 만들어진 단원과 차시 수업을 설명하거나 해설하는 역할을 해 왔다. 아울러 교사용 지도서는 교육과정 해설, 교수학습 자료를 담는 형태였다. 최근에는 교과서를 하나의 자료로 보고, 교과서를 재구성할 뿐만 아니라 필요한 수업을 교사가 직접 만들어서 실행하고 있다. 이런 상황에서 새 지도서는 한편으로는 교과서 차시 재구성을 보다 적극적으로 돕고, 다른 한편으로는 성취기준을 기반으로 교실 수업을 직접 만드는 방식을 안내하고, 예시도 담았다. 이에 2015 개정 통합교과 교사용 지도서의 역할은 다음과 같다.

첫째, 지도서는 교과서 차시를 설명하고 해설하는 책이다. 교사용 지도서는 교과서에 만들어 놓은 차시를 어떻게 가르칠 것인지를 설명하는 자료이다. 이를 위해 바른 생활 차시는 실천 중심 교수학습 지도 절차를 만들어 설명하였고, 슬기로운 생활 차시는 탐구 중심 교수학습 지도 절차를 만들고 설명하였다. 그리고 즐거운 생활 차시는 표현 중심 교수학습 지도 절차를 만들고 설명하였고 주제 만나기 차시, 주제 마무리 차시, 구성 차시는 도입–전개–정리의 아주 간단한 세 단계에 따라 정보를 제공하고 설명하였다. 또한 교과서 차시에 대해 자세한 안내를 제공하고 있는데, 예컨대 교과서 단원/차시를 어떻게 만들었는지 설명하고, 교사나 학생이 알아야 할 통합교과 수업 관련 정보를 제공하고 이를 해설하였다.

둘째, 교과서에 제시된 차시를 재구성하는 데 필요한 자료를 담은 자료집이다. 최근 학교에서는 교과서에 있는 수업을 그대로 가르치는 것보다는 교실의 학생과 그 여건에 맞추어 차시의 재구성을 요청하고 있기 때문에, 이를 위한 자료들을 도움 자료에 제시하였다.

셋째, 교사가 교실에 맞는 수업을 학생과 함께 만들어서 할 수 있도록 안내하는 안내서이다. 교사는 교육과정 성취기준 범위 안에서 교실의 학생이 하고 싶어 하는 것을 하고 싶어 하는 방식으로 차시를 만들어서 실행할 수 있다. 이에 교사가 학생과 함께 수업을 만드는 방법과 그렇게 만든 차시를 예로 제시하였다.

4) 교과서 구성과 체제

모든 유형의 교수학습 자료 개발(교과서 포함)은 교육과정에서 제시하는 성취기준을 어느 학기 어느 단원에서 가르칠지를 배정하는 일(교육과정 편성, 교육과정 계획)로 시작한다. 주제별 교과서는 2015 개정 교육과정을 다음과 같이 편성하였다.

(1) 분책

2015 개정 통합교과서는 교육과정 대주제를 기준으로 학기별 두 권으로 분책하였다. 2015 개정 통합교과 교육과정 대주제의 계절 주제인 봄, 여름, 가을, 겨울을 교과서 이름으로 사용하였으며 『봄』에 '학교'를, 『여름』에 '가족'을, 『가을』에 '마을'을, 『겨울』에 '나라'를 넣어서 구성하였다. 그리고 지도서는 학기별로 1권씩 개발하였다.

〈표 11-3〉 2015 개정 통합교과서의 분책

구분	1학년		2학년		운영을 권장하는 시기
	교과서	지도서	교과서	지도서	
1학기	봄 1-1	바른 생활, 슬기로운 생활, 즐거운 생활	봄 2-1	바른 생활, 슬기로운 생활, 즐거운 생활	3~4월
	여름 1-1	1-1(전자 저작물 CD)	여름 2-1	2-1(전자 저작물 CD)	5~7월
2학기	가을 1-2	바른 생활, 슬기로운 생활, 즐거운 생활	가을 2-2	바른 생활, 슬기로운 생활, 즐거운 생활	9~10월
	겨울 1-2	1-2(전자 저작물 CD)	겨울 2-2	2-2(전자 저작물 CD)	11~2월

(2) 단원

먼저, 통합교과서의 단원 구성은 학년별 네 교과서(봄, 여름, 가을, 겨울) 각 권별로 2개의 단원을 개발하고, 각 단원을 한 달 동안 운영할 수 있도록 개발하였다. 각 단원은 핵심 개념(소주제)를 기준으로 편성하였고 영역(대주제)별 2개의 핵심 개념(소주제) 중 1개의 핵심 개념(소주제)은 1학기에, 다른 1개의 핵심 개념(소주제)은 2학기에 배정하였다. 또한 대주제별 2개의 소주제 중에서 1개의 소주제는 1학년에, 다른 1개의 소주제는 2학년에 배정하였다.

또한 2015 통합교과 주제별 교과서는 바른 생활, 슬기로운 생활, 즐거운 생활 교육과정의 성취기준을 단원으로 배정하였다. 그리고 각 단원별로 바른 생활, 슬기로운 생활, 즐거운 생활 세 교과가 연계하여 함양할 교과 역량을 하나씩 배정하였다.

다음으로 바른 생활, 슬기로운 생활, 즐거운 생활의 각 단원 체제는 주제 학습 모형에 의거하여 '주제 만나기 → 주제 학습하기 → 주제 학습 마무리하기'의 절차로 다음과 같이 구성되었다.

〈표 11-4〉 2015 개정 통합교과서 단원 체제

단원 전개	주제 만나기	주제 학습하기		주제 학습 마무리하기
의미	• 학습 주제를 만나서 공유한다. • 학습 주제에 대한 개인적인 경험을 나눈다. • 학습 주제에 대한 동기를 유발한다. • 차시 활동들을 살펴본다. • 차시 수업을 만들어서 추가한다. • 주제 학습을 위한 공부게시판을 게시한다.	• 활동을 통해서 개념 및 내용 알기로 마무리하도록 구성 **하기** • 주어진 교육내용 -경험하기 -활동하기 -체험하기	**알기** • 경험(활동, 체험)을 통해서 습득한 교과 개념 및 기능 -정의하기 -설명하기 -보여 주기	• 최고조 활동으로 주제 학습을 마무리한다. • 단원에서 학습한 내용을 종합·성찰한다. • 성취기준을 중심으로 단원에서 학습한 것을 평가한다.
내용	• 사진 읽기 • 차시 활동 살펴보기 • 공부게시판 걸기	• 바른 생활, 슬기로운 생활, 즐거운 생활, 2~3개 교과를 통합한 표준적인 차시 • 차시 재구성 • 구성 차시		• 최고조 및 마무리 활동 • 단원 학습 성찰 및 종합 • 성취기준에 대한 평가
교수 학습 모형	• 주제 학습 모형	• 바른 생활: 실천 활동 중심 지도 • 슬기로운 생활: 탐구 활동 중심지도 • 즐거운 생활: 표현 놀이 중심지도		• 주제 학습 모형
시간	• 바른 생활, 슬기로운 생활, 즐거운 생활을 통합한 80분 혹은 120분	• 바른 생활, 슬기로운 생활, 즐거운 생활 각 40분 • 2개 교과를 통합한 80분 • 3개 교과를 통합한 120분		• 바른 생활, 슬기로운 생활, 즐거운 생활을 통합한 80분 혹은 120분
쪽수	• 6쪽 내외	• 차시별 2쪽 내외		• 2쪽

(3) 차시

2015 개정 통합교과 주제별 교과서의 차시의 구성은 크게 주제 만나기 차시, 주제 학습하기 차시 그리고 주제 학습 마무리하기 차시 등 세 가지로 구분된다.

① **주제 만나기 차시**

이 차시는 2015 개정 통합교과 주제별 교과서의 각 단원의 제일 처음 도입 부분에 해당하는 차시로서 바른 생활, 슬기로운 생활, 즐거운 생활을 통합하는 데 필요한 수업 기획 및 계획을 할 수 있도록 구성되어 있다. 이 차시는 다시 사진 읽기, 단원 읽기, 공부 게시판 만들기의 세 가지 활동으로 나눌 수 있다. 주제 만나기는 평균 120분 정도의 시량과 평균 6쪽 정도의 분량을 배정하였다.

가) 사진 읽기

- 학생들은 주제와 관련된 다양한 사진을 통해 주제를 처음으로 접한다.
- 학생들은 사진을 보며 학습 주제에 대해 경험한 것을 이야기한다.

[그림 11-4] 주제 만나기-사진 읽기

나) 단원 읽기

• 학생들은 교과서에 제시된 단원의 차시 활동을 전체적으로 살펴볼 수 있다.

• 교사와 학생들은 만들어 놓은 수업들을 살펴보며 교실 여건에 맞춰 재구성하거나, 교실에서 필요한 수업이나 학생들이 하고 싶어 하는 활동을 생각해 볼 수 있다.

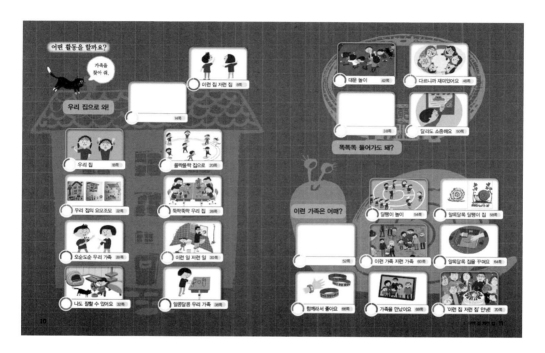

[그림 11-5] 주제 만나기-단원 읽기

다) 공부 게시판 만들기

• 교실에서 계획한 주제 학습을 게시하여 학습 전체 모습을 조망 및 조절하면서 수업할 수 있다.

• 차시 활동을 꾸미거나 적은 공부 게시판을 만들어서 잘 보이는 곳에 걸어 두는 활동이 주요 활동이다.

[그림 11-6] 주제 만나기-공부 게시판 만들기

② 주제 학습하기 차시

이 차시는 주어진 교육과정 성취기준을 구현할 수 있도록 1개 교과, 2개 또는 3개 교과를 통합한 차시 수업이다. 다만, 교육과정 성취기준과 별도로, 특히 즐거운 생활에 대한 학교 사회의 요청과 관련된 다음 두 가지 사항을 반영하였다. 첫째, 단원별로 기본적으로 동요 한 곡, 전래 동요 한 곡씩을 배치하여 개발하였다. 둘째, 운동장에서 땀을 흘리며 움직일 수 있는 신체 활동 중심의 차시를 각 단원별로 둘 이상 개발하여 배치하였다. 이들은 단원 개발에 사용한 즐거운 생활 교육과정 성취기준에 비추어 볼 때 부적절해 보이기도 하지만, 즐거운 생활 자체가 추구하는 성취기준보다 더 상위의 목표에 부합하도록 하는 것이다.

또한 주제 학습하기 차시에는 교과서에서 미리 수업을 만들어서 제시하는 표준 차시와 교사와 학생이 함께 협의하여 만들어서 할 수 있는 구성 차시의 두 가지 종류가 있다. 표준 차시가 교과서에 제시된 예시적인 성격의 차시로서 성취기준을 기반으로 학급의 상황에 맞게 적절히 재구성하여 활용하는 차시라면, 구성 차시는 성취기준을 기반으로 교사와 학생이 온전히 개발하는 차시라고 할 수 있다.

주제 학습하기의 각 차시는 세 통합교과의 통합에 따라 1개 교과는 40분, 2개 교과통합 차시는 80분 그리고 3개 교과통합 차시는 120분을 배정하였고 경우에 따라서는 단일 교과인 경우에도 40분 이상의 시량을 배정하기도 하였다.

[그림 11-7] 주제 학습하기-구성 차시

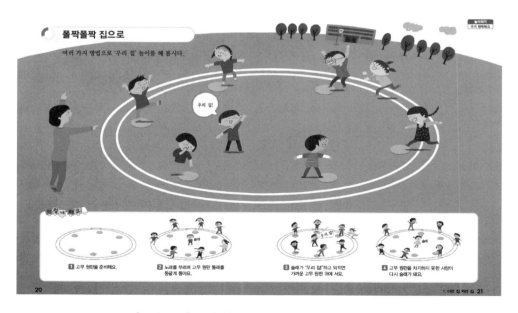

[그림 11-8] 주제 학습하기-표준 차시(즐거운 생활)

③ 주제 학습 마무리하기 차시

이 차시는 단원 학습을 정리하고 마무리하는 차시로 각 교실의 상황을 반영하여 학생과
교사가 함께 의논하여 교과서 페이지에 제시된 다양한 활동 중 하나를 선택하거나 새로운

활동을 고안하여 할 수 있도록 하였다. 구성 차시가 차시 활동과 관련된 어떠한 구체적인 안내나 제시어도 없이 전체를 열어 둔 교과서 페이지 구성이라면 마무리 차시는 다양한 마무리 활동을 제시함으로써 교사와 학생이 선택하거나 새로 만들어서 할 수 있도록 선택의 폭을 넓혀 반구조적인 형태로 교과서 페이지를 구성했다는 점에서 서로 구분된다.

[그림 11-9] 주제 학습 마무리하기

2. 2015 개정 통합교과 주제별 교과서의 활용

　그렇다면 실제로 2015 개정 주제별 교과서와 교사용 지도서는 어떻게 활용할 수 있을까? 이 절에서는 2015 개정 교과서 개발 의도를 잘 구현할 수 있는 몇 가지 예시를 제공하고자 한다. 여기서 제공하는 예시는 크게 두 가지로, 하나는 주제별 교과서를 활용하여 바른 생활, 슬기로운 생활, 즐거운 생활 세 교과를 통합한 수업을 어떻게 실행하는지 그 과정을 설명한 것이다. 다른 하나는 주제별 교과서를 활용한 주제 중심 통합수업의 실행을 위해 변화할 필요가 있는 학급 교육과정 운영의 실제 사례이다. 보다 구체적으로 설명하자면 전자는 교과서, 지도서 및 CD를 포괄하는 교과용 도서의 활용 방법 안내라면 후자는 주제 중심 통합수업을 위한 교실 시간표 운영, 학습 안내, 학기별 지도 계획 등에 대한 구체적인 안내이다.

1) 교과서와 지도서 및 CD의 활용

(1) 교과서의 활용

주제별 교과서는 학습 상황에 따라 다양하게 활용할 수 있지만 주제별 교과서 개발자들은 다음 세 가지 활용을 염두에 두고 2015 개정 통합교과서를 개발하였다.

① 한 달 동안 하나의 주제 학습을 실행한다.

주제별 교과서 한 권은 두 달 분량으로 개발되었는데 한 권에 두 단원이 배정되어 한 단원을 한 달 동안 배우게 된다. 즉, 매달 첫날 하나의 단원을 시작해서 당월 마지막 날 마치는 방식으로 운영할 수 있다.

- 1학년 1학기 운영의 예
  - 3월: 봄 1-1 1. 학교에 가면
  - 4월: 봄 1-1 2. 도란도란 봄 동산
  - 5월: 여름 1-1 1. 우리는 가족입니다
  - 6~7월: 여름 1-1 2. 여름 나라

② 매 단원에서 교사와 학생이 직접 수업을 만들 수 있다.

주제별 교과서의 단원 내 차시 수업은 월별로 총 시수(바른 생활 8+슬기로운 생활 12+즐거운 생활 24=총 44차시)의 10% 정도 축소해 개발하였다.

- 각 차시별 배정된 시수
  - 표준 차시: 36차시
  - 구성 차시: 4차시
  - 감축: 4차시

따라서 구성 차시 4차시와 감축된 4차시를 합쳐서 최소 4차시에서 최대 8차시까지 교사와 학생은 함께 의논하여 성취기준을 기반으로 한 자율적인 수업을 만들어서 할 수 있다.

③ 단원의 마지막 마무리 차시는 역량 중심 차시로 운영할 수 있다.

주제별 교과서의 각 단원 마지막 차시에서는, 첫째, 한 달 동안 배웠던 단원 학습을 마무리하고, 둘째, 단원 학습을 성찰하고 종합하며, 셋째, 성취기준 도달여부를 평가할 수 있다. 교과서의 마무리 페이지에서는 단원 학습 마무리 활동으로 가능한 서너 가지 활동의 예를 제시하여 이들 중 적당한 활동을 골라서 하거나 새로운 마무리 활동을 구안하여 할 수도 있다.

또한 주제별 교과서는 각 단원에서 중점적으로 다룰 교과 역량을 하나씩 배정하였는데 한 달 동안 다루어 온 중점 역량을 단원의 마무리 차시에서 집중적으로 다룰 수 있게 구성하였다.

[그림 11-10] 단원의 마무리 차시에 해당하는 교과서 페이지의 예

(2) 교사용 지도서의 활용

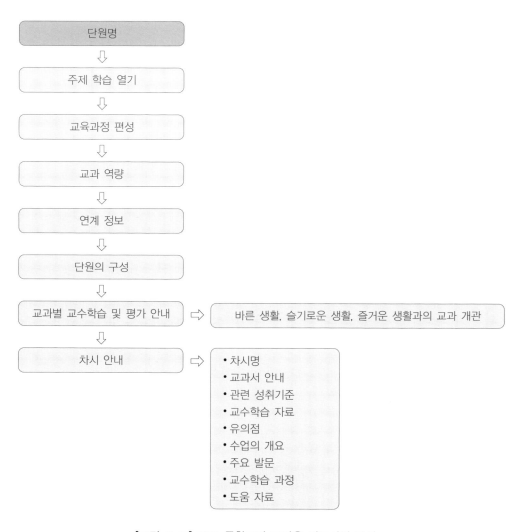

[그림 11-11] 2015 통합교과 교사용 지도서의 구성

① 연계 정보

단원 학습 주제에 대한 종·횡적 연계 정보로 교사에게 세 가지 이점을 제공한다. 첫째, 단원 학습 주제의 횡적·종적 위치를 파악할 수 있도록 한다. 둘째, 종·횡적 연계 정보를 기초로 본 단원의 위치를 판단하는 데 활용한다. 셋째, 단원 및 차시 통합 여부를 판단할 때 활용할 수 있다.

② 단원의 구성

진술한 단원의 학습목표는 단원의 학습 주제인 교육과정 소주제에 따라 제시한 일반화된 지식으로 진술하고, 단원 내 차시를 일별했다. 이에 교사는 단원의 학습 전체를 조망하거나 조정할 때 이를 활용할 수 있다.

③ 교과별 교수학습 및 평가 안내

바른 생활, 슬기로운 생활, 즐거운 생활이 어떤 방향을 지향해서, 무엇을 가르치는지, 교과서상의 어느 차시와 연결되어 있는지, 교과 지도의 유의점은 무엇인지를 밝혀 두었다. 세 교과를 주제 중심으로 통합해서 수업하는 것이 학생에게는 주제를 전면에 부각하여 공부하는 것으로 인식되도록 하고, 교과를 이면에 위치시켜 친숙한 주제 학습을 통해서 낯선 교과의 세계에 입문하도록 하는 데 이점이 있지만, 교사는 교과에서 가르쳐야 할 것을 가르치고 평가해야 하기 때문에 바른 생활, 슬기로운 생활, 즐거운 생활을 구분할 줄 알아야 한다. 또한 성취기준과 기능을 중심으로 교사가 평가 기준을 정해서 평가할 수 있도록 평가 계획과 예시를 담았다. 또 이 단원에 반영한 교과 역량이 얼마나 함양되었는지를 평가해 볼 수 있도록 안내하였다. 성취기준, 기능, 교과 역량을 중심으로 교육과정 평가를 하고 학생의 학업 성취를 평가하는 데 이를 활용할 수 있다.

④ 차시 안내

단원 내 차시를 수업하는 데 필요한 정보, 자료들을 실었다. 교사는 학교 수업을 통해서 바른 생활, 슬기로운 생활, 즐거운 생활 교육을 실행하는 데 활용할 수 있다.

[주제 만나기] 사진으로 주제를 만나서 순서를 정하고, 공부 게시판을 만들거나 조정하고 학생이 요구하는 활동을 추가해서 구성할 수 있도록 하였다.

[표준 차시] 차시 수업할 때 필요한 정보(시량, 쪽수, 준비물, 초점, 발문, 개요, 교수학습 과정에 대한 설명, 도움 자료 등)를 제시하였다.

[구성 차시] 교실에서 교사가 학생들이 하고 싶어 하는 것으로 수업을 만들 때 활용할 수 있도록 교과서에 그림을 제시하였다. 교사는 이 그림들을 활용하여 학생들이 수업을 상상하도록 도울 수 있다. 지도서는 수업을 만들 때 필요한 성취기준, 발문 예시, 구성 차시 만

드는 방법, 만든 차시 판단하는 준거 그리고 만들 수 있는 가능한 차시를 예시하였다.

[마무리 차시] 단원 학습을 마무리하는 차시는 단원의 주제 학습을 마무리하는 데 필요한 사항들을 제시하였다. 교사는 이를 활용하여 한 달 동안의 주제 학습을 마무리하는 데 활용할 수 있다.

(3) 전자저작물 CD의 활용

주제별 교과서의 전자저작물 CD는 지도서에서 제공하기 어려운 멀티미디어 교수학습 자료를 담았으며, 다음과 같이 구성하였다.

① 인트로

- CD를 넣었을 때에 나타나는 첫 화면으로, 원하는 교과서 페이지로 바로 이동할 수 있다.
- 교과서 그림 단추(아이콘)를 클릭하면 원하는 차시로 바로 이동할 수 있다.

[그림 11-12] 전자저작물의 '인트로' 화면

② **교과서 보기**

- 확대 및 축소 기능을 통해 교과서 페이지를 자세하게 살펴볼 수 있다.
- 그리기, 판서, 책갈피, 발표 도우미, 진도 저장, 인쇄 기능 등 수업 진행에 도움이 되는 기능을 한곳에 모아 두었다.
- 멀티미디어 자료 수록 부분을 그림 단추(아이콘)로 표시하여 접근성이 용이하도록 하였다.

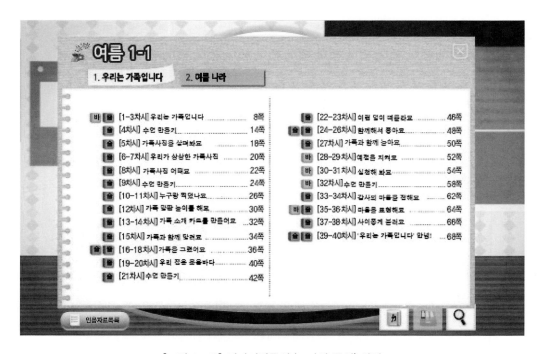

[그림 11-13] 전자저작물의 '교과서 목차' 화면

③ **학습 창**

- 교과서에 수록된 곡을 '전체 듣기 → 따라 부르기 → 반주 듣기'의 순서로 학습하면서 자연스럽게 노래를 익힐 수 있다.
- 교과서에 제시된 삽화 및 사진을 크게 확대하여 볼 수 있어 보다 편리하고 원활한 수업 진행이 가능하다.
- 그림 그리기, 말판 놀이 등의 학습 활동을 컴퓨터에서 가능하도록 하여 수업 활용성을 높였다.

 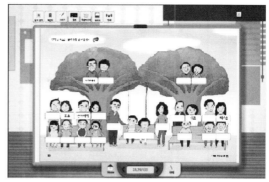

[그림 11-14] 전자저작물의 '제재곡 익히기' 화면

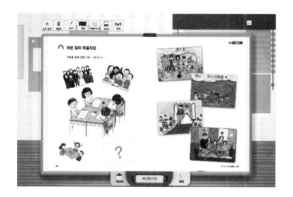 

[그림 11-15] 전자저작물의 '차시 학습' 화면

2) 학급 교육과정의 운영

(1) 유동적인 교실 시간표

주제별 교과서를 활용하여 통합교육과정을 운영하기 위해서는 기존의 교과별 주당 시수에 기초해서 작성한 고정 시간표가 아니라, 월별로 융통성 있게 조정 가능한 유동적인 시간표를 운영할 필요가 있다.

예컨대 바른 생활, 국어, 수학 등의 교과명이 시간표의 중심이 되어 있는 기존 시간표보다는 '봄'이라는 제목의 주제별 교과서를 통해 '봄' 주제 중심의 통합수업이 이루어지는 동안에는 교과명보다는 봄이라는 주제명이 부각되는 시간표를 운영하는 것이다. 수업명은 교과서 제목을 따라 봄, 여름, 가을, 겨울 등으로 또는 교과서 안의 단원으로 개발된 대주제를 따라 학교, 봄, 가족, 여름, 마을, 가을, 나라, 겨울 등이 될 수 있다.

〈표 11-5〉 유동적인 교실 시간표의 예

구분	월	화	수	목	금	토
1교시	바른 생활	국어	수학	수학	국어	국어
2교시	국어	수학	바른 생활	슬기로운 생활	수학	슬기로운 생활
3교시	수학	즐거운 생활	국어	국어	즐거운 생활	즐거운 생활
4교시	슬기로운 생활	즐거운 생활	슬기로운 생활	국어	즐거운 생활	즐거운 생활

↓

구분	월	화	수	목	금
1교시	수학	수학	국어	국어	수학
2교시	국어	국어	수학	국어	국어
3교시	봄				
4교시					

이러한 주제 중심의 통합수업 운영을 위해서는 40분 단위 수업보다는 80분, 120분 또는 160분 등의 블록 단위로 하루 2시간 이상의 연속된 시간을 확보하는 것이 좋다. 교과를 통합한 통합수업은 학생의 체험 및 경험을 위한 활동형 학습이 특징이다. 이러한 활동형 학습에는 학생의 활동과 교류 및 협의 시간을 보장하기 위한 충분한 시간이 필요하다. 따라서 교과서의 표준 수업도 특별한 경우를 제외하고는 80분 분량으로 구성하였다. 교과서에 제시된 80분 분량의 수업은 반드시 연속해서 운영하라는 의미가 아니라 학생들의 충분한 활동 시간을 확보해 주기 위해 기본적으로 구성한 것으로 반드시 연속해서 운영해야 하는 것은 아니다. 교사는 학급의 사정에 따라 그리고 학생의 흥미나 관심 또는 필요나 요구를 반영한 교육적인 판단 아래 자율적으로 적절히 분리하거나 연이어 운영할 수 있다.

(2) 융통성 있는 학습안내의 활용

현재 대부분의 초등학교에서 사용하는 주간 학습안내는 학생들이 한 주간 학교에서 수업을 통해 어떤 활동을 하고 무엇을 배우는지 그리고 그러한 학교 수업을 위해 가정에서 무엇을 준비해야 하는지에 대한 정보를 제공하기 위한 자료이다.

〈표 11-6〉 기존의 보편적인 주간 학습안내의 예

구분	월	화	수	목	금
행사	2학년 스포츠데이	'식물과 동물은 내 친구' 현장체험학습 (서울대공원 테마가든)	재난대응훈련 세계인의 날	국어 6단원 상시평가	
아침 활동	나침반 안전교육	나침반 안전교육	스포츠클럽(줄넘기) →8시 30분까지 등교 나침반 안전교육	책 읽어 주는 어머니 →8시 45분까지 등교 나침반 안전교육	영어활동 나침반 안전교육
1교시	창의적 체험활동 ◆스포츠데이 자율활동 ***	창의적 체험활동 ◆현장체험학습 자율활동 ***	국어 지금까지 겪은 일 중에서 기억에 남는 일을 떠올려 성장 일기 쓰기 (2/2) 국어활동 132~135쪽	국어 ○감명 깊게 읽은 책을 찾아 표지를 다시 꾸며 보기 –	국어 ○주어진 그림을 보고 내용을 생각하여 미니북 만들기 –
2교시	창의적 체험활동 ◆스포츠데이 자율활동 ***	창의적 체험활동 ◆현장체험학습 자율활동 ***	창의적 체험활동 ◆재난대응훈련 자율활동 ***	수학 세 수의 계산을 할 수 있어요 120~121쪽(81~83쪽)	국어 단원 도입(1/2) 208~213쪽
3교시	통합 ◆(즐)스포츠데이 ***	국어 ◆(국)현장체험학습 ***	가족 2-1 (바)세계인의 날(2/1) –	수학 공부를 잘 했는지 알아봅시다 122~123쪽	가족 2-1 (즐)주변의 가족(1/2) 46~57쪽
4교시	통합 ◆(즐)스포츠데이 ***	국어 ◆(국)현장체험학습 ***	가족 2-1 (바)세계인의 날(2/2) –	가족 2-1 (즐)친척 이야기(4/4) 40~43쪽	가족 2-1 (즐)주변의 가족(2/2) 46~57쪽
5교시		통합 ◆(즐)현장체험학습 ***		가족 2-1 (바)우리 주변의 가족들 58~59쪽	
6교시		통합 ◆(즐)현장체험학습 ***			
준비물	간편복(학년티), 운동화, 줄넘기, 물	간편복(학년티), 운동화, 모자, 도시락, 물, 간식, 비닐봉지(두 장), 1인용 돗자리, 화장지, 필기도구, 줄 없는 종합장 등	간편복, 운동화, 줄넘기, 일기장, 받아쓰기 공책, 자(30cm), 크레파스	독서록	

이 방식은 오래전부터 사용해 오고 있는 교과별 시간표에서 파생된 것으로, 그 형태나 양식은 학교별로 조금씩 차이가 있기는 하다. 하지만 대체로 한 주간의 교과별 시간표가 제시되고 해당 교과별 시간에 배우는 교과의 교과서 쪽수와 이루어지는 간단한 활동 그리고 준비물이 제시되어 있다. 이러한 주간 안내는 학기 초에 한번 세워진 시간 운영 계획과 진도표에 따라 가르치게 구성되어 있다.

그러나 이렇듯 지나치게 상세한 주별 계획표는 돌발적이고 즉흥적인 교실 상황이나 학생의 요구를 적절하게 반영하기 어려워 교육과정의 융통성 있는 운영에 방해가 될 때가 많다. 더구나 주제별 교과서의 학습 주제는 한 달간 진행됨으로써 교사와 학생이 함께 적어도 한 달 동안은 한 주제에 집중함으로써 긴 안목으로 학습의 호흡을 끌고 가도록 하고 있다. 따라서 이러한 학습 패턴에 맞추려면 비교적 짧은 호흡의 차시별 교과 수업에 중점을 둔 기존의 주간 안내 방식이 획기적으로 바뀌어야 할 필요가 있다. 예컨대, 주간 학습 안내라 해도 한 주 동안 이루어지는 학습 내용 및 활동의 큰 흐름 정도만 안내함으로써 교육과정 운영에 융통성의 여지 또는 교육과정 가능성의 영역을 확대할 필요가 있는 것이다. 또한 아예 주간 안내 패턴에서 벗어나 한 달간 중점적으로 다룰 주제를 중심으로 한 간단한 학습 내용과 주요 활동 정도만 안내하는 월간 안내의 형태도 적극적으로 고려해 볼 만할 것이다.

(3) 주제가 살아 있는 교실 환경 조성

[그림 11-16] 주제 몰입형 교실 환경의 예

　우리나라 초등학교 교실에 들어서면 학기 초부터 학생들이 활동한 결과물 중 장식 효과가 있는 것들이 모두 전시되어 있는 경우가 많다. 이러한 학습 환경은 학생들의 활동을 지속적으로 누적하여 보여 줌으로써 자신의 배움을 돌아볼 수 있는 기회를 제공한다는 점에서는 긍정적이다. 그러나 주제 중심 통합수업을 진행하는 경우 학습의 중심이 되는 주제에 학생들이 모든 열정을 쏟으며 몰입할 수 있는 교실 환경을 제공하는 것이 훨씬 더 중요해진다. 따라서 현재 배우는 주제별 교과서에서 다루는 주제와 관련된 다양한 자료로 교실 환경을 채우는 것이 중요하다. 예를 들어, 봄이라는 주제를 중심으로 한 통합수업이 진행 중이라면 봄과 관련한 학습 계획을 세우는 과정에서 나온 마인드맵이나 다양한 질문을 게시하거나 봄과 관련한 학생들의 다양한 호기심을 채울 수 있는 다양한 학습 자료, 예컨대 책이나 사진, 그림 등으로 교실을 채울 필요가 있다.

3. 2015 개정 통합교과 지도의 실제

　초등학교 통합교과(바른 생활, 슬기로운 생활, 즐거운 생활)의 교육과정을 살펴보면 여타의 다른 교과와 마찬가지로 통합교과만의 내용과 기능, 교과 역량이 제시된다. 그래서 통합교과를 가르친다는 것은 바른 생활과, 슬기로운 생활과, 즐거운 생활과의 '내용(성취기준), 기능, 교과 역량'을 가르치는 것이다. 그러나 단지 그것만은 아니다. 통합교과가 특별한 점은 이 세 교과의 내용이 하나의 주제 아래 제시된다는 점이다. 이러한 특별함은 주제가 전면에 부각되는 통합교과 주제별 교과서를 통해 더욱 잘 드러나게 된다. 그래서 통합교과 교과서를 접하는 교사와 학생들은 주제를 가르치고 배운다는 느낌이 든다. 교사에게 있어서 세 교과를 연결하는 '주제' 역시 가르치는 것이기도 하다. 그러나 보다 정확하게 표현하자면 교사는 주제를 통해 바른 생활, 슬기로운 생활, 즐거운 생활의 성취기준(내용, 기능, 교과 역량)을 가르친다는 관점에서 접근해야 한다.

　이에 먼저 세 교과를 연결하며 전면에 부각되는 주제를 어떻게 가르칠 것인가에 대해 다루어 보고, 그 이후에 교사가 인식하고 가르쳐야 하는 세 교과의 내용, 기능, 교과 역량에 대해 다루고자 한다.

1) 주제, 통합의 실

2015 개정 교육과정에 의해 2017년부터 전국의 모든 초등학교에서 만나게 되는 '주제별 교과서'는 '봄, 여름, 가을, 겨울'이라는 명칭으로 학년당 네 권씩 제공되지만 다루는 주제는 학교, 봄, 가족, 여름, 마을, 가을, 나라, 겨울의 8개이다. 각 주제는 하나의 단원으로 구성되고, 2개의 단원, 즉 2개의 주제가 한 권의 책 안에 담겨져 있다. 교사는 이 8개의 주제를 통해 바른 생활, 슬기로운 생활, 즐거운 생활을 가르친다. 이로써 학생들에게는 자신의 생활 경험과 친숙한 주제를 학습한다는 느낌으로 통합교과를 만날 수 있게 한다.

주제를 통해 교과를 가르치는 통합교과는 한 단원에서 하나의 주제를 가르치면서 바른 생활, 슬기로운 생활, 즐거운 생활을 동시에 가르치기 때문에 다음과 같은 교수학습 모형을 주로 활용할 수 있다.

- 먼저, 한 단원을 기준으로는 주제 학습 모형을 활용할 수 있다.
- 주제를 학습하는 동안 교과별 차시 지도의 경우에는 바른 생활은 실천 활동 모형, 슬기로운 생활은 탐구 활동 모형, 즐거운 생활은 표현 놀이 모형 절차에 따라 지도한다. 교과를 통합한 차시 지도는 주제 학습 모형을 활용한다.

주제 학습은 '경험의 계속적인 성장' '활동을 통한 학습' '학생의 적성과 흥미 존중' '실생활 문제해결력' '적극적인 지식 구성자로서의 학습자' 등의 진보주의 및 구성주의 등을 반영하는 교육의 한 양식이다. 이에 바른 생활, 슬기로운 생활, 즐거운 생활의 주제 학습은 다음을 고려하였다.

- 초등학교 1, 2학년 학생의 발달 단계를 고려할 때, 학습은 친숙하지 않은 것을 친숙하게 만드는 것이다. 이에 그들에게 친숙한 주제를 통해서 교과 내용에 친숙해질 수 있도록 한다.
- 초등학교 1, 2학년 학생의 일상생활 속 경험 세계는 주제 학습의 배경이다.
- 초등학교 1, 2학년은 그들에게 친숙한 주제 학습을 통해서 공식적인 교과의 세계에 입문한다.

주제 학습 지도 과정은 '주제 만나기 → 주제 학습하기 → 주제 학습 마무리하기'의 단계를 거친다.

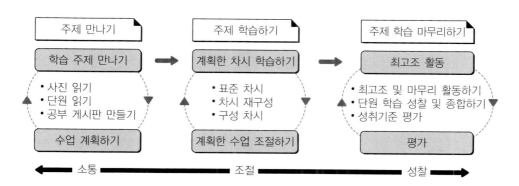

[그림 11-17] 주제 학습 모형

(1) 주제 만나기

주제 만나기는 단원을 여는 시간으로 주제에 대한 공유 활동을 통하여 학생 개인 간 경험의 격차를 줄이고, 집단 학습이 가능한 수준으로 주제의 내용을 표준화하는 데 중점을 둔다. 즉, 학생들로 하여금 단원의 학습 주제와 연관이 있는 개인적인 경험을 다른 학생들과 자유롭게 이야기하며 공유하는 활동을 통하여 배우고자 하는 학습 주제에 대한 관심과 흥미를 불러일으키도록 한다. 주제와 관련 있는 각자의 경험을 공유하는 활동을 통해서 학습 주제를 공식화하여 집단 학습을 할 수 있게 한다. 2015 개정 통합교과 주제별 교과서에서는 학습할 주제를 '사진 읽기' '단원 읽기' '공부 게시판 만들기'의 세 가지 형태로 만나도록 하고 있다.

[사진 읽기] 사진을 보며 학습 주제와 관련한 경험을 나눈다.
- 사진은 학생들이 일상생활 중에 경험했음직한 장면을 담고 있다.
- 이에 단원에서 학습할 주제에 대한 개인적인 경험들을 이야기하는 데 활용한다.
- 이를 통해서 학생에게 학습 주제에 대해 흥미를 유발하고, 학습 의욕을 불러일으킨다.

[단원 읽기] 단원 내 차시 활동을 살펴보고, 교실에 맞게 재구성한다.
- 교과서에는 성취기준을 가지고 교사와 학생이 할 만한 표준적인 차시들을 만들어 놓았다.

사진 읽기: 사진 보며 학습 주제와 관련한 개인의 경험 나누기 	단원의 학습 주제를 표현하고 있는 사진을 학생들과 함께 보면서 개인적으로 경험한 것들에 대해 이야기를 나누고, 교사는 학생 개인의 경험과 단원의 학습 주제를 자연스럽게 연결한다. 이때 교사가 학생들이 가지고 온 주제 관련 사진을 활용하면 더 효과적이다.
단원 읽기: 단원 내 차시 활동을 살펴보기 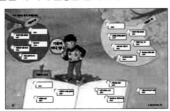	학생들과 함께 단원에서 공부할 것을 살펴본다. 단원에서 공부할 것을 그림 주제망으로 제시하였다. 교사는 학생들과 함께 차시들을 수정, 확대, 축소, 변경, 제거, 재배치하면서 재구성할 수 있다. 특히 구성 차시를 활용하여 학생들이 하고 싶어 하는 것을 추가할 수 있다. 바른 생활, 슬기로운 생활, 즐거운 생활은 수업 계획에서부터 학생을 참여시켜서 학생에게 학습에서의 선택권을 주고 자기주도성을 살린다. 이를 통해서 학생도 학습에 책임감을 가지고 참여하게 한다.
공부 게시판 만들기: 학습의 전체 모습을 한 그림으로 나타내고 조망하며 수업하기 	단원 읽기에서 나온 의견을 반영하여 교실에서 할 학습 전체를 한눈에 볼 수 있도록 공부 게시판을 건다. 공부 게시판은 학습의 진행 상황을 파악하도록 해 주고, 과정 중 수업을 조정할 수 있도록 해 준다. 초기의 계획은 늘 과정 중에 조정된다는 점을 고려하여 유동적인 공부 게시판을 마련하는 것이 좋다.

[그림 11-18] 단원의 주제 만나기 구성

- 교과서에 만들어 놓은 차시를 살펴보면서 학교, 교실, 학생 여건을 고려하여 재구성해 본다.
- 학생들이 하고 싶어 하는 것을 반영하여 구성 차시를 준비한다.
- 차시 수업을 만들 때 스캠퍼(SCAMPER) 발상법을 활용할 수 있다. 즉, 대체하기(Substitute), 결합하기(Combine), 적용하기(Adapt), 확대 혹은 축소하여 수정하기(Modify, Magnify, Minify), 용도 바꾸기(Put to other use), 제거하기(Eliminate), 재배치하기(Rearrange)로 새로운 차시를 만들 수 있다.

[공부 게시판 만들기] 교실에서 할 주제 학습을 계획한다.
- 학생들이 하고 싶어 하는 수업에 대해 이야기하며, 이를 차시로 반영한다.

- 이 단원에서 할 차시 활동들을 정하면서 공부 게시판을 교실에 걸어 본다.
- 주제 학습 계획하기는 수업을 하나씩 하면서 완성해 가는 방식도 좋고, 처음부터 어느 정도 계획을 세워 놓고 실행하면서 조정해 가는 방식도 좋다.

(2) 주제 학습하기

주제 학습하기에서는 주제 만나기에서 계획한 바에 따라 각 교과의 수업을 해 나간다. 주제 학습을 진행하는 동안 교과별 차시 지도의 경우에는 각 교과의 교수학습 모형 절차에 따라 교과의 내용과 기능, 역량 등을 지도하는 데 초점을 둔다. 2015 개정 통합교과 주제별 교과서에서는 '공부 게시판'에 걸린 차시를 하나씩 해 나가며 주제 학습을 진행한다. 이때에는 다음과 같이 교과서에 만들어 놓은 표준 차시로 수업을 하거나, 표준 차시를 재구성하여 수업을 할 수 있고, 교사와 학생이 새롭게 만드는 구성 차시로 수업할 수 있다.

[표준 차시] 교과서에 만들어 놓은 차시로 수업을 한다.
- 성취기준을 사용하여 수업을 만들어 놓은 차시이다.
- 교과서 개발자, 심의자, 검토자 등 여러 관련자들이 참여하여 내용 검토를 한 차시로 비교적 내용 오류가 없는 차시들이다.
- 내용을 구현하면서 구체적인 교실 및 학생을 충분히 고려할 수는 없다.

[재구성 차시] 교과서의 표준 차시를 재구성한다.
- 교사는 자신의 교실 학생, 학교 및 교실의 여건을 고려하여 교과서의 차시를 재구성한다.
- 교과서 차시의 재구성은 차시의 순서, 차시의 활동, 차시에서 사용한 소재 등을 바꿀 수 있다.

[구성 차시] 교사와 학생이 차시 수업을 직접 만들어서 한다.
- 교사는 교실에서 학생에게 최적화된 수업을 만들 수 있다.
- 1차적으로는 학생이 원하는 것을 반영하고, 교사는 이것이 성취기준 범위 안에 있는지를 판단한다.
- 각 차시 수업은 바른 생활, 슬기로운 생활, 즐거운 생활 단독교과 차시로 만들 수도 있고, 2~3개 교과를 통합 구성하여 보다 시량이 많은 차시도 만들 수 있다.

(3) 주제 학습 마무리하기

주제 학습 마무리하기는 한 달 동안 지속한 주제에 대한 학습 뒤풀이를 하는 분위기에서 단원 학습 전체 과정과 결과에 대한 성찰을 하고, 평가하고, 종합하는 단계이다. 그리고 새로운 학습 주제로 이동할 태세를 갖춘다.

[마무리 활동하기]
- 분위기를 최고조로 이끄는 활동을 통해서 단원의 주제 학습을 마무리한다.

[단원 학습 성찰 및 종합하기]
- 단원에서 한 활동들을 돌아보면서 성찰하고, 성찰한 것을 공유한다.
- 단원의 학습을 종합 정리한다.

[성취기준 도달 여부 확인하기]
- 단원에서 학습한 성취기준을 학생이 성취했는지 여부를 평가한다.
- 평가는 평가할 내용, 평가하는 사람, 평가 시간, 방법 등을 고려하여 다양한 정성 평가 및 정량 평가를 적절히 활용한다.

지금까지 살펴본 바와 같이, 초등학교 통합교과는 한 단원의 수업이 주제를 중심으로 흘러간다. 하지만 본격적인 주제 학습하기에서는 개별 차시를 구성하는 교과의 색이 드러나며, 그렇기 때문에 각 교과에 알맞은 방식으로 가르칠 필요가 있다. 이어지는 장에서 이에 대해 다루고자 한다.

2) 초등 통합교과의 내용

초등학교 통합교과의 교육과정에서는 가르칠 것의 기준이 되는 성취기준을 설정하고 세 교과에서 가르칠 내용, 기능, 교과 역량을 제시하고 있다. 여기서는 교과별로 제시되고 있는 내용과 기능, 교과 역량을 살펴보고, 그것을 어떻게 가르칠 것인지도 함께 이야기해 보고자 한다.

(1) 바른 생활

① 바른 생활과의 내용, 기능, 역량

바른 생활이 궁극적으로 지향하는 것은 '바른 사람'이며, 이 '바른 사람'은 실천 활동 속에서 학생들이 기본 생활 습관과 기본 학습 습관의 형성에 필요한 것을 알고, 되돌아보기, 스스로 하기, 내면화하기, 관계 맺기, 습관화하기와 같은 다양한 실천 기능을 할 수 있으며, 공동체 역량, 자기관리 역량, 의사소통 역량을 발휘할 수 있을 때 자연스럽게 형성된다.

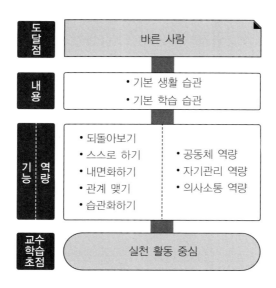

[그림 11-19] 바른 생활과 교수학습 구조

[내용] 바른 생활과 교육과정에서 내용 요소의 원천이 되는 것들은 다음과 같다.

- 기본 생활 습관
  - 생활 규범: 질서, 규칙, 예절, 건강, 안전, 절약 등
  - 더불어 사는 자세: 이해와 배려, 나눔과 봉사, 감사, (생명)존중 등
  - 정체감: 자존감(나), 문화 정체성, 한국인 정체성, 통일 정체성 등
- 기본 학습 습관
  - 가정 학습 습관: 공부 시간 정하기, 숙제 완성하기와 스스로 하기, 준비물 챙기기, 학습 도움 요청하기 등
  - 학교 학습 습관: 짝, 조 활동하기, 학습 자료 관리하기, 질문하기, 바로 앉기, 교사

의 말에 경청하기, 주의 집중하기 등

[기능] 실천 활동을 위한 기능은 다음과 같다.
- 되돌아보기
- 스스로 하기
- 내면화하기
- 관계 맺기
- 습관화하기

[교과 역량] 바른 생활과에서 다루는 역량은 다음과 같다.
- 공동체 역량: 가족, 학교, 지역사회, 국가의 구성원으로서 요구되는 가치와 태도를 받아들이고 공동체의 일원으로 주변 사람들과 원만한 관계를 형성·유지하고, 상호작용을 할 수 있는 능력
- 자기관리 역량: 일상생활을 하는 데 필요한 기본 생활 습관 및 기본 학습 습관을 형성함으로써 변화하는 사회에 유연하게 적응하며 살아갈 수 있는 능력
- 의사소통 역량: 가족, 학교, 지역사회 구성원들의 의사를 이해하고 소통하며, 자신의 생각을 알고 상황에 맞게 효과적으로 표현할 수 있는 능력

② 실천 활동 중심 교수학습 모형

바른 생활에서 교수학습의 초점은 '실천'을 궁극적인 지향으로 삼는다. 따라서 바른 생활을 가르치는 데 있어 이미 익숙한 여러 가지 실천 활동 혹은 체험 학습 모형들을 적절히 적용·변용할 수 있다. 실천 중심의 교수학습 지도는 학습을 통해서 학생들의 실천 의지를 다지고, 특히 경험 및 체험을 통해 체화된 이해 방식과 앎의 방식을 활용한다. 실천 중심의 교수학습은 학생들로 하여금 생생한 행위 과정을 거치도록 하여 기본 생활 습관화를 시작할 수 있도록 돕는다.

실천 중심의 바른 생활과 교수학습은 일반적으로 '학습 문제 인지하기' '바른 행동 알아보기' '바른 행동 해 보기' '바른 행동 다짐하기' 단계로 진행한다.

학습 문제 인지하기	바른 행동 알아보기	바른 행동 해 보기	바른 행동 다짐하기
• 생활 장면에서 학습 상황, 문제 찾아보기 • 동기 유발하기 • 필요성 및 중요성 알기	• 사례, 이야기, 제시 자료를 통해서 바른 행동 찾아보기 • 구체적인 행동 지침이나 절차 방법 알기 • 관련 예절 및 규범 관련 까닭 알기 • 기본 학습 습관 알아보기	• 스스로 판단해 보기 • 바른 판단 연습하기 • 직접 하면서 익히기 • 모범적인 행동 따라 하기	• 실천 과정 되돌아 보기 • 반성해 보기 • 동료 평가 듣기 • 바른 생활 다짐하기

[그림 11-20] 실천 활동 중심 교수학습 모형

[학습 문제 인지하기] 학생들에게 일상생활에서 경험하는 사례나 예화를 통해서 학습할 주제를 찾아보게 함으로써 학습 동기를 유발하고, 학습의 필요성과 중요성을 인식하도록 한다.

[바른 행동 알아보기] 일상생활 중의 에피소드, 개인의 경험담, 모범 사례, 이야기나 제시 자료 등을 통해서 기본 생활 관련 예절이나 규범과 기본 학습 습관에 대한 바른 행동을 찾는다. 바르고 모범적인 행동과 그렇지 않은 행동을 구분하면서 구체적인 예절 및 규범과 기본 학습 습관을 몸에 익히는 바른 생활 습관화의 필요성이나 까닭을 알게 한다. 이를 위한 행동 지침이나 절차를 함께 찾아 공유한다.

[바른 행동 해 보기] 바른 행동에 대해 스스로 판단해 보고, 나아가서 학습 집단 안에서 협의하고 합의한 결과로써 바른 행동을 연습하면서 바른 행동의 좋은 점을 내면화하도록 한다. 이 단계에서 학생은 특정 규범이나 예절과 학습 습관에 대해 스스로 판단해 볼 기회를 갖고, 이를 통해서 바른 행동을 구분할 줄 아는 판단 연습을 할 수 있다.

[바른 행동 다짐하기] 일련의 앎과 실천의 과정을 되돌아보면서 반성하고, 학습한 내용을 평가해 본다. 이 과정을 통해서 바른 생활에 대한 계속적인 실천 동기를 강화한다. 진솔하게 자기반성하기, 동료들의 평가에 열린 마음으로 대하기, 가능한 상황에서 실천 의지 다지기, 다른 상황으로 실천 확대하기 등의 활동을 병행할 수 있다.

이 네 단계는 절차상의 단계이며, 질적으로는 교수학습 진행 요소이다. 그렇기에 이 모형을 모든 차시에 예외 없이 적용해야 하는 것은 아니다. 가령, 알아보는 것이 중심일 때는 바른 행동 실천하기를 다소 가볍게 하거나 생략하는 방식으로, 경우에 따라서 한 단계 정도는 생략할 수 있다. 차시마다 이 네 단계를 모두 지켜 진행하는 것은 오히려 교수학습 상황을 원활하지 못하게 할 수 있기 때문이다.

실천 중심의 바른 생활 교수학습 지도는 특히 다음과 같은 점에 유의한다.

- 학생 스스로 할 수 있도록 돕는다.
  - 교사는 학습자가 당면한 상황을 인지시키고, 스스로 실행 상황을 규명하고 분석하게 함으로써 실천 방안과 절차를 마련할 수 있도록 지도한다. 그렇다고 하여 교사가 실천 중심의 교수학습 과정 및 상황에서 방관자로 존재한다는 의미는 아니다.
- 정형화된 바른 행동을 강요하지 않도록 한다.
  - 학생 개개인의 습관화 정도, 의지 정도를 고려하여 보다 나은 실천을 경험하는 데에 초점을 둔다.
- 학교 안에서 학습한 것이 학교 밖, 지역사회나 가정과 자연스럽게 연계될 수 있도록 지도한다.
  - 학교에서의 교수학습은 그 특성상 1~2번의 실천으로 제한되어 있다. 이를 극복하기 위해 학교에서의 실천 행위가 학생의 학교 밖 일상생활 공간으로 확대될 수 있도록 지도한다.

③ 바른 생활과의 기능 지도

바른 생활과의 다섯 가지 기능은 다음과 같이 지도할 수 있다.

[되돌아보기] 초등학교 1, 2학년 학생이 학교 수업과 학교생활 중에 한 일들을 여러 가지 형태로 성찰하도록 지도한다.

- 수행 전 되돌아보기
- 수행 중 되돌아보기
- 수행 후 되돌아보기

할 일, 하고 있는 일, 한 일 중 성찰할 대상 정하기

⇩

수행 결과 생각해 보기, 수행 전략 생각해 보기

⇩

앞으로의 수행 예상해 보기

[스스로 하기] 초등학교 1, 2학년 학생이 학교 수업과 학교생활 중 해야 할 것을 알고, 스스로 할 수 있도록 지도한다.

학생이 실천할 일을 스스로 찾도록 하기

⇩

그것을 생활 중에 어떻게 실천할지 그 방안을 스스로 만들도록 하기

⇩

실천 여부를 스스로 체크할 수 있도록 지도하기

[내면화하기] 초등학교 1, 2학년 학생이 학교생활 중 만나고 당면하는 바른 생활에 필요한 가치들을 마음으로 받아들이도록 지도한다.

동기 형성의 단계: 바른 생활에 필요한 일상적인 사례 및 사실들 당면하기

⇩

감수 단계: 당면한 사례나 사실들에 대해 공감하기(감동하기)

⇩

획득 단계: 자신의 삶의 태도나 자세로 반영해 보기

[관계 맺기] 초등학교 1, 2학년 학생이 학교에서의 수업과 생활을 함께하는 급우들, 동급생, 하급생, 상급생, 교사와 그 밖에 학교에서 일하는 사람들, 학교를 방문하는 사람들과 관계하며 생활하는 것을 의미하며, 그 외 학교 밖에서 만나는 사람들과도 어떻게 지내야 하는지 지도한다.

협동, 배려, 존중, 감사, 봉사하는 자세와 태도 갖기

⇩

실제로 협동하고, 배려하고, 존중하고, 감사하고, 봉사하기

⇩

자신의 수행에 대해 사회적으로 성찰하기

[습관화하기] 초등학교 1, 2학년 학생이 학교에서 생활하고 학습하기 위해서 좋은 습관을 들이는 것을 의미한다. 이런 좋은 습관을 들이기 위해서는 의식적으로 반복하는 노력을 들여야 한다. 습관화하고자 하는 행동을 완전히 습득하여 어떤 사태에서도 그것이 자동적으로 혹은 무의식중에도 나타날 수 있도록 지도한다.

의도적인 주의 집중: 습관으로 만들고 싶은 행동을 의식해서 의도적으로 주의 집중하기

⇩

반복하기: 습관을 들이고 싶은 행동을 일상생활 중에 유사한 사태에 반복해서 하기

⇩

자율화된 습관 형성: 좋은 습관을 형성하여 자동화하기

(2) 슬기로운 생활
① 슬기로운 생활과의 내용, 기능, 역량

슬기로운 생활이 궁극적으로 지향하는 것은 '주변에 대한 관심과 이해'이며, 이것은 탐구 활동 속에서 학생들이 주변의 모습, 주변의 관계, 주변의 변화를 알고, 관찰하기, 무리 짓기, 조사하기, 예상하기, 관계망 그리기와 같은 기초적인 탐구 기능을 할 수 있으며, 창의적 사고 역량, 지식정보처리 역량, 의사소통 역량을 발휘할 수 있을 때에 자연스럽게 형성된다.

[내용] 슬기로운 생활과 교육과정에서 내용 요소의 원천이 되는 것들은 다음과 같다.
- 주변의 모습
  - 주변의 장소: 집, 학교, 마을, 공공장소, 자연(주변 환경), 국가 등

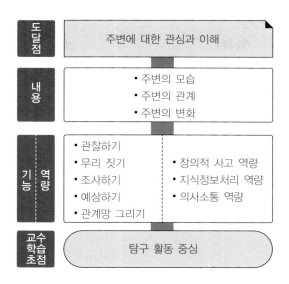

[그림 11-21] 슬기로운 생활과 교수학습 구조

 - 주변의 사람들: 나, 친구, 가족, 이웃, 인물, 외국인 등
 - 주변의 생활: 일상적인 일들, 행사, 역할, 직업, 여러 가지 활동, 주변에서 일어나는
    일들
 - 주변에 있는 것: 동물, 식물(나무, 꽃, 작물), 물건, 시설물, 인공물 · 자연물, 건물 등
• 주변의 변화
 - 시간의 흐름: 사전 · 사후, 이전 · 이후
 - 성장, 바뀜 등 이해하기
• 주변의 관계
 - 맥락이나 상황 설명하기(파악하기)
 - 관련성 알기: 전후, 상관, 인과 관계 알기(관계 짓기, 관계 만들기), 생활 속의 여러 관
    계, 자연 속의 여러 관계, 환경과 생활, 인간과 동물, 인간과 인간 등

[기능] 탐구 활동을 위한 기능은 다음과 같다.
• 관찰하기
• 무리 짓기
• 조사하기
• 예상하기

- 관계망 그리기

[교과 역량] 슬기로운 생활과에서 다루는 교과 역량은 다음과 같다.
- 창의적 사고 역량: 주변에 관심을 갖고 다양한 현상과 관련지어 창의적으로 생각할 수 있는 능력
- 지식정보처리 역량: 주변에 관심을 갖고 여러 가지 자료를 수집, 분류, 이해할 수 있는 능력
- 의사소통 역량: 주변을 탐구하는 과정에서 다른 사람들과 의견을 나누고, 그 결과를 공유할 수 있는 능력

② **탐구 활동 중심 교수학습 모형**

슬기로운 생활과는 '탐구' 활동 중심의 교과이다. 따라서 슬기로운 생활을 가르치는 데 있어 이미 익숙한 여러 가지 발견 학습 모형이나 탐구 학습 모형을 적절히 적용하거나 활용할 수 있다. 탐구 중심의 교수학습 지도를 통해서 학생들의 학습 호기심을 촉진하며, 경험 및 체험을 통한 이해 방식과 앎의 방식을 활용한다.

탐구 활동 중심의 슬기로운 생활과 교수학습은 차시를 기준으로 볼 때, '탐구 상황 확인하기' '탐색하기' '탐구 활동하기' '탐구 결과 정리하기' 단계로 지도할 수 있다.

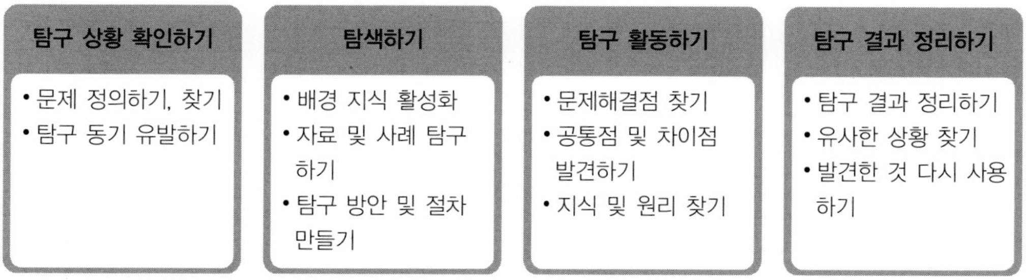

탐구 상황 확인하기	탐색하기	탐구 활동하기	탐구 결과 정리하기
• 문제 정의하기, 찾기 • 탐구 동기 유발하기	• 배경 지식 활성화 • 자료 및 사례 탐구하기 • 탐구 방안 및 절차 만들기	• 문제해결점 찾기 • 공통점 및 차이점 발견하기 • 지식 및 원리 찾기	• 탐구 결과 정리하기 • 유사한 상황 찾기 • 발견한 것 다시 사용하기

[그림 11-22] 탐구 활동 중심의 교수학습 모형

[탐구 상황 확인하기] 일상생활 중 특정 상황에서 문제를 인식하는 단계이다. 교사는 학생들이 평소보다 세밀하게 당면한 상황에 접근하여 자세히 살펴보도록 한다. 이 과정은 일상에서 유발된 탐구 동기를 이끌어 내는 단계이다. 교사는 학생들이 당면한 일상생활이나 제시된 상황에서 탐구의 대상을 찾아 탐구를 보다 명료화할 수 있도록 한다.

[탐색하기] 교사는 탐색한 탐구의 대상과 관련하여 학생이 이미 습득한 지식과 경험을 동원할 수 있도록 하는 것에서 출발하여 구체적인 탐구 사례 및 자료들에 접근하도록 한다. 그리고 이를 항목화하여 각 항목에 대한 탐구 방안 및 절차를 만든다.

[탐구 활동하기] 탐구를 통해서 발견한 결과를 정리하며, 일상생활 중에 접할 수 있는 유사한 상황을 찾아 발견한 것들을 다시 사용하는 단계이다.

[탐구 결과 정리하기] 각자 혹은 집단으로 탐구한 해결점을 정리하고, 각각의 해결점들을 전체 학습 집단에서 공유한다. 이 단계에서 탐구한 결과를 중심으로 공통점이나 차이점들을 분석하고, 탐구 상황에서 발견한 지식 및 원리를 찾아 정리한다. 교사는 학생들이 탐구 과정에서 발견한 것들을 격려하고 유사한 상황에 다시 적용하는 활동으로 나아가도록 격려한다.

탐구 활동 중심의 슬기로운 생활 수업은 다음과 같은 점에 유의한다.

- 탐구 활동 모형은 주변의 모습, 주변의 변화, 주변의 관계에서 일어나는 현상을 대상으로 구체적인 탐구 상황을 도출하도록 한다.
- 탐구 활동은 학생들이 당면하는 일상생활 장면이나 학습을 위해 구조화된 상황 모두에서 실행할 수 있다. 슬기로운 생활과를 통해서 탐구하는 현상은 학생들이 일상적으로 당면하는 상황일 수도 있지만, 가르치기 위한 목적으로 설정된 시나리오 탐구 상황도 가능하다.
- 탐구 활동에서 교사는 주변 탐구를 위한 적절한 자료나 맥락을 제공함으로써 학생들이 적극적인 탐구를 통해 학습에 개입할 수 있도록 한다.

③ 슬기로운 생활과의 기능 지도

슬기로운 생활과의 목적은 초등학교 1, 2학년 학생들이 자신이 살고 있는 생활 주변을 대상으로 관찰하기, 무리 짓기, 조사하기, 예상하기, 관계망 그리기와 같은 기초적인 탐구 활동을 함으로써 주변의 모습, 주변의 관계, 주변의 변화를 자연스럽게 더 잘 알게 되고 이해하게 하는 데 있다. 이를 통해서 학생들이 궁극적으로는 주변에 대한 관심을 높일 것으로 기대한다. 슬기로운 생활과의 다섯 가지 기능은 다음과 같이 지도할 수 있다.

[관찰하기] 초등학교 1, 2학년 학생들 주변에 있는 사물이나 주변에서 접하는 현상을 오감을 통해서 능동적으로 살펴보고, 그 특징들을 찾아내는 활동이다.

관찰 대상 인지하기

⇩

본 대로, 들은 대로, 느낀 그대로 사실과 정보 모으기

⇩

모은 사실 및 정보로 주변 더 자세히 보기

[무리 짓기] 무리 짓기는 주변의 사물과 현상에 대해 수집한 사실과 정보들을 여러 가지 기준으로 구분해 보는 일종의 분류하기, 범주화하기 활동이다. 모종의 방법이나 체계에 따라 대상을 나누고 배열하는 활동으로 사물이나 사건의 동질성, 유사성, 차이점, 상호연관성 등을 보아야 한다. 예를 들어, 추석에 만나고 싶은 사람, 먹고 싶은 음식, 하고 싶은 놀이로 분류할 수 있다. 슬기로운 생활과에서 하는 분류 기준은 교과 내용이나 개념에 따르기보다 학생들의 흥미와 관심의 양상에 따른다.

- 주어진 기준으로 구분하기
- 기준을 정해서 구분하기
- 기준을 달리해서 구분하기

수집한 사실과 정보 나열하기

⇩

주어진 기준 혹은 정한 기준에 맞춰서 적절하게 구분하기, 분류하기, 범주화하기

⇩

대상 및 현상의 특성 다시 보기 및 설명하기

[조사하기] 조사를 하기 위해서 조사할 과제가 주어진다. 주어진 과제를 해결하기 위해 조사할 대상, 조사할 것, 조사하는 방법과 시간, 장소 등을 정해서 스스로 혹은 협동하여 과제를 해결하는 활동이다.

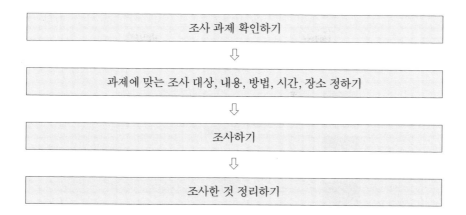

[예상하기] 상상하기와는 달리 예상하기는 자료나 근거를 기초로 생각해 보는 기초 탐구 활동이다.

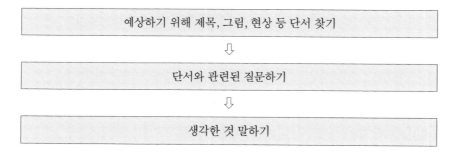

[관계망 그리기] 발상 모으기(브레인스토밍), 브레인라이팅 등의 기법을 사용하여 자유롭게 발산적으로 사고하고, 사고한 결과를 유의미하게 묶어 보는 활동이다.

가능한 관계를 찾기
(인과 관계, 전후 관계, 상하 관계, 시간별, 장소별 등)

⇩

선택한 관계의 의미가 드러나도록 연결하거나 범주화하기

(3) 즐거운 생활
① **즐거운 생활과의 내용, 기능, 역량**

즐거운 생활은 학생이 학교에서 건강하고 창의적인 사람으로 성장하는 것을 추구하며, 여기에 도달하는 데 필요한 내용으로 성취기준을 설정하고, 더불어 놀이하기, 표현하기,

감상하기와 같은 표현 놀이를 위한 기능과 심미적 감성 역량, 창의적 사고 역량, 의사소통 역량을 정해 놓고 표현 놀이를 하면서 이들을 교수학습하도록 하고 있다.

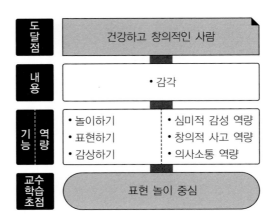

[그림 11-23] 즐거운 생활과 교수학습 구조

[내용] 즐거운 생활과 교육과정에서 내용 요소의 원천이 되는 것들은 다음과 같다.
- 감각
  - 오감 깨우기: 시각, 청각, 후각, 미각, 촉각
  - 신체적 감각: 달리기, 받기, 던지기, 치기, 차기
  - 대비적 감각: 큰 느낌/작은 느낌, 빠른 느낌/느린 느낌, 따뜻한 느낌/차가운 느낌, 무거운 느낌/가벼운 느낌, 거친 느낌/매끄러운 느낌 등
  - 유사한 감각 구분하기: (유사하지만 구분이 필요한) 매끄러움/부드러움, 따뜻하다/뜨겁다 등
  - 패턴: 흐름 혹은 리듬, 규칙 등

[기능] 표현 놀이를 위한 기능은 다음과 같다.
- 놀이하기
- 표현하기
- 감상하기

[교과 역량] 즐거운 생활과에서 다루는 역량은 다음과 같다.
- 심미적 감성 역량: 일상생활에서 아름다움과 즐거움을 느끼고, 여러 가지 자료와 매

체, 도구 등을 사용하여 소리와 이미지, 움직임 등에 대해 다양한 감각을 발달시키는
능력
- 창의적 사고 역량: 주변의 대상과 현상, 문화 등에 대해 창의적으로 생각하고 소리,
이미지, 움직임 등에 대한 자신의 생각과 느낌을 새롭고 융합적으로 표현할 수 있는
능력
- 의사소통 역량: 소리, 이미지, 움직임 등을 활용하여 자신의 생각과 느낌을 표현하고
타인의 표현을 이해하며 서로 소통할 수 있는 능력

② 표현 놀이 중심 교수학습 모형

즐거운 생활은 '표현 놀이' 중심 교과이다. 즐거운 생활과 수업은 생활 중에 직면하는
상황을 다양하게 느끼고, 느낀 것을 여러 가지 방식으로 표현하는 기회를 제공하며, 표현
놀이 중심의 다양한 수업 모형이나 방법을 적용하여 가르칠 수 있다.

표현 놀이 중심의 즐거운 생활과 수업은 일반적으로 '준비하기' '탐색하기' '표현 놀이 하
기' '느낌 나누기' 단계로 진행한다.

[준비하기] 해당 활동에 필요한 사항을 이해하고, 활동에 대한 동기를 갖게 하는 단계이
다. 교사는 학생들이 활동 과제를 인식하고, 관련 재료 및 도구를 준비하며, 방법과 절차
를 살펴볼 수 있도록 지도한다.

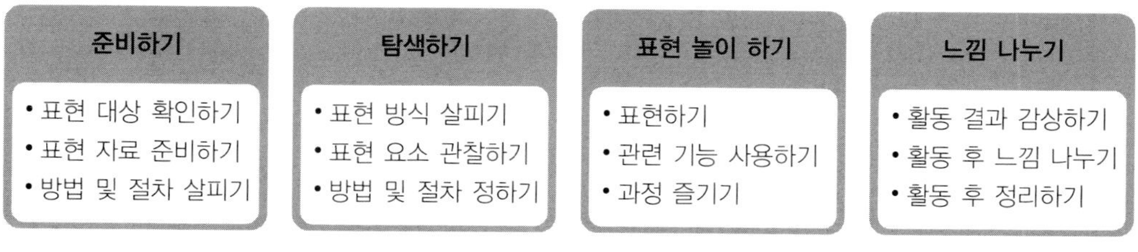

준비하기	탐색하기	표현 놀이 하기	느낌 나누기
• 표현 대상 확인하기 • 표현 자료 준비하기 • 방법 및 절차 살피기	• 표현 방식 살피기 • 표현 요소 관찰하기 • 방법 및 절차 정하기	• 표현하기 • 관련 기능 사용하기 • 과정 즐기기	• 활동 결과 감상하기 • 활동 후 느낌 나누기 • 활동 후 정리하기

[그림 11-24] 표현 놀이 중심 교수학습 모형

[탐색하기] 활동에 필요한 기초적인 것, 알아야 할 내용, 익혀야 할 기능, 아이디어를 구
체적으로 구상하는 단계이다. 교사는 학생들이 활동과 관련하여 익혀야 할 기능, 요소를
파악하도록 지도하고, 활동에 적절한 방법과 절차를 숙고와 협의를 통해서 탐색하도록 지
도한다.

[표현 놀이 하기] 실제로 표현 놀이를 하는 단계이다. 교수학습 과정에서 가장 핵심이 되는 단계로 일반적으로 가장 많은 시간을 할애한다. 교사는 학생의 활동이 원활하도록 여건을 조성하고, 자율적 · 참여적 · 허용적인 학습분위기를 만든다.

[느낌 나누기] 표현 놀이를 통해 익힌 것을 다른 활동에 적용하여 일반화하는 단계이다. 교사는 학생들이 활동 과정에서 느낀 점을 서로 나누게 하여 활동과 활동 관련 요소들을 내면화하고, 나아가서는 다른 활동에 대한 동기를 유발할 수 있도록 지도한다.

표현 놀이 중심의 즐거운 생활 교수학습 지도는 특히 다음과 같은 점에 유의한다.

- 표현 놀이를 해 보는 것 자체가 학습 목적이다. 활동이 학습의 목표 달성을 위한 주요 수단이 되는 경우도 많지만, 초등학교 1, 2학년 학생에게는 무언가를 위한 학습뿐만 아니라 활동 그 자체로도 유용하고 의미 있는 학습 경험이다.
- 표현 놀이를 위한 다양하고 풍부하며 창의적인 방식을 최대한 허용한다. 이러한 허용은 학생들이 표현 놀이 자체를 즐길 수 있도록 한다.
- 표현 놀이의 의미를 강화하기 위해서 활동 후 활동을 준비한다. 활동 과정에서 학생들은 의도하지 않았던 여러 가지 잠재적 학습 결과를 낸다. 활동 후 활동을 통해서 이런 학습 결과에 대한 의미를 공유한다.
- 표현 놀이는 자연적인 상황뿐만 아니라 설정된 상황에서도 일어날 수 있다.

③ 즐거운 생활과의 기능 지도
즐거운 생활과의 세 가지 기능은 다음과 같이 지도할 수 있다.

[놀이하기] 놀이는 초등학교 1, 2학년 학생의 발달 단계에서 그들의 다양한 욕구를 충족시키고, 넘치는 에너지를 발산하는 수단으로 가치가 있다는 인식이 있다. 즉, 놀이는 유용한 교육적 도구로 알려져 왔다. 놀이의 이런 수단적 가치에서 나아가 즐거운 생활과의 놀이는 놀이 자체의 본질, 즉 재미를 목적으로 한 자유로운 활동이다.

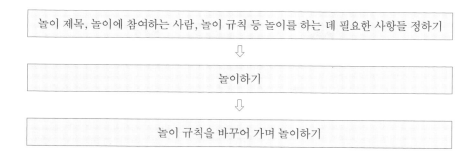

[**표현하기**] 자신의 생각, 느낌, 상상한 것을 말이나 글, 몸, 표정으로 표현하고, 공연이나 작품, 표나 그래프, 이미지 등을 통해서 시각적으로 표현하는 활동이다.

- 신체로 표현하기
- 말이나 글로 표현하기
- 이미지, 도구, 작품을 통해서 표현하기

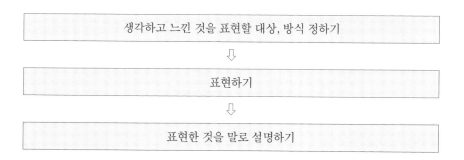

[**감상하기**] 초등학교 1, 2학년 학생들은 다양한 조작 활동을 통해서 자신만의 구체적인 작품들을 만들기를 좋아한다. 이렇게 만든 유·무형의 작품들을 감상하는 활동이다. 아울러 감상의 대상은 자연물이나 인공물 등 주변에서 아름다움을 느낄 수 있는 모든 것이 될 수 있다.

작품이 나타내고 있는 것 생각하기
⇩
생각한 것으로 작품 다시 보기
⇩
각자의 감상을 폭넓게 나누기

3) 초등 통합교과의 평가

지금까지 살펴본 것과 같이 통합교과의 교수학습은 주제별 교과서를 활용하여 주제를 중심으로 바른 생활, 슬기로운 생활, 즐거운 생활과의 통합학습을 한다. 이에 평가 역시도 바른 생활, 슬기로운 생활, 즐거운 생활과 각 성취기준별로 평가 기준을 설정하여 평가할 수 있으며, 몇 개의 성취기준을 통합하여 평가 기준을 설정하여 평가할 수도 있다. 따라서 평가해야 할 우선적인 대상은 각 교과교육과정으로 제시하는 내용, 기능, 역량이다. 이에 다음과 같은 절차로 평가 계획을 세울 수 있다.

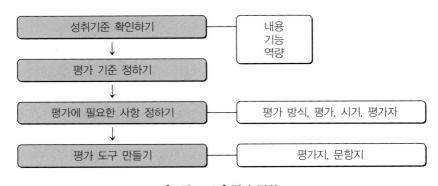

[그림 11-25] 평가 절차

(1) 성취기준 확인하기

교육과정에서 설정한 성취기준은 교육활동을 하는 기준이며, 따라서 교육활동의 과정과 결과를 평가하는 기준이기도 한다. 교육과정-수업-평가가 일치하기 위해서는 교과서 단원에 사용한 성취기준, 즉 교과의 내용, 기능, 교과 역량을 확인하여 이들을 종합적으로 고려하면서 평가를 계획한다. 예를 들어, A 교사가 '학교에 가면' 단원에서 바른 생활을 평가한다고 할 때, 이 단원에서 평가할 바른 생활의 성취기준 및 내용(요소), 주요 기능, 교과 역량을 확인한다.

- 성취기준: [2바01-01] 학교생활에 필요한 규칙과 약속을 정해서 지킨다.
  - 내용(요소): 학교생활과 규칙
  - 기능: 내면화하기
  - 교과 역량: 의사소통 역량

(2) 평가 기준 정하기

성취기준 및 내용(요소), 기능, 교과 역량을 가지고 평가 기준을 진술한다. 평가 기준을 정할 때에는 성취기준별로 하거나, 하나의 성취기준을 2개 이상으로 구체화하거나 세분화할 수 있으며, 몇 개의 성취기준을 통합할 수도 있다. 평가 기준은 무엇을 어느 정도 평가하려는 것인지 나타나도록 한다. 예를 들어, 평가 기준은 다음과 같이 정할 수 있다.

- 평가 기준: 우리 반에 필요한 규칙과 약속을 알고 꾸준히 지키는가?
  - 무엇을: 교실 규칙과 약속
  - 어느 정도: 알고 꾸준히 지키기

(3) 평가에 필요한 사항 정하기

평가에 필요한 사항이란 평가자, 평가 방법, 평가 시기, 평가 장소, 평가 척도 등이다. 평가 기준에 따라 관찰 평가, 체크리스트(점검표), 자기평가, 동료 평가, 자료철, 면담 평가, 활동 평가, 질문지 평가, 지필 평가 등 다양한 형태의 정량 평가(양적 평가, 결과 평가)나 정성 평가(질적 평가, 과정 평가)를 활용할 수 있다. 또 평가하는 사람에 따라 학생 자신이 하는 자기평가를 비롯하여 동료 평가, 토론자 평가, 교사 평가, 학부모 평가도 할 수 있다. 예를 들어, A 교사는 3월 한 달 동안 교실 전체 학생들을 직접 관찰하고, 그 결과를 누계하는 방식으로 평가하기로 정할 수 있다.

〈표 11-7〉 평가에 필요한 구체적인 사항

대주재	학교	단원	학교에 가면	평가 교과	바른 생활
성취기준	학교생활에 필요한 규칙과 약속을 알고 꾸준히 지킨다.				
평가 방식	관찰 평가				
평가자	교사				
평가 시기	3월 한 달 동안				

(4) 평가 도구 만들기

평가 방식과 평가자를 고려하여 실제로 평가할 수 있는 평가 도구를 제작한다. 교사는 평가를 위한 명시적인 기준표를 만들어서 공개한다. 이렇게 할 때 평가 자체가 수업의 연장이 되며, 학생은 주어진 평가에 최선을 다하면 자신의 성취 여부를 정확하게 진단할 수 있을 것이라고 기대할 수 있다. 이런 평가 도구는 시험지 형태일 수도 있고, 관찰 누계 기록지, 체크리스트 등의 형태일 수도 있다. 예를 들어, A 교사는 교사용 수첩에 다음과 같은 관찰 기록표를 만들고, 첫째 주에 교실에서 학생들과 정한 규칙 '교실에서 뛰지 않습니다'를 일주일 동안 관찰·기록할 수 있다. 그리고 다음 규칙이 정해지면 첨가해 가며 평가할 수 있다.

〈표 11-8〉 평가 도구

관찰 기록표							
성취기준		학교생활에 필요한 규칙과 약속을 정해서 지킨다.					
학생들이 정한 규칙 ①		교실에서 뛰지 않습니다.					
번호	이름	월 일	월 일	월 일	월 일	월 일	월 일
1	○○○						
2	△△△						
3	□□□						

제4부

통합수업 만들기

제12장

교과서 활용 수업

이 장에서는 초등 통합교과 교과서를 활용한 수업 만들기 사례를 살펴보고자 한다. 교과서를 활용한 수업은 다양한 방식이 있겠지만 제시된 표준 차시를 재구성한 사례와 2015 개정 초등 통합교과 교과서에 처음 도입된 구성 차시 개발의 사례를 살펴보고자 한다.

1. 교과서 재구성

'재구성'이라는 말은 '교육과정 재구성' '교과서 재구성' 등으로 학교 현장에서 광범위하게 사용한다. 수많은 재구성을 마주하면서 우리는 '왜 재구성을 해야 하는지'에 대한 의문이 생길 수밖에 없다. 재구성을 꼭 해야 하나? 재구성을 안 하면 안 될까라는 생각을 하게 된다. 그러나 수업에 들어서는 순간 재구성이 필요하다고 생각하는 교사나 재구성을 반드시 해야 하는가에 대한 의문을 가지고 있는 교사 모두 수업 상황에서 나름의 교실 여건에 맞게 수업 내용을 수정하거나 순서를 조정하는 등 다양한 방식으로 재구성을 하고 있다. 재구성을 하는 교사에게 왜 여러 가지 방식으로 재구성을 하고 있는지 묻는다면 '학생들의 수준을 고려하기 때문'이라고 간단한 말로 설명을 한다. 학생들의 수준이라는 두루뭉술한 말 속에 있는 의미들을 하나씩 꺼내 볼 필요가 있다. 학생들의 수준은 학생과 학생을 둘러싸고 있는 환경을 포함한 다층적인 관점에서 이해해야 한다. 아동의 개인적 요인(신체, 정서, 인지)뿐만 아니라 외적 부분까지 고려되어야 한다. 먼저, 신체적으로는 유아기에 비해 글쓰기, 그리기, 색칠하기, 오리기, 종이 접기 등 다양한 활동을 통해 소근육을 사용하는 연습이 필요하며, 정서적으로는 개인적 삶에서 공적 삶, 의무교육기관에 첫발을 내딛는 시기로 수많은 학생들과 같은 건물에서 학습하며 다양한 감정적 변화를 겪는다. 또 인지발달 단계상 전조작기에서 구체적 조작기로 넘어가는 시기에 있기 때문에 추상화된 대상을 학습하는 것보다는 구체물을 통한 학습 활동이 적합하다. 따라서 학생들이 공부할 내용은 손과 도구를 사용하는 활동과 조작 활동을 중심으로 구성되어야 한다.

학생의 개인적 요인뿐만 아니라 학생을 둘러싼 환경을 보면 학생이 살아가고 있는 지역적 요인(농촌, 어촌, 산촌, 도시, 산이나 강 등), 날씨, 지역 축제, 교육에 대한 관심, 학교를 둘러싼 환경(자연이 가까이 있는 학교, 아파트에 둘러싸여 있는 학교, 공장이 많은 지역에 있는 학교, 상권 가까이 있는 학교 등), 학교 주변에 있는 시설물, 학생들의 경제적 수준, 학급당 인원수, 학교의 규모, 다문화 학생 비율, 한부모 학생 비율, 학급 학생들의 성향 등 다양한 요소를 고려해야 한다.

이런 다양한 요소가 수업 속에 녹아들기 때문에 교사는 교과서의 내용을 기계적으로 가르칠 수 없게 된다. 어떤 날은 계획한 수업보다 확장된 수업을 하기도 하고 어떤 날은 계획한 내용을 간단하게 줄여서 수업을 하기도 한다. 수업 내용을 확장하거나 축소하는 방식으로 재구성하는 것이 아니라 조금씩 수정해서 교과서를 쓰고 있지 않은가? 어떻게 보면 모든 교사들은 본인도 모르게 조금씩 재구성을 하고 있었다. 따라서 왜 재구성을 해야 하는가에 대한 대답은 교실에 오면 자연히 알게 된다는 것이다. 배움의 장소에서 일어나는 다양한 재구성의 모습을 살펴볼 수 있다.

재구성은 어떤 형식이나 틀이 주어지지 않고, '성취기준'이라는 조건에 부합하게 활동을 구성하는 것이다. 따라서 재구성은 '유에서 유'를 만들어 내거나 '무에서 유'를, '유에서 무'를 만들어 내는 작업과도 같다. 즉, 있는 것에서 있는 것들의 순서를 바꾼다거나, 없었던 것을 새롭게 만들거나, 있는 것을 없애 버리는 것을 의미한다. 재구성의 사례를 살펴보면 다음과 같다.

1) '유에서 유' 만들기: 활동 순서 조정하기

'유에서 유' 만들기는 있는 것들의 순서를 바꾸어서 활동하는 것을 의미한다. 이것은 단일 교과와 여러 교과 내에서 적용 가능하다. '여름 나라'를 공부할 때 '유에서 유' 만들기를 했다. 교과서에 제시된 단원의 구성은 〈표 12-1〉과 같다.

　단원에 들어가서 공부 게시판을 만들고 순서를 정할 때, 여름 책을 한 장 한 장 넘겨 가며 가장 하고 싶은 활동부터 차례를 정했다. 순서를 정할 때 신체 활동이나 그리기, 만들기 활동이 몰리게 되며 학생들에게 관련성을 설명하며 신체 활동이나 조형 활동이 한쪽에

〈표 12-1〉 2015 개정 교육과정의 여름책의 여름 나라 단원의 차시명과 시수

교과서명	단원명	차시명	시수		
			바른 생활	슬기로운 생활	즐거운 생활
여름	여름 나라	여름 나라		1	2
		여름 나라로 떠나요		1	1
		수업 만들기			1
		해야 해야 나오너라			1
		햇볕은 쨍쨍		2	
		해 마을에 이런 일이	2		
		더위를 날려요			2
		우리 함께 해 봐요	2		1
		여름날 더운 날			2
		수업 만들기			1
		구슬비			1
		비가 온다 뚝뚝		2	
		태풍을 피해요			1
		우산 만들기			3
		비 마을에 이런 일이	2		
		한 방울도 소중해			1
		빗방울 똑똑			2
		수업 만들기		1	
		여름에 꼭 필요해		1	1
		여름 나라에 다녀왔어요		1	1
		여름을 그려요		1	1
		'여름 나라' 안녕!		1	1
계			6	11	23

몰리지 않도록 조정을 했다. 차시에 새로운 내용을 추가하거나 더 배우고 싶은 것들에 대한 이야기를 나눌 때 '여름 나라'의 성취기준을 고려하며 학생들이 제시하는 활동들 가운데 성취기준에 부합하는 것들을 칠판에 써서 함께 하고 싶은 활동을 정했다. 1학년 여름의 성취기준은 다음과 같다.

- [2바04-01] 여름철의 에너지 절약 수칙을 알고 습관화한다.
- [2슬04-01] 여름 날씨의 특징과 주변의 생활 모습을 관련짓는다.
- [2슬04-02] 여름에 사용하는 생활 도구의 종류와 쓰임을 조사한다.
- [2즐04-01] 여름의 모습과 느낌을 창의적으로 표현한다.
- [2즐04-02] 여름에 사용하는 생활 도구를 여러 가지 방법으로 표현한다.

학생들과 함께 정한 순서는 〈표 12-2〉와 같다. 구성 차시의 경우 교사가 제시하는 선택 활동 또는 학생들이 제안하는 활동 중에서 함께 할 활동을 정했다.

〈표 12-2〉 순서가 조정된 여름책의 여름 나라 단원의 차시명과 시수

교과서명	단원명	차시명	시수		
			바른 생활	슬기로운 생활	즐거운 생활
여름	여름 나라	여름 나라		1	2
		여름 나라로 떠나요		1	1
		더위를 날려요			2
		여름날 더운 날			2
		해 마을에 이런 일이	2		
		태풍을 피해요			1
		한 방울도 소중해			1
		해야 해야 나오너라			1
		햇볕은 쨍쨍		2	
		수업 만들기(여름철 과일 먹기)		1	1
		우산 만들기			3
		수업 만들기(비옷 만들기)			1
		여름에 꼭 필요해		1	1
		비 마을에 이런 일이	2		
		빗방울 똑똑			2

	비른생활	슬기로운생활	즐거운생활
비가 온다 뚝뚝		2	
구슬비			1
여름을 그려요		1	1
우리 함께 해 봐요	2		1
여름 나라에 다녀왔어요		1	1
'여름 나라' 안녕!		1	1
계	6	11	23

　차시의 구성이 정해지면 이제 '여름 나라' 단원 학습을 시작한다. 학습이 시작되면서 차시의 구성은 학생들과 계획한 것과는 조금 다른 방향으로 흘러갔다. '여름 나라'의 또 다른 변수인 '날씨' 덕분에 차시 순서와 활동 내용이 조금씩 변경되었다.

〈표 12-3〉 2015 개정 교육과정의 여름책의 여름 나라 단원의 실제 운영 차시

교과서명	단원명	차시명	시수		
			바른 생활	슬기로운 생활	즐거운 생활
여름	여름 나라	여름 나라		1	2
		해야 해야 나오너라			1
		수업 만들기(여름철 생활 도구 우산과 비옷, 장화 신고 주변 둘러보기)			1
		빗방울 똑똑			2
		비가 온다 뚝뚝		2	
		우산 만들기			3
		구슬비			1
		태풍을 피해요			1
		여름을 그려요		1	1
		여름 나라로 떠나요		1	1
		더위를 날려요			2
		여름날 더운 날			2
		햇볕은 쨍쨍		2	
		수업 만들기(여름철 과일 먹기)		1	1
		해 마을에 이런 일이	2		
		우리 함께 해 봐요	2		1

	비 마을에 이런 일이	2		
	한 방울도 소중해			1
	여름에 꼭 필요해		1	1
	여름 나라에 다녀왔어요		1	1
	'여름 나라' 안녕!		1	1
	계	6	11	23

두 번째로 계획된 차시 활동은 '여름 나라로 떠나요'로 여름을 느끼기 위해 운동장으로 나갈 계획이었으나 날씨가 흐리고 비가 와서 학생들과 함께 비가 그치기를 바라는 마음으로 함께 노래를 부르고 신체 활동을 하는 차시를 먼저 하게 되었다. 역시나 계획은 계획일 뿐 순서는 계속해서 바뀌게 된다. 학생들과 함께 의논하여 정한 순서는 되도록 바꾸지 않는 것이 좋지만, 바꿀 수밖에 없는 부득이한 사정이 생겼다면 반드시 학생들과 함께 협의를 하고 학생들에게 동의를 구하는 것이 바람직하다.

장마철이라 비는 계속 왔고 학생들이 우산, 비옷, 장화 등 비가 올 때 사용하는 생활 도구를 가져온 자연스러운 이 상황 속에서 비와 관련된 수업이 더 적당하다고 생각되었다. 학생들과 순서 협의를 통해 비와 관련된 내용을 먼저 배우는 것으로 다시 정했다. 비 오는 운동장에 우산 쓰고 나가서 우산에 떨어지는 빗방울 소리를 듣고, 손바닥을 우산 바깥으로 내밀어 손바닥에 비 맞아 보기 활동을 했다. 교실로 들어와서 〈빗방울 전주곡〉을 감상하고 빗방울 소리를 느낌으로 나타내는 활동을 했다.

〈빗방울 전주곡〉을 감상하는 빗방울 똑똑 차시를 배운 다음에는 비가 오면 좋은 점과 안 좋은 점에 대해 함께 이야기를 나누는 수업을 했다. 그리고 비 오는 날 쓰는 우산을 만들어 보는 활동으로 이어졌다. 작은 우산을 만들어 교실에 전시를 하고 교실 꾸미기를 완성했다. 그 후 우산에 떨어지는 빗소리, 유리창에 부딪히는 빗소리 등을 떠올리며 〈구슬비〉 노래 부르기 활동을 했다. 이후 비와 관련된 '태풍을 피해요' 놀이 활동을 하면서 비와 관련된 차시들을 마무리하며 여름 그리기 활동을 했다. 여름 그리기 활동에서는 학생들이 그림 그리기를 어려워해서 책에 있는 그림을 따라 그리고 빗방울을 사인펜으로 색칠하고 분무기로 물을 뿌려서 비가 오는 날을 표현했다.

장마가 끝나고 날씨가 쨍쨍한 날에는 더위와 관련된 내용을 배우기로 정했다. 날씨, 학교 행사, 시간표가 4, 5교시가 연속된 차시로 되어 있을 때는 단시간 내에 할 수 있는 것, 2시간에 해야 할 것 등을 고려해서 학생들과 순서를 조정했다. 운동장에 나가서 나무나 풀을 보고 주변 사람들의 옷차림을 관찰하고 친구들과 달리기를 하며 여름에 대해 생각해 볼 수 있게 했다. 학생들에게는 자연 관찰도 즐겁지만 역시나 땀을 뻘뻘 흘리며 뛰어다니는 걸 가장 즐거워했다. 운동장에서 여름철 더위를 느끼고 그것을 이겨 낼 수 있는 여러 가지 도구들을 알아보고 '더위를 날려요' 차시에서 부채 만들기를 했다. 부채를 만들고 '여름날 더운 날' 차시에서 여름철에 들을 수 있는 소리를 감상하고 듣고 난 느낌을 그림과 동작으로 표현하기 활동을 했다.

여름철 더위를 이길 수 있는 방법을 알아보기 위해 '햇볕은 쨍쨍' 차시 활동을 했다. 더위를 이길 수 있는 방법은 음식, 옷차림, 장소, 도구로 나누어 무리 짓기 활동을 했다. 더위를 이길 수 있는 방법 중 여름철 음식 먹기를 해 보기로 했다. 학생들은 집에서 더위를 이길 수 있는 음식을 한 가지씩 가지고 왔다. 교실 바닥에 돗자리를 깔고 수박, 참외, 얼음, 아이스크림, 시원한 음료수를 먹으며 더위를 이길 수 있는 한 가지 방법을 실천해 보았다.

더운 날이 계속되고 학교 냉방기기를 자유롭게 틀 수 없게 되었을 때 학생들과 함께 '해 마을에 이런 일이'라는 수업을 하게 되었다. '에너지'라는 단어가 주는 추상성으로 학생들 수준에 맞게 '전기'라는 단어로 바꾸어 수업을 했다. 학생들에게 전기가 낭비되는 사례를 보여 주고 문제점을 찾아볼 수 있게 했다. 그리고 우리 교실에서도 전기가 낭비되는 곳은 없는지 함께 살펴보았다. 복도에 나갈 때 교실 문을 잘 닫았는지, 운동장을 나가거나 급식실을 갈 때, 조명기기와 에어컨을 끄고 나갔는지 등을 떠올려 보고 앞으로 전기를 아낄 수 있는 방법을 실천으로 옮길 수 있도록 했다. 그리고 라벨지에 전기를 아끼기 위한 글자를 쓰거나 그림을 그려서 스위치나 냉방기가 있는 곳에 붙이는 활동을 하며 '우리 함께 해 봐요' 활동을 전개했다. 캠페인을 전개하다 보니 교실 앞 화장실 근처에 있는 복도 바닥에 항상 물기가 있었다. 학생들은 교실 앞 화장실에서 물을 함부로 쓰는 것 같다고 이야기를 해서 그다음 차시인 '비 마을에 이런 일이'로 넘어가게 되었다. 이 차시에서는 물을 아껴 쓸 수 있는 방법을 생각하고 학교와 집에서 실천해 보기로 했다. 이 차시는 연 차시로 되어 있는데 한 차시에서 물을 아껴 쓸 수 있는 방법을 배우고 일주일 후에 나머지 차시 학습을 했다. 학생들은 집에서 일주일 동안 체크리스트에 표시하며 얼마나 아껴 썼는지 친구들과 이야기를 나누는 시간으로 마무리를 했다. 이 후 '한 방울도 소중해'는 물 모으기 놀이 차시로 구성되어 있다. 이 차시에서는 물을 옮기는 활동을 마무리하고 난 다음 남은 물을 교실에서 기르는 식물들에게 주는 것으로 차시를 마무리했다.

이 후 여름철 비가 올 때, 더울 때 필요한 것들을 찾아서 가져오는 '여름에 꼭 필요해' 활동을 했다. '여름 나라에 다녀왔어요'는 학생들이 여름과 관련된 신체 표현을 하는 차시이다. 학생들은 여름철에 필요한 여러 가지 도구나 옷과 관련된 단어를 몸으로 표현하거나 말로 설명을 해서 맞추는 게임 형식으로 수업을 진행했다. 그리고 "여름 나라' 안녕!'에서는 여름철에 쓸 수 있는 도구인 부채 만들기를 한 번 더하며 마무리를 했다.

단원의 구성은 상황에 따라 교사가 주도적으로 변경하거나 학생들이 더 하고 싶어 하는 차시로 변경되었다. 이 과정에서 아무리 사소한 것이라도 모두가 함께 협의하는 과정을 거치려고 노력했다. 학생들은 자신의 주변 상황에서 발생되는 문제에 관심이 많고 해결할 수 있는 방법을 탐색하기를 원했다. 해결 방법을 찾기 위해 수업의 순서는 수시로 변경되었다.

2) '무에서 유' 만들기, '유에서 무' 만들기

'무에서 유' 만들기는 기존에 없었던 내용이나 활동을 구성하는 경우, '유에서 무' 만들기는 기존에 있는 활동을 삭제하는 것을 의미한다. '무에서 유' 만들기를 하거나 '유에서 무' 만들기를 하는 이유는 간단하다. 교사의 입장에서 학생에게 필요한 것, 학생들이 필요하다고 생각하는 것, 학교생활을 하는 데 꼭 알아야 하는 내용, 활동을 하기에 수준이 높아서 학생들이 할 수 없는 활동이거나 학생들이 두세 번 반복하지 않아도 너무나 잘 알고 이미 잘 실천하는 것들이 있을 때 '무에서 유' 만들기와 '유에서 무' 만들기를 한다.

'무에서 유' 만들기, '유에서 무' 만들기는 '봄' 책의 '학교에 가면' 단원을 예시로 들 수 있다. 이 단원은 교실 수준에서 재구성이 가장 활발하게 이루어질 가능성이 가장 높은 단원 중 하나이다. 그 이유는 다음과 같다. 첫째, 1학년 통합교과 교과서에 제시된 다른 단원들과 비교해 보았을 때 이 단원에서 다루어야 하는 성취기준의 수는 다른 단원과 같지만, 편성된 시수는 다른 단원의 절반밖에 되지 않는다. 그래서 주어진 시수 안에서 배정된 성취기준을 수업으로 충분히 녹여 내는 데에는 시간이 부족하다고 느낄 가능성이 높다. 둘째, 학생들의 배움 속도에는 현저한 차이가 있을 뿐만 아니라 교과서에 제시된 활동들이 입학 초기 적응활동 교재와 중복되는 경우도 많다. 따라서 교과서에 제시된 활동 중에는 그대로 다루어도 되는 활동도 있지만 유형이나 수준을 바꾸어야 하는 활동이 대부분이다. 다시 말하면, 교과서의 활동 중에는 안 해도 되는 활동, 심화 및 반복해야 하는 활동 그리고 꼭 추가해야 하는 활동 등이 있기 마련이다.

입학 초기 적응 활동의 방식은 학교에 따라 입학하고 바로 '봄' 책을 배우는 방식, 입학 적응 교재 학습 후 '봄' 책을 배우는 방식, 입학 적응 교재를 배우고 '봄' 책에 중복된 내용을 건너뛰는 방식 등 다양하게 운영된다. 다양한 운영방식은 교과서 재구성이 가능한 다양하게 열린 상태라는 것을 의미한다. 다양한 운영방식 중에서 입학 적응 교재를 학습한 다음 '봄' 책을 배우는 방식으로 운영한 A시 Y 초등학교의 사례에 대해 이야기해 보려고 한다.

먼저, 입학 초기 적응 활동 교재와 '봄' 책의 단원의 구성을 살펴보면 다음과 같다.

〈표 12-4〉 입학 초기 적응 활동 교재 차시 목차

영역	차시 목차
1학년이 되었어요.	• 우리 학교 • 우리 선생님 • 우리 교실 • 내 번호 • 내 물건 정리 • 잘 지킬 수 있어요 • 깨끗하게 생활해요
2. 학교는 즐거워요	• 우리 학교 상징 알아보기 • 우리 학교 교가 • 학교 시설 살펴보기 • 함께 생활해요 • 도서실 이용하기 • 급식 바르게 먹기 • 놀이기구 이름 알기 • 안전하게 사용해요 • 분리수거하기
3. 나는 소중해요	• 소중한 나 • 손 씻기 • 이 닦기 • 바른 말 고운 말 • 스스로 할 수 있어요
4. 사이좋게 지내요	• 나를 소개해요 • 어항을 꾸며요 • 나의 손 그리기 • 내 짝꿍 그리기 • 친구야 반가워 • 내 짝이 궁금해요 • 같은 점과 다른 점 • 세계 속 친구들 • 친구와 함께 • 친구야 잘했어 • 끝말잇기 말놀이 • 친구를 배려해요 • 사이좋은 친구

5. 안전하게 생활해요	• 조심해서 사용해요 • 안전한 우리 학교 • 운동장에서 • 안전하게 걸어요 • 위험한 곳이에요 • 신호등을 지켜요 • 싫어요! 안 돼요! • 낯선 사람은 누구?
6. 한글이랑 숫자랑	• 한글 놀이 • 숫자 놀이

〈표 12-5〉 2015 개정 교육과정의 '봄' 책 '학교에 가면' 차시명과 시수

교과서명	단원명	차시명	시수		
			바른 생활	슬기로운 생활	즐거운 생활
봄	1. 학교에 가면	학교에 가면		1	2
		우리들은 1학년		1	1
		학교 가는 길		2	
		운동장에서		1	1
		이런 교실도 있어요	1	1	
		친구야, 안녕			1
		약속을 해요	2		
		친해지고 싶어요		1	1
		어깨동무해요			1
		우리 교실을 꾸며요			2
		'학교에 가면' 안녕!	1		1
		계	4	7	10

Y 초등학교의 입학 초기 적응 활동 교재와 '봄' 책의 '학교에 가면' 단원 목차를 살펴보면 많은 활동과 내용들이 중복된다는 사실을 알 수 있었다. 따라서 '봄' 책과 적응 활동 교재를 쓸 수는 없을 것 같다는 생각이 들었다. 중복의 문제를 피하려면 2개의 교재와 단원의 성취기준을 가지고 새롭게 구성을 해야 할 필요성을 느꼈다. '학교에 가면' 단원의 성취기준은 다음과 같다.

- [2바01-01] 학교생활에 필요한 규칙과 약속을 정해서 지킨다.
- [2슬01-01] 학교 안과 밖, 교실을 둘러보면서 위치와 학교생활 모습 등을 알아본다.
- [2슬01-02] 여러 친구의 다양한 특성을 이해하고 친구와 잘 지내는 방법을 알아본다.
- [2즐01-01] 다양한 방법으로 교실을 꾸민다.
- [2즐01-02] 친구와 친해질 수 있는 놀이를 한다.

〈표 12-6〉 입학 초기 적응 교재와 '학교에 가면' 내용 비교

'학교에 가면'	중복되는 내용 '봄' 책 차시명 –적응 교재 차시명	입학 초기 적응 교재
• 학교에 가면 • 우리들은 1학년 • 친구야 안녕 • 어깨동무해요 • 우리 교실을 꾸며요	• 학교 가는 길 　– 안전하게 걸어요 　– 위험한 곳이에요 　– 신호등을 지켜요 • 운동장에서 　– 놀이기구 이름 알기 　– 안전하게 사용해요 　– 분리수거하기 　– 운동장에서 • 이런 교실도 있어요 　– 학교 시설 살펴보기 　– 도서실 이용하기 　– 급식 바르게 먹기 • 약속을 해요 　– 함께 생활해요 　– 안전한 우리 학교 　– 스스로 할 수 있어요 　– 잘 지킬 수 있어요 　– 깨끗하게 생활해요 • 친해지고 싶어요 　– 내 짝꿍 그리기 　– 친구야 반가워 　– 내 짝이 궁금해요 　– 친구와 함께 　– 친구야 잘했어 　– 친구를 배려해요 　– 사이좋은 친구	• 우리 학교 • 내 번호 • 우리 선생님 • 우리 교실 • 내 번호 • 내 물건 정리 • 바르게 생활해요 • 우리 학교 상징 알아보기 • 우리 학교 교가 • 나를 소개해요 • 소중한 나 • 손 씻기 • 이 닦기 • 어항을 꾸며요 • 나의 손 그리기 • 세계 속 친구들 • 끝말잇기 말놀이 • 바른 말 고운 말 • 조심해서 사용해요 • 싫어요! 안 돼요! • 낯선 사람은 누구? • 한글 놀이 • 숫자 놀이

입학 초기 적응 교재를 중심으로 교과서의 내용을 추가할 수도 있지만, 입학 초기 적응 교재에 글자가 너무 많아서 1학년 학생들에게 부적합하다고 생각되어 '학교에 가면' 단원을 중심으로 창의적 체험활동 중 자율 활동 시간을 추가하여 배울 내용을 구성했다. 내용을 구성할 때 적응 교재에 있는 읽고 쓰기 활동들은 말로 설명을 해 주고, 쓰는 부분은 '교사와 친구들 앞에서 말하기' '몸동작으로 나타내기' 등의 활동으로 대체하여 수업을 진행했다. 3월 입학 초기 활동은 〈표 12-7〉의 구성처럼 운영했다.

〈표 12-7〉 입학 초기 적응 교재와 '봄' 책에 있는 내용으로 재구성한 목차

단원명	차시명	시수			
		바른 생활	슬기로운 생활	즐거운 생활	자율
1. 학교에 가면	우리 교실				2
	학교에 가면(교과서 받고 살펴보기)				1
	이런 교실도 있어요(급식실, 화장실 사용법)				2
	학교에 가면(단원 개관 사진 읽기)		1	2	
	우리들은 1학년		1	1	
	우리 교실 찾아오기				2
	내 번호 알고 정리하기(신발장, 사물함)				1
	연필, 색연필, 지우개 사용법 익히기				2
	책상 이름표 만들기				2
	자기 소개하기(이름, 좋아하는 것 등)				2
	친구야, 안녕			1	
	내 짝이 궁금해요(짝에게 궁금한 것 묻기)				1
	친해지고 싶어요		1	1	
	친구와 함께 놀이하기(블럭 놀이)				1
	내 짝 손바닥 그리기(손바닥 그려 주기)				1
	친구 이름을 알아요(이름 릴레이 게임)				1
	어깨동무해요			1	
	친구와 함께 몸으로 표현해요				1
	친구와 사이좋게 지내요(다툼이 생겼을 때)				1
	풀, 가위 사용법 익히기(색칠하고 오리고 풀로 붙여서 모양 만들기)				2
	세계 여러 나라 친구들 이해하기(다문화)				2
	내 물건 정리하기(사물함, 책상 아래)				1
	우리 학교 상징 알아보기				1

우리 학교 교가				1
단체, 개별 사진 찍기				1
약속을 해요	2			
친구와 사이좋게 지내요(배려하기)				1
잘 지킬 수 있어요(학교에서 지켜야 할 일)				1
조심해서 사용해요(학용품 사용법 알기)				1
친구와 함께 퍼즐을 맞춰요				1
학교 가는 길		2		
신호등을 지켜요				1
안전하게 걸어요				1
운동장에서			1	1
운동장에서–운동장 놀이 기구 이용하기				1
행복한 내 모습 그리기				2
이런 교실도 있어요	1	1		
학교 시설 살펴보기(내가 다녀온 곳 오려서 붙이기)				2
도서실 이용 방법 알기				1
우리 교실을 꾸며요			2	
자기 자리 주변 정리하기				1
손 씻는 방법, 이 닦는 방법 알기				2
싫어요! 안 돼요!				1
낯선 사람은 누구?				2
'학교에 가면' 안녕!	1		1	
계	4	7	10	44

　차시를 운영할 순서를 정해 두고 수업을 진행하면서 필요하다고 생각한 부분이나 학생들이 더 하고 싶어 하는 내용들을 중심으로 수정하였다. 각 차시별 내용들은 교과서의 내용과 비슷하거나 차시명에서 알 수 있는 내용을 제외하고 설명하면 다음과 같다.

(1) 우리 교실

　입학식이 끝나면 교실에 와서 담임 교사와 인사를 나누고 처음 온 우리 교실을 둘러본다. 교실에 무엇이 있는지 어떤 모습인지 살펴보고 우리 교실에 대한 기대감을 가지고 차시를 마무리했다.

(2) 학교에 가면

학교에 오는 두 번째 날, 1교시는 책 나누어 주기부터 시작했다. '봄' 책을 나누어 주고 책에 자기 이름 쓰기를 시작한다. 삐뚤삐뚤한 글씨로 자기 이름을 적어 간다. 이름을 적고 난 다음, 책 맨 앞에 있는 그림을 살펴본다. 그림 속 친구들은 무엇을 하고 있을까? 함께 이야기를 나누고 책을 넘겨 '봄' 책에서 배울 '1. 학교에 가면' '2. 도란도란 봄동산'이라는 단원명을 알려 준다. 글자를 모르는 학생들이 대다수기 때문에 천천히 말해 주고 반복한다. '학교에 가면' 단원에 들어가면서 '학교 처음 가는 날'이라는 동화를 읽어 주고 단원 학습을 시작하였다. 실물화상기를 사용하여 TV 화면으로 동화책을 읽어 주었다. 학교에 오기 전 두려움과 설렘 등에 대해 이야기를 하고 교과서에 있는 내용을 어제 입학식 한 사진과 학교 놀이터, 작년에 찍어 둔 유치원의 학교 둘러보기 사진 등을 활용하여 학교에 와 보았던 경험을 떠올려 보게 한다. 학생들은 입학식 사진을 보며 신기해하기도 하고 부끄러워하기도 한다. 학교에 왔었던 경험을 자유롭게 이야기하면서 책을 한 장씩 넘겨 보며 어떤 내용을 배울지 살펴본다. 어떤 내용을 가장 먼저 하고 싶은지 이야기하고 활동 그림 차시를 학생들이 원하는 순서대로 배열한다.

(3) 이런 교실도 있어요

급식실, 화장실 사용법을 입학식 다음날 바로 배우는 걸로 계획한 까닭은 두 번째 날부터 즉시 알아야 하는 내용이었기 때문이다. 1학년 학생들은 말로만 하는 설명은 큰 도움이 되지 않는다. 따라서 교실에서 화장실 가는 방법, 화장실 문을 닫는 방법, 볼일을 보고 난 다음 물을 내리는 방법, 급식실로 가는 길을 수업을 하기 전에 찍어 둔 영상을 활용하여 수업을 진행했다. 영상을 보여 주며 어디로 가는 길인지 이야기해 보기부터 시작해서 남자 화장실과 여자 화장실 구분하기를 하며 화장실에 들어가면 문을 닫는 영상을 보여 준다. 그 후 실제로 화장실에 가서 여학생은 화장실 변기에 앉아 보기, 변기 물 내리는 곳 확인하기, 남학생은 소변기 앞에 서는 것 연습하기, 변기에 앉는 것 연습해 보기를 하며 화장실 사용 방법을 배우게 된다.

영상으로 급식실 가는 방법을 살펴보고 식판과 수저, 음식을 받는 방법을 배운다. 그 후 실제로 줄을 서서 급식실에 가서 식판과 숟가락, 젓가락을 집고 반찬, 밥, 국을 받고 자리에 앉아 보는 활동을 한다. 그리고 급식을 먹고 난 후 잔반을 처리하는 방법과 식판, 숟가락, 젓가락을 정리하는 연습을 하고 배운 대로 점심 식사를 하고 차시를 마무리한다.

(4) 우리 교실 찾아오기

학생들이 등교해서 스스로 교실을 찾아오는 것은 쉽지 않다. 학생들은 건물로 들어오는 여러 입구 중에서 교실과 가까운 입구를 찾고 우리 교실을 찾는다는 것은 쉽지 않은 일이다. 학생들은 교사와 함께 교실에서 건물 입구로 내려갈 수 있는 여러 가지 방법으로 내려갔다가 올라오기를 연습하고 여러 입구에서 교실을 찾을 수 있다고 이야기를 한다. 이제 교실 찾아오기 게임을 하기로 했다. 먼저, 학생들은 2명이 한 팀이 되어서 뽑기 활동으로 번호를 뽑고, 뽑힌 번호가 있는 곳에서 교실로 찾아오는 활동을 한다. 탐험을 시작하는 친구들이 교실을 잘 찾아올 수 있을까? 번호를 뽑은 학생들은 교실에 잘 찾아올 수 있다는 자신감이 찬 얼굴을 하고 교실 밖으로 나선다. 학생들끼리 뽑힌 번호가 있는 곳을 찾을 수 있다면 학생들끼리 내려가서 뽑힌 번호가 있는 곳에 있는 상자에서 같은 번호가 쓰여 있는 종이를 가지고 교실로 다시 온다. 탐험을 성공적으로 마친 학생들에게는 친구들의 박수가 쏟아진다. 교실 찾아오기를 성공적으로 마친 학생들은 내일부터 등교할 때 부모님보다 앞장서서 교실로 오겠다고 친구들과 서로 이야기를 나누며 수업이 마무리되었다.

(5) 내 번호 알고 정리하기

학생들에게 알려 주는 번호는 줄 서기, 사물함, 신발장, 과제 확인 받기 순서 등 교실 생활에서 빈번하게 사용된다. 학생들에게 번호를 알려 주고 번호 순서대로 손을 들어 보는 연습을 하고, 번호 순서대로 일어나는 연습을 한다. 그리고 숫자를 쓴 막대기를 뽑아서 막대기에 있는 번호를 부르면 해당하는 학생이 자리에서 일어나는 게임도 해 본다. 그리고 교실 한쪽에서 번호대로 줄을 서는 연습을 한다. 복도로 나가서 자신의 번호를 알게 된 학생들에게 실내화 주머니를 넣어야 하는 곳을 알려 준다. 숫자를 모르는 학생들은 몇 번째 칸에 두어야 하는지 알려 준다. 그래도 모를 것 같다면 숫자 옆에 색 스티커나 도형 스티커로 표시해서 그림으로 찾도록 한다. 그리고 교실로 돌아가 사물함에 붙어 있는 번호를 보며 자신의 사물함을 찾는 활동을 한다. 번호 뽑기에서 뽑힌 학생들은 자신의 사물함을 찾고 사물함 속에 있는 종이를 가져오는 활동을 하면서 사물함의 위치를 파악하는 데 중점을 둔다. 마지막 활동으로 1년 동안 사용하게 될 사물함의 위치를 알고 자신의 물건을 넣어 보는 활동으로 마무리되었다.

(6) 자기 소개하기

자기 자신을 소개하는 일은 어른들에게도 쉽지 않다. 1학년 학생들에게 자신을 친구들에게 소개하는 시간은 어려운 시간이 될 수도 재미있는 시간이 될 수도 있다. 몇 가지 예시를 보여 주고 1번씩 자리에서 연습하는 시간을 갖고 발표를 시작했다. 교실의 앞으로 나와서 마이크를 쥐고 자신의 이름과 좋아하는 색깔, 음식, 장난감, 동물, 놀이 등 하고 싶은 말을 한다. 자신이 잘하는 것 또는 잘하고 싶은 것, 앞으로 되고 싶은 것, 친구들에게 하고 싶은 말을 자유롭게 이야기하며 수업이 마무리되었다. 말하기 부끄러워하는 학생들은 교사가 옆에서 학생의 말을 듣고 다른 친구들에게 전달해 주는 활동으로 대체하여 진행했다.

(7) 친구야, 안녕

1학년 학생에게 처음 만난 친구와 친해지는 일은 낯설고 어려울 수 있다. 이러한 낯선 환경에서 노래를 부르며 친구와 친해질 수 있는 시간이 필요했다. 노래를 부르며 친구 이름을 익힐 수 있는 시간을 가지면 좋을 것 같아서 차시 순서를 앞쪽에 배치했다. '안녕' 노래를 부르며 동작을 하고 노래와 동작이 익숙해졌을 때, 노래를 부르며 앞에 마주친 친구 이름으로 노래 가사를 변형해서 부르는 놀이 활동을 했다. 짝꿍, 같은 성별 친구, 다른 성별 친구 등을 찾아서 친구 이름을 넣어서 노래 부르며 인사해 보기 활동을 하면서 친구들과 가까워질 수 있는 시간을 가질 수 있었다.

2. 구성 차시 수업 만들기

1) 구성 차시의 도입 배경

학교 수업은 학생이 참여하는 활동 중심 수업으로 상당히 변했다. 이에 수업 계획부터 학생의 참여를 보장하여 수업에 학생이 참여하는 방식을 확대할 필요가 있다. 학생 활동 중심 수업으로의 지향 외에 교사가 수업에 학생을 참여시키는 방안은 다양하지만 교사의 경험이 그리 다양하지 못하기 때문에 교과서에서 학생이 수업에 참여할 수 있는 방안을 구조적으로 제시하여 이를 일반화해야 한다.

2009 개정 통합교과서의 경우 차시 학습에 관해서 교과서에 제시된 학습을 그대로 하는 교사는 약 20%로, 나머지 약 80%의 교사들은 그 비율이 높든 낮든 교과서의 차시 활동을 다른 것으로 변경하여 수업하고 있었다. 그렇지만 이러한 차시 학습 활동 재구성에 있어서 교육과정 성취기준을 중심으로 판단하는 교사는 약 23%만을 차지하고 있었고 대부

분의 교사는 차시 활동 재구성에 있어서 교과서나 주제를 기준으로 삼아 활동을 바꾸고 있었다(조상연, 2015b).

2009 개정 통합교과서에서도 단원 읽기 '무엇을 할까요'에서 공부할 것을 살펴보고 더 공부하고 싶은 것을 추가할 수 있도록 마지막 공간에 빈칸을 제시하였으나 교과나 성취기준은 배당되지 않았고 교과서 쪽으로 할당되지 않은 형태였다. 이러한 제시 방식은 실질적인 수업으로 생성되기 어려웠고, 수업으로 연계되는 경우에도 교육과정 성취기준에 대한 고민보다는 해당 단원의 주제에 집중하는 결과를 가져왔다.

이처럼 교과서나 주제를 기준으로 삼는 잘못된 기준에 의한 재구성은 필수적으로 이수해야 할 국가교육과정의 내용을 충실히 다루지 못하는 결과를 가져올 수 있으므로 교육과정과 교과서가 어떻게 연결되는지를 교사가 알 수 있도록 하는 방안이 필요하였다. 이를 위해 교과서 차원에서 교사가 자신의 학급 상황에 맞추어 교과서를 재구성하여 사용할 수 있도록 하는 방안을 모색하고 교사들이 교육과정과 교과서의 연결 구조를 알 수 있도록 하는 방안을 고민할 필요가 있었다(조상연, 2015b). 이에 2015 개정 통합교과서는 성취기준을 준수하면서 학생이 원하는 활동을 수업으로 만들어서 할 수 있는 의도적 장치로서 구성 차시를 도입하였다.

2) 구성 차시의 활용

구성 차시 활용의 성패는 교사의 교육과정 문해력에 달려 있다. 교과서가 잘 만들어져 있는 경우는 교과서를 충실히 사용하고, 교과서가 학생들에게 적합하지 않다면 적절히 수정하면서 교과서를 재구성하고, 교과서 수정만으로 가르치기 힘든 경우에는 성취기준을 가지고 학생들에게 최적화된 교육과정을 개발하여 수업을 만드는 유연성이 바로 '교육과정 문해력'이라 할 수 있다. 우리나라는 강력한 중앙집권적 국가교육과정 정책을 통해 '국가교육과정 → 교과서 → 수업'의 경로를 만들어 전국의 교실 수업을 통제해 왔다. '교과서 재구성' 관점에서 '교사의 교육과정 개발'로 넘어가기 위해서는 성취기준의 존재를 인식하고, 이를 수업이나 평가로 변환할 줄 아는 교육과정 문해력이 있어야 하는데(이윤미, 조상연, 정광순, 2015) 구성 차시는 이를 위한 장치로 활용될 것이다.

2009 개정 통합교과서에서는 전체 차시를 대상으로 차시의 순서를 정하던 방식이었다. 그러나 2015 개정 통합교과서는 [그림 12-1]과 같이 하위 주제별로 차시의 순서를 조정하거나 차시를 추가할 수 있도록 하였으며, 이때 구성 차시는 하위 주제의 도입 부분에 배치

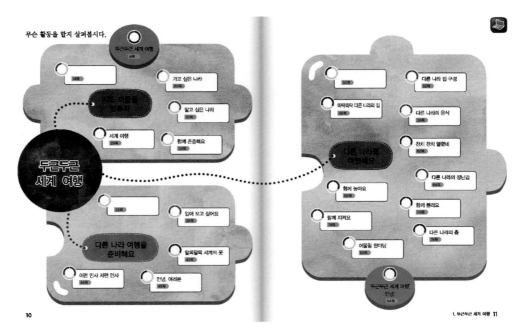

[그림 12-1] 하위 주제와 구성 차시의 배치

하고 차시명을 비워 두었다.

구성 차시의 교과서 구성은 [그림 12-2]와 같이 동화나 그림을 넣어서 학생들과 함께 구성 차시를 만드는 데 도움을 받을 수 있도록 하였으며 교사와 학생이 원하는 수업으로 차시명을 만들 수 있도록 '수업 만들기' 아이콘을 제시하였다.[1] 교사는 최소 1차시에서 최대

- 차시 이름을 비워 두었다.
- 그림을 보며 학생들이 하고 싶어 하는 것들을 생각해 보게 한다.
- 지금 하고 있는 학습의 연장 선상에서 학생들이 하고 싶어 하는 것을 추가한다.

[그림 12-2] 구성 차시 교과서 구성

---

1) 교과서의 동화나 그림은 차시 활동 자체를 의미하는 것이 아니라 활동을 유발하는 하나의 자료로 활용해야 한다.

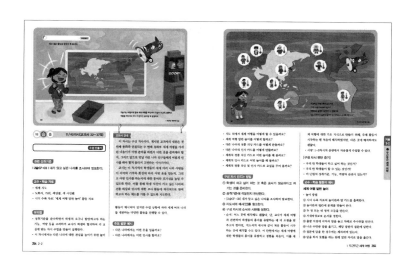

• 교과서 안내
• 관련 성취기준
• 교수학습 자료
• 유의점
• 구성 차시 만드는 방법
• 교수학습 활동 예시

[그림 12-3] 구성 차시 지도서

4차시까지 융통성 있는 수업을 만들 수 있다. 교과서에서는 성취기준을 구현한 표준 차시와 구성 차시의 페이지를 열어 놓았으며 각 차시들은 바른 생활, 슬기로운 생활, 즐거운 생활 단독교과 차시로 만들 수도 있고, 2~3개 교과를 통합 구성하여 보다 시량이 많은 차시도 만들 수 있다.

구성 차시가 재구성 차시와 다른 점은 재구성의 경우 차시의 순서, 차시의 활동, 차시에서 사용한 소재 등을 바꾸는 의미이지만, 구성 차시는 교사와 학생이 차시 수업을 만들어서 하는 것으로 교사는 교실에서 학생에게 최적화된 수업을 만드는 데 의의가 있다. 교사는 일차적으로는 학생이 원하는 것을 반영하고, 이것이 성취기준 범위 안에 있는지를 판단한다.

구성 차시를 안내하는 지도서는 [그림 12-3]과 같이 수업을 만들 때 필요한 성취기준, 발문 예시, 구성 차시 만드는 방법, 만든 차시 판단하는 준거 그리고 만들 수 있는 차시를 예시하였다.

3) 구성 차시 수업 만들기 예시

2009 개정 통합교과서의 비어 있는 차시가 별도의 안내가 없음으로 인해 교사의 실제적인 수업으로 이어지기 어려웠다면, 2015 개정 통합교과서의 구성 차시는 비교적 상세한 안내로 인해 오히려 지도서 활동을 일률적으로 따르게 될 우려도 있다. 2015 개정 통합

교과서의 검토 과정에서 일부 현장 교사들은 구성 차시의 도입을 환영하면서 예시가 없는 완전히 빈 형태로 제공할 것을 기대하기도 하였다.

구성 차시는 일차적으로는 학생이 원하는 것을 반영하고, 교사는 이것이 성취기준 범위 안에 있는지를 판단한다. 구성 차시를 만드는 일반적인 방법은 '학생들의 관심과 흥미를 반영한 구성 차시 활동 후보 정하기 → 성취기준과의 적절성 판단하기 → (지도서의 예시안 참고하기) → 순서와 시량 정하기'이며 해당 단원의 성취기준, 기능, 역량과의 관련성을 염두에 두어야 한다.

구성 차시를 만드는 방법은 '주제 만나기'에서 구성 차시 계획하기, '구성 차시'에서 차시 추가하기, 단원 내 모든 구성 차시를 묶어 새로운 하위 주제를 만들기 등으로 다양한 수업이 가능하다.

(1) '주제 만나기'에서 구성 차시 계획하기

2015 개정 통합교과서에서는 주제 만나기 차시 시수를 80분에서 120분으로 늘려, 교사와 학생이 좀 더 여유를 가지고 함께 수업을 계획할 수 있도록 하였다. 주제별 교과서 각 단원 첫 차시인 '주제 만나기'에서 교사는 학습할 주제와 관련하여 학생들이 더 하고 싶어 하는 것들을 제안하도록 유도하여 수업 계획에 학생을 참여시킨다. 교사는 학생들이 하고 싶어 하는 차시를 만들 수 있으며 이는 구성 차시로 사용할 수 있는 후보 차시들이다.

〈표 12-8〉 구성 차시 교수학습 과정(안) 1

단원	두근두근 세계 여행(1~3/40)
교과	슬기로운 생활, 즐거운 생활
성취기준	[2슬07-03] 내가 알고 싶은 나라를 조사하여 발표한다. [2슬07-04] 다른 나라의 노래, 춤, 놀이를 조사한다. [2즐07-03] 다른 나라의 문화를 나타내는 작품을 전시 · 공연하고 감상한다. [2즐07-04] 다른 나라의 노래, 춤, 놀이를 즐기고 그 느낌을 다양하게 표현한다.
수업활동	공부 게시판 만들기(더 하고 싶은 활동 만들기)
차시 흐름	1) 사진 읽기를 통해 흥미를 유발하고 단원 읽기를 통해 학습 구조를 알아본다. 2) 교과서에서 살펴본 것을 활동 카드에 써서 게시판을 만든다. 3) 단원에서 더 하고 싶은 활동을 발표한다. • "두근두근 세계 여행에서 더 하고 싶은 활동이 있나요?" 　– 예: 비행기 놀이, 다른 나라 국기 알아맞히기, 아프리카 노래 부르기 • "여러 가지 활동 중에서 함께 하고 싶은 활동을 정해 볼까요?"

- 예: "비행기 놀이를 하고 싶어요. 비행기에 가고 싶은 나라를 쓰고 날리기 놀이를 하고 싶어요."

※ 친구들의 생각을 공유하고 가장 하고 싶은 활동들을 선정한다. 손을 들고 다수결로 정하거나 조별로 정하기 등 다양한 방법이 가능하다.

4) 함께 정한 활동을 카드에 써서 활동을 추가한다.

• "정한 활동을 카드에 써서 공부 게시판에 붙여 봅시다."

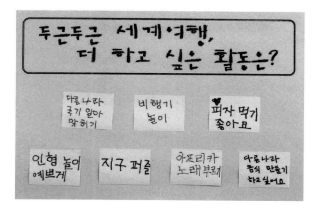

[그림 12-4] 구성 차시로 추가된 활동

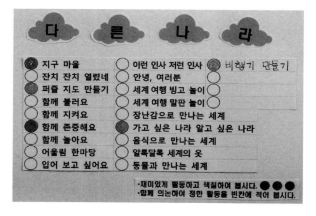

[그림 12-5] 공부 게시판

※ '주제 만나기'에서의 계획은 [그림 12-4]와 같이 구성 차시 게시판을 별도의 공간으로 확보하고 주제 학습이 진행되면서 끼워 넣는 방식도 가능하다. [그림 12-5]와 같이 구성 차시 게시판을 별도로 만들지 않고 표준 차시들과 연결되는 형태로 만들 수도 있다.

유의점	1) 더 하고 싶은 활동 가운데 성취기준에 적합한 것들을 고려하여 구성 차시를 선정한다. 2) 구성 차시로 활용할 활동을 주제 만나기에서 미리 정해 둘 수도 있고, 하위 주제를 학습해 나가면서 구성 차시 쪽에서 선택할 수도 있다.

(2) '구성 차시'에서 차시 추가하기

주제별 교과서는 각 단원에 주어진 주제 학습을 위해서 하위 학습 주제망을 제시하고 있으며 학습을 진행하면서 학생들이 하고 싶어 하는 차시들을 추가할 수 있다. 즉, 교사는 단원 내 하위 주제별로 차시를 재구성할 수 있고, 이 재구성 과정에서 학생들이 하고 싶어 하는 활동을 구성 차시로 추가할 수 있다. 〈표 12-9〉의 구성 차시는 '두근두근 세계 여행' 단원의 첫 번째 하위 주제인 '지도 퍼즐을 맞추자'에서 '다른 나라'에 대한 관심과 흥미를 높일 수 있는 활동을 추가한 것이다.

〈표 12-9〉 구성 차시 교수학습 과정(안) 2

단원	두근두근 세계 여행(11/40)
교과	슬기로운 생활
성취기준	[2슬07-03] 내가 알고 싶은 나라를 조사하여 발표한다.
수업활동	구성 차시(세계 여행 빙고 놀이)

차시 흐름	1) 하위 주제와 관련하여 자유롭게 이야기 나눈다.
	• "여러분이 알고 있거나 들어 본 다른 나라에는 어떤 나라가 있나요?"
	• "다른 나라 하면 가장 먼저 어떤 말이 떠오르나요?"
	2) 학생들이 하고 싶어 하는 것 혹은 교사가 필요하다고 여기는 것을 준비한다.
	• "다른 나라와 관련해서 어떤 활동을 하고 싶나요?"
	  – 예: 세계 여행 역할 놀이, 세계 여행 빙고 놀이, 책 속의 세계 여행, 세계 여행 그림 카드 만들기
	3) 후보가 된 활동들 가운데 한 가지를 선정한다.
	• "다른 나라와 관련된 빙고 놀이를 해 볼까요? 어떤 방법으로 놀이할 수 있을까요?"
	  – 예: "우리가 알고 있는 나라 이름을 적어요." "가 보고 싶은 나라 이름을 적어요."
	4) 9칸 혹은 16칸 빙고판을 준비하여 나라 이름을 적는다.
	5) 빙고 놀이를 한다.
	6) 빙고 놀이 후 소감과 느낌을 나눈다.
	• "빙고판에 적은 나라 중에서 소개해 줄 수 있는 나라가 있나요?"
	• "빙고 놀이를 하면서 새롭게 알게 된 나라는 어떤 나라인가요?"

유의점	1) 학생들의 흥미와 성취기준([2슬07-03] 내가 알고 싶은 나라를 조사하여 발표한다)을 연결할 수 있는 교사의 발문과 안내가 중요하다. 2) 학생들이 제안할 활동이 표준 차시 내용과 중복될 경우에는 통합하여 수업할 수 있다. 3) 학생들의 의견 수렴에 지나치게 많은 시간이 소요되지 않도록 활동 후보 목록을 교사가 미리 준비하고 학생들이 선택하는 방법도 가능하다.

(3) 단원 내 모든 구성 차시를 묶어 새로운 하위 주제를 만들기

주제별 교과서는 단원별로 3~4개의 하위 주제를 가지고 있으며 하위 주제별로 구성 차시를 배치하였는데, 이 구성 차시들을 한군데로 모아서 새로운 하위 주제를 만들 수 있다. 교사는 단원의 성취기준, 기능, 역량을 고려하여 우리 반 학생들에게 필요하다고 판단되는 경우 하위 주제를 생성할 수 있으며, 이렇게 만들어진 하위 주제의 위치는 교사와 학생이 정할 수 있다.

예를 들어, '두근두근 세계 여행'은 '지도 퍼즐을 맞추자' '다른 나라 여행을 준비해요' '다른 나라를 여행해요'라는 하위 주제로 이루어져 있는데, '알쏭달쏭 다른 나라'라는 하위 주제를 새롭게 생성하여 주제 만나기 다음인 4~8차시로 배당할 수 있다.

〈표 12-10〉 구성 차시 교수학습 과정(안) 3

단원	두근두근 세계 여행(4~8/40)
교과	슬기로운 생활, 즐거운 생활
성취기준	[2슬07-03] 내가 알고 싶은 나라를 조사하여 발표한다. [2즐07-04] 다른 나라의 노래, 춤, 놀이를 즐기고 그 느낌을 다양하게 표현한다.
수업활동	• 하위 주제: 알쏭달쏭 다른 나라(슬기로운 생활 3차시, 즐거운 생활 2차시) – 책 속의 세계 여행(슬기로운 생활 1차시) – 세계 여행 말판 놀이(슬기로운 생활 1차시, 즐거운 생활 1차시) – ○○으로 떠나는 다른 나라(슬기로운 생활 1차시, 즐거운 생활 1차시)
차시 흐름	1) 더 하고 싶은 활동들(공부 게시판 또는 구성 차시 게시판)을 살펴보면서 학생들의 흥미와 관심을 하나의 하위 주제로 모은다. • "여러분은 다른 나라에 대한 궁금한 점이 많이 있네요. 알쏭달쏭한 다른 나라에 대해 조사하고 탐구해 보는 시간을 갖기로 해요." 2) 하위 주제의 활동 순서와 시량을 정하고 활동한다. • 책 속의 세계 여행(슬기로운 생활 1차시) ① 도서관에 가서 조별로 세계 여행에 관한 책을 찾는다. ② 조별로 찾은 책을 읽어 본다. ③ 책을 읽고 나서, 2절지나 4절지에 책이 어떠한 내용인지 간단히 요약하거나 책과 관련된 그림을 그린다. ④ 다른 조에게 자신들이 찾은 책을 소개한다. ※ 학생들이 책을 찾기 어려워할 경우, 교사가 먼저 세계 여행과 관련된 책 목록을 주고, 그중에서 찾게 할 수 있다. • 세계 여행 말판 놀이(슬기로운 생활 1차시, 즐거운 생활 1차시) – 조별로 '책 속의 세계 여행'에서 소개한 내용을 바탕으로 말판을 만든다.

	– 예: "이웃 나라의 음식을 말해 보세요. 우리나라와 가까이에 있는 나라를 말해 보세요. 이웃 나라 세 곳을 말해 보세요."
	
	① 가위바위보로 순서를 정하고 출발 지점에서 주사위를 던진다.
	② 나온 수만큼 말을 옮기고, 해당 말판의 질문에 답한다.
	③ 질문을 한 경우는 그 자리에 있고, 답을 하지 못하면 원래 있던 자리로 말을 옮긴다.
	④ 먼저 말이 도착하면 이긴다.
	⑤ 놀이가 끝나면 조별로 만든 말판을 바꾸어서 다시 놀이한다.
	※ 말판의 양식은 교사가 제공한다.
	
	• ○○으로 떠나는 다른 나라(슬기로운 생활 1차시, 즐거운 생활 1차시)
	  – 다른 나라를 소개하고 알릴 수 있는 방법을 알아본다.
	  – 예: 음악, 동물, 음식, 그림
	  – 조별로 한 가지 방법을 정해서 다른 나라를 소개할 준비를 한다.
	  – 예: 다른 나라의 노래 검색하고 감상하기, 다른 나라의 동물 만들기(유토, 찰흙 등), 다른 나라의 음식 만들기(점토, 핑거 푸드 등), 유명한 그림 소개하기
	  – 조별로 준비한 내용을 친구들에게 소개하고 감상하는 시간을 갖는다.
	  – 친구들에게 칭찬 한마디를 적어 붙이고 이야기를 나눈다.

유의점	1) 하위 주제를 생성할 때는 단원의 성취기준, 우리 반 학생들에게 필요한 역량, 다루고자 하는 교과의 기능 등을 고려하여 활동을 배치한다. 2) 제시된 하위 주제의 표준 차시의 일부를 가져와서 통합하거나 순서를 조정하여 운영할 수도 있다.

교사가 교과서를 다양한 방법으로 재구성하거나 구성 차시에서 학생들과 활동 내용을 정하는 활동에 처음 도전하는 것은 아기가 걸음마를 시작하는 것과 같다. 아기의 첫 걸음은 불완전하지만 여러 번 넘어진 끝에 자연스럽게 걷게 되는 것처럼 교과서를 재구성하고 구성 차시를 만드는 활동이 처음부터 성공적으로 되기는 어렵다. 수업을 하기 전 교과서를 활용한 다양한 수업을 계획하고 실행하는 과정에서 '이렇게 해도 될까?' '잘못되면 어떻게 하지?' 등 수많은 생각이 스쳐 지나간다. 그러나 한 발을 내딛지 않으면 앞으로 나갈 수 없는 것처럼 재구성하고, 구성 차시를 도전해 보아야 한다. 처음부터 만족스러운 수업을 하기는 어렵겠지만, 여러 번의 시행착오와 동학년 교사들과 수업을 반성하고 다음 수업을 계획할 때 조금 더 나은 아이디어가 생길 것이다. 이런 아이디어가 누적되고, 누적된 아이디어는 다른 수업으로 연결 확장이 가능해진다. 다른 교과 수업과 연결 확장이 자유롭게 이루어질 때 교과서를 가르치는 교사에서 교육과정을 가르치는 교사로 거듭날 것이다.

제13장

성취기준 중심 수업

1. 초등 통합교과의 성취기준

1) 2015 개정 통합교과서와 성취기준

2015 개정 통합교과서는 8개의 주제별로 5개의 성취기준이 있다. 〈표 13-1〉과 〈표 13-2〉에서 알 수 있듯이 각 주제별로 바른 생활과 성취기준 1개, 슬기로운 생활과 성취기준 2개, 즐거운 생활과 성취기준 2개가 배정되었고, 각 단원은 성취기준을 중심으로 내용을 구성하였다.

2) 통합교과 성취기준 중심으로 수업을 만든다는 것은

성취기준 중심으로 수업을 만든다는 것은 어떤 것일까? 성취기준 중심으로 수업을 만들 때는 어떤 점을 고려해야 하며 어떤 절차를 거쳐야 하는가?

성취기준은 수업의 내용과 방법을 알려 주는 기준이라고 볼 수 있다. 그래서 교사는 성취기준을 중심으로 수업을 만들 때 각 교과마다 어떤 성취기준이 있는지를 파악하여 정리해야 한다. 그리고 각 성취기준의 의미를 해석해야만 한다. 즉, 각 성취기준에서 다루어야 할 내용은 무엇이며, 각 교과의 특성에 맞게 어떤 방법이 적당한가에 대한 나름의 해석이

있어야 한다. 그리고 해석한 성취기준을 학생들의 현재 경험 또는 현재 상황과 비교하여
수업의 출발점 또는 수업의 범위를 정해야 한다. 예를 들어, '가족'이라는 주제를 다룰 때,
학급 학생들의 가정환경에 대한 교사의 사전 정보를 적용한 성취기준 중심의 수업을 만들
어야 한다. 그래서 성취기준 중심의 수업을 만들기 위해서는 성취기준에 대한 교사의 해
석과 학생들의 정보가 필요하다.

〈표 13-1〉 1학년 1학기 2015 개정 교육과정 성취기준

교과서명	단원명	성취기준	지도 시기
봄 1-1	학교에 가면	[2바01-01] 학교생활에 필요한 규칙과 약속을 정해서 지킨다. [2슬01-01] 학교 안과 밖, 교실을 둘러보면서 위치와 학교생활 모습 등을 알아본다. [2슬01-02] 여러 친구의 다양한 특성을 이해하고 친구와 잘 지내는 방법을 알아본다. [2즐01-01] 친구와 친해질 수 있는 놀이를 한다. [2즐01-02] 다양한 방법으로 교실을 꾸민다.	3월
	도란도란 봄 동산	[2바02-02] 봄에 볼 수 있는 동식물을 소중히 여기고 보살핀다. [2슬02-03] 봄이 되어 볼 수 있는 다양한 동식물을 찾아본다. [2슬02-04] 봄에 씨앗이나 모종을 심어 기르면서 식물이 자라는 모습을 관찰한다. [2즐02-03] 봄에 볼 수 있는 동식물을 다양하게 표현한다. [2즐02-04] 여러 가지 놀이나 게임을 하면서 봄나들이를 즐긴다.	4월
여름 1-1	우리는 가족입니다	[2바03-01] 가족 및 친척 간에 지켜야 할 예절을 실천한다. [2슬03-01] 우리 가족의 특징을 조사하여 소개한다. [2슬03-02] 나와 가족, 친척의 관계를 알고 친척과 함께 하는 행사나 활동을 조사한다. [2즐03-01] 가족 구성원이 하는 역할을 고려하여 고마운 마음을 작품으로 표현한다. [2즐03-02] 가족이나 친척이 함께 한 일을 다양한 방법으로 표현한다.	5월
	여름 나라	[2바04-01] 여름철의 에너지 절약 수칙을 알고 습관화한다. [2슬04-01] 여름 날씨의 특징과 주변의 생활 모습을 관련짓는다. [2슬04-02] 여름에 사용하는 생활 도구의 종류와 쓰임을 조사한다. [2즐04-01] 여름의 모습과 느낌을 창의적으로 표현한다. [2즐04-02] 여름에 사용하는 생활 도구를 여러 가지 방법으로 표현한다.	6월

〈표 13-2〉 1학년 2학기 2015 개정 교육과정 성취기준

교과서명	단원명	성취기준	지도 시기
가을 1-2	내 이웃 이야기	[2바05-01] 공공장소의 올바른 이용과 시설물을 바르게 사용하는 습관을 기른다. [2슬05-01] 이웃과 더불어 생활하는 모습을 조사하고 발표한다. [2슬05-02] 이웃과 함께 쓰는 장소와 시설물의 종류와 쓰임을 탐색한다. [2즐05-01] 이웃의 모습과 생활을 다양하게 표현하고 이웃과 함께 할 수 있는 놀이를 한다. [2즐05-02] 주변의 장소와 시설물을 이용하여 놀이한다.	9월
	현규의 추석	[2바06-02] 추수하는 사람들의 수고에 감사하는 태도를 기른다. [2슬06-02] 여러 가지 자료를 활용하여 가을의 특징을 파악한다. [2슬06-03] 추석에 대해 알아보고 다른 세시 풍속과 비교한다. [2즐06-02] 가을과 관련한 놀이를 한다. [2즐06-03] 여러 가지 민속놀이를 한다.	10월
겨울 1-2	여기는 우리 나라	[2바07-01] 우리와 북한이 같은 민족임을 알고, 통일 의지를 다진다. [2슬07-01] 우리나라의 상징과 문화를 조사하여 소개하는 자료를 만든다. [2슬07-02] 남북한의 공통점과 차이점을 비교한다. [2즐07-01] 우리나라의 상징을 여러 가지 방법으로 표현한다. [2즐07-02] 남북한에서 하는 놀이를 하고, 통일을 바라는 마음을 다양하게 표현한다.	11월
	겨울이 시작되 는 곳	[2바08-01] 상대방을 배려하며 서로 돕고 나누는 생활을 한다. [2슬08-01] 겨울 날씨의 특징과 주변의 생활 모습을 관련짓는다. [2슬08-02] 겨울철에 쓰이는 생활 도구의 종류와 쓰임을 조사한다. [2즐08-01] 겨울의 모습과 느낌을 창의적으로 표현한다. [2즐08-02] 여러 가지 놀이 도구를 만들어 겨울 놀이를 한다.	12월

〈표 13-3〉 2학년 1학기 2015 개정 교육과정 성취기준

교과서명	단원명	성취기준	지도 시기
봄 2-1	알쏭달쏭 나	[2바01-02] 몸과 마음을 건강하게 유지한다. [2슬01-03] 나의 몸을 살펴보고 몸의 여러 부분의 이름과 하는 일을 관련 짓는다. [2슬01-04] 나의 과거와 현재 모습을 통해서 재능과 흥미를 찾고, 이에 근거하여 미래의 모습을 예상한다. [2즐01-03] 나의 몸을 창의적으로 표현하고, 활발하게 움직일 수 있는 놀이를 한다. [2즐01-04] 나의 흥미와 재능 등을 표현하는 공연·전시 활동을 한다.	3월
	봄이 오면	[2바02-01] 봄철 날씨 변화를 알고 건강 수칙을 스스로 지키는 습관을 기른다. [2슬02-01] 봄 날씨의 특징과 주변의 생활 모습을 관련짓는다. [2슬02-02] 봄철에 사용하는 생활 도구를 종류와 쓰임에 따라 구분한다. [2즐02-01] 봄의 모습과 느낌을 창의적으로 표현한다. [2즐02-02] 봄을 맞이하여 집을 아름답게 꾸민다.	4월
여름 2-1	이런 집 저런 집	[2바03-02] 가족의 형태와 문화가 다양함을 알고 존중한다. [2슬03-03] 주변에서 볼 수 있는 여러 형태의 가족을 살펴본다. [2슬03-04] 가족의 형태에 따른 구성원의 다양한 역할을 알아본다. [2즐03-03] 집 안팎의 모습을 여러 가지 방법으로 표현한다. [2즐03-04] 가족 구성원이 하는 역할에 대해 놀이를 한다.	5월
	초록이의 여름 여행	[2바04-02] 여름 생활을 건강하고 안전하게 할 수 있도록 계획을 세워 실천한다. [2슬04-03] 여름에 볼 수 있는 동식물을 살펴보고 그 특징을 탐구한다. [2슬04-04] 여름방학 동안 하고 싶은 일과 해야 할 일을 계획한다. [2즐04-03] 여름에 볼 수 있는 동식물을 다양하게 표현하고 감상한다. [2즐04-04] 여름에 할 수 있는 여러 가지 놀이를 한다.	6월

〈표 13-4〉 2학년 2학기 2015 개정 교육과정 성취기준

교과서명	단원명	성취기준	지도 시기
가을 2-2	동네 한 바퀴	[2바05-02] 동네를 위해 할 수 있는 일을 찾아 실천하면서 일의 소중함을 안다. [2슬05-03] 동네의 모습을 관찰하고, 그림으로 그려 설명한다. [2슬05-04] 동네 사람들이 하는 일, 직업 등을 조사하여 발표한다. [2즐05-03] 동네 모습을 다양하게 표현한다. [2즐05-04] 동네에서 볼 수 있는 직업과 관련하여 놀이를 한다.	9월
	가을아 어디 있니	[2바06-01] 사람들이 많이 모이는 곳에서 질서와 규칙을 지키며 생활한다. [2슬06-01] 가을 날씨의 특징과 주변의 생활 모습을 관련짓는다. [2슬06-04] 가을에 볼 수 있는 것을 살펴보고, 특징에 따라 무리 짓는다. [2즐06-01] 가을의 모습과 느낌을 창의적으로 표현한다. [2즐06-04] 가을 낙엽, 열매 등을 소재로 다양하게 표현한다.	10월
겨울 2-2	두근두근 세계 여행	[2바07-02] 다른 나라의 문화를 존중하고 공감하는 태도를 기른다. [2슬07-03] 내가 알고 싶은 나라를 조사하여 발표한다. [2슬07-04] 다른 나라의 노래, 춤, 놀이를 조사한다. [2즐07-03] 다른 나라의 문화를 나타내는 작품을 전시·공연하고 감상한다. [2즐07-04] 다른 나라의 노래, 춤, 놀이를 즐기고 그 느낌을 다양하게 표현한다.	11월
	겨울탐정대의 친구 찾기	[2바08-02] 생명을 존중하며 동식물을 보호한다. [2바08-03] 겨울방학 생활 계획을 세워서 실천한다. [2슬08-03] 동식물의 겨울나기 모습을 살펴보고, 좋아하는 동물의 특성을 탐구한다. [2슬08-04] 겨울에 하고 싶은 일, 해야 할 일 등을 조사한다. [2즐08-03] 동물 흉내내기 놀이를 한다. [2즐08-04] 건강한 겨울나기를 위해 규칙적으로 운동한다.	12월

2. 성취기준으로 수업 만들기

그렇다면 교사는 성취기준 중심의 수업을 어떻게 만들 수 있을까? 이 절에서는 성취기준 중심의 수업 만들기를 세 가지 방식으로 제시하였다. 첫째, 바른 생활, 슬기로운 생활, 즐거운 생활 중 한 교과에서 하나의 성취기준을 선택하여 수업을 만드는 방법, 둘째, 바른 생활, 슬기로운 생활, 즐거운 생활 중 2개의 교과에서 각각의 성취기준을 하나씩 선택하여 수업을 만드는 방법, 셋째, 바른 생활, 슬기로운 생활, 즐거운 생활과 다른 교과의 성취기준을 연결하여 수업을 만드는 방법이다.

1) 하나의 성취기준으로 수업 만들기

(1) 준비하기

먼저, 성취기준을 살펴봐야 한다. 다시 말하면, 교사가 수업으로 만들고자 하는 성취기준을 해석해야 한다는 것으로, 교사는 이 성취기준에서 반드시 다루어야 하는 개념은 무엇인지, 활동은 무엇인지, 교과의 특성은 무엇인지 등을 알아야 한다.

그리고 교사가 맡고 있는 학생들을 살펴봐야 한다. 교사는 수업으로 만들 성취기준과 관련하여 반 학생들의 현재 상황, 예를 들어 학생들의 가족관계나 가정형편 또는 학교생활에서 관찰된 학생들의 예절 생활 등을 미리 파악할 필요가 있다. 구체적으로 살펴보면 다음과 같다.

- [2바03-01] 가족 및 친척 간에 지켜야 할 예절을 실천한다.

[2바03-01]은 바른 생활과의 성취기준으로, 교사가 다루어야 할 개념은 가족과 친척에 대한 예절이다. 그래서 첫째, 가족 및 친척 간에 지켜야 할 예절을 교사가 선정하여 학생들이 실천하는 활동으로 수업을 구성할 수 있고, 둘째, 교사는 학생들과 함께 가족 및 친척 간에 지켜야 할 예절을 선정하여 학생들이 실천할 수 있도록 수업을 구성할 수 있다.

(2) 성취기준 중심의 수업 만들기

첫째, 교사가 [2바03-01] 성취기준에서 요구하는 가족 및 친척 간에 지켜야 할 예절을 선정하는 방식은 굳이 이 절에서 설명할 필요가 없을 것이다. 일반적으로 1학년 학생들이 가족이나 친척에게 지켜야 할 예절은 교사마다 같을 수 있고 다를 수 있지만 그것은 큰 문제가 되지 않는다. 교사라면 가족이나 친척에게 지켜야 할 예절을 선정할 수 있기 때문이다.

둘째, 교사가 학생과 함께 [2바03-01] 성취기준에서 요구하는 가족 및 친척 간에 지켜야 할 예절을 선정하고 수업으로 실천한다면, 그 수업은 어떤 모습일까?

다음은 수업의 간략한 흐름을 제시한 내용이다.

- 동화책을 함께 읽거나 동영상을 함께 시청한다.
  - 가족이나 친척에게 바르지 못한 행동을 하는 아이가 나오는 동화책을 함께 읽거나 동영상을 시청한다.
  - "무슨 일이 있었나요?"
- 동화책 또는 동영상에 나오는 아이에게 하고 싶은 말을 생각한다.
  - "동화책(동영상)에 나오는 아이에게 하고 싶은 말을 포스트잇에 적어 볼까요?"
  - "여러분이 적은 포스트잇을 칠판에 붙여 주세요."
- 학생들이 적은 내용을 함께 살펴보면서 이야기를 나눈다.
  - 교사는 학생들이 포스트잇에 적은 내용을 크게 읽는다.
  - "어떤 내용들이 있는지 살펴볼까요?"
  - "왜 그것을 이야기하고 싶은지 발표해 볼까요?"
- 학생들이 적은 포스트잇을 같은 내용끼리 구분하여 칠판에 붙인다.
  - 학생들이 적은 포스트잇을 식사예절, 인사예절 등으로 구분한다.
  - "여러분이 적은 포스트잇을 같은 내용끼리 구분해 볼까요?"
- 학생들과 함께 다루고 싶은 예절 바른 행동을 정한다.
  - "만일 여러분이 동화책(동영상)에 나오는 아이의 친구라면 어떤 것을 먼저 가르쳐 주고 싶은가요?"
  - "우리가 먼저 예절 바른 행동을 살펴보고 가르쳐 주면 어떨까요?"
  - "동화책(동영상)에 나오는 아이에게 가르쳐 주고 싶은 예절을 어떤 것부터 알아볼지 순서를 정해 볼까요?"
- 동화책(동영상)에 나오는 아이에게 예절 바른 행동을 알려 준다.
  - 교실에 동화책(동영상)에 나오는 아이 그림을 붙인다.

- "다음 시간부터 우리가 알게 된 예절 바른 행동을 이 친구에게 적어서 알려 주기로 해요."

학생들은 이미 가족이나 친척에게 지켜야 할 예절을 알고 있다. 다만, 학생들은 생활 장면에서 알고 있는 예절 바른 행동을 실천하지 못할 뿐, 예절 바른 행동을 몰라서 실천하지 않는 것은 아니다. 그래서 예절 바른 행동을 하지 않는 학생 자신의 모습을 직접적으로 끄집어내기보다는 가상의 인물에게 예절 바른 행동을 가르쳐 주는 방식으로 접근하면서 자신의 행동을 되돌아보게 하여 실제로 예절 바른 행동을 실천하는 동기를 부여한다.

학생들은 자신들이 적은 내용이 다음 수업으로 진행된다는 것만으로도 매우 만족할 것이다. 그래서 교사는 학생들이 제안한 가족이나 친척에게 지켜야 할 예절을 어떤 활동, 예를 들어 역할극, 게임 등으로 몇 차시에 걸쳐 전개할 것인지를 결정하면 된다. 그리고 학생들이 정한 예절 바른 행동을 수업하고 난 뒤, 교실에 전시한 동화책(동영상)에 나오는 아이 그림에 알게 된 예절 바른 행동을 정리하게 하여, 학생들이 볼 수 있도록 한다.

2) 2개의 성취기준으로 수업 만들기

(1) 준비하기

통합교과에서 2개의 성취기준으로 수업을 만든다는 것은 바른 생활과 슬기로운 생활의 성취기준을 연결하거나 슬기로운 생활과 즐거운 생활의 성취기준 또는 바른 생활과 즐거운 생활의 성취기준을 연결하여 수업을 만든다는 것을 의미한다. 그래서 교사는 우선 바른 생활, 슬기로운 생활, 즐거운 생활과의 성취기준을 살펴보고 수업으로 만들 성취기준을 선택한다.

- [2바04-02] 여름 생활을 건강하고 안전하게 할 수 있도록 계획을 세워 실천한다.
- [2슬04-03] 여름에 볼 수 있는 동식물을 살펴보고 그 특징을 탐구한다.
- [2슬04-04] 여름방학 동안 하고 싶은 일과 해야 할 일을 계획한다.
- [2즐04-03] 여름에 볼 수 있는 동식물을 다양하게 표현하고 감상한다.
- [2즐04-04] 여름에 할 수 있는 여러 가지 놀이를 한다.

앞의 성취기준은 2학년 1학기 여름의 성취기준이다. 5개의 성취기준에서 수업으로 만들 2개의 성취기준을 고른다면, 우선 공통점이 있는 성취기준을 찾아야 한다.

[2슬04-03]은 여름에 볼 수 있는 동식물의 특징을 탐구하는 슬기로운 생활 수업이고, [2즐04-03]은 여름에 볼 수 있는 동식물을 다양한 방법으로 표현하고 감상하는 즐거운 생활 수업이다. 그러나 [2슬04-03]과 [2즐04-03]은 공통적으로 여름에 볼 수 있는 동식물을 대상으로 하고 있음을 알 수 있다. 즉, 교사는 2개의 성취기준, [2슬04-03]과 [2즐04-03]을 연결한 수업을 만들 수 있다.

- [2슬04-03] [2즐04-03] 여름에 볼 수 있는 동식물의 특징을 살펴보고, 다양하게 표현한다.

(2) 성취기준 중심의 수업 만들기

먼저, 교사는 여름에 볼 수 있는 동물에 대한 학생들의 사전 지식을 살펴볼 필요가 있다. 학생들의 현재 상태가 수업을 시작하는 출발점이 될 수 있다. 그래서 학생들이 책, TV, 인터넷 또는 직접 경험으로 알게 된 여름에 볼 수 있는 동물에 대한 경험을 다함께 공유하는 시간을 통해, 어떤 내용으로 수업을 할 것인지 결정할 수 있다. 다시 말하면, 우리 반 학생들이 어떤 동물의 특징을 살펴보고 싶은지, 그래서 알게 된 동물을 어떤 방법으로 표현할 것인지를 정할 수 있다.

① 여름에 볼 수 있는 동물 이름을 포스트잇에 적는다.
  - "여름에 볼 수 있는 동물 이름을 포스트잇에 적어 볼까요?"
  - "포스트잇 한 장에 하나의 동물 이름을 적어 보세요."
② 학생들이 적은 여름 동물 이름 포스트잇을 살펴본다.
  - "여름에 볼 수 있는 동물에는 무엇이 있는지 살펴볼까요?"
  - 교사는 학생들이 적은 동물 이름을 읽는다.
③ 여름에 볼 수 있는 동물에 대한 이야기를 나눈다.
  - "자신이 알고 있는 동물의 특징에 대해 이야기해 볼까요?"
④ 여름에 볼 수 있는 동물의 특징을 탐구한다.
  - "동물을 자세히 알려면 어떤 방법이 좋을까요?"
  - "도서관에 가서 책을 찾아볼까요?"

- "학교 주변을 둘러보면서 동물을 찾아볼까요?"

⑤ 학생들이 선택한 방법으로 여름에 볼 수 있는 동물을 탐구하게 한다.

- 학생들과 함께 학교 도서관에 가서 여름에 볼 수 있는 동물과 관련된 책을 찾게 한다.
- 학생들과 함께 학교 주변을 둘러보면서 동물을 관찰하는 시간을 갖는다.
- 학급의 여건에 따라 교사가 사전에 준비한 동물 사진을 관찰한다.

⑥ 자신이 관찰한 동물을 어떤 방법으로 표현할지 이야기한다.

- "관찰한 동물을 어떤 방법으로 표현하고 싶나요?"
- "그림으로 그리고 싶나요?"
- "다양한 재료로 만들고 싶나요?"

⑦ 자신이 선택한 방법으로 동물의 특징이 드러나게 표현한다.

- "자기가 선택한 방법으로 여름에 볼 수 있는 동물을 표현해 보세요."

⑧ 작품 전시회를 한다.

- 학생들이 만든 작품을 전시하여 감상해 봅시다.

2개의 성취기준으로 만든 수업은 유연하게 전개될 필요가 있다. 앞에 제시한 ①번 활동부터 ⑧번 활동을 쭉 이어서 전개하기는 어렵다. 학생들의 학습 속도에 따라 하루에 1차시 또는 2차시 또는 요일을 달리하며 수업을 진행할 수 있다.

앞의 활동들을 시간표로 정리하면 다음과 같다.

〈표 13-5〉 시간표

구분	월	화	수	목	금
1교시					
2교시					
3교시	①, ②	⑤	⑦	⑧	
4교시	③, ④	⑥	⑦		
5교시					

그러나 간혹 학생들은 자신이 어떤 방법으로 표현할 것인가에 대해 고민을 하는 경우가 있다. 이런 경우에는 교사가 표현 방법을 제안할 필요가 있다. 그래서 교사가 제안한 방법

―예를 들어, 그림으로 그리기, 종이접기, 재활용품으로 만들기 등―으로 자신이 관찰한 동물을 표현한다. 만일 이런 경험들이 쌓이게 되면 학생들은 자신이 알게 된 것을 점차 다양한 방법으로 표현할 수 있게 될 것이므로, 교사는 학생들에게 다양한 표현 방법을 접할 수 있도록 해 준다.

3) 성취기준 중심으로 국어교과(수학교과)와 연계한 수업 만들기

(1) 준비하기

통합교과서는 학생들의 삶과 연계된 내용으로 구성되었다. 다시 말하면, 3월에는 학생들이 1학년에 입학하면서 학교라는 공간에서 생활하기에 '학교'라는 주제가 나오게 되었고, 4월의 계절이 봄이기에 주제가 '봄'이 되었다. 즉, 주제별 통합교과서는 그 주제를 정해진 시기에 다루어야만 한다는 의미일지도 모른다.

이런 맥락에서 볼 때, 통합교과 성취기준을 타교과와 연계하여 수업을 만들 경우에는 통합교과의 성취기준은 변경할 수 없고, 국어과 또는 수학과의 성취기준을 적절하게 연결시킬 수밖에 없다.

〈표 13-6〉 국어교과와 연계한 수업

교과	성취기준
통합교과	[2바04-01] 여름철의 에너지 절약 수칙을 알고 습관화한다. [2슬04-01] 여름 날씨의 특징과 주변의 생활 모습을 관련짓는다. [2슬04-02] 여름에 사용하는 생활 도구의 종류와 쓰임을 조사한다. [2즐04-01] 여름의 모습과 느낌을 창의적으로 표현한다. [2즐04-02] 여름에 사용하는 생활 도구를 여러 가지 방법으로 표현한다.
	↓
국어	[2국03-04] 인상 깊었던 일이나 겪은 일에 대한 생각이나 느낌을 쓴다. [2국04-01] 한글 자모의 이름과 소릿값을 알고 정확하게 발음하고 쓴다.

(2) 성취기준 중심의 수업 만들기

통합교과와 국어과의 성취기준을 연결하여 수업을 만들 때는 통합교과를 중심으로 국어과의 성취기준을 적절히 적용하는 방식으로 한다. 다시 말하면, 통합교과의 성취기준을 내용으로, 국어과의 성취기준을 방법으로 수업을 전개한다.

• 여름 날씨와 관련된 나의 경험 글쓰기
  – [2슬04-01] 여름 날씨의 특징과 주변의 생활 모습을 관련짓는다(1~2차시).
  – [2국03-04] 인상 깊었던 일이나 겪은 일에 대한 생각이나 느낌을 쓴다(3차시).

[2슬04-01] 성취기준은 여름 날씨의 특징을 사람들의 생활 모습과 관련지어 보는 활동으로, 학생들은 이 수업을 통해 여름 날씨의 특징을 알게 될 것이다(1~2차시). 그래서 여름 날씨 때문에 겪었던 일을 일기 형식이나 짧은 글쓰기 수업인 [2국03-04]으로 연결하면 된다(3차시). 예를 들어, 갑자기 소나기가 내려서 비를 맞고 집에 갔던 일, 너무 더워서 가족들과 물놀이를 갔던 일, 여름밤 열대야 때문에 잠을 못 잤던 일 등 여름의 날씨와 관련된 학생들의 경험을 공유하고 그 내용을 글로 쓰는 활동으로 연결할 수 있다.

• 여름에 사용하는 생활도구 이름에서 자음자와 모음자 찾기
  – [2즐04-02] 여름에 사용하는 생활 도구를 여러 가지 방법으로 표현한다(1~2차시).
  – [2국04-01] 한글 자모의 이름과 소릿값을 알고 정확하게 발음하고 쓴다(3차시).

[2즐04-02]는 여름에 사용하는 생활 도구를 다양한 방법으로 만드는 활동이다. 학생들이 여름에 사용하는 생활 도구로 부채, 선글라스, 모자, 양산, 우산 등을 만든다. 물론 모든 학생이 2차시 동안 하나의 생활 도구, 예를 들어 부채, 우산 중 하나를 같은 시간에 동일한 방법으로 만들거나, 다른 한편으로 학생들은 자신이 선택한 생활 도구를 자신이 선택한 표현 방법인 우산 그리기, 부채 만들기 등으로 만든다(1~2차시).
[2국04-01] 수업은 학생들이 만든 여름에 사용하는 생활 도구와 관련된 단어를 활용하여 자음자와 모음자를 찾는 활동으로 전개된다. 만일 학생들이 만든 여름 생활 도구가 동일한 것, 예를 들어 '부채 만들기'라면 학생들이 부채를 만들 때 사용한 재료들(색종이, 풀, 가위 등)의 이름과 생활 도구 이름 카드를 만들어 각 이름에 사용된 자음자와 모음자를 찾는 활동을 한다. 만일 학생들이 만든 여름 생활 도구가 다양하다면 그 생활 도구 이름을 활용한 이름 카드를 만들어 자음자와 모음자를 찾는 활동을 하면 된다(3차시).

제14장

기능 중심 수업

1. 초등 통합교과의 기능

1) 통합교과에서의 기능

각 교과에는 가르쳐야 하는 내용과 그 내용을 다루는 기능이 함께 있다. 사실상 오늘날 모든 교과의 교육과정에는 그 교과가 다루고 있는 지식과 그 지식을 얻고 활용하는 과정이 모두 제시되어 있다. 이 교과에서는 무엇을 가르치는가에 대한 답은 교과의 내용과 함께 교과 기능이 포함되어 있는 것이다.

통합교과 역시 마찬가지로 알고(know) 하는 것(do)을 통해 궁극적으로 지향하는 것을 성취하고자 하였다. 바른 생활은 실천 활동을 위한 기능을 다섯 가지로, 슬기로운 생활은 탐구 활동을 위한 기능을 다섯 가지로, 즐거운 생활은 표현 놀이를 위한 기능을 세 가지로 각각 제시하고 있는데 이는 다음과 같다.

〈표 14-1〉 통합교과 기능

교과	바른 생활	슬기로운 생활	즐거운 생활
기능	• 되돌아보기 • 스스로 하기 • 내면화하기 • 관계 맺기 • 습관화하기	• 관찰하기 • 무리 짓기 • 조사하기 • 예상하기 • 관계망 그리기	• 놀이하기 • 표현하기 • 감상하기

2) 바른 생활과의 기능

'되돌아보기'는 생활 속에서 한 일들을 여러 가지 형태로 성찰하는 것으로 수행 결과뿐만 아니라 앞으로의 수행을 예상해 보는 것까지 포함한다. '스스로 하기'는 생활 속에서 자신이 해야 할 것을 알고, 스스로 할 수 있도록 하는 것이다. 실천 방안을 스스로 만들어 보고 실천 여부를 점검하는 것까지 이에 해당한다. '내면화하기'는 생활 중 만나게 되는 올바른 가치들을 마음으로 받아들이는 것이다. 바른 생활에 필요한 일상적인 사례 및 사실들을 접하면서 동기를 형성하고 공감하여 자기 삶의 태도나 자세에 반영하는 것이다. '관계 맺기'는 생활 속에서 만나는 사람들과 함께 생활하는 것을 의미한다. 협동, 배려, 존중, 감사, 봉사하는 자세와 태도를 가지고 이를 실제로 수행하는 것이다. '습관화하기'는 생활하고 학습하기 위해서 좋은 습관을 들이는 것을 의미한다. 일상생활 중에 유사한 상황에서 의식적으로 반복하여 좋은 행동이 자동적으로 나타나도록 한다.

3) 슬기로운 생활과의 기능

슬기로운 생활과의 목적은 학생들이 자신이 살고 있는 생활 주변을 대상으로 관찰하기, 무리 짓기, 조사하기, 예상하기, 관계망 그리기와 같은 기초적인 탐구 활동을 함으로써 주변에 대한 관심과 이해를 가지도록 하는 데 있다.

'관찰하기'는 주변에 있는 사물이나 주변에서 접하는 현상을 오감을 통해서 능동적으로 살펴보고, 그 특징들을 찾아내는 활동이다. '무리 짓기'는 주변의 사물과 현상에 대해 수집한 사실과 정보들을 여러 가지 기준으로 구분해 보는 일종의 분류하기 활동이다. 모종의 방법이나 체계에 따라 대상을 나누고 배열하는 활동으로 사물이나 사건의 동질성, 유사성, 차이점, 상호연관성 등을 보아야 한다. '조사하기'는 주어진 과제를 해결하기 위해 조사할 대상, 조사할 것, 조사하는 방법과 시간, 장소 등을 정해서 스스로 혹은 협동하여 과제를 해결하는 활동이다. '예상하기'는 상상하기와는 달리 자료나 근거를 기초로 생각해 보는 탐구 활동이다. '관계망 그리기'는 발상 모으기, 발상 써 보기 등의 기법을 사용하여 자유롭게 사고를 발산하고, 사고한 결과를 유의미하게 묶어 보는 활동이다.

4) 즐거운 생활과의 기능

즐거운 생활과는 학생들이 건강하고 창의적인 사람으로 성장하는 것을 추구하며, 여기에 도달하는 데 필요한 내용으로서 성취기준을 설정하고, 이들을 기능을 통해서 학습할 수 있도록 하고 있다. '놀이하기'는 놀이의 교육적·수단적 가치에서, 나아가 놀이 자체의 본질, 즉 재미를 목적으로 한 자유로운 활동이다. '표현하기'는 자신의 생각, 느낌, 상상한 것을 말이나 글, 몸, 표정으로 표현하고, 공연이나 작품, 표나 그래프, 이미지 등을 통해서 시각적으로 표현하는 활동이다. '감상하기'는 자신만의 구체적인 유무형의 작품들을 감상하고 아름다움을 느끼는 활동이다.

5) 2015 개정 통합교과서와 기능

주제별 교과서에서는 차시를 하나씩 해 나가며 주제 학습을 진행한다. 이때 교과서에 만들어진 표준 차시에는 매 차시마다 그 차시 활동에 주로 사용하는 기능을 교과서와 지도서에 표시하였다. 2~3개 교과를 통합 구성하여 만들어진 차시의 경우에는 보다 핵심적인 활동에 해당하는 교과에서 가장 중요하다 생각되는 기능을 표시하였다.

교사는 학교, 교실, 학생의 여건을 고려하여 교과서의 차시를 재구성하며 차시의 활동과 소재를 바꿀 수 있으므로 이에 따라 사용하는 기능 역시 바꿀 수 있다. 교과마다 기능이 다르므로 구현하고자 하는 성취기준에 해당하는 교과의 기능을 선택할 수 있다.

〈표 14-2〉 지도서에 제시된 단원의 구성

구분	순서	차시명	기능	심미적 감성 역량	시수		
					바른 생활	슬기로운 생활	즐거운 생활
주제 만나기	1~3차시	여름 나라	예상하기	◎		1	2
주제 학습 하기	4~5차시	여름 나라로 떠나요	표현하기	◎		1	1
	6차시	수업 만들기					1
	7차시	해야 해야 나오너라	표현하기				1
	8~9차시	햇볕은 쨍쨍	관계망 그리기			2	
	10~11차시	해 마을에 이런 일이	습관화하기		2		
	12~13차시	더위를 날려요	표현하기	○			2
	14~16차시	우리 함께 해 봐요	내면화하기	○	2		1
	17~18차시	여름날 더운 날	감상하기	◎			2
	19차시	수업 만들기					1
	20차시	구슬 비	표현하기	◎			1
	21~22차시	비가 온다 뚝뚝	조사하기			2	
	23차시	태풍을 피해요	놀이하기				1
	24~26차시	우산 만들기	표현하기	◎			3
	27~28차시	비 마을에 이런 일이	스스로하기		2		
	29차시	한 방울도 소중해	놀이하기				1
	30~31차시	빗방울 똑똑	감상하기	◎			2
	32차시	수업 만들기				1	
	33~34차시	여름에 꼭 필요해	놀이하기			1	1
	35~36차시	여름 나라에 다녀왔어요	표현하기	◎		1	1
	37~38차시	여름을 그려요	표현하기	◎		1	1
주제 마무리하기	39~40차시	'여름 나라' 안녕!		◎		1	1
계	40차시				6	11	23

2. 기능 중심 수업 만들기

대체로 기능은 각 교과의 성취기준이 구현된 수업을 진행하는 과정에서 자연스럽게 익히게 된다. 교과 기능을 체득하는 것이 수업목표로 전면에 드러나는 경우는 많지 않으며, 수업목표에 명시되더라도 그 기능을 통하여 최종적으로는 내용을 학습하는 것으로 수업이 진행된다. 교과 기능을 체득하기 위해서는 일정한 내용을 대상으로 삼기 때문이다.

하지만 교과 기능은 수업의 전면에 드러나지 않을 뿐 교수학습 과정 내내 다루어지기 때문에 기능 중심의 수업 만들기는 익숙한 재구성 방법이 될 수 있다. 이 절에서는 통합교과 중 하나의 기능을 정하여 다른 교과와의 통합을 시도한 사례를 기술하여 이를 살펴봄으로써 기능 중심의 수업설계를 안내하고자 한다.

1) '기능'을 가르쳐야 하나

어느 교과든지 교사용 지도서의 총론에는 그 교과에서 다루고 있는 기능이 명시되어 있다. 하지만 그것이 각 차시의 수업 전개에서는 드러나지 않을 때가 많다. 대체로 많은 교사가 교과 내용을 학습하는 과정에서 기능을 배우게 된다고 생각한다. 그래서 기능의 교수학습을 구체적으로 명시하지 않아도 굳이 문제 삼지 않는다. 교사들이 차시 학습목표 또는 성취기준에는 집중하지만 기능을 무관심의 영역으로 두는 큰 이유가 이것이라고 생각한다. 교과가 배우면 알아서 체득되는 것이라면 굳이 '교과의 기능'이란 용어를 사용하여 교사에게 들이민 이유가 무엇일까? 1년 동안 교과를 가르치면서 적어도 교사는 '교과 기능'을 의식하고 있어야 하는 것이 아닐까? 이 수업 만들기의 시작은 이 질문에서 시작되었다.

우선, 지도서를 살피며 각 교과의 기능을 살펴보았다. 교과 기능은 각 교과마다 특징적인 것도 있지만, 명칭만 다를 뿐 교과별로 비슷한 속성을 지닌 것들이 있었다. 이것들끼리 잘 묶어 집중적으로 수업하면 기능을 학습하는 데 훨씬 수월할 것이라 보았다. 교과 기능은 학습 과정에서 체득되는 것이라 반복하여 그 기능을 사용한다면 좀 더 확실한 효과를 볼 수 있다고 생각했다. 학생들이 교과 기능을 전혀 의식하지 않은 상태에서도 말이다. 이제까지 별 생각이 없던 '교과 기능'에 대한 자각을 계기로 이 수업을 구상하였다.

2) 어떻게 가르쳐야 하나

(1) 기능 및 교과와 단원 선정

기능 선정 조건은 두 가지였다. 첫째는 기능의 성격이 명확하게 드러날 것, 둘째는 두 가지 이상의 교과에서 사용될 것이었다. 이 조건에 맞는 것을 살펴보니 슬기로운 생활과의 '무리 짓기'가 눈에 띄었다. 슬기로운 생활과의 기능 자체가 명확한데다가 수학과의 '분류하기'와 유사점이 많았기 때문이다.

2학년 1학기 수학과에 '분류하기' 단원을 선정하고 2학년 1학기 통합교과서를 살펴보았다. 처음 제목과 대강의 내용을 보았을 때는 '이런 집 저런 집'이 '무리 짓기'를 하기에 적당하다고 생각했다. 하지만 다양한 가족에 대한 올바른 인식을 키워 존중하는 태도를 지니게 하는 것이 중요하다고 보았을 때, 기준에 따른 무리 짓기는 다양성에 대한 감수성을 해치는 것이 될 수 있었다. 슬기로운 생활과의 '무리 짓기'의 소재가 학생의 흥미를 바탕으로 선정된다고 하더라도 그 기준은 어느 정도의 객관성을 가져야 한다고 생각했다. 이에 동물과 식물을 다루는 '여름'을 선정하였다.

여름 교과서 2단원 '초록이의 여름 여행'은 학교의 교육과정 일정상 6월 3주부터 7월 3주까지 공부하기로 계획되어 있었다. 수학과의 '분류하기' 기능을 가장 잘 지도할 수 있는 단원은 5단원 '분류하기'였으며 이는 6월 2~3주에 걸쳐 지도하도록 계획되어 있었다.

5단원 '분류하기'는 처음에는 기준에 따른 분류하기를 하고 이후에 분류하여 수를 세어 보는 활동을 하도록 구성되어 있었다. 통합을 하기 위해서는 초반의 내용이 보다 적절하다 판단하고 수학 5단원과 6단원의 지도 순서를 바꾸어 통합교과와의 진도를 맞추었다.

국어과의 기능에서는 '무리 짓기'가 없었기 때문에 굳이 통합을 할 필요는 없다고 생각했지만, 내용을 추출하여 '무리 짓기'에 활용할 만한 것이 있을까 살펴보았다. 9단원 '생각을 생생하게 나타내요'는 꾸며 주는 말과 관련된 활동이 나왔다. 마지막 차시의 꾸며 주는 말이 들어가는 문장을 만드는 활동을 사용하여 동물과 식물을 꾸며 주는 말을 붙이면 보다 풍성한 활동이 되리라 생각이 들었다. 또 국어과까지 통합을 하면 한 주 동안 일정 시간에 이 통합수업을 진행하는 것이 더 편할 것이라 생각이 들었다. 9단원 역시 6월 2~3주에 배우는 것으로 되어 있어 10단원과 바꾸어 가르치기로 하였다.

'무리 짓기' 기능을 보다 잘 살릴 수 있는 단원도 있었다. 하지만 연초에 계획하여 학생들에게 이미 안내한 진도와 교과서의 표준 차시 내용을 크게 바꾸지 않으면서 기능을 가르칠 수 있도록 수학과 통합교과의 진도 시기와 비슷한 시기의 단원을 선택하였다. '무리 짓기'는 수학의 '분류하기' 단원 내용과도 유사점이 매우 높아 기능 중심의 수업이라고 학생들에게 전면에 드러내기 조심스러울 수 있다. 그럴 경우 오히려 수학 수업처럼 인식할 수 있기 때문이다.

〈표 14-3〉은 교과 진도표의 예시로, 학교 행사나 차시 조정을 거쳐 확정된 것이다.

〈표 14-3〉 2학년 1학기 관련 교과 진도표의 예

월		교과		
		국어	수학	통합
3	1주	1. 시를 즐겨요	1. 세 자리 수	1. 알쏭달쏭 나
	2주			
	3주	2. 자신 있게 말해요		
	4주	2. 자신 있게 말해요 3. 마음을 나누어요		
4	1주	3. 마음을 나누어요	2. 여러 가지 도형	1. 알쏭달쏭 나
	2주	4. 말놀이를 해요		
	3주	4. 말놀이를 해요 5. 낱말을 바르고 정확하게 써요	3. 덧셈과 뺄셈	2. 봄이 오면
	4주	5. 낱말을 바르고 정확하게 써요		
5	1주	6. 차례대로 말해요	3. 덧셈과 뺄셈	2. 봄이 오면
	2주			
	3주	7. 친구들에게 알려요		1. 이런 집 저런 집
	4주		4. 길이 재기	
6	1주	8. 마음을 짐작해요	4. 길이 재기	1. 이런 집 저런 집
	2주	8. 마음을 짐작해요 9. 생각을 생생하게 나타내요	5. 분류하기	
	3주	9. 생각을 생생하게 나타내요		2. 초록이의 여름 여행
	4주	10. 다른 사람을 생각해요	6. 곱셈	
7	1주	10. 다른 사람을 생각해요	6. 곱셈	2. 초록이의 여름 여행
	2주	11. 상상의 날개를 펴요		
	3주			

(2) 차시 추출

기능을 가르치기에 적합한 차시를 추출하여 어떻게 가르칠 것인가는 가장 큰 고민이었다. 선정한 교과 단원에서 추출한 차시마다 기능이 부각되는 수업을 할 것인가, 추출한 차시를 재구성하여 집중적으로 수업할 것인가.

사실, 이 고민에 대한 답은 처음에 기능을 고를 때 이미 내린 것이나 마찬가지였다. (기능 선정의 조건 중 하나가 두 가지 이상의 교과에서 사용되는 것이었다.) 각 차시에서 기능이 드러나게 가르칠 생각이라면 사실 여러 개의 교과를 살펴볼 필요도 없었다. 심지어 국어과의 경우는 '무리 짓기' 기능이 필요하지도 않다. 기능은 학생들의 눈에 보이는 것이 아니다. 기능은 완성된 형태의 지식이 아니라 지식을 배우면서 자연스럽게 습득하는 것이다. 그렇다면 집중적으로 반복해야 학생들이 체득할 수 있을 것 같았고 그러기 위해서는 추출한 차시를 10차시 정도의 분량으로 재구성하여 일정 기간 몰아서 수업하는 것이 좋다고 생각했다.

슬기로운 생활과는 9차시 분량이 배정되어 있었는데 그중에서 2차시는 주제 만나기와 주제 마무리하기 차시에 배정되어 있었다. 기능중심의 수업을 진행하는 것과는 별도로 통합교과의 주제 학습은 그대로 이어 갈 생각이었기 때문에 주제 만나기와 주제 마무리하기의 차시는 그대로 두기로 했다. 슬기로운 생활과의 성취기준 2개 중 [2슬04-03]은 '무리 짓기'를 하기에 적당해 보였지만, [2슬04-04]는 어울리지 않아 보였다.

- [2슬04-03] 여름에 볼 수 있는 동식물을 살펴보고 그 특징을 탐구한다.
- [2슬04-04] 여름방학 동안 하고 싶은 일과 해야 할 일을 계획한다.

[2슬04-04]를 위한 분량을 제외한 5차시 분을 기능 학습을 위해 사용하기로 하였다. 학습내용은 성취기준 [2슬04-03]에 해당하는 것으로 구성하였다.

수학과에서는 '무리 짓기' 기능과 직접적으로 연결되는 2~4차시만 추출하기로 하였다. 분류 기준의 필요성을 이해하고 정해진 기준 또는 자신이 정한 기준으로 분류해 보는 활동이 여기에 해당한다.

국어과는 앞서 말한 바와 같이 기능 학습을 위해서가 아니라 놀이 활동을 위해 2차시 분량을 가지고 왔다. 문장 만들기 놀이를 하는 2차시 분의 수업을 국어 단원 학습에서 지도하지 않고 기능 학습 수업에서 지도하기로 하였다. 해당 차시의 수업 내용은 꾸며 주는 말을 넣어 문장을 만드는 것이다. 이 활동을 그대로 가지고 와서 수업의 소재가 되는 동

〈표 14-4〉 차시 추출 및 재구성의 예

교과	교육과정 성취기준	교과서				재구성 계획				
		단원명	차시	학습내용	선택	주제	차시	차시 시량	학습내용	관련 차시
국어	[2국03-02] 자신의 생각을 문장으로 표현한다.	9. 생각을 생생하게 나타내요	1~2	꾸며 주는 말을 사용하면 좋은 점 알기		끼리끼리 한 마당	1	2	• 마당 열기 - 여름에 볼 수 있는 동식물 알아보고 교실 동식물 무리 짓는 놀이하기 - 주제 만나기	수학 1 통합 1
	[2국02-03] 글을 읽고 주요 내용을 확인한다.		3~4	꾸며 주는 말을 사용하여 짧은 글 쓰기						
	[2국04-04] 글자, 낱말, 문장을 관심 있게 살펴보고 흥미를 가진다.		5~6	주요 내용을 확인하며 글 읽기			2	2	• 동물이랑 한 마당 - 동물 탐색하기 - 기준에 따라 동물 무리 짓기 - 동물 꾸며 주는 말 붙이기	국어 1/2 수학 1/2 통합 1
			7~8	자신의 생각을 나타내는 글쓰기						
			9~10	문장을 만들기 놀이하기	○					
수학	[2수05-01] 교실 및 생활 주변에 있는 사물들을 정해진 기준 또는 자신이 정한 기준으로 분류하여 개수를 세어 보고, 기준에 따른 결과를 말할 수 있다.	5. 분류하기	1	단원 도입			3	2	• 식물이랑 한 마당 - 식물 탐색하기 - 기준에 따라 식물 무리 짓기 - 식물 꾸며 주는 말 붙이기	국어 1/2 수학 1/2 통합 1
			2	분류 기준의 필요성 이해하기						
			3	기준에 따라 분류하기	○					
			4	놀이 수학	○					
			5	분류하여 세어 보기						
			6	분류한 결과 정리하기			4	2	• 끼리끼리 마당 잔치 - 동식물을 우리만의 기준으로 무리 짓기 - 설명하면서 재배치하기	수학 1 통합 1
			7	단원 정리						
			8	탐구 수학						
통합	[2슬04-03] 여름에 볼 수 있는 동식물을 탐구한다.	2. 초록이의 여름 여행	1	주제 만나기			5	2	• 마당 닫기 - 꾸며 주는 말 무리 짓기 놀이하기 - 학습을 마치며 자신의 생각을 표현하기	국어 1 통합 1
			5~6	동산에 사는 동식물 알기	○					
			13	나뭇잎 관찰하기	○					
	[2슬04-04] 여름방학 동안 하고 싶은 일과 해야 할 일을 계획한다.		19~20	물가에 사는 동식물 알기	○					
			31	식물 관찰하기						
			37	여름방학 계획 세우기						
			39	주제 마무리하기						

7월 1주 교과 운영 계획: 총 22시간
① 끼리끼리 한 마당: 10시간(국어 2, 수학 3, 통합 5)
② 1일차 2교시, 2일차 4교시, 3일차 4교시로 총 3일 운영

식물을 꾸며 주는 말을 붙이는 활동과 학급 전체에서 찾은 꾸며 주는 말을 무리 짓기 하는 활동을 구상해 보았다.

교과서에 구성된 표준차시 중 추출한 차시와 이를 재구성한 내용은 〈표 14-4〉로 정리하였다. 통합교과는 슬기로운 생활과에 해당하는 차시만 제시하였다.

(3) 차시 재구성 및 운영

슬기로운 생활과 5차시, 수학과 3차시, 국어과 2차시 분을 뽑아 10차시를 확보하고 이를 기능 중심 수업으로 재구성하였다. 해당 단원을 수업하는 중에 몇몇 차시만 뽑아서 운영하는 것이어서 학생들의 혼란을 줄이기 위해 '끼리끼리 한 마당'이라는 별도의 주제를 정하였다. 각각 2차시씩 5번의 수업을 3일 동안 집중적으로 운영하는 것으로 계획하였다.

1~2차시는 흩어져 있는 교과를 묶어 내는 활동으로 통합교과의 주제 만나기와 비슷한 성격을 지니고 있다. '초록이의 여름 여행'의 시작에서 알아보았던 동식물을 떠올려 보고 이들을 자유롭게 분류하는 놀이를 하는 것으로 진행했다. 이후 수학과의 성취기준에 해당하는 분류 기준이 필요한 이유에 대해서 생각해 보는 것까지 포함한다.

3~4차시는 동물 무리 짓기 활동으로 교사가 정해 준 기준에 따라 무리 짓기를 해 본 다음, 각각의 동물들에 대해 탐구해 보는 것이 주가 된다. '초록이의 여름 여행'에서 동식물을 동산, 물가, 바다로 사는 곳에 따라 나눈 다음, 한 장소씩 다니며 탐구하는 것으로 되어 있기 때문에 이것이 가장 무난한 기준이 되리라 생각하였다. 무리 짓기를 한 범주에 적절하게 동물들을 꾸며 주는 말을 붙여 보는 놀이 활동으로 마무리한다.

5~6차시는 소재가 동물에서 식물로 바뀌는 것뿐, 2차시의 활동과 같은 활동으로 이루어진다.

7~8차시는 3~6차시에서 동식물의 속성을 탐구하였기 때문에 이를 바탕으로 학생들이 스스로 기준을 정하여 무리 짓기를 하는 활동을 주로 생각하였다. 각 조별로 활동한 결과를 발표하면서 잘못 무리 지은 것들은 재배치하는 활동을 하는 것까지 포함한다.

마지막 9~10차시는 2차시와 3차시에서 사용한 동식물을 꾸며 주는 말을 무리 짓기를 하는 활동을 하고 '끼리끼리 한 마당'을 학습했던 소감을 이야기하는 것으로 마무리한다.

이 수업을 통해 학생들은 각 교과의 흐름에서 크게 벗어났다고 생각하지 않고 집중적으로 '무리 짓기' 기능을 배울 수 있을 것이라 생각한다.

3) 잘 가르치고 있는가, 잘 배우고 있는가

요즘 교실 수업에서 가르침이 중요한 것이 아니라 배움이 중요하다는 분위기가 조성되고 있다. 교사가 잘 가르치는 것이 중요한 것이 아니라 학생들이 잘 배우고 있느냐를 생각해야 한다는 것이다. 당연한 말 같지만 내가 초임 시절에만 해도 교수법이나 학습 도구의 질이 곧 좋은 수업의 충분조건이었다.

교사의 빈틈없는 계획과 준비는 곧 성공한 수업을 이끌어 낸다는 굳은 믿음은 나의 관심을 학생에게서 멀게 만들곤 했다. 그 사실을 알았던 것은 교사 경력 7년에 다다랐을 때였다. 수업에 한창 욕심이 있었던 그때, 수업을 끝내기 3분 전 이번 수업에서 배운 것을 짧게 정리하는 활동을 했었는데 그 정리 쪽지의 내용은 나를 혼돈에 빠트리곤 했다. 거의 매일 대부분의 수업에서 내가 계획하고 의도한 것들과 전혀 상관없는 배움이 이루어졌기 때문이다.

당혹감과 좌절, 심지어 분노의 단계에까지 이르렀다 비로소 알게 된 것은 단 하나였다. 학생들이 그 시간에 배웠다고 생각한 것은 가장 즐겁게 활동했던 그 순간의 무언가였다. 그 이후로는 학생들이 즐겁게 몰입하는 그 순간과 활동을 찾으려 애쓰고 고민했다. 그리고 내가 가르쳐야 한다고 생각하는 그것과 학생들의 즐거움이 맞닿을 수 있도록 그것만 생각했다.

내가 지금 이 시점에서 이 이야기를 하는 이유는 하나이다. 앞 절에서 나름 고민하면서 만들어 낸 계획은 실시간 수업에 들어가면 의미 없는 종이 조각이 될 수도 있다는 것이다. 수업은 누군가의 말처럼 살아 움직인다. 나는 수업 전에 내가 가르쳐야 할 것을 명확하게 정리한다. 그리고 수업이 시작되면 나의 눈과 귀는 오롯이 학생들만을 바라보려고 한다. 내가 가르치고자 하는 것을 배우고 있는가를 살펴본다. 아닌 것 같으면 지체 없이 계획을 무시하고 그 순간에 할 수 있는 것들을 한다. 그리고 나면 내가 생각했던 것들은 다 뒤엉켜 버리긴 하지만 거기서부터 다시 계획한다.

내가 만든 이 수업은 그저 머릿속에서만 이루어지는 수업이다. 설사 이 계획대로 우리 교실에서 성공적인 수업이 이루어졌다 하더라도 말이다. 여기에 만들어진 수업은 하나의 예시로만 생각하고 관심 밖에 있던 기능을 가르치는 것, 바로 그것에만 집중하여 우리 교실만의 수업을 만들어 보길 바란다.

4) 교과 기능 중심 수업의 예시

〈표 14-5〉 교과 기능 중심 수업과정(안) 1

교과	슬기로운 생활	
기능	무리 짓기	
통합한 교과	수학	5. 분류하기 – 기준에 맞추어 분류하기
수업활동	마당 열기	
준비물	동물 카드와 식물 카드 모음(조의 수만큼)	
차시 흐름	1) 동물 카드와 식물 카드 자유롭게 무리 짓기 • "책상 위에 있는 동물 카드와 식물 카드를 자유롭게 묶어 봅시다." • "왜 이렇게 묶었나요?" 2) 다른 조의 활동 결과 살펴보기 • 조별로 돌아다니며 활동 결과를 살펴본다. • "활동 결과를 살펴보고 어떤 생각을 했나요?" • "잘 된 점과 이해가 잘 안 가는 점을 이야기해 봅시다." 3) 무리 짓기에서 기준이 필요함을 이해하기 4) '끼리끼리 한 마당'의 주제 만나기	
유의점	1) 이 수업은 앞으로 이틀 내내 진행하게 되며 국어, 수학, 통합교과가 함께 진행된다는 것을 알리도록 한다. 2) '무리 짓기'라는 명칭이 '분류하기'와 비슷하고 혼용하여 쓰일 수 있다. 특히 수학의 5. 단원명이 '분류하기'이기 때문에 더욱 그렇다. 분류하기와 '무리 짓기'가 유사한 말임을 알리고 수업을 진행한다. 3) 처음에 하는 무리 짓기는 학생들의 '내가 직접 키워 본 동물' '내가 키워 본 식물'과 같은 심리적인 무리 짓기도 가능하다.	

〈표 14-6〉 교과 기능 중심 수업과정(안)

교과	슬기로운 생활	
기능	무리 짓기	
통합한 교과	수학	5. 분류하기 – 기준에 맞추어 분류하기
	국어	9. 생각을 생생하게 나타내요. – 꾸며 주는 말 붙이기
수업활동	동물끼리 한 마당	
준비물	동물 카드	

차시 흐름	1) 동물 탐색하기 • 동물 카드에 있는 동물에 대해 알아본다. 2) 교사가 제시한 조건에 맞추어 동물 카드 무리 짓기 • 시간에 따라 조건을 2개 이상 제시한다. • 결과를 발표한다. 3) 꾸며 주는 말 붙이기 놀이하기 • "동물들을 꾸며 주는 말을 가능한 한 많이 찾아봅시다." • 적절하게 꾸며 주는 말을 많이 찾을수록 점수를 많이 쌓을 수 있다.
유의점	1) 동물 카드 뒷면에 동물에 관한 간단한 정보를 교사가 적어 주면 좋다. 혹은 과제로 동물에 대한 정보를 조사해 오도록 할 수도 있다. 2) 꾸며 주는 말은 국어 시간에 이미 학습을 한 것이기 때문에 꾸며 주는 말에 해당하지 않거나 어울리지 않는 말을 아무것이나 붙이지 않도록 한다.

〈표 14-7〉 교과 기능 중심 수업과정(안) 2

교과	슬기로운 생활	
기능	무리 짓기	
통합한 교과	수학	5. 분류하기 - 기준에 맞추어 분류하기
	국어	9. 생각을 생생하게 나타내요. - 꾸며 주는 말 붙이기
수업활동	식물끼리 한 마당	
준비물	식물 카드	
차시 흐름	1) 식물 탐색하기 • 식물 카드에 있는 식물에 대해 알아본다. 2) 교사가 제시한 조건에 맞추어 식물 카드 무리 짓기 • 시간에 따라 조건을 2개 이상 제시한다. • 결과를 발표한다. 3) 꾸며 주는 말 붙이기 놀이하기 • "식물들을 꾸며 주는 말을 가능한 한 많이 찾아봅시다." • 적절하게 꾸며 주는 말을 많이 찾을수록 점수를 많이 쌓을 수 있다.	
유의점	1) 식물 카드 뒷면에 식물에 관한 간단한 정보를 교사가 적어 주면 좋다. 혹은 과제로 식물에 대한 정보를 조사해 오도록 할 수도 있다. 2) 꾸며 주는 말은 국어 시간에 이미 학습을 한 것이기 때문에 꾸며 주는 말에 해당하지 않거나 어울리지 않는 말을 아무것이나 붙이지 않도록 한다.	

〈표 14-8〉 교과 기능 중심 수업과정(안) 3

교과	슬기로운 생활	
기능	무리 짓기	
통합한 교과	수학	5. 분류하기 – 기준에 맞추어 분류하기
수업활동	끼리끼리 마당잔치	
준비물	동물 카드와 식물 카드	
차시 흐름	1) 동물 카드와 식물 카드 조건을 정하여 무리 짓기 • "책상 위에 있는 동물 카드와 식물 카드를 조에서 정한 기준에 맞추어 무리 짓기를 해 봅시다." • 모든 동물과 식물을 한번에 다 무리 짓기 할 필요는 없지만, 최대한 많은 동식물을 대상으로 할 수 있도록 한다. • 여러 기준에 맞추어 무리 짓기를 해 보고 발표할 것 하나를 정한다. 2) 다른 조의 활동 결과 살펴보기 • "반 친구들 앞에서 우리 조의 결과를 이야기해 봅시다." • "활동 결과를 살펴보고 어떤 생각을 했나요?" 3) 부족한 부분 보완하기 • 발표하면서 부족하다고 생각했던 부분이나 다른 조에서 이야기한 부분을 보완하여 다시 무리 짓기를 한다. • 조별로 돌아다니며 활동 결과를 다시 살펴본다.	
유의점	1) 수학과의 성취기준을 위한 차시이다. 자신이 정한 기준에 맞추어 분류할 수 있도록 하고 조원이 모두 다 하나 이상의 기준을 제시할 수 있도록 유도한다. 이때 기준은 앞서 2, 3차시에서 살펴보았던 동물과 식물의 특징을 바탕으로 할 수 있도록 한다. 2) 조의 활동 결과를 보면서 이해가 잘 안 가는 부분을 물어보고, 잘못된 부분을 알려 주도록 한다. 이 활동을 바탕으로 조끼리 다시 재배치하는 활동을 꼭 할 수 있도록 한다.	

〈표 14-9〉 교과 기능 중심 수업과정(안) 4

교과	슬기로운 생활	
기능	무리 짓기	
통합한 교과	국어	9. 생각을 생생하게 나타내요. – 꾸며 주는 말 붙이기
수업활동	마당 닫기	
준비물	꾸며 주는 말 카드	

차시 흐름	1) 전 차시에서 찾은 꾸며 주는 말 모으기 • 꾸며 주는 말을 카드로 만든다. 2) 꾸며 주는 말을 무리 짓기 • 조에서 기준을 정하여 꾸며 주는 말을 무리 짓기 한다. • 여러 기준을 정하여 활동하고 가장 잘 된 것을 하나 정한다. 3) 다른 조의 활동 결과 살펴보기 • 조별로 돌아다니며 활동 결과를 살펴본다. • "활동 결과를 살펴보고 어떤 생각을 했나요?" • "잘 된 점과 이해가 안 되는 점을 이야기해 봅시다." 4) 학습 마치기 • 이틀 동안 공부한 소감을 발표한다. • 꾸며 주는 말을 넣어 발표하도록 한다.
유의점	1) 꾸며 주는 말은 무리 짓기를 할 때 기준이 객관적이지 않을 수 있으므로 교사의 지도가 필요하다. 2) 소감을 발표할 때 꾸며 주는 말을 넣어서 할 수 있도록 한다.

제15장
역량 중심 수업

1. 초등 통합교육의 역량

1) 핵심역량과 2015 개정 교육과정

2015 개정 교육과정의 여러 특징 중 가장 주목할 만한 것 중 하나는 핵심역량일 것이다. 교육과정 총론에는 '추구하는 인간상'에 여섯 가지 핵심역량을 도입하였고, 교육과정 각론에는 핵심역량과의 연계 속에서 각 교과별로 교과 역량을 설정하여 이를 구체적으로 제시하고 있다. 1997년 OECD가 DeSeCo(Definition and Selection of Key Competencies) 프로젝트에서 핵심역량을 제시한 이래로, 역량은 미래를 살아갈 학생들이 길러야 할 필수적인 것으로 대두되었으며, 교과와 상호 관계 속에서 혹은 교과를 초월하거나 교과를 대안하는 것으로 자리매김 하고 있다. 우리나라의 경우 2015 개정 교육과정에 핵심역량이 가시적으로 드러났는데, 이는 2015 개정 교육과정을 추진한 교육부의 문서에서도 확인해 볼 수 있다(교육부, 2014).

1. 문·이과 통합형 교육과정 총론 시안 개발 연구(총괄)
  • 연구내용 및 범위
    ◦ 교육과정 총론 개정 시안 개발

- 교육과정의 성격, 추구하는 인간상 및 교육과정 구성 방침 정비
- 학교 급별 교육 목표 설정
- 역량, NCS 기반 직업교육과정 개발 등 교육과정 관련 사회적 요구 등 반영 방안
- 교육과정 문서 체제 정비
- 창의적 체험활동 효율적 운영 방안
- 현행 범교과 학습 주제 검토 개선

2014년 초에 교육부는 2015 개정 교육과정의 개발을 위해 정책연구를 공모하였고, 그 중 교육과정 총론 시안 개발에서 역량을 구체화해 주길 기대하였다. 이는 연구내용 및 범위를 통해서 확인해 볼 수 있는데, '역량'이라는 단어를 직접적으로 제시하면서 사회적으로 필요한 '역량'을 총론에 반영할 것을 하나의 연구내용으로 삼고 있다. 즉, 교육부는 여러 나라의 동향 및 우리나라의 상황을 통해 역량이 교육과정에 들어오길 바랐고, 2015 개정 교육과정 연구팀은 이를 반영하여 교육과정 총론에 역량을 가시적으로 드러낸 것이다.

역량이 교육과정에 적극적으로 반영되면서 기존의 교과 중심 교육과정에도 변화가 생겼는데 가장 가시적으로 드러나는 변화는 교과마다 교과 역량을 설정했다는 것이며, 다른 하나는 핵심역량 교육과정이 '많은 양의 지식을 축적하는 것보다는 보유한 지식을 상황과 맥락에 적절하게 활용하고 그것을 통하여 새로운 지식을 창출할 수 있는 능력을 신장시키는 데'(이광우, 백경선, 이수정, 2017) 목적을 두기 때문에 앎의 축적보다도 앎의 적용과 창출을 강화하는 측면이 반영되었다는 것이다.

핵심역량은 교과교육을 포함한 학교 교육 전 과정을 통해 중점적으로 기르고자 하는 것으로, 구체적으로 〈표 15-1〉과 같다(교육부, 2015b).

〈표 15-1〉 2015 개정 교육과정의 핵심역량

역량	의미
자기관리 역량	자아정체성과 자신감을 가지고 자신의 삶과 진로에 필요한 기초 능력과 자질을 갖추어 자기주도적으로 살아갈 수 있는 역량
지식정보처리 역량	문제를 합리적으로 해결하기 위하여 다양한 영역의 지식과 정보를 처리하고 활용할 수 있는 역량
창의적 사고 역량	폭넓은 기초 지식을 바탕으로 다양한 전문 분야의 지식, 기술, 경험을 융합적으로 활용하여 새로운 것을 창출하는 역량
심미적 감성 역량	인간에 대한 공감적 이해와 문화적 감수성을 바탕으로 삶의 의미와 가치를 발견하고 향유하는 역량

의사소통 역량	다양한 상황에서 자신의 생각과 감정을 효과적으로 표현하고 다른 사람의 의견을 경청하며 존중하는 역량
공동체 역량	지역·국가·세계 공동체의 구성원에게 요구되는 가치와 태도를 가지고 공동체 발전에 적극적으로 참여하는 역량

2) 통합교과의 교과 역량

핵심역량이 학교 교육 전반에서 다루어야 할 역량이라면, 교과 역량은 핵심역량이라는 테두리 안에서 교과의 목표와 성격에 맞게 재해석한 역량이다. 2015 개정 교육과정 총론에서 핵심역량이 발표되고 나서 이를 교과 역량으로 어떻게 반영할 것인가에 대한 논의가 있었는데 구체적인 맥락을 살펴보면 다음과 같다(교육부, 한국교육과정평가원, 한국과학창의재단, 2015: 이광우, 백경선, 이수정, 2017에서 재인용).

- 교육과정 총론의 역량 취지를 고려하여 교과의 성격에 근거한 교과 역량을 교과교육과정에 반영
  - 총론의 역량을 기계적으로 교과교육과정에 반영하는 것은 지양
  - 교과의 성격, 교과 고유의 논리체계나 구조를 고려하여 교과교육을 통해 학생들에게 기대되는(알아야 할) 교과 역량을 반영
  - 총론의 역량을 교과의 특성에 맞게 번안, 수정, 추가하여 반영하되, 다만 이 경우에도 총론의 역량으로 인해 교과의 정체성(개념, 지식체계) 등이 훼손되는 것은 금지
  - 교과교육(교육내용 학습)을 통해 학생들에게 기대되는(계발되어야 할) 교과 역량들이 궁극적으로 학교 교육활동을 통해 계발되어야 할 역량과 연계

핵심역량이 일반적인 역량임과 동시에 교과를 초월하여 어느 교과에서든지 적용 가능한 역량이라면, 교과 역량은 교과라는 렌즈 안에서 핵심역량을 재해석한 것이며, 교과를 통해 기를 수 있는 역량으로 교과라는 범주 안에 있으면서 핵심역량의 특성을 반영한 역량이다. 따라서 교과 역량은 교과와 핵심역량을 동시에 고려하여 접근해야 하며, 통합교과의 교과 역량 역시 이 두 가지 맥락에서 살펴보아야 한다. 통합교과는 교과 역량 설정 시, 핵심역량의 용어를 그대로 사용하면서 통합교과의 특성과 성격에 맞추어 그 의미를 재정의하는 방식을 취하였다. 이에 따라 핵심역량과 용어는 같으나 그 뜻은 다른 교과 역

량이 탄생하였는데, 이를 살펴보면 〈표 15-2〉와 같다(교육부, 2015b).

〈표 15-2〉 2015 개정 통합교과의 교과 역량

교과	역량	의미
바른 생활	공동체 역량	가족, 학교, 지역사회, 국가의 구성원으로서 요구되는 가치와 태도를 받아들이고 공동체의 일원으로 주변 사람들과 원만한 관계를 형성·유지하고, 상호작용할 수 있는 능력
	자기관리 역량	일상생활을 하는 데 필요한 기본 생활 습관 및 기본 학습 습관을 형성함으로써 변화하는 사회에 유연하게 적응하며 살아갈 수 있는 능력
	의사소통 역량	가족, 학교, 지역사회 구성원들의 의사를 이해하고 소통하며, 자신의 생각을 알고 상황에 맞게 효과적으로 표현할 수 있는 능력
슬기로운 생활	창의적 사고 역량	주변에 관심을 갖고 다양한 현상과 관련지어 창의적으로 생각할 수 있는 능력
	지식정보처리 역량	주변에 관심을 갖고 여러 가지 자료를 수집, 분류, 이해할 수 있는 능력
	의사소통 역량	주변을 탐구하는 과정에서 다른 사람들과 의견을 나누고, 그 결과를 공유할 수 있는 능력
즐거운 생활	심미적 감성 역량	일상생활에서 아름다움과 즐거움을 느끼고, 여러 가지 자료와 매체, 도구 등을 사용하여 소리와 이미지, 움직임 등에 대해 다양한 감각을 발달시키는 능력
	창의적 사고 역량	주변의 대상과 현상, 문화 등에 대해 창의적으로 생각하고 소리, 이미지, 움직임 등에 대한 자신의 생각과 느낌을 새롭고 융합적으로 표현할 수 있는 능력
	의사소통 역량	소리, 이미지, 움직임 등을 활용하여 자신의 생각과 느낌을 표현하고 타인의 표현을 이해하며 서로 소통할 수 있는 능력

세 통합교과 모두에 의사소통 역량이 제시되어 있으며, 바른 생활은 바른 생활의 성격과 특성에 따라 공동체 역량과 자기관리 역량을, 슬기로운 생활은 지식정보처리 역량과 창의적 사고 역량을, 즐거운 생활은 심미적 감성 역량과 창의적 사고 역량을 제시하고 있다.

3) 2015 개정 통합교과서와 교과 역량

2015 개정 교육과정에서 강조하고 있는 핵심역량과 이에 따른 통합교과의 교과 역량이

교실에서 적극적으로 구현될 수 있도록, 즉 역량의 도입 취지가 퇴색되지 않도록 하려면 이를 구체적으로 실현할 수 있는 계기를 마련해야 할 것이다. 이는 교과서라는 교육과정 자료를 통해 접근할 수 있는데 교과서는 거의 모든 교사가 사용하는 표준화된 교재이다. 통합교과서의 경우, 단 1종으로 운영되는 국정교과서이기 때문에 이를 통해 교사가 교과 역량을 수업으로 발현할 수 있는 통로를 마련할 수 있다. 2015 개정 통합교과서는 두 가지 방법을 통해 이를 구현하였는데, 첫째, 교과서의 각 단원별로 주된 교과 역량을 설정하여 단원을 통해 교과 역량을 함양할 수 있도록 하였으며, 둘째, 교과서의 '주제 학습 마무리 하기'를 통해 교과 역량을 강조한 활동으로 수업을 진행할 수 있도록 안내하였다.

구체적으로 첫 번째 구현 방법을 살펴보면, 2015 개정 통합교과서는 각 학년별로 8개의 단원을 제시하고 있으며, 단원별로 유관한 교과 역량을 설정하고 이것이 부각될 수 있는 수업 차시를 설정함으로써 교과 역량이 실질적으로 교실 수업으로 연결될 수 있도록 하였다.

〈표 15-3〉 단원별 주요 교과 역량

교과서명	단원명	교과 역량
봄 1-1	학교에 가면	의사소통 역량
	도란도란 봄 동산	지식정보처리 역량
여름 1-1	우리는 가족입니다	창의적 사고 역량
	여름 나라	심미적 감성 역량
가을 1-2	내 이웃 이야기	의사소통 역량
	현규의 추석	지식정보처리 역량
겨울 1-2	여기는 우리나라	의사소통 역량
	겨울이 시작되는 곳	창의적 사고 역량
봄 2-1	알쏭달쏭 나	자기관리 역량
	봄이 오면	창의적 사고 역량
여름 2-1	이런 집 저런 집	공동체 역량
	초록이의 여름 여행	심미적 감성 역량
가을 2-1	동네 한 바퀴	지식정보처리 역량
	가을아 어디 있니	심미적 감성 역량
겨울 2-1	두근두근 세계 여행	의사소통 역량
	겨울탐정대의 친구 찾기	창의적 사고 역량

두 번째 구현 방법은 교과서에 교과 역량과 관련된 구체적인 발문을 교과서에 제공하는 것으로 나타났는데, 예를 들어 '학교에 가면' 단원의 '의사소통 역량'의 경우, "친구들과 사이좋게 의논하며 활동하였나요?"라는 질문을 제시하여 의사소통 역량이 드러난 활동을 안내하였으며, '현규의 추석'의 '지식정보처리 역량'의 경우, "자신이 겪은 추석을 다양한 방법으로 정리해 볼 수 있나요?"라는 질문을 제시하여 단원의 마무리를 지식정보처리 역량 중심으로 구현할 수 있도록 안내하였다.

그러나 각 단원별로 배정된 교과 역량은 교과 역량이 실제 수업에서 어떻게 구현될 수 있는가를 안내하는 하나의 방법이지 꼭 이것만을 해야 한다는 접근은 아니기 때문에 이를 활용할 때 단원에 배정된 교과 역량을 구현하기도 하고 혹은 다른 교과 역량이 적합하면 이를 적용하는 등 다양한 접근을 통해 교과 역량을 활용하는 것이 좋을 것이다.

2. 역량 중심 수업 만들기

그렇다면 실제로 교과 역량 중심의 수업을 어떻게 만들 수 있을까? 이를 위해 이 절에서는 두 가지 방식으로 교사가 교과 역량 중심의 수업을 만들 수 있도록 접근하였다. 첫째, 한 교사가 교과 역량의 수업을 만드는 과정을 세세하게 기록하였으며, 둘째, 실제 적용 가능한 교수학습 과정안을 제시하였다. 첫 번째 접근방식은 누군가가 한 것을 살펴보는 것으로, 어떤 이의 행동을 살펴보는 것은 그 행동을 하고자 하는 자가 어떻게 접근할 수 있는지 알 수 있는 하나의 범례가 된다. 두 번째 접근방식은 가장 표준적인 접근으로 바른 생활, 슬기로운 생활, 즐거운 생활별로 교과 역량 중심의 수업을 제시함으로써 각 통합교과별로 어떻게 교과 역량 중심 수업을 설계할 수 있는지 안내하였다.

1) 교과 역량 중심의 수업을 만들기 위한 시나리오

(1) 수업 동기

교과 역량이 드러나는 수업은 어떠한 형태일까? 실제로 교과 역량이 수업에서 드러나긴 할까? 이 수업은 순수하게 교과 역량을 더 드러내고 싶은 욕심에서 시작되었다. 여러 범교과 주제나 2015년부터 강화되기 시작한 안전교육 등은 교과 수업에서 여러 주제들을 반영하길 바란다. 이러한 것들은 '연간 수업 시수 ○○시간 확보'라는 마치 구체적인 지령처럼 교사에게 주어지기 때문에 연초에 많은 교사는 교과와의 연관성으로 시수를 확보하거나 창의적 체험활동을 통해 각 주제들을 중점적으로 다루기도 한다. 그런데 막상 수업을 실제로 진행하다 보면 교과 선상에서 생각해서인지 몰라도 범교과 주제들은 크게 부각되지 않기 마련이다. 다른 이들은 모르겠지만 내 경우에는 그랬다.

학기 초 특정 범교과 주제의 시수를 확보하기 위해 모든 교과의 내용을 살펴본다. 그러고 나서 범교과 주제와 관련 있는 차시에 체크하고, 그 수업을 범교과 주제의 시수로 누계한다. 그러면 난 이것으로 범교과 주제를 수업 안에서 다룬 것이고, 범교과 주제 수업을 한 것이 된다. 그러나 실제 수업에 있어서 범교과 주제는 잘 드러나질 않았다. 교과의 연속된 차시 안에서 이루어지는 수업이라 그런지 몰라도 혹은 교과를 더 중요시 여기는 내 생각 때문인지 몰라도 범교과 주제는 문서 안에서만 머물 뿐 실제 수업에서는 쉽게 발현되지 않는다. 범교과 주제들은 특정 법에서 요구하는 경우가 많기 때문에 법적 구속력을 가지고 있기 마련이며, 교사가 다루어야 할 교육과정과 마찬가지로 중요한 내용임에도 불구하고 교과만큼 확연하게 드러나지 않기 때문에 교사로서 뭔가 마음 한구석에 찜찜함을 남긴다.

내가 수업을 한 걸까? 안 한 걸까? 했다고 말할 수도 없고 안 했다고 말할 수도 없다. 난 교과에 휩쓸려서 수업을 했다. 범교과 주제들은 직접적으로 언급하지도 않았다. 그렇지만 교과 내용상에서 내 수업은 범교과 주제들과 어느 정도 관련이 있는 걸? 그럼 나는 범교과 주제 수업을 한 거다. 그런가?

즉, 범교과 주제 수업들은 서류상에서는 했는데 실제적으로는 교사도 잘 모르고, 수업을 진행하는 교사가 잘 모르니 학생 또한 인지하기 힘든 그런 수업으로 진행되는 것이다. 범교과 주제가 창의적 체험활동을 통해 단독적으로 발현되지 않는 이상 교과 수업 안에서 그것이 두드러지긴 힘들다.

처음 2015 개정 교육과정을 보았을 때 총론의 핵심역량, 구체적으로 교과의 교과 역량 역시 범교과 주제들이 이제까지 걸어왔던 것과 같은 길을 걷지 않을까 생각해 보았다. 물론 범교과 주제들이 학교에서 모두 드러나지 않는다고 할 수는 없다. 창의적 체험활동 시수에서는 크게 부각되니 말이다. 그러나 교과 수업 안에서는 수그러드는 그 모습을 교과 역량도 그대로 따르지 않을까? 특히 창의적 체험활동에서 직접적으로 다루지 않는다면 교과 수업 안에서의 교과 역량은 아마 이도 저도 아닌 것이 될 가능성이 높다. 그렇다고 해서 일선 학교에서 교과 역량을 창의적 체험활동으로 편성하지는 않을 것이다. 지금도 창의적 체험활동은 할 거리가 넘쳐 나기 때문이다.

아무튼 서론은 길었지만 슬기로운 생활의 교육과정 성취기준을 다루면서도 교과 역량이 더 표면적으로 드러나는 그런 수업을 해 보고 싶다. 교사는 분명 슬기로운 생활 수업을 했는데 학생들은 슬기로운 생활의 내용보다도 교과 역량을 더 기억하는 것이다! 이렇게 하려면 교사도 교과 역량이 더 드러나게 활동을 만들어야 하고 그것과 관련하여 발문도 해야 할 것이다. 이 수업을 만들기 위해 교사는 어떻게 해야 할까?

(2) 교과 역량 중심의 수업 만들기

먼저 해야 할 건 핵심역량이 무엇인지 알아보는 것이다. 교육과정 총론에 제시된 핵심역량의 내용이다.

- 자아정체성과 자신감을 가지고 자신의 삶과 진로에 필요한 기초 능력과 자질을 갖추어 자기주도적으로 살아갈 수 있는 자기관리 역량
- 문제를 합리적으로 해결하기 위하여 다양한 영역의 지식과 정보를 처리하고 활용할 수 있는 지식정보처리 역량
- 폭넓은 기초 지식을 바탕으로 다양한 전문 분야의 지식, 기술, 경험을 융합적으로 활용하여 새로운 것을 창출하는 창의적 사고 역량
- 인간에 대한 공감적 이해와 문화적 감수성을 바탕으로 삶의 의미와 가치를 발견하고 향유하는 심미적 감성 역량
- 다양한 상황에서 자신의 생각과 감정을 효과적으로 표현하고 다른 사람의 의견을 경청하며 존중하는 의사소통 역량
- 지역·국가·세계 공동체의 구성원에게 요구되는 가치와 태도를 가지고 공동체 발전에 적극적으로 참여하는 공동체 역량

교육과정 총론에는 여섯 가지 역량을 제시하고 있다. 그리고 슬기로운 생활에서는 이 여섯 가지 핵심역량 중 창의적 사고 역량, 지식정보처리 역량, 의사소통 역량을 교과 역량으로 삼고 있다.

- 창의적 사고 역량: 주변에 관심을 갖고 다양한 현상과 관련지어 창의적으로 생각할

　　수 있는 능력
- 지식정보처리 역량: 주변에 관심을 갖고 여러 가지 자료를 수집, 분류, 이해할 수 있는 능력
- 의사소통 역량: 주변을 탐구하는 과정에서 다른 사람들과 의견을 나누고, 그 결과를 공유할 수 있는 능력

　　사실, 총론에 제시된 여섯 가지 핵심역량은 모든 교과를 아우르는 핵심역량이기에 슬기로운 생활에서 이야기하고 있는 세 가지 역량에만 국한해서 생각할 필요는 없다. 슬기로운 생활에서 직접적으로 언급하지 않고 있는 공동체 역량이라든지 심미적 감성 역량도 슬기로운 생활을 통해서 다룰 수 있을 것이다.

　　이런 이유로 좀 더 넓은 범위에서 역량을 선택할까 고민한다. 이것저것 생각하다가 '창의적 사고 역량'을 다루기로 한다. 슬기로운 생활에서는 창의적 사고 역량을 '주변에 관심을 갖고 다양한 현상과 관련지어 창의적으로 생각할 수 있는 능력'이라고 정의하고 있다. 여기에서 주변이란 곧 학생들의 삶과 밀접한 8개 주제, 즉 봄, 여름, 가을, 겨울, 학교, 가족, 마을, 나라이므로, 통합교과서에 구현된 주제와 관련하여 창의적으로 사고할 수 있는 기회를 제공하면 창의적 사고 역량이 부각된 수업을 할 수 있을 것이다.

　　다음으로 '봄'에 제시된 슬기로운 생활의 교육과정 성취기준을 확인한다.

- [2슬02-03] 봄이 되어 볼 수 있는 다양한 동식물을 찾아본다.
- [2슬02-04] 봄에 씨앗이나 모종을 심어 기르면서 식물이 자라는 모습을 관찰한다.

　　두 가지 성취기준이 있다. 무엇을 할까 고민하다가 잠시 교육과정 성취기준을 마음속에서 조금 멀리 떼어 내고 봄과 관련하여 그리고 창의적 사고 역량과 관련하여 어떤 활동을 학생들에게 주고 싶은지 생각해 본다.

　　씨앗? 어렸을 적에 씨앗은 자신에게 어떤 의미였는지 생각해 보면 씨앗을 가지고 많이 놀았던 적은 없었던 것 같다. 그렇다고 해서 씨앗을 안 가지고 놀았던 건 아니었다. 분꽃이 핀 꽃밭을 지나갈 때는 꼭 꽃을 따 씨앗 부분을 살살 잡아당겼고, 그 사이로 나오는 가느다란 실이 끊어지지 않게 잘 뽑아내서 씨앗을 귀에 걸어 귀걸이처럼 하고 다닌 기억이 있다. 그래! 이 기억을 학생들과 함께 나눠 볼까? 그럼 창의적 사고 역량과 관련하여 어떻게 풀어 갈 수 있을까? 〈분꽃귀걸이〉라는 시가 생각난다.

분꽃귀걸이
이혜용

분꽃 하나 따다가
꽃술머리 내려
귀 밑에 건다.

꽃귀걸이
여름 향기 전해 주며
내 귀에 속살속살

엄마 몰래
나들이 나온 아기벌
꽃 동산 그네 타고
재밌다고 잉잉잉

꽃종 울리듯
개울물 소리
찰랑찰랑

봄이어서 지금은 분꽃을 찾아보기 힘들다. 그렇지만 개인의 경험이 시로 표현되었듯이 학생들도 자신이 만난 씨앗을 시로 나타내 보면 어떨까? 자신만의 씨앗을 정해서 그 씨앗에 의미를 부여하고 이를 언어로 나타내며 국어도 같이 하는……! 이러한 수업 구상에 잠시 기분이 좋았지만 이내 '학생들이 시로 표현할 수 있을까? 이제 4월인데 아직 글자도 모르는 아이들이 어떻게 할 수 있을까? 어렵지 않을까?' 하는 생각이 든다.

'자신만의 씨앗을 만들어 주는 경험은 좋은 거라 생각한다. 그렇지만 그것을 시로 표현하는 건 아무래도 아이들이 힘들어할 것 같다.'

다른 수업을 생각해 본다. 다시 씨앗과 관련된 나의 경험을 떠올려 본다. 분꽃귀걸이 말고 뭐가 있을까? 생각해 보니 단감을 다 먹고 단감의 씨앗을 가지고 놀았던 기억이 있다.

단감 씨앗을 반으로 갈라 보면 숟가락처럼 생긴 하얀 게 있었는데 그걸 칼로 파면 파낼 수가 있었다. 그걸 칼로 파서 숟가락을 만들며 놀았던 경험이 생각난다. 단감 씨앗 속에 들어 있는 숟가락을 보며, '이건 도대체 왜 들어 있을까? 이걸 심으면 뭐가 나올까?' 하는 생각을 했었다. 당연히 단감 씨앗을 심으면 단감이 나올 텐데 그때는 왜 그것까지 생각하지 못했지? 씨앗과 관련된 작은 편린과 같은 기억 속에서 '씨앗이 커서 뭐가 될까?' 하고 생각했던 어린 시절의 모습이 떠오른다. 학생들에게도 '씨앗이 커서 뭐가 될까?'라고 생각해 볼 수 있는 기회를 줄 수 있다. 학생들은 씨앗을 이리저리 살펴보고, 자신만의 상상의 나래를 펼쳐서 혹은 씨앗과의 관련성으로 '이 씨앗은 커서 ○○이 될 것이다'라도 말할 수 있을 것이다. 학생들에게는 친숙한 식물이지만 그 씨앗은 잘 보지 못한 식물의 씨앗을 주고, 이 씨앗이 커서 무엇이 될지 각자 생각해서 말해 보게 한다. 그 후에 이것이 실제로 어떤 식물이 되는지 알려 주면 학생들의 창의적 사고를 길러 주면서도 교육과정 성취기준과 부합한 수업을 할 수 있을 것 같다.

　교육과정 성취기준을 다시 한 번 살펴본다.

　• [2슬02-04] 봄에 씨앗이나 모종을 심어 기르면서 식물이 자라는 모습을 관찰한다.

　성취기준에서 제시하는 것은 학생들이 몸소 보일 수 있는 활동이며, 그 활동이란 씨앗을 심는 것과 식물이 자라는 모습을 관찰하는 것이다. 그리고 교사는 이 수업을 6차시 동안 진행할 수 있다. 씨앗 심기를 하기 전에 1차시 정도는 씨앗 관찰을 하면서 씨앗이 자라면 무엇이 될지 생각할 수 있는 수업을 할 수 있을 것 같다. 1차시 아니 2차시 동안 충분히 해도 괜찮을 것 같다는 생각이 들면서 2차시 분량의 수업을 계획한다. 수업의 대략적인 흐름은 다음과 같다.

　• 씨앗의 이름을 알려 주지 않은 상태에서 다양한 씨앗을 관찰한다.
　　– 어떤 모양의 씨앗이 있나요?
　• 옥수수 씨앗이 싹이 터서 어떻게 자라는지 과정을 보여 준다.
　　– 씨앗을 흙에 심으니 그다음에 어떻게 되었나요?
　　– 쑥쑥 자라서 나중에 무엇이 열렸나요?

- 관찰한 씨앗들이 어떤 모습으로 성장할지 상상하여 그림을 그려 본다.
  - 이 씨앗은 꽃이 될까요? 나무가 될까요?
  - 씨앗의 모양을 보고 어떻게 자랄지 생각해 보세요.
- 학생들이 도화지에 상상하여 그린 그림을 보고 이야기를 나눈다.
  - 왜 이렇게 자랄 것이라고 생각했나요?
- 실제 씨앗이 자란 모습을 사진으로 보여 주며 이야기를 나눈다.

씨앗이 자란 모습을 그림으로 그릴 수 있는 시간을 충분히 주고 왜 그렇게 그림을 그렸는지 말할 수 있는 시간도 충분히 줄 것이다. 학생들이 씨앗이 성장한 모습을 상상할 때 엉뚱한 상상력을 발휘할 수도 있지만, 그래도 씨앗을 관찰한 사고에 입각하여 상상하는 법을 알 수 있도록 진행하는 것도 좋을 것 같다. 보통 과학적 상상력 혹은 창의적 사고는 아무도 생각지 못한 기발함이나 엉뚱함을 바탕으로 한다고 하지만 충분히 있을 법한 일로 만들기 위해서는 왜 그런 생각을 했는지 자기 의견을 뒷받침할 수 있는 '그 사실적 근거'가 필요한 법이기도 하다. '왜 그렇게 생각했는가?'를 초등학교 1학년 선에서 씨앗의 생김새와 관련하여 접근할 수 있도록 해야겠다.

이 수업에서 학생들은 '이 씨앗은 상추 씨, 이 씨앗은 분꽃 씨' 이런 사실적인 앎에서 잠시 떠나서 씨앗이 품고 있는 것이 무엇인지, 나중에 이 씨앗은 어떻게 발현될 것인지 상상할 수 있는 기회를 얻을 것이다.

(3) 역량 중심의 수업을 만들고 나서

공부란 무엇인지 가끔 생각해 본다. 자신의 머릿속을 의미 있는 것으로 하나둘씩 채우는 것이 공부일까? 그리고 자신이 무언가를 할 수 있게 되었을 때 그것도 공부가 될 것이다. 두 가지 모두 다 중요한 공부이다. 언젠가 EBS에서 교육과 관련된 다큐멘터리를 본 적이 있다. 거기에서 어떤 학자가 이렇게 말했다.

학생들에게 물고기를 잡아 주어라. 이건 옛날 방식입니다. 그 후에 학생들에게 물고기 잡는 법을 가르치라는 방식이 나왔죠. 그러나 이것은 산업 사회에서만 유용한 방식입니다. 학생들은 물고기 말고 다른 것을 잡을 수 없을 테니까요. 이제는 학생들에게 바다에 대해서 무한하게 상상할 수 있게 그리고 바다를 그리워할 수 있게 해 보세요. 아마 학생들은 배부터 시작하여 잠수함 등 다양한 것을 잡을 수 있을 것입니다.

이제 물고기 잡는 법을 가르치는 것도 지난 시대이고 학생들에게 바다를 그리워하게 해야 한다는 것이다. 그리고 그 경험 자체가 학생들을 이끌어 낼 수 있다는 것이다.

그렇다면 학생들이 어떤 것을 좋아하게 하는 것, 그것에 매달리게 하는 것 그리고 그럴 수 있도록 교사가 수업을 만드는 것 자체가 중요한 수업이 되지 않을까? 학생들 머릿속에 이것저것 넣어 주고, 그것을 확인하는 것, 못하는 것을 할 수 있도록 만드는 것, 이런 것만이 수업이 아니라 '어떤 것'을 좋아하게 만드는 것, 좋아할 수 있도록 여러 활동을 기획하는 것이 가장 필요한 수업이 될 수 있다. 그리고 학생들이 '어떤 것'을 좋아하게 만드는 것이 곧 수업이 된다면 이것과 관련된 새로운 수업기술이 필요할 것이며, 그 기술과 형태는 이제까지 지속되어 온 교수기술과 다른 것일 수도 있다.

우린 이제 우리가 학생이었던 시절 배웠던 경험 속에서 가르치는 것이 아니라 새로운 흐름 속에서 새로운 방식으로 수업을 대해야 한다. 무엇보다도 교사 스스로가 그 새로움을 단순히 '노는 것' 혹은 '수업 이외의 것'으로 인식하는 것이 아니라 '수업'이라고 인식할 필요가 있다. 교사로서 우리가 단순히 '노는 시간'이라고 학생들에게 주는 그런 '시간'도 곧 '수업'이 될 수 있는 것이다. 꼭 무언가를 가르치고 기능을 익혀야만 수업은 아니기 때문이다.

이 수업을 계획하면서 생각한 것은 이런 것이다. '수업'이라는 것에 대해서 이제는 달리 접근해야 되지 않을까? 우리가 계속하여 잡고 있는 것은 무엇일까? 그리고 이 '잡고 있는 것' 때문에 '놓치고 있는 것'은 무엇일까? 더 구체적으로 교과 역량을 학생 스스로가 다질 수 있도록 하기 위해서 나는 어떤 활동들을 학생들에게 주어야 할 것인가?

2) 교과 역량 중심 수업의 예시

〈표 15-4〉 교과 역량 중심 수업과정(안) 1

교과	바른 생활		
성취기준	봄에 볼 수 있는 동식물을 소중히 여기고 보살핀다.		
수업 형태	역량 중심 수업	□ 공동체 역량	
		□ 자기관리 역량	
		☑ 의사소통 역량	
수업활동	사랑해 한 마디		
준비물	자신이 심은 씨앗, 〈사랑해, 짜증나〉 동영상		
차시 흐름	1) 〈사랑해, 짜증나〉 동영상을 보고 이야기를 나눈다. • "'사랑해'라고 말한 밥과 '짜증나'라고 말한 밥은 3주 후에 어떻게 변했나요?" • "여러분이 먹는 밥에는 귀가 있는 것도 아닌데 '사랑해'라는 말로 변한다는 것이 신기하지 않나요?" 2) 봄에 볼 수 있는 다양한 동식물 사진을 보여 주며 이들에게 어떤 말을 해 줄 수 있는지 이야기한다. • "벌아, 꿀을 많이 모으느라 힘들었지?" • "개나리야, 너는 어쩜 그렇게 예쁘니?" 3) 3주 동안 '사랑해 한 마디' 프로젝트를 할 것임을 안내한다. ① 무씨 등 금방 자랄 수 있는 씨앗을 샬레에 심는다(슬기로운 생활 연계). ② 씨앗에 이름을 붙여 준다. ③ 씨앗에 물을 줄 때마다 '사랑해'라고 말한다. 4) 3주 후에 씨앗이 어떻게 자랐는지 이야기를 나눈다.		
유의점	1) 이 수업은 1시간 동안 이루어지는 것이 아니라 3주 동안 이루어지므로, 처음 1시간은 식물과의 대화에 초점을 맞추고, 3주 후에 이를 마무리하는 것으로 수업을 마친다. 2) 긍정적인 말을 실천함으로써 바른 의사소통 역량을 함양할 수 있도록 안내한다. 또한 봄의 동식물뿐만 아니라 생활 전반에도 바른 의사소통 역량을 기를 수 있도록 확대한다.		

〈표 15-5〉 교과 역량 중심 수업과정(안) 2

교과	슬기로운 생활		
성취기준	봄이 되어서 볼 수 있는 다양한 동식물을 찾아본다.		
수업 형태	역량 중심 수업	□ 창의적 사고 역량	
		□ 지식정보처리 역량	
		☑ 의사소통 역량	
수업활동	다섯 고개 놀이		
준비물	동식물 단어 카드		
차시 흐름	1) 다양한 동식물 사진을 보며 이야기를 나눈다. • "어떤 동물이나 식물이 생각나나요?" 2) 다섯 고개 놀이를 한다. ① 학생 중 1명이 단어 카드 한 장을 뽑는다. ② 그 학생에게 차례로 질문을 한다. ③ 학생이 대답을 생각하며 단어 카드가 무엇일지 맞춰 본다. ④ 단어 카드를 맞추면 맞춘 학생이 또 다른 단어 카드 한 장을 뽑아 다섯 고개 놀이를 이어 간다. ※ 놀이의 변형 '한 학생-반 전체'가 아닌 친구끼리 혹은 조끼리 놀이를 할 수 있다. 3) 다섯 고개 놀이를 끝낸 후, 놀이한 소감에 대해 이야기한다.		
유의점	1) 실제로 학생들이 동식물 카드를 직접 만들어 이를 사용하거나 교사가 동식물 카드를 미리 준비함으로써 수업을 운영할 수 있다. 2) 어떤 질문을 해야 답을 알 수 있을까를 학생 스스로 생각하면서 자연스럽게 의사소통 역량을 기를 수 있도록 안내한다.		

〈표 15-6〉 교과 역량 중심 수업과정(안) 3

교과	슬기로운 생활		
성취기준	봄에 씨앗이나 모종을 심어 기르면서 식물이 자라는 모습을 관찰한다.		
수업 형태	역량 중심 수업	☑ 창의적 사고 역량	
		□ 지식정보처리 역량	
		□ 의사소통 역량	
수업활동	씨앗이 자라면		
준비물	다양한 씨앗(봉숭아, 상추, 나팔꽃, 분꽃 등), 도화지, 크레파스		

차시 흐름	1) 씨앗의 이름을 알려 주지 않은 상태에서 다양한 씨앗을 관찰한다. • "어떤 모양의 씨앗이 있나요?" 2) 옥수수 씨앗이 싹이 터서 어떻게 자라는지 과정을 보여 준다. • "씨앗을 흙에 심으니 그다음에 어떻게 되었나요?" • "쑥쑥 자라서 나중에 무엇이 열렸나요?" 3) 관찰한 씨앗들이 어떤 모습으로 성장할지 상상하여 그림을 그려 본다. • "이 씨앗은 꽃이 될까요, 나무가 될까요?" • "씨앗의 모양을 보고 어떻게 자랄지 생각해 보세요." 4) 학생들이 도화지에 상상하여 그린 그림을 보고 이야기를 나눈다. • "왜 이렇게 자랄 것이라고 생각했나요?" 5) 실제 씨앗이 자란 모습을 사진으로 보여 주며 이야기를 나눈다.
유의점	1) 꽃이나 나무 등 다양한 사진을 예시로 보여 줌으로써 학생들이 식물이 성장한 대략적인 모습을 알 수 있도록 안내한다.

〈표 15-7〉 교과 역량 중심 수업과정(안) 4

교과	즐거운 생활		
성취기준	봄에 볼 수 있는 동식물을 다양하게 표현한다.		
수업 형태	역량 중심 수업	☐ 심미적 감성 역량	
		☑ 창의적 사고 역량	
		☐ 의사소통 역량	
수업활동	씨앗은 무엇이 되고 싶을까?		
준비물	그림책 『씨앗은 무엇이 되고 싶을까?』		
차시 흐름	1) 『씨앗은 무엇이 되고 싶을까?』 그림책을 읽고 이야기를 나눈다. ① 씨앗은 무엇이 되고 싶을까? ② 꽃이 되고 싶을까? ③ 나무가 되고 싶을까? ④ 어느 가을날, 작은 씨앗이 땅 위에 떨어졌어. 새가 쪼아 먹거나 벌레가 물어 가지 못하게 흙이 스르르 덮어 주었지. (후략) • "씨앗에게 어떤 일이 있었나요?" • "씨앗은 무엇이 되었나요?" 2) 『씨앗은 무엇이 되고 싶을까?』의 내용을 소리와 움직임으로 어떻게 표현할 수 있을지 생각해 본다. • "자신이 씨앗이라면 어떻게 표현할 수 있을까요?" • "씨앗에서 싹이 튼 것을 어떻게 표현할 수 있을까요?"		

	3) 조별로 역할을 정해 『씨앗은 무엇이 되고 싶을까?』를 어떻게 표현할지 연습해 본다. ① 씨앗, 흙, 새 등 조원들이 표현할 수 있는 역할을 정한다. ② 책의 모든 내용을 다 표현하기 힘들 수 있으므로 일부분만 표현한다. ③ 움직임뿐만 아니라 소리로는 어떻게 표현할 수 있는지 알아본다. 4) 조별로 『씨앗은 무엇이 되고 싶을까?』를 표현한다. 5) 조별로 표현한 것을 보고 이야기를 나눈다.
유의점	1) 그림책의 내용을 소리와 움직임으로 표현할 때, 이 두 가지로 제한하기보다는 다양한 방식을 수용하여 학생들이 다양하게 표현할 수 있도록 안내한다.

〈표 15-8〉 교과 역량 중심 수업과정(안) 5

교과	즐거운 생활		
성취기준	여러 가지 놀이나 게임을 하면서 봄나들이를 즐긴다.		
수업 형태	역량 중심 수업	□ 심미적 감성 역량	
		□ 창의적 사고 역량	
		☑ 의사소통 역량	
수업활동	몸으로 말해요		
준비물	동식물 단어 카드		
차시 흐름	1) 봄에 볼 수 있는 것에 대해 이야기를 나눈다. • 새싹, 씨앗, 나비, 벌 등에 대해 이야기할 수 있다. 2) 조별로 팀을 정해 정해진 시간 안에 단어를 보고 몸으로 표현하는 '몸으로 말해요' 놀이를 한다. ① 다른 조원 중의 1명이 단어 카드를 든다. ② 문제를 풀 조원은 모두 단어 카드를 등지고 선다. ③ 단어 카드와 가장 가까이 있는 조원이 단어 카드를 보고, 그 앞 조원에게 몸짓으로 설명한다. ④ 계속 앞 조원에서 단어를 설명하고, 맨 마지막에 있는 조원이 답을 말한다. ⑤ 정해진 시간 안에 가장 많은 단어를 맞춘 조가 이긴다. 3) '몸으로 말해요' 놀이를 끝내고 나서 놀이에 대해 이야기를 나눈다. • "몸으로 말을 가장 잘한 학생은 누구인가요?" • "잘 표현한 몸짓을 다시 한 번 볼까요?"		
유의점	1) 봄을 주제로 하여 봄나들이에서 쉽게 할 수 있는 놀이로 접근하되, 학생들로 하여금 말뿐만 아니라 비언어(몸짓)를 통해서도 의사소통할 수 있음을 인지시킨다.		

참고문헌

강봉규(2000). 심리검사의 이론과 기법. 서울: 동문사.

강인애(1997). 왜 구성주의인가? 서울: 문음사.

강충열(1998). 주제중심 교수모델 정립에 관한 연구. 초등교육연구, 12(1), 5-29.

강충열(2000). 7차 교육과정의 지역화·개별화 실천 방안 연구. 서울: 교육부.

강충열(2006). 초등 학교 교육과정 개발의 질 향상을 위한 학습 경험 선정과 조직의 원리. 교육과정연구, 24(3), 61-85.

강충열(2007). 초등학교 통합교육과정의 성격과 2007년 개정 교과용 도서 개발 방향. 통합교육과정연구, 1(1), 118-151.

강충열(2008). 2007년 개정 초등학교 통합교과 교과용 도서 개발에 대한 두 가지 오해. 통합교육과정연구, 2(1), 1-15.

강충열(2009). 미래형 초등통합교육과정 개정 방향. 한국통합교육과정학회 제5차 정기학술발표회 발표문.

강충열, 조상연, 김세영(2015). 현행 초등 통합교과서 현장 적합성 검증 및 차기 교과서 개발 방안. 두산동아출판사 연구보고 CR 2014-10.

고창규(2006). 초등학교 '좋은' 수업의 특성 연구-담화행위(act), 유도행위, 교수행동요소, 바로잡기(repair)를 중심으로. 열린교육연구, 14, 25-49.

곽병선, 허경철(1986). 제5차 교육과정 총론 개정시안의 연구·개발 답신 보고서. 서울: 한국교육개발원.

곽병선, 허경철, 김두정, 김재복(1986). 제5차 국민학교 교육과정 각론 개정 시안 제출. 연구보고

RR 86-44.

교육과학기술부(2009a). 초등학교 교사용 지도서 바른 생활 1-1. 서울: 두산동아.

교육과학기술부(2009b). 초등학교 교사용 지도서 바른 생활 1-2. 서울: 두산동아.

교육과학기술부(2009c). 초등학교 교사용 지도서 즐거운 생활 2-1. 서울: 두산동아.

교육과학기술부(2011). 초등교육과정. 교육과학기술부 고시 제2011-361호(별책2). 서울: 교육과학기술부.

교육과학기술부(2012). 5세 누리과정 교사용 지도서 제1-11권. 서울: 교육과학기술부.

교육과학기술부(2013a). 3세 누리과정 교사용 지도서 제1-10권. 서울: 보건복지부.

교육과학기술부(2013b). 4세 누리과정 교사용 지도서 제1-11권. 서울: 보건복지부.

교육부(1992). 국민학교 교육과정 해설(Ⅰ). 교육부 고시 제1992-16호. 서울: 대한교과서.

교육부(1997a). 초등학교 교육과정 해설(Ⅰ). 교육부 고시 제1997-15호. 서울: 대한교과서.

교육부(1997b). 초등학교 교육과정 해설(Ⅱ)-우리들은 1학년, 바른 생활, 슬기로운 생활, 즐거운 생활, 특별활동. 교육부 고시 제1997-15호. 서울: 대한교과서.

교육부(1999). 초등학교 교육과정 해설(Ⅰ). 서울: 대한교과서.

교육부(2000). 초등학교 교사용 지도서 슬기로운 생활 1-1. 서울: 대한교과서.

교육부(2013). 초등학교 교사용 지도서 통합 1~2학년군 통합교과 1. 서울: 지학사.

교육부(2014). 문 · 이과 통합형 교육과정 개정을 위한 정책연구 과제 목록. http://www.moe.go.kr에서 인출(2017. 8. 26.).

교육부(2015. 9. 23). 교육부 홍보담당관실 보도자료.

교육부(2015a). 바른 생활, 슬기로운 생활, 즐거운 생활 교육과정. 교육부 고시 제2015-74호(별책 15). 세종: 교육부.

교육부(2015b). 초등학교 교육과정. 교육부 고시 제2015-80호(별책 2). 세종: 교육부.

교육부(2017). 초등학교 교사용 지도서 바른 생활 슬기로운 생활 즐거운 생활 1-1. 서울: 교학사.

교육부, 한국교육과정평가원, 한국과학창의재단(2015). 개정 교육과정을 위한 교과 교육과정 개발 정책 연구진 제2차 합동 워크숍 자료집.

교육인적자원부(2007a). 초등학교 교육과정 해설(Ⅰ). 서울: 대한교과서. 서울: 대한교과서.

교육인적자원부(2007b). 초등학교 교육과정 해설(Ⅱ)-우리들은 1학년, 바른 생활, 슬기로운 생활, 즐거운 생활, 특별활동. 교육인적자원부 고시 제2007-79호.

구자억, 김재춘, 박순경, 유병열, 임명자, 구원희(1997). 초등학교 저학년 통합교과 교육 과정 개정 방향의 탐색. 서울: 한국교육개발원.

구자억, 유균상, 윤현진, 이경환, 최석진, 이범홍, 김만곤, 장기범, 박소영, 조미혜, 조덕주, 양순열, 임명자, 남미숙, 구원희(1997). 제7차 초등학교 통합교과 교육과정 개발 연구. 서울: 한국교육개발원.

권낙원(2004). 교육과정 실행 수준 결정 요인 탐색. 교육과정연구, 24(3), 87-106.

권민경(2010). 주제 중심 '통합단원'에 대한 초등학교 교사의 실행 실태 분석. 통합교육과정연구, 4(2), 65-92.

김경신(2007). 초등학교 1학년 아동의 발달적 특성이 통합교육과정에 주는 시사점. 통합교육과정연구, 1(1), 13-36.

김경애(2004). 교육과정 개정에 따른 초등통합교과 통합유형의 변화 분석. 경인교육대학교 교육대학원 석사학위논문.

김경희(2001). 초등학교 통합 교육과정 확대 운영 방안에 관한 연구. 인천교육대학교 교육대학원 석사학위논문.

김기석 외(1996). 초·중등학교 교육과정 개정 요구 조사. 서울: 교육과정개정연구위원회.

김대현(1993). 통합교과의 목표와 조직 방식의 정당성 문제. 교육학연구, 31(1), 99-116.

김대현, 이영만(1995). 열린 교육을 위한 학교중심의 통합교육과정 개발. 서울: 양서원.

김두정, 김재복, 박순경, 조덕주, 조영태(1986). 국민학교 저학년 통합교육과정 구성의 기초. 서울: 한국교육개발원.

김민환(1999). 실제적 교육방법론. 서울: 양서원.

김세영(2013). 교사의 교육과정 가능성의 개념 탐구. 교육과정연구, 31(4), 27-50.

김세영(2017). 교과서의 대안적 모습 탐색. 통합교육과정연구, 11(1), 115-142.

김승호(1998). 통합교과의 이론적 근거. 교육과정연구, 16(1), 349-376.

김승호(1999). 제7차 교육과정에서의 초등학교 통합교과의 성격. 초등교육연구, 13(1), 47-65.

김승호(2004). 통합교과 교수방법론. 초등교육연구, 17(1), 1-23.

김은주(2001). 학생들의 교실 수업구조에 대한 지각, 성취목적, 학습태도의 관계분석. 초등교육연구, 14(3), 117-140.

김은주, 김대현(2014). 2009 개정 통합교과 주제별 교과서에 대한 교사들의 이해. 통합교육과정연구, 8(3), 73-92.

김재복 외(1992). 국민학교 1, 2학년 통합교과 교육 과정 시안의 연구 개발. 인천: 인천교육대학교 통합교과연구회.

김재복(1980). 초등학교 저학년 교과용 도서 통합의 정당성과 통합 방안에 관한 고찰. 한국교육,

7(1), 97-107.

김재복(1989). 인간중심의 교육에서 본 통합교육의 의미. 통합교과 및 특별활동연구, 5(1), 1-16.

김재복(1990). 국민학교 교육과정에서의 교과통합의 가능성. 통합교과 및 특별활동연구, 6(1), 25-37.

김재복(1992). 대학의 교양교육과 통합교육과정. 인천교육대학교 논문집, 26(1), 277-292.

김재복(2000). 통합교육과정. 서울: 교육과학사.

김재복(2007). 통합교육과정의 연구 과제와 저해 요인. 한국통합교육과정학회, 1(1), 1-11.

김재복, 이경환, 허경철(1999). 초등학교 교육과정 해설. 서울: 교육과학사.

김정원(1997). 초등학교 수업에 대한 참여관찰연구. 서울대학교 대학원 박사학위논문.

김정희 외(1998). 심리학의 이해. 서울: 학지사.

김종건 외(1996). 통합교과의 교육과정·교과서 구조 개선연구. 서울: 교육과정개정연구위원회.

나장함(2004). 통합교육과정에 대한 교육과정에 대한 교사들의 인식 탐구. 교육과정 연구, 22(1), 101-124.

류방란(2003). 초등학교 교실 수업의 변화와 유지-아동의 활동과 수업 진행 속도를 중심으로. 교육학연구, 41(3), 47-67.

문교부(1981). 국민 학교 교육 과정 별책 2. 문교부 고시 제442호. 서울: 대한교과서.

문교부(1987). 국민 학교 교육 과정 별책 2. 문교부 고시 제87-9호. 서울: 대한교과서.

민용성(2005). 통합 교육과정의 구성 방식에 관한 일고. 학습자중심교과교육연구, 10(1), 61-80.

박민정(2007). 통합교육과정 실행 경험에 대한 내러티브 탐구: 세 초등교사의 이야기. 교육과정연구, 25(1), 69-93.

박상철(2006). 통합교과교육과정, 주요 문제와 개선 방향. 초등교육연구, 19(1), 37-51.

박순경(2008). 교육과정 분권화의 출발점과 방향 타진을 위한 시론(始論). 교육과정연구, 26(2), 87-105.

박순경(2010). 교육과정 "지역화"의 흐름과 자리매김. 교육과정연구, 28(3), 85-105.

박채형(2003). 교육과정 지역화의 성격과 과제. 교육과정연구, 21(4), 115-132.

박천환(1989). 교과통합 가능한가. 통합교과 및 특별활동연구, 5(1), 37-51.

박한숙(2004). 주제중심 통합학습이 초등학교 아동의 학습습관 및 학업성취에 미치는 효과. 초등교육연구, 17(2), 301-319.

박한숙(2005). 프로젝트 중심 교육과정 수업에 관한 질적 사례연구. 교육과정연구, 23(1), 95-115.

배건(1997). 초등학교 통합교육과정의 통합 유형 분석. 한국교원대학교 대학원 석사학위논문.

서경혜(1992). 교사의 관심에 따른 통합교육과정. 이화여자대학교 대학원 석사학위논문.

서명석(2000). 교육과정 통합의 한계화 탈한계. 교육과정연구, 18(2), 99-119.

서명석(2011). 교육과정 재구성의 개념적 애매성과 모호성 비판. 교육과정연구, 29(3), 75-91.

서지영, 김혜숙, 백경선, 가은아, 이현(2014). 국정과제 이행을 위한 초등 1-2학년군 교과용 도서 개선 방안 연구. 한국교육과정평가원 연구보고 CRT 2014-1.

송인섭(1998). 인간의 자아개념 탐구. 서울: 학지사.

신경숙(2000). 교과통합 사고교육모형에 의한 비판적 사고력 증진 수업 개발 및 적용. 부산대학교 대학원 박사학위논문.

신세호, 곽병선, 김재복(1980). 교육과정 개정안(총론)의 연구 개발. 서울: 한국교육개발원.

신세호, 김충회, 이혜선, 박경숙, 장석민, 이준옥, 배호순, 김지순, 조경원(1979). 새교육체제 개발을 위한 제4차 종합시범 연구 보고서. 한국교육개발원 연구보고 제82집.

심미옥(1989). 통합 교육과정 실시의 저해요인에 관한 연구. 통합교과 및 특별활동연구, 5(1), 41-73.

안상희(2006). 초등 통합교과의 확산 가능성 탐색. 청주교육대학교 교육대학원 석사학위논문.

양미경(1997). 교과통합지도의 의의 및 방법적 원리 탐색. 교육학연구, 35(4), 111-132.

엄태동(2003). 초등교육의 맥락에서 본 초급 지식의 성격: 교육의 가치와 교과의 가치에 대한 분석. 초등교육연구, 16(1), 1-20.

엄태동(2003). 초등교육의 재개념화. 서울: 교육과학사.

오경종(1988). 통합교과의 운영: 가르치려는 것과 가르쳐지는 것. 통합교과 및 특별활동연구, 4(1), 15-36.

오경종(1991). 통합교과: 왜 그것을 가르치는가? 통합교과 및 특별활동연구, 7(1), 75-109.

오성삼, 구병두(1999). 메타분석을 통한 한국형 학업성취 관련변인의 탐색. 교육학 연구, 37, 99-122.

오은순, 김미숙, 윤현진, 김기석, 김재춘(2006). 초등학교 통합교과 교육과정 개정(시안) 수정·보완 연구. 한국교육과정 평가원 2006년도 교육과정개정연구 위탁과제 답신 보고.

오은순, 김재복, 윤현진, 유병열, 신일용, 강대현, 김재춘, 박라미, 임은애, 이기호, 최주화, 남미애(2005). 초등학교 통합교과 교육과정 개정(시안) 연구 개발. 한국교육과정평가원 연구보고 CRC 2005-17.

유광찬(2000). 통합교육의 탐구. 서울: 교육과학사.

유균상 외(1993). 제6차 교육과정 개정에 따른 교과용 도서의 개발 연구(Ⅰ). 한국교육개발원 연구보고 RR 93-28.

유위준(2015). 바른 생활과 교육과정 시안(pp. 19-38). 2015 개정 초등 통합교과 교육과정 시안 검토 공청회 자료. 교육부 연구자료 ORM 2015-56-1.

유한구(1988). 교과 통합의 이론적 쟁점. 통합교과 및 특별활동연구, 4(1), 1-14.

유한구(1990). 교과 통합의 인식론적 고찰. 통합교과 및 특별활동연구, 6(1), 39-54.

유한구, 김승호(1998). 초등학교 통합교과 교육론. 서울: 교육과학사.

유한구, 장성모, 김승호, 김인, 박상철(2003). 초등 통합교과 지도 프로그램 개발. 서울: 교육인적자 원부.

윤순종(2008). 초등학교 1-2학년 아동의 인지발달 수준과 교육과정과의 연계성 분석. 한국교원 대학교 교육대학원 석사학위논문.

이경화(1995). 제6차 교육과정과 통합교육적 접근: 상보적 수업을 통한 국민학교의 통합교과 운 영. 초등교육연구, 101-115.

이경화, 고진영(2001). 아동발달과 상담. 서울: 학문사.

이광우, 백경선, 이수정(2017). 2015 개정 교육과정에서의 핵심역량 관련 이슈 고찰: 인간상, 교 육 목표, 교과 역량과의 관계. 교육과정연구, 35(2), 67-94.

이광우, 전제철, 허경철, 홍원표(2009). 미래 한국인의 핵심역량 증진을 위한 초·중등학교 교육 과정 설계 방안 연구. 경제·인문사회연구회 미래사회협동연구총서 09-01-01 연구보고 RRC 2009-10-1.

이규은(2005). 초등학교 교사들의 통합교육 운영 실태와 그 활성화 방안. 학습자중심교과교육연구, 10, 163-187.

이미숙 외(2015a). 2015 개정 교과 교육과정 시안 개발 연구Ⅰ: 초등 통합교과 교육과정. 한국교 육과정평가원 연구보고 CRC 2015-16.

이미숙 외(2015b). 2015 개정 교과 교육과정 시안 개발 연구Ⅱ: 초등 통합교과 교육과정 및 안전 한 생활. 한국교육과정평가원 연구보고 CRC 2015-25-2.

이미숙(1998). 제6차 '슬기로운 생활' 통합교육과정의 실행형태 분석. 초등교육연구, 12(1), 119-139.

이미숙(1999). 통합교육과정 실행의 관련변인 분석. 교육과정연구, 17(2), 1-19.

이미숙(2009). 초등학교 교과 교육과정 체제에서의 통합적 접근 및 교육과정 유연화의 방향 탐 색. 교육과정연구, 27(1), 41-57.

이미숙(2015). 2015 개정 초등 통합교과 교육과정 시안 개발의 방향 및 경과.

이병진(1999). 초등교육학개론. 서울: 문음사.

이성호(1997). 교육과정과 평가. 서울: 양서원.

이영덕(1983). 통합교육과정의 개념(pp. 15-56). 한국교육개발원 편. 통합교육과정의 이론과 실제. 서울: 교육과학사.

이영만(1997). 중다지능이론과 초등학교 통합 단원 구성. 초등교육연구, 11(1), 257-276.

이영만, 홍영기(2006). 초등 통합교육과정. 서울: 학지사.

이원영, 박찬옥, 이대균(1995). 유치원과 초등학교 연계교육을 위한 초등학교 1학년 통합 교육 프로그램 개발 연구. 한국 교육 문제 연구소 논문집, 10, 63-89.

이원희, 이종원(1991). 현행 통합교과의 통합성 평가: '바른생활'의 균형성을 중심으로. 통합교과 및 특별활동 연구, 7(1), 22-39.

이윤미, 조상연, 정광순(2015). 교육과정 실행 관점 국내 연구에 대한 문제제기. 교육과정연구, 33(3), 79-100.

이재분(2002). 초·중학생의 지적·정의적 발달수준 분석연구(III). 한국교육개발원 연구보고 RR 2002-4-1.

이정선, 최영순(2007). 초등학교 부장교사의 학교경험 연구. 초등교육학연구, 14(1), 135-163.

이종각(1988). 학교수업방법의 사회-문화적 맥락. 이용걸 교수 정년 기념 논문집. 서울: 교육과학사.

이홍우(1992). 증보 교육과정탐구. 서울: 박영사.

이환기(2015). 바른 생활과 교육과정 시안(pp. 41-57). 2015 개정 초등 통합교과 교육과정 시안 검토 공청회 자료. 교육부 연구자료 ORM 2015-56-1.

이희정(2015). 초등학교 통합교과 교과서변천에 관한 연구. 한국교원대학교 대학원 석사학위논문.

임승권(1995). 정신위생. 서울: 양서원.

장병연(1991). 교육사조면에서 본 교육과정의 통합. 교육학연구, 29, 149-161.

장성모(1979). 교육내용 선정 기준에 비추어 본 교육과정 통합의 의미. 서울대학교 대학원 석사학위논문.

정광순(2004). 초등교육과정 담론에 대한 현상학적 분석. 한국교원대학교 대학원 박사학위논문.

정광순(2006). 초등교사의 통합교과 실행경험에 대한 내러티브 탐구. 교육과정연구, 24(3), 125-146.

정광순(2007). 2007년 개정 초등통합교과교육과정에 대한 고찰. 교육과정연구, 25(4), 81-104.

정광순(2009). 초등학교 1학년 교과서 구성 및 표현 비교: 슬기로운 생활을 중심으로. 한국교육논단, 8(1), 219-238.

정광순(2010a). 초등교육과정 실행 수준에서 본 통합. 통합교육과정연구, 4(1), 93-114.

정광순(2010b). 통합교과 출현과 유지 과정에 대한 현상 해석. 학습자중심교과교육연구, 10(1), 381-402.

정광순(2011). 초등교사의 통합단원(Unit) 설계 사례. 통합교육과정연구, 5(2), 19-47.

정광순, 홍영기, 강충열(2012). 2009 개정 교육과정에 따른 초등학교 통합교과 교육론. 서울: 학지사.

정정희, 강혜숙(2001). 프로젝트를 활용한 초등학교 통합교육과정 개발과 적용에 관한 연구. 교육과정연구, 19(1), 343-362.

조덕주(1985). 통합교육과정의 이론적 고찰. 이화여자대학교 대학원 석사학위논문.

조덕주(1998). 통합교육과정에 대한 반성적 고찰. 교육과정연구, 16(2), 185-204.

조상연(2010). 초등학교 통합교과의 통합단원을 활용한 주제중심 통합수업의 실행. 통합교육과정연구, 4(2), 93-120.

조상연(2015a). 2015 개정 교육과정에 의한 초등학교 통합교과 교과서의 개발 방향. 통합교육과정연구, 9(4), 135-159.

조상연(2015b). 2015 개정 초등 통합교과서 개발 방향 및 단원 예시. 한국통합교육과정학회 학술대회자료집, 17, 121-156.

조상연(2015c). 국가교육과정 체제에서의 학교교과 생성에 대한 논의. 한국교원대학교 대학원 박사학위논문.

조상연(2017). 초등 통합 주제별 교과서의 의도의 한계와 가능성의 영역. 통합교육과정연구, 11(2), 119-146.

조연순(1986). 국민학교 저학년의 통합교과 운영을 위한 교수학습 과정 분석 연구. 초등교육연구, 1(1), 61-84.

조연순, 김경자(1996). 주제중심 통합교육과정 구성: 숙의과정. 교육학연구, 34(1), 251-272.

최경노(1996). 초등학교 저학년 통합 교육과정의 구성방식에 관한 연구. 공주대학교 교육대학원 석사학위논문.

한국교육개발원(1979). 국민학교 교육과정 개선 연구. 서울: 한국교육개발원.

한국교육개발원(1981). 통합교육과정 개정안(총론)의 연구 개발 답신보고서(가).

한국진로교육학회(2000). 진로교육의 이론과 실제. 서울: 교육과학사.

한명희, 곽병선, 김신복, 김재복, 허경철(1991). 제6차 교육과정 개정을 위한 초·중등학교 교육과정의 체제 및 구조 개선 연구. 서울: 교육과정개정연구위원회.

한상철, 조아미, 박성희(1997). 청소년 심리학. 서울: 양서원.

한옥주(1990). 교육과정 통합에 관한 교육사상적 인식. 통합교과및특별활동연구, 6(1), 3-24.

홍영기(1997). 중등학교 학문간 통합교육과정의 구성과 운영에 관한 연구. 교육학연구, 35(4), 93-110.

홍영기(2001). 통합교육과정에서의 발생기능 확대방안. 초등교육학연구, 8(2), 163-179.

홍영기(2003). 초등학교 통합단원의 설계 및 운영방안과 수행평가 준거 개발. 초등교육연구, 13, 207-231.

홍영기(2006). 초등학교 교사의 교육과정의 통합적 운영에 관한 사례연구. 교육인류학연구, 9(2), 167-188.

홍영기(2004). 주제중심의 통합단원 설계모형의 근거이론적 접근. 교육인류학연구, 7(2), 109-135.

홍영기(2015). 바른 생활과 교육과정 시안(pp. 61-77). 2015 개정 초등 통합교과 교육과정 시안 검토 공청회 자료. 교육부 연구자료 ORM 2015-56-1.

홍영기, 안경찬, 변보미(2006). 초등교육과정의 통합적 운영. 경기: 양서원.

황규호(1993). 교육과정의 지역화와 교사의 역할. 강원교육, 141, 18-32.

황정규(1984). 학교학습과 교육평가. 서울: 교육과학사.

황희숙(2001). 비판적 사고력 증진을 위한 교과 통합적 사고력 훈련의 효과. 교육학연구, 39(3), 187-214.

Ackerman, A. B. (1989). Intellectual and Practical Criteria for Successful Curriculum Integration. In H. H. Jacobs (Ed.), *Interdisciplinary Curriculum: Design and Implementation* (pp. 25-38). Alexandria, VA: Assn for Supervision & Curriculum.

Barefield, A. L. (2005). Are Middle School Educators Ready for Curriculum Integration? In J. S. Etim (Ed.), *Curriculum Integration K-12: Theory and Practice* (pp. 12-26). Lanham, MD: University Press of America.

Bartolome, L. (1994). Beyond the Methods Fetish: Toward a Humanizing Pedagogy. *Harvard Educational Review*, 64(2), 173-195.

Beane, J. A. (1992). Creating an Integrative Curriculum: Making the Connection. *Curriculum: Theory and Practice, 76*(547), 46-54.

Beane, J. A. (1993). *The Middle School Curriculum: From Rhetoric to Reality* (2nd ed.). Columbus, OH: National Middle School association.

Beane, J. A. (1997). *Curriculum Integration: Designing the Core of Democratic Education*. New York, NY: Teachers College Press.

Beane, J. A. (1998). Reclaiming a Democratic Purpose for Education. *Educational Leadership, 56*(2), 8-11.

Beane, J. A. (2000). Curriculum Integration and the Disciplines of Knowledge. In F. W. Parkay & G. Hass (Eds.), *Curriculum Planning: A Contemporary Approach* (7th ed., pp. 228-237). Boston, MA: Allyn & Bacon.

Bellack, A. A. (1964). The Structure of Knowledge and the Structure of the Curriculum. In D. Huebner (Ed.), *A Reassessment of the Curriculum* (pp. 25-40). New York, NY: Teachers College Press.

Ben-Peretz, M. (1975). The Concept of Curriculum Potential. *Curriculum Theory Network, 5*(2), 151-159.

Ben-Peretz, M. (1990). *The Teacher-Curriculum Encounter: Freeing Teachers from the Tyranny of Texts*. New York, NY: Suny Press.

Berliner, D. C. (1985). Effective Classroom Teaching: The Necessary But Not Sufficient Condition for Developing Exemplary Schools. In H. Garber & G. R. Austin (Eds.), *Research on Exemplary Schools* (pp. 127-154). Cambridge, MA: Academic Press.

Biggs, J. B. (1991). *Teaching for Learning: The View from Cognitive Psychology*. Hawthorn: Australian Council for Educational Research.

Blenkin, G. M., & Kelly, A. V. (1981). *The Primary Curriculum*. London: Harper & Row Publishers.

Bloch, A. (1985). *Murphy's Law Book Two*. New York, NY: PSS Adult

Bloom, B. S. (1956). *Taxonomy of Educational Objectives: I Cognitive Domain, II Affective Domain*. New York, NY: DavidMcKay.

Bobbitt, J. F. (1918). *The Curriculum*. Boston, MA: Houghton Mifflin Co.

Bobbitt, J. F. (1924). *How to Make a Curriculum*. Boston, MA: Houghton Mifflin Co.

Boschee, A. A., & Whitehead, B, M. (2009). *Curriculum Leadership*. Thousand Oaks, CA: SAGE Publications Inc.

Brameld, T. (1993). A Cross-cutting Approach to the Curriculum: The Moving Wheel. In G. Hass & F. W. Parkay (Eds.), *Curriculum Planning: A New Approach* (6th ed.; pp.

28-31). Needham Heights, MA: Allyn & Bacon.

Brown, D. F. (2006). It's the Curriculum, Stupid: There's Something Wrong with It. *Phi Delta Kappa International, 87*(10), 777-783.

Burns, D., Reis, S., & Renzulli, J. (1992). *Curriculum Compacting: The Complete Guide to Modifying the Regular Curriculum for High Ability Students*. Mansfield Center, CT: Creative Learning Press Inc.

Burns, R. C. (2001). 교과경계선 허물기(*Dissolving the Boundaries: Planning for Curriculum Integration in Middle and Secondary Schools*). 김대현, 강태용, 김명선, 박소영, 김경화, 이은화, 정혜영 공역. 서울: 학지사. (원저는 1995년에 출간)

Calderhead, J. (1984). *Teachers' Classroom Decision-making*. London: Holt, Rinehart & Winston.

Campbell, R. J. (1985). *Developing the Primary School Curriculum*. New York, NY: Holt, Rinehart & Winston.

Capehart, B. E. (1958). Illustrative Courses and Programs in Selected Secondary Schools. In N. B. Henry (Ed.). *The Integration of Educational Experiences* (pp. 194-217). Chicago, IL: The University of Chicago Press.

Carr, D. (1986). *Time, Narrative, History*. Bloomington, CA: Indiana University Press.

Center for Educational Research and Innovation (1979). *School-based Curriculum Development*. Paris: OECD.

Clandinin, D. J., & Connelly, F. M. (1992). Teacher as Curriculum-Maker. In P. W. Jackson (Ed.), *Handbook of Research on Curriculum* (pp. 363-401). New York, NY: MacMillan.

Clandinin, D. J., & Connelly, F. M. (2000). *Narrative Inquiry: Experience and Story in Qualitative Research*. San Francisco, CA: Jossey-Bass Publishers.

Creswell, J. W. (2002). *Educational Research*. Upper Saddle River, NJ: Pearson Education.

Cuban, L. (1983). How Teachers Taught, 1890-1980. *Theory into Practice, 22*(3), 159-165.

Cuban, L. (1987). Culture of Teaching: A Puzzle. *Educational Administration Quarterly, 23*(4), 25-35.

Cuban, L. (1989). The 'At-risk' Label and the Problem of Urban School Reform. *The Phi Delta Kappan, 70*(10), 780-801.

De Bono, E. (1973). *PO: Beyond Yes & No*. London: Penguin Books.

Debesse, M. (1994). 교육의 단계(*Les étapes de l'éducation*). 성옥련 역. 서울: 배영사. (원저는 1992년에 출간)

Dewey, J. (1916). *Democracy and Education*. New York, NY: Macmillan.

Dewey, J. (1933). *How We Think*. Boston, MA: Heath.

Dewey, J. (1938). *Experience and Education*. Indianapolis, IN: Kappa Delta Pi.

Dewey, J. (1956). *The School and Society & The Child and the Curriculum*. Chicago, IL: The University of Chicago Press.

Dewey, J. (1963). *The Child and the Curriculum* (10th ed.). Chicago, IL: The University of Chicago Press.

Dewey, J. (1971). *The Child and the Curriculum* (11th ed.). Chicago, IL: The University of Chicago Press.

Dewey, J. (2003a). 교육과정이론(*The Child and the Curriculum*). 최원형 편역. 교과의 진보적 조직(pp. 171-190). 서울: 원미사. (원저는 1902년에 출간)

Dewey, J. (2003b). 교육과정이론(*The Child and the Curriculum*). 최원형 편역. 아동과 교육과정(pp. 199-143). 서울: 원미사. (원저는 1902년에 출간)

Dewey, J. (2003c). 교육과정이론(*The Child and the Curriculum*). 최원형 편역. 지식의 구조와 교육과정의 구조(pp. 273-294). 서울: 원미사. (원저는 1902년에 출간)

Drake, S. M. (1993). *Planning Integrated Curriculum: The Call to Adventure*. Alexandria, VA: Association for Supervision and Curriculum Development.

Drake, S. M. (2007). *Creating Standards-based Integrated Curriculum* (2nd ed.). Thousand Oaks, CA: Corwin Press.

Drake, S. M., & Burns, R. C. (2004). *Meeting Standards Through Integrated Curriculum*. Alexandria, VA: ASCD.

Drake, S. M., & Clausen, K. W. (2010). 한국통합교육과정의 어제, 오늘, 내일(*Interdisciplinary Practices in Ontario: Past, Present and Future*). 한국통합교육과정학회 역. 충북: 한국통합교육과정학회. (원저는 2010년에 출간)

Dressel, P. L. (1958). The Meaning and Significance of Integration. In N. B. Henry (Ed.), *The Integration of Educational Experiences* (pp. 3-25). Chicago, IL: Univeristy of Chicago Press.

Egan, K. (1979). *Educational Development*. Oxford: Oxford University Press.

Egan, K. (1990). *Romantic Understanding: The Development of Rationality and Imagination*. London: Routledge.

Elmore, R., & Sykes, G. (1992). Curriculum Policy. In P. Jackson (Ed.). *Handbook of Research on Curriculum* (pp. 185-215). New York, NY: Macmillan Publishing Company.

Eisner, E. W. (1969). Instructional and Expressive Educational Objectives: Their Formulation and Use in Curriculum. In W. J. Popham et al. (Eds.), *Instructional Objectives, American Educational Research Association Monograph Series on Curriculum Evaluation, 3,* 1-8. Chicago, IL: R and McNally.

Eisner, E. W. (1970). Educational Objectives: Help or Hinderance. In H. F. Clarizio, R. C. Craig, W. A, Mehrenseds (Eds.), *Contemporary Issues in Educational Psychology*. Boston, MA: Allyn and Bacon Inc.

Eisner, E. W. (1983). 교육적 상상력(*The educational imagination on the design and evaluation of school programs*). 이해명 역. 서울: 단국대학교출판부. (원저는 1979년에 출간)

Eisner, E. W. (1985). *The Art of Educational Evaluation: A Personal View*. London: Falmer.

Eisner, E. W. (2002). *The Educational Imagination on the Design and Evaluation of School Programs* (3rd ed.). Upper Saddle River, NJ: Prentice Hall.

Elkind, D. (1976). *Child Development and Education: A Piagetian Perspectives*. New York, NY: Oxford University Press.

Etim J. S. (2005). Curriculum Integration: The Why and How. In J. S. Etim (Ed.), *Curriculum Integration K-12: Theory and Practice* (pp. 3-11). Lanham, MD: University Press of America.

Fogarty, R. J. (1991). *The Mindful School: How to Integrate the Curricula*. Arlington Heights, IL: IRI skylight training and publishing Inc.

Fogarty, R. J. (1999). 교사를 위한 교육과정 통합의 방법(*The Mindful School: How to Integrate the Curricula*). 구자억, 구원회 역. 서울: 원미사. (원저는 1991년에 출간)

Frazee, B. M., & Rudnitski, R. A. (1995). *Integrated Teaching Methods: Theory, Classroom Applications, and Field-based Connections*. Albany, NY: Delmar Publishers.

Glatthorn, A. A., & Foshay, A. W. (1991). Integrated Curriculum. In A. Lewy (Ed.), *The International Encyclopedia of Curriculum* (pp. 160-162). Oxford: Pergamon Press Inc.

Gredler, M. E. (2005). *Learning and Instruction: Theory into Practice* (5th ed.). New York, NY: Macmillan Publishing Company.

Haigh, G. (1975). *Integrate!* London: George Allen & Wnwin Ltd.

Henson, K. T., & Eller, B. F. (1999). *Educational Psychology for Effective Teaching*. Belmont, CA: Wadsworth Publishing Company.

Hoge, D. R., Smit, E. K., & Hanson, S. L. (1990). School Experiences Predicting Changes in Self-esteem of Sixth and Seventh-grade Students. *Journal of Educational Psychology, 82*(1), 117-127.

Holt, J. C. (2007). 아이들은 어떻게 배우는가(*How Children Learn*). 공양희, 해성 공역. 서울: 아침이슬. (원저는 1967년에 출간)

Huebner, D. (1964). A Reassessment of the Curriculum. In J. Dewey (Ed.), *The Child and the Curriculum* (pp. 25-40). New York, NY: Teachers College Press.

Ingram, J. B. (1979). *Curriculum Integration and Lifelong Education*. Oxford: Pergamon Press Inc.

Ingram, J. B. (1998). 교육과정 통합과 평생교육(*Curriculum Integration and Lifelong Education*). 배진수, 이영만 공역. 서울: 학지사. (원저는 1979년에 출간)

Jackson, P. W. (1992). Conceptions of Curriculum and Curriculum Specialists. In P. W. Jackson (Ed.), *Handbook of Research on Curriculum* (pp. 3-40). New York, NY: Macmillan.

Jacobs, H. H. (1989). The Interdisciplinary Concept Model: A Step by Step Approach for Developing Integrated Units of Study. In H. H. Jacobs (Ed.) *Interdisciplinary Curriculum: Design and Implementation* (pp. 53-65). Alexandria, VA: Association for Supervision and Curriculum Development.

Jacobs, H. H., & Borland, J. H. (1986). The Interdisciplinary Concept Model: Theory and Practice. *Gifted Child Quarterly, 30*(4), 159-163.

Jarolimek, J., & Foster, C. D. (1993). *Teaching and Learning in the Elementary School*. New York, NY: Macmillan Publishing Company.

Katz, L. G., & Chard, S. C. (1979). *Engaging Children's Mind: The Project Approach*. New York, NY: Ablex Publishing Corporation Norwood.

Kelly, A. V. (1990). *The National Curriculum: A Critical Review*. London: Chapman.

Kierkegaard, S. (1940). *Stages on Life's Way*. Princeton, NJ: Princeton University Press.

Kliebard, H. (1986). *The Struggle for the American Curriculum 1893-1958*. New York, NY: RoutledgeFalmer.

Knudsen, C. W. (1937). What Do Educators Mean by "Integration". *Harvard Educational Review*, 7(1), 15-26.

Krogh, S. L. (1998). How Children Develop and Why It Matters: The Foundation for the Developmentally Appropriate Integrated Early Childhood Curriculum. In J. Moyles & L. Hargreaves (Eds.), *The Primary Curriculum: Learning from International Perspectives* (pp. 29-48). New York, NY: Routledge.

Lapp, D., & Flood, J. (1994). Integrating the Curriculum: First Steps. *The Reading Teacher*, 47(5), 416-419.

Lefrançois, G. R. (2000). *Psychology for Teaching: A Bear Sometimes Faces the Front*. Belmont, CA: Wadsworth Publishing Company.

Linderman, E. C. (1937). Integration as an Educational Concept. In L. T. Hopkins (Ed.), *Integration: Its Application and Meaning*. Oxford: Appleton Century Company.

Lewy, A. (1991). *National and School-based Development*. Paris: UNESCO, International Institute for Educational Planning.

MacIntyre, A. (1981). *After Virtue: A Study in Moral Theory*. Notre Dame, IN: University of Notre Dame Press.

Mager, R. F. (1962). *Preparing Instructional Objectives*. Belmont, CA: Fearon Publishers.

Manen,V. M. (1990). *Researching Lived Experience: Human Science for an Action Sensitive Pedagogy*. New York, NY: State University of New York.

Marsh, H. W. (1987). The Big-fish-little-pond Effect on Academic Self-concept. *Journal of Educational Psychology*, 79(3), 280-295.

Martinello, M. L., & Cook, G. E. (1992). Interweaving the Threads of Learning: Interdisciplinary Curriculum and Teaching. *NASSP Curriculum Report*, 21(3), 2-7.

Mattingly, C. (1991). Narrative Reflections on Practical Actions: Two Learning Experiments in

Reflective Story Telling. In D. Schon (Ed.), *The Reflective Turn* (pp. 235-257). New York, NY: Teachers College Press.

McMillan, J. H. (1997). *Classroom Assessment: Principles and Practices for Effective Instruction*. Needham Heights, MA: Allyn & Bacon.

Meeth, L. R. (1978). Interdisciplinary Studies: Integration of Knowledge and Experience. *Change, 10*, 6-9.

Mehan, H. (1979). *Learning Lessons*. Cambridge, MA: Harvard University Press.

Meinbach, A., Rothlein, L., & Fredericks, A. (1995). The Complete Guide to Thematic Units: Creating the Integrated Curriculum. Norwood, MA: Christopher-Gordon.

Merrill, M. D., Li, Z., & Jones, M. K. (1990). Limitations of First Generation Instructional Design. *Educational Technology, 30*(1), 7-11.

Nesin, G., & Lounsbury, J. (2007). 교육과정 통합: 20가지 질문과 대답(*Curriculum Integration: Twenty Question with Answers*). 정광순 역. 서울: 한국학술정보. (원저는 1999년에 출간)

Noddings, N. (1981). Caring. *Journal of Curriculum Theorizing, 3*(2), 139-148.

Noddings, N. (1992). *The Challenge to Care in Schools: An Alternative Approach to Education*. New York, NY: Teachers College Press.

OECD(2005). *The Definition and Selection of Key Competencies: Executive Summary*. Retrieved from http://www.oecd.org.

Olsen, M. (2000). Curriculum as a Multistoried Process. *Canadian Journal of Education, 25*(3), 169-187.

Otto, H. J., Floyd, H., & Rouse, M. (1969). *Principles of Elementary Education*. Westport, CT: Greenwood Press.

Passe, J. (1995). *Elementary School Curriculum*. Madison, WI: Brown & Benchmark.

Paterson, J. (2003). Curriculum Integration in a Standards-based World. *Middle Ground, 7*(1), 10-12.

Peddiwell, J. A. (1995). 검치 호랑이 교육과정(*The Saber-toothed Tiger Curriculum*). 김복영, 김유미 공역. 서울: 양서원. (원저는 1987년에 출간)

Perkins, A. D. (1989). Selecting Fertile Themes for Integrated Learning. In H. H. Jacobs (Ed.), *Interdisciplinary Curriculum: Design and Implementation* (pp. 67-76). Ann Arbor,

MI: Edwards Brothers Inc.

Peters, R. S. (1980). 윤리학과 교육(*Ethics and Education*). 이홍우 역. 서울: 교육과학사. (원저는 1966년에 출간)

Peters, T., Schubeck, K., & Hopkins, K. (1995). A Thematic Approach: Theory and Practice at the Aleknagik School. *The Phi Delta Kappan*, 76(8), 633-636.

Phares, E. J. (1988). *Introduction to Personality*. Glenview, IL: Scott Foresman & Co.

Piaget, J. (1972). Intellectual Evolution from Adolescence to Adulthood. *Human Development*, 15(1), 1-12.

Piaget, J. (1977). Problems in Equilibration. In M. Appel & S. Goldberg (Eds.), *Topics in Cognitive Development Vol. 1. Equilibration: Theory, Research, and Application* (pp. 3-13). New York, NY: Plenum.

Piaget, J., & Inhelder, B. (1969). *The Psychology of the Child*. New York, NY: Basic Books Inc.

Pigdon, K., & Woolley, M. (1995). *The Big Picture*. Portsmouth, NH: Heinemann.

Pinar, W. F., & Irwin, R. L. (2005). *Curriculum in a New Key*. Mahwa, NJ: Lawrence Erlbaum Associates.

Pinar, W. F., Reynolds, W. M., Slattery, P., & Taubman, P. M. (1995). *Understanding Curriculum: An Introduction to the Study of Historical and Contemporary Curriculum Discourses* (Vol. 17). New York, NY: Peter Lang.

Polkinghorne, D. E. (1988). *Narrative Knowing and the Human Sciences*. Albany, NY: State University of New York Press.

Renzulli, J. S., & Reis, S. M. (1997). *The Schoolwide Enrichment Model: A How-to Guide for Educational Excellence*. Austin, TX: Prufrock Press.

Schug, M. C., & Cross, B. (1998). The Dark Side of Curriculum Integration in Social Studies. *The Social Studies*, 89(2), 54-57.

Schwab, J. J. (1971). The Practical: Art of Eclectic. *The School Review*, 79(4), 493-542.

Shavelson, R. J., & Bolus, R. (1982). Self Concept: The Interplay of Theory and Methods. *Journal of Educational Psychology*, 74(1), 3-17.

Shavelson, R. J., Hubner, J. J., & Stanton, G. C. (1976). Self-concept: Validation of Construct Interpretations. *Review of Educational Research*, 46(3), 407-441.

Silverman, J. J. (1984). Phenomenology: From Hermeneutics to Deconstruction. *Research in Phenomenology, 15*(1), 19-34.

Skilbeck, M. (1972). Forms of Curriculum Integration. *General Education, 18*, 7-13.

Spranger, E. (2004). 슈프랑어의 초등교사론: 초등학교의 고유정신(*Geist der Volksschule*). 이상오 역. 서울: 문음사. (원저는 1955년에 출간)

Stowell, L. P., Rios, F. A., McDaniel, J. E., & Kelly, M. G. (1993). Casting Wide the Net: Portfolio Assessment in Teacher Education. *Middle School Journal, 25*(2), 61-67.

Strauss, A. (1987). Qualitative Analysis for Social Scientists. London: Cambridge University Press.

Strauss, A., & Corbin, J. (1994). Grounded Theory Methodology: An Overview. In N. K. Denzin, & Y. S. Lincoln (Eds.), *The SAGE Handbook of Qualitative Research* (pp. 273-285). Thousand Oaks, CA: SAGE publications Inc.

Strongman, K. T. (1978). *The Psychology of Emotion*. New York, NY: Wiley.

Strube, P. (2000). 주제 학습(*Theme Study, A Practical Guide*). 유승희, 성용구 공역. 서울: 양서원. (원저는 1996년에 출간)

Syngg, D., & Combs, A. W. (1949). *Individual Behavior: A New Frame of Reference*. Oxford: Harper.

Taba, H. (1962). *Curriculum Development: Theory and Practice*. San Diego, CA: Harcourt Publishers Group.

Tanner. D., & Tanner, L. N. (1980). *Curriculum Development: Theory in to Practice*. New York, NY: Macmillan Publishing.

Tyack, D., & Tobin, W. (1994). The Grammar of Schooling: Why has it been so hard to change? *American Educational Research Journal, 31*(3), 453-479.

Tyler, R. W. (1949). *Basic Principles of Curriculum and Instruction*. Chicago, IL: The University of Chicago Press.

Vars, G. F. (2001). Can Curriculum Integration Survive in an Era of High-stakes Testing. *Middle School Journal, 33*(2), 7-17.

Vars, G. F., & Beane, J. A. (2000). *Integrative Curriculum in a Standard-based World*. Champaign, IL: Eric Digests.

Ward, J. M. (1960). *The Curriculum Integration Concept Applied in Intermediate Grades*.

Unpublished Doctoral Dissertation. Austin, TX: The University of Texas at Austin.

Wertheimer, M. (1959). *Productive Thinking*. New York, NY: Harper.

White, J. (1973). *Towards a Compulsory Curriculum*. London: Routledge and Kegan Paull.

Whitehead, A. N. (1929). *The Aims of Education and Other Essays*. New York, NY: The Free Press.

Wickert, R. (1989). *No Single Measure. A Survey of Australian Adult Literacy*. Sydney: Institute of Technical and Adult Teacher Education.

Wolfinger, D. M., & Stockard, J. W. (2003). 통합 교육과정의 이론과 실제(*Elementary Methods: An Integrated Curriculum*). 강현석, 박영무, 조영남, 허영식, 이종원 공역. 서울: 양서원. (원저는 1997년에 출간)

Woolfolk, R. L., Novalany, J., Gara, M. A., Allen, L. A., & Polino, M. (1995). Self-complexity, Self-evaluation, and Depression: An Examination of Form and Content within the Self-schema. *Journal of Personality and Social Psychology, 68*(6), 1108-1120.

Wortham, S. C. (1996). *The Integrated Classroom: The Assessment-curriculum Link in Early Childhood Education*. Englewood Cliffs, NJ: Pretice Hall.

Young, D., & Gehrke, N. (1992). Curriculum Integration for Transcendence: A Critical Review of Recent Books on Curriculum for Integration. *Curriculum Inquiry, 23*(4), 445-454.

찾아보기

〈인명〉

 저자 소개

정광순(Jeong Kwangsoon)
현 한국교원대학교 교수
한국교원대학교 초등교육학과에서 초등교육을 전공하여 박사학위를 받았고,
교사의 교육과정 문해력, 통합교육과정, 초등 통합교과 등을 연구하고 있음

홍영기(Hong Youngki)
현 진주교육대학교 교수
University of Nebraska at Lincoln에서 교육과정과 수업을 전공하여 박사학위(Ph. D)를 받았고,
통합교육과정, 초등 통합교과 등을 연구하고 있음

강충열(Kang Choongyoul)
전 한국교원대학교 교수
University of Wisconsin-Madison에서 교육심리를 전공하여 박사학위(Ph. D)를 받았고,
초등 교육과정, 초등 영재교육, 초등 통합교과 등을 연구하고 있음

조상연(Jo Sangyeon)
현 춘천교육대학교 교수
한국교원대학교 초등교육학과에서 초등교육을 전공하여 박사학위를 받았고,
통합교육과정, 초등 통합교과, 초등 교육과정 등을 연구하고 있음

김세영(Kim Seyoung)
현 경기 곡정초등학교 교사
한국교원대학교 초등교육학과에서 초등교육을 전공하여 박사학위를 받았고,
교사의 교육과정 문해력, 통합교육과정, 초등 통합교과 등을 연구하고 있음

이주영(Yi Juyeong)
현 교육부 연구사
한국교원대학교 초등교육학과에서 초등교육을 전공하여 박사학위를 받았고,
초등 교육과정, 아동발달 등을 연구하고 있음

이한나(Lee Hanna)
현 세종 한결초등학교 교사
한국교원대학교 초등교육학과에서 초등교육을 전공하여 박사학위를 받았고,
교사 지식, 통합교육과정, 초등 통합교과 등을 연구하고 있음

이윤미(Lee Yunmi)
현 전북 이리동산초등학교 교사
한국교원대학교 초등교육학과에서 초등교육 전공으로 박사과정을 수료하였으며,
초등 교육과정, 교육과정 통합, 교사 교육과정 등을 연구하고 있음

최보인(Choi Boin)
현 인천 주안북초등학교 교사
한국교원대학교 초등교육학과에서 초등교육 전공으로 박사과정 중에 있으며,
초등교육, 초등 교육과정 등을 연구하고 있음

김경하(Kim Kyoungha)
현 경북 구미봉곡초등학교 교사
한국교원대학교 초등교육학과에서 초등교육 전공으로 박사과정을 수료하였으며,
초등 교육과정, 프로젝트 학습 등을 연구하고 있음

박희원(Park Heewon)
현 경기 용머리초등학교 교사
한국교원대학교 초등교육학과에서 초등교육 전공으로 박사과정을 수료하였으며,
초등교육, 초등 통합교과 등을 연구하고 있음

한국통합교육과정학회총서 3

2015 개정 교육과정에 따른
초등학교 통합교과 교육론

The Theory and Practice of Integrated Subject-matters in the Elementary School

2019년 9월 30일 1판 1쇄 발행
2020년 9월 10일 1판 2쇄 발행

지은이 • 정광순 · 홍영기 · 강충열 · 조상연 · 김세영 · 이주영
          이한나 · 이윤미 · 최보인 · 김경하 · 박희원

펴낸이 • 김 진 환

펴낸곳 • (주)**학지사**

          04031 서울특별시 마포구 양화로 15길 20 마인드월드빌딩 5층

대표전화 • 02) 330-5114   팩스 • 02) 324-2345

등록번호 • 제313-2006-000265호

홈페이지 • http://www.hakjisa.co.kr
페이스북 • https://www.facebook.com/hakjisabook

ISBN 978-89-997-1944-8 93370

정가 23,000원

이 도서의 국립중앙도서관 출판시도서목록(CIP)은 서지정보유통지원시스템
홈페이지(http://seoji.nl.go.kr)와 국가자료공동목록시스템(http://www.nl.go.kr/kolisnet)
에서 이용하실 수 있습니다.
(CIP제어번호: CIP2019035024)

출판 · 교육 · 미디어기업 **학지사**

간호보건의학출판 **학지사메디컬** www.hakjisamd.co.kr
심리검사연구소 **인싸이트** www.inpsyt.co.kr
학술논문서비스 **뉴논문** www.newnonmun.com
원격교육연수원 **카운피아** www.counpia.com